dtv

Ist es wirklich so schwer, Vater zu sein? Der eine Teil der Gesellschaft wünscht ihn schwächer, der andere stärker. Dieter Thomä macht den Ausgangspunkt der Krise fest: die Hinrichtung des Königs während der Französischen Revolution. Alle Menschen wurden damals Brüder – aber wer ist nun ihr Vater? Während die politische Emanzipation Siege feierte, wurden Stück für Stück zuerst der Vater und später die Familie überhaupt demontiert. Kein Wunder, dass es viele Männer inzwischen dankend ablehnen, eine Familie zu gründen und Vater zu werden. Aus der historischen Vogelperspektive liefert Dieter Thomä neue Argumente für die immer noch aktuelle Debatte über gutes und schlechtes Vatersein.

Dieter Thomä, geboren 1959 in Heidelberg, lehrt seit 2000 als Professor für Philosophie an der Universität St. Gallen. Zuvor arbeitete er als Redaktuur beim SFB. Er ist Mitherausgeber der ›Deutschen Zeitschrift für Philosophie‹ und schreibt regelmäßig für ›Literaturen‹, die NZZ und FAZ und verfasste mehrere Drehbücher für Fernsehsendungen zu philosophischen Themen. Er hat zwei Kinder.

Dieter Thomä

Väter

Eine moderne
Heldengeschichte

Deutscher Taschenbuch Verlag

Ausführliche Informationen über
unsere Autoren und Bücher
finden Sie auf unserer Website
www.dtv.de

Ungekürzte Ausgabe 2011
Deutscher Taschenbuch Verlag GmbH & Co. KG,
München
Lizenzausgabe mit freundlicher Genehmigung des Carl Hanser Verlags
© 2008 Carl Hanser Verlag München
Umschlagkonzept: Balk & Brumshagen
Umschlagfoto: Corbis/Blue Lantern Studio
Gesamtherstellung: C. H. Beck, Nördlingen
Gedruckt auf säurefreiem, chlorfrei gebleichtem Papier
Printed in Germany · ISBN 978-3-423–34632-0

Für diejenigen, die wissen, dass sie gemeint sind.

Heiraten, eine Familie gründen, alle Kinder, welche kommen wollen, hinnehmen, in dieser unsichern Welt erhalten und gar noch ein wenig führen ist meiner Überzeugung nach das Äußerste, das einem Menschen überhaupt gelingen kann.

Franz Kafka, »Brief an den Vater«

Und jetzt, wo mir alles abhanden kommt, wo ich das Bedürfnis habe, daß jemand mir den Weg weist, mich tadelt und lobt, nicht aufgrund von Macht, sondern von Autorität, brauche ich meinen Vater.

Albert Camus, »Der erste Mensch«

Ich will nicht werden, was mein Alter ist. Nee!
Song von Rio Reiser für das »Ton Steine Scherben«-Album »Warum geht es mir so dreckig«

Ich fühle mich, als sei ich Mitglied eines Clubs geworden, von dem ich nicht wusste, dass er überhaupt existiert.

Matt Damons Antwort auf die Frage »Wie bekommt Ihnen das Vaterdasein?«

Inhalt

1. Einleitung

Ermordet sei der Herr Papa!

Kürzlich fand ich beim Kramen in alten Sachen einen Zettel, auf dem Sprüche meiner Kinder notiert waren, mit denen sie mich, als sie noch ganz klein waren, irgendwie beeindruckt hatten. Ich las: »Ich will dich nicht mehr als Vater. Ich rufe jetzt einen Krankenwagen, der soll dich zum Friedhof bringen.«

Ich lebe noch. Knapp mein halbes Leben lang bin ich nun Vater – und mein ganzes Leben lang Sohn. Als ich den alten Zettel fand, wurde mir arg unheimlich, aber ich redete mir ein, dass dieser Spruch damals doch etwas Spielerisches gehabt haben müsse. Die kindliche Wut, die sich zum fantastischen Einfall auswächst, kann sich in Wohlgefallen auflösen. Oder nicht?

Vielleicht bin ich naiv, aber jedenfalls bin ich nicht allein. Johann Wolfgang von Goethe begegnete im römischen Karneval während eines Straßenfestes, bei dem es darum ging, anderen die Kerze (das Lebenslicht) auszublasen, einem Jungen, der das Licht seines Vaters erwischte und jauchzend ausrief: »Ermordet sei der Herr Papa!« Und aus den 1920er Jahren stammt ein Bericht von dem vierjährigen Paul, der »fröhlich mit seinen Bauklötzchen« spielte und, als ihn der Vater fragte, »was er da baue«, antwortete: »Ein Grab, ja, ein Grab für dich.« Dieses Spiel scheint ziemlich verbreitet zu sein.

Das Kind, das mich einmal, als es klein war, loswerden wollte, ist mir ans Herz gewachsen – und ich ihm. Ich glaube, dass mein Kind es mit mir schwerer hatte als ich mit ihm. Eine Schutzgemeinschaft für von Ausrottung bedrohte Väter oder eine Betroffenenvertretung der Ödipus-Opfer will ich jedenfalls nicht

13

gründen. Aber dieses *eine* Gefühl treibt mich um: dass mein Leben als Vater eine Reise in Extreme gewesen ist, dass ich in heiß-kalte Gegenden, sozusagen in ein inneres Island, aufgebrochen bin. (Übrigens ist Island wunderschön.) Alles ist, seit ich Kinder habe, anders geworden. Der Haushalt – auch der Seelenhaushalt – geriet durcheinander, die Wohnung wurde klein, der Geldbeutel leer, das Herz voll.

Gut, das ist so üblich. Was die Soziologen eine »Normalbiographie« nennen, fühlt sich von innen aber gar nicht so normal an. Die Extremisten sind unter uns: In der Mitte der Gesellschaft leben Menschen, die der Alltag an ihre Grenzen bringt und deren Leben von bösen und guten Überraschungen voll ist. Das ist das ganz normale Chaos der Familie.

Gustav Wyneken, der alte Mann der Jugendbewegung, erklärte kurz nach 1900, dass »die Menschheit ständig einen Feind« gebäre: »ihre junge Generation, ihre Kinder«. Natürlich gibt es hier nicht nur Feindschaft. Hass und Liebe gehören zusammen wie »Bisse« und »Küsse«, die einer der größten deutschen Dichter einst zum Reimen brachte. Im Verhältnis zwischen den Generationen wird immer wieder alles auf die Probe gestellt, aufs Spiel gesetzt, verändert und umgestürzt.

Dazu passt eben auch die Fantasie des Vatermords bei dem Kind, das mich zum Friedhof schicken wollte – eine Fantasie wie »aus dem Bilderbuch« (oder Lehrbuch) entsprungen. Als ich meinem inzwischen erwachsenen Kind diese alte Geschichte, die es selbst schon längst vergessen hatte, erzählte, schüttelte es ungläubig den Kopf und sagte lakonisch: »Habe ich das wirklich gesagt? Das ist doch ziemlich brutal!« Jedenfalls gehört diese kleine Szene zu dem fulminanten Gemisch von Ferne und Nähe, zu jenem langwierigen oder (nach dem schönen alten deutschen Wort) »lebenswierigen« Prozess der Einweihung ins Leben, in dem Kinder zu Erwachsenen werden.

Ich will nicht einen weiteren Versuch unternehmen, das »schwierige Glück« des väterlichen Alltags zu beschreiben; von solchen Beschreibungen gibt es inzwischen dankenswerterweise genug. Erst recht will ich nicht das »Tagebuch« eines »schwangeren Mannes« vorlegen; das gibt es übrigens auch schon. (Wenn ich es schreiben würde, dann käme darin der Satz »Entspannter Mund – entspannter Muttermund« vor, den ich als Begleiter meiner Frau 1985 in einem Kurs für Schwangerschaftsgymnastik gelernt habe.) Es ist überhaupt nicht so, dass ich dieses Buch nur als Vater für Väter schreibe; ich schreibe es genauso auch als Sohn eines Vaters für Kinder von Vätern. In beide Richtungen versuche ich meinen Blick zu richten. Ich möchte das Drama des Generationengangs auf eine größere Bühne bringen, denn dort gehört es hin. Mein Eindruck ist, dass die modernen Gesellschaften bei dem Versuch, den Übergang zwischen den Generationen zu organisieren, bei dem Unternehmen, die Fackel des Lebens weiterzureichen, aus dem Tritt und aus dem Takt geraten sind. Um dazu beizutragen, dass der Fackellauf wieder in Schwung kommt, habe ich dieses Buch geschrieben.

Der Fackellauf der Generationen

Der »Wohnplatz unserer Erde« sei ein »Erziehungshaus«, hieß es in der Zeit der Aufklärung. Unsere ganze Zukunft hängt davon ab, dass der Staffellauf von Alt zu Jung gelingt. In keinem Punkt stößt man auf eine derart breite Übereinkunft wie in diesem – eine Übereinkunft, zu der sich Bildungs-, Renten- und Sozialpolitiker, Menschen aus allen politischen Lagern, aus allen Ecken und Enden der Gesellschaft gesellen. Auf dem Spiel steht Verschiedenstes – und alles hängt in unheimlicher Weise miteinander zusammen: Die Finanzierung der Sozialversicherung! Die Wettbewerbsfähigkeit der Wirtschaft! Der moralische Zusammenhalt der Gesellschaft! Die seelische Gesundheit der Kinder! Reinhard Kahl, der unermüdliche, bewundernswerte

Pionier des pädagogischen Aufbruchs in Deutschland, bezeichnet Schulen als »Treibhäuser der Zukunft«; doch eigentlich ist die ganze Gesellschaft ein solches Treibhaus, und man hat den Eindruck, dass dessen Temperaturregler derzeit verrückt spielt.

Zu beobachten ist eine Mischung aus Hitze und Kälte. Der zwölfjährige Berliner Junge, der seine drei Geschwister fast ein Jahr lang allein versorgt und sich dann erst verzweifelt an einen Sozialarbeiter gewandt hat, sagt über seine Mutter, die die Kinder im Stich gelassen hatte, sie habe »vielleicht einfach die Nase voll gehabt«. Die Spitzen der allgemeinen Aufregung werden erreicht, wenn Lehrer von Schülern verprügelt werden, wenn Kinder von ihren Eltern in den Hungertod getrieben und in Gefriertruhen verpackt werden oder wenn sich Jugendliche, angestachelt von der Alkohol-*flatrate,* tottrinken. Eltern beschweren sich über Lehrer, die lustlos arbeiten oder krankfeiern. Eine Schweizer Boulevardzeitung titelt: »Betrunkene Sechstklässler: Schule gibt Eltern Schuld!«

Manche Kinder sind ungezogen, andere bleiben ungeboren, und es sieht so aus, als führe ein direkter Weg von der Krise der Erziehung zum Zeugungs- oder Gebärstreik. So lauert hinter der Strafpredigt, dass die nächste Generation auf die schiefe Bahn geraten sei, die Panik, dass es gar keine nächste Generation mehr geben könnte. Egal welche Modellrechnung des Statistischen Bundesamtes man auch wählt: Im Jahre 2050 kommen auf einen Jugendlichen zwei bis drei Einwohner, die älter als 60 Jahre sind. Deshalb scharen sich Politiker in Deutschland bereitwilligst hinter der Parole »Kinder sind Zukunft« – was sie allerdings nicht daran hindert, der kommenden Generation Schulden der öffentlichen Hand in Höhe von rund 1500 Milliarden Euro aufzubürden. (Dies ist der Stand von 2007; 1970 waren es 63 Milliarden.) Mein Sohn meinte kürzlich, es sei eigentlich eine ziemliche Frechheit der älteren Generation, dass sie die Welt in einem derart desolaten Zustand den Jüngeren übergebe. Frei Haus kommt noch eine Klimakatastrophe dazu.

Man sieht: Großalarm und Gleichgültigkeit wechseln sich im Umgang mit der Zukunft ab.

Søren Kierkegaard schrieb 1836, dreiundzwanzigjährig: »Man befürchtet im Augenblick nichts mehr als den totalen Bankrott, dem, wie es scheint, ganz Europa entgegengeht, und vergisst dabei die weit gefährlichere Zahlungsunfähigkeit in geistiger Hinsicht, die vor der Tür steht.« Nun habe ich überhaupt keine Neigung zum Alarmismus; der Untergang des Abendlandes ist schon so oft vergeblich vorhergesagt worden, dass jedem, der heute diesen Spruch herausposaunt, die Schamröte ins Gesicht steigen sollte. Diesseits der Meldungen von Verwahrlosung und Gewalt, die Tag für Tag ins Haus flattern und sich in unseren Köpfen einnisten, gibt es eine reiche Palette kleiner und großer Glücksfälle, lohnender Anstrengungen, gelungener Feierstunden im Gesellschaftsspiel der Generationen. Eines aber hat mich an der Beobachtung des jungen Kierkegaard sofort überzeugt: dass nämlich die Zukunft moderner Gesellschaften nicht nur davon abhängt, ob in deren Zahlenwerk die Bilanz stimmt. Über diese Zukunft wird vielmehr im weichen Kern dieser Gesellschaften entschieden. In den Familien gehen die Generationen aufeinander ein – oder gehen sich aus dem Weg; hier steht unsere Lebensbejahung auf dem Prüfstand. Die Warnlampen dieses Prüfstands blinken.

Ich habe den Verdacht, dass wir beim Gang der Generationen deshalb ins Stolpern gekommen sind, weil uns eine große Konfusion über die Rolle der Vaterschaft ereilt hat. Deshalb erzähle ich in diesem Buch von Vätern, die anders wurden, als sie waren, und nicht mehr wissen, wer sie sind. Die Väter sind die Helden meines Buches, im Guten wie im Schlechten, in Höhen und in Tiefen.

Ottmar Hitzfeld, Karl Lagerfeld und Nicolas Sarkozy über Vaterschaft

Schauen wir uns zunächst mal um bei einigen Vaterbildern, die in der Gegenwart herumgeistern. Zum Auftakt rufe ich ein paar wild ausgewählte Zeugen auf: Ottmar Hitzfeld, Karl Lagerfeld und Nicolas Sarkozy.

Als Bayern München am Ende der Bundesliga-Saison 2006/ 2007 in eine Krise geraten war, beklagte sich der damalige Trainer Ottmar Hitzfeld darüber, dass Oliver Kahn nicht mehr »der Aggressiv-Leader« sein wolle, als den man ihn kenne, sondern nur »eine väterliche Rolle« spiele. Das fand Hitzfeld fatal. Dieser »Vater« war offenbar allzu gütig, er hatte etwas von einem »Weichei«.

Als Brad Pitt, der immerhin in den Jahren 1995 und 2000 von der Zeitschrift »People« zum »sexiest man alive« gekürt worden war, immer öfter in schlabberiger Kleidung mit Nachwuchs auf dem Arm gesichtet wurde, sagte Karl Lagerfeld: »Brad Pitt ist okay – aber der spielt leider nur noch Kindermädchen. Diese neuen Väter sind das Schlimmste, was es gibt« – und zwar deshalb, so Lagerfeld, weil sie ihre Kleidung und ihre Karriere »vernachlässigen«. (Als hätte Pitts Freundin Angelina Jolie die Vorwärtsverteidigung nötig, erteilte sie kürzlich die Auskunft: »Brad so mit den Kindern zu sehen ist *heiß*... Es gibt nichts Schärferes als einen guten Vater.«)

Kurz vor seiner Wahl zum französischen Präsidenten hielt Nicolas Sarkozy eine große Rede in Paris-Bercy, in der er dazu aufrief, das »Erbe der 68er zu liquidieren«, die den »Hass auf die Familie geschürt« und alle Autorität demontiert hätten. Bei anderer Gelegenheit sagte er: »Von nun an müssen wir die Staatsgeschäfte so führen, wie dies ein Familienvater tun würde.«

Von verschiedenen Vätern ist hier die Rede. Der erste wird »Vater« geschimpft, weil er sich nicht offensiv genug durchsetzt, der zweite wird verdächtigt, als Vater die eigentlich wichtigen Dinge des Lebens (nicht nur die Karriere, sondern gar auch die Mode!) zu vernachlässigen, der dritte begnügt sich nicht mit seinen bislang drei Kindern, sondern strebt nach Höherem und führt sich als Vater der Nation auf. Was bei diesen verschiedenen Vaterbildern durcheinandergeht, will ich kurz sortieren.

Hält man sich an die Bedenken, die hinter Hitzfelds Kritik an Oliver Kahn stecken, dann stellt sich die Frage, wieweit zum Vater so etwas wie eine »harte« oder »starke Hand« gehört; daran hängt der alte Streit um mehr oder weniger Autorität in der Erziehung. Offenbar weiß man nicht so recht, was zum Repertoire des Vaters nun genau gehört: ob er straft und fordert oder schützt und fördert.

Etwas anders liegt die Sache bei Lagerfeld. Für ihn hat die Vaterschaft einen fatalen Beigeschmack: dass sie nämlich von den eigentlich wichtigen oder schönen Dingen des Lebens abhält, dass sie zum modernen Lebensstil überhaupt nicht mehr passt. Hier geht es nicht darum, wie man als Vater auftreten soll, sondern darum, ob das Leben als Vater für den wahren Mann nun ein Leben zweiter Wahl ist oder nicht.

Bei Sarkozy schließlich lernt man eine Vaterschaft kennen, die gar nicht nur im privaten Rahmen zum Einsatz kommt, sondern eine Ebene höher liegt: Er spricht von der Vaterschaft im Vaterland. An Väter hält man sich also auch dort, wo sie gar kein Heimspiel haben, wo von der Familie, von Frau und Kindern weit und breit nichts zu sehen ist. Auch hier liegt Streit in der Luft: Wie soll man die Aufgaben eines solchen politischen »Vaters« zuschneiden, welche Macht darf ihm überhaupt zukommen?

Die Figur des Vaters ist in einer ziemlich aufreibenden Weise zwischen die Fronten geraten. Erst mal muss der Vater verkraften, zwischen mehr oder weniger Autorität hin- und hergejagt zu werden wie eine Flipperkugel: In der Erziehungsdebatte wird er zum Spielball. Dann wird ihm das Wasser abgegraben, weil er einfach nicht *schick* genug ist: Beim Modezar wird er zum Außenseiter. Schließlich wird das Potential des Vaters von denen angezapft, die für Ordnung sorgen wollen: In der Politik wird er zur Leitfigur.

Wie immer, wenn Trends ausgerufen werden, folgen die Gegentrends im Handumdrehen. Deshalb gibt es auch alle möglichen Versuche, dem Vater aus der Patsche zu helfen und ihm wieder einen Stammplatz im Leben zuzuweisen. Nur: Wie sieht sein Platz in der Familie aus? Und kann er all jene politischen Höhenflüge unbeschadet überstehen? Die Konfusion, die in den verschiedenen Lesarten von Vaterschaft zum Ausdruck kommt, nehme ich als Zeichen für eine Krise des Vaterbildes. Diese Krise ist kein Modethema, sie begleitet die moderne Gesellschaft von Beginn an. Man kann sogar sagen, dass sich die Entwicklung dieser Gesellschaft geradewegs anhand der Geschichte der Väter erzählen lässt. Deshalb habe ich sie in diesem Buch zu meinen Helden gemacht. Ich erzähle vom Hin und Her, vom Auf und Ab, das sie auf der großen Bühne und in den eigenen vier Wänden erlebt haben. Nie geht es dabei nur um ihr Privatvergnügen oder um ihre Malaisen, sondern immer auch um Familie und Gesellschaft.

Im Hintergrund des modernen Streits um die Väter lauert eine fixe Idee, die immer wieder herausbricht: die Vaterlosigkeit – die Lust an ihr, die Not mit ihr, die Angst vor ihr, der Kampf gegen sie. Wenn von Vaterlosigkeit die Rede ist, denkt man vielleicht zuallererst an das Schicksal, das Millionen junger Menschen in Europa und überall in der Welt nach dem Zweiten Weltkrieg ereilt hat. Doch die Vaterlosigkeit ist nicht nur eine Kriegsfolge, sondern Teil des Programms der Moderne.

Die zwei Formen der Krise der Vaterschaft

Die Krise der Vaterschaft hat zwei Gesichter. Sie gehört in das Revier, in dem über »Lob der Disziplin« oder »Missbrauch der Disziplin«, über die alte väterliche Domäne der Autorität, gestritten wird. Sie zeigt sich aber auch bei den Männern, die lieber kinderlos bleiben wollen, sowie bei denjenigen, die sich aus dem Staub machen, kaum dass sie Väter geworden sind.

Wie man die Rolle als Vater ausfüllt, *wie* die Väter von der heranwachsenden Generation angenommen, angegriffen oder ausgebootet werden – das ist die eine Frage. *Ob* man diese Rolle überhaupt spielen will – das ist die andere Frage. An die Debatte um den »Mut zur Erziehung« schließt sich die Debatte um die »schrumpfende Gesellschaft« an. In der Regel laufen diese Diskussionen nebeneinander her, als bewegten sie sich auf entfernten Umlaufbahnen. Dabei gehören sie als zwei Hälften derselben Sache zusammen.

In der *ersten Debatte* geht es um den Vater als traditionellen Repräsentanten der Autorität, als Machthaber in der Familie. Mit dieser Vaterfigur muss hadern, wer dem modernen Projekt der Emanzipation verpflichtet ist. Das traditionelle Bild des Familienoberhaupts soll abgeschüttelt oder zumindest von Grund auf verändert werden. Da ich meinen Blick auf den Generationengang richte, geht es mir in diesem Buch weniger um das Verhältnis von Mann und Frau als vor allem um die Spannungen zwischen Alt und Jung. Man ist geneigt zu sagen, dass diese Spannungen zum Salz des Lebens gehören. Das stimmt auch, aber es sagt sich zu leicht. Man kann etwas auch versalzen. Soll ich mich beim Rückblick auf mein eigenes Leben mit der Auskunft abfinden, dass die verzweifelte Ratlosigkeit, die mich als Vater und vielleicht auch als Sohn immer wieder einmal um den Schlaf gebracht hat, einfach Teil eines unvermeidlichen, natürlichen Spiels gewesen ist? Es war ja doch nie ein *Spiel*. Und hätte es nicht anders, leichter laufen können?

Wenig spielerisch wirken die Wechselfälle der Geschichte, die einem in den Sinn kommen. Man denke etwa an die Kette von Schülerselbstmorden im Berlin des späten 19. Jahrhunderts, die eine heftige Debatte auslösten und auf Angst vor väterlicher Züchtigung und Leistungsdruck zurückgeführt wurden. Es war eine solche Atmosphäre erdrückender Enge, in der Franz Kafka seinen bitteren »Brief an den Vater« schrieb, der seinen Adressaten bezeichnenderweise nie erreichte. Oder man denke – um ein entgegengesetztes Beispiel zu wählen – an die Experimente, die die Sozialistischen Kinderläden Ende der 1960er Jahre anzettelten. Damals meinte man, sich für eine Erziehung frei von väterlicher Macht auf Anna Freuds Forschungen über Kinder im KZ stützen zu können, und man erkor diese verwaisten Opfer zum Vorbild eines »Kinderkollektivs«, dem schon in den ersten Lebensjahren die »Ablösung« von den Eltern gelungen sei: eine perverse Umdeutung.

Einerseits finden sich in der Moderne zuhauf Symptome für die Allergie gegen den Vater, andererseits schafft die Abschaffung des Vaters oft gar keine befreite Stimmung und löst übelste Nebenwirkungen aus. Auf die väterliche Autorität folgt der Kampf gegen Autorität, doch im Schatten des Vatersturzes lauert wieder die Sehnsucht nach ihm oder nach irgendwelchen anderen, zum Teil obskuren Ersatzfiguren. Diese Pendelbewegung vom Autoritären zum Antiautoritären und wieder zurück läuft durch die Geschichte der letzten dreihundert Jahre, ohne dass sie je zur Ruhe gekommen wäre und ohne dass man sich mit ihr, als wäre sie ein Naturgesetz, abfinden könnte.

Diese Pendelbewegung verläuft nie allein im privaten Raum, vielmehr gehören zu ihr auch die Auf- und Abwertungen von Vaterfiguren in der Politik. Wenn etwa Nicolas Sarkozy mit der Idee hausieren geht, Vater aller Franzosen zu sein, so bietet er nur einen fast schon kuriosen Epilog zu einer – wie sich zeigen wird – langen Geschichte, in der politische und private Vaterfiguren miteinander vermischt wurden.

In der *zweiten Debatte,* die derzeit um die Zukunft der Vaterschaft geführt wird, ist es nicht der Aufstand der Kinder, der die Vaterrolle ins Wanken bringt, sondern der Rückzug der Männer. Nicht die Art, wie der Generationengang inszeniert wird, steht in Frage, sondern ob sich Vaterschaft zu leben lohnt. Kürzlich las ich in einem Porsche-Testbericht die Sätze: »Andere sollen einen Sohn zeugen, ihr Haus bauen und von mir aus einen Baum pflanzen. Ich wollte immer nur mal einen Sportwagen fahren.« Dieser Möchtegern-Mann ist ein Möchte-nicht-so-gern-Vater.

Wie bei der Debatte um Autorität, so steht auch in dieser zweiten Debatte das moderne Projekt der Emanzipation am Ausgangspunkt. Nachdem sich die Kampfstellung zwischen den Generationen verschärft hat, kommt es im Verhältnis zwischen den Generationen zu massiven Auflösungserscheinungen. Ein Schluss- und Spaltprodukt dieser Entwicklung ist das Individuum, das mit dem Ausstieg aus der Familie zu liebäugeln beginnt. Zu beobachten ist ein Vorbehalt dagegen, überhaupt Kinder zu haben, ein Überdruss an den Mühen der Ebene, die die Erziehung mit sich bringt, ein Erlahmen der Bereitschaft, die Familie zusammenzuhalten. Mit der Freisetzung des Individuums wird die Mutter- und Vaterrolle eine Option unter vielen. Wer sich mit dieser Option nicht anfreunden kann, der fasst Kinder nur mit spitzen Fingern an. Der Anteil der Kinder, die bei alleinerziehenden Müttern aufwachsen, hat sich in Deutschland in den letzten dreißig Jahren fast verdreifacht. Indirekt zeigt sich daran auch, dass die Abstimmung mit den Füßen bei vielen Männern gegen die Vaterschaft ausgeht.

Der Rückzug der Männer aus der Vaterrolle spiegelt sich im Rückzug der Kinder aus der Rolle der Nachkommen: Die Generationen fallen auseinander, jeder beginnt, sein Eigenleben zu führen. Viele Jugendliche leben in einer Welt fast ohne Erwachsene und suchen ihr Heil in *peer groups.* Als ich mit meiner Familie vor einigen Jahren in Los Angeles lebte, brachten unsere Kinder immer wieder Schulfreunde nach Hause mit, die sich darüber wunderten, dass wir uns abends regelmäßig zum gemeinsamen Essen versammelten; so etwas war ihnen von zu Hause her gänzlich unbekannt – und wenn ich kitschig veranlagt wäre, dann würde ich sagen, dass sie bei uns am Tisch mit glänzenden Augen saßen, als stünde irgendwo ein Weihnachtsbaum. Wer nicht gemeinsam isst, kann nicht miteinander streiten. Wenn sich das Band zwischen den Generationen auflöst, dann können wir den Laden dichtmachen.

Damit ist der Rahmen für das Bild, das ich zeichnen will, festgenagelt. Die Krise der Vaterschaft zeigt sich zum einen in einer großen *Verunsicherung* über das Zusammenspiel zwischen den Generationen, zum anderen in einem schleichenden *Ausstieg* aus diesem Generationengang. Die Geschichte, die ich erzählen will, kreist um jene Verunsicherung, sie handelt vom Patriarchat und vom Vatermord, von der Suche der Väter nach sich selbst, vom Überschwang der Jugend, vom Überdruss der Väter und schließlich von deren Verwandlung und Aufstieg aus der Asche.

Die Welle, die mich durch die Jahrhunderte bis zur Gegenwart tragen soll

Warum spreche ich so viel von Vätern und so wenig von Müttern? Es sieht so aus, als sei ich von der Vaterschaft besessen und lasse die Mutterschaft links liegen. Nun gut: Ich bin befangen, von Mutterschaft verstehe ich nicht so viel; aber diese Ausrede ist mir zu bequem.

Vieles von dem, was ich gesagt habe, passt nicht nur auf Männer, sondern auch auf Frauen. Die Verwandlung der Familie und die Ausweitung individueller Spielräume sind nicht nur Männersache. Was das zukünftige Zusammenspiel der Geschlechter angeht, so sind die verschiedensten Szenarien im Umlauf.

Prominent vertreten sind drei Devisen: »Alles bleibt, wie es ist«, »Alles läuft jetzt umgekehrt«, »Wir treffen uns in der Mitte«.

Zufrieden oder verbittert erklären die einen, die alten Rollen- und Machtverhältnisse hätten sich als äußerst robust erwiesen und das Strohfeuer der Emanzipation sei heruntergebrannt (»It's a man's world«). Erschreckt oder euphorisch erklären die anderen, die Frauen seien es nun, die als das starke Geschlecht zu gelten hätten, sie würden den Männern den Rang ablaufen und die Macht übernehmen (»Die Zukunft ist weiblich«). Heiter oder bedrückt sagen schließlich die Dritten, die Unterschiede zwischen den Geschlechtern seien im Schwinden begriffen und wir sollten uns auf ein neues Miteinander einrichten.

Für die Väter heißt dies – je nach Ausgang der Geschichte – ganz Verschiedenes. Sie bleiben am Drücker. Oder sie geraten auf den absteigenden Ast. Oder sie landen irgendwo in der *mixed zone* des Lebens. In welche Richtung die Reise geht – das ist eine Frage, die man in der Wüste der Statistiken vertrocknen lassen oder im Feuer der Ideologien verheizen kann. Über Zahlen und Fakten stülpen sich giftige Diskussionen über alte und neue Weiblichkeit, alte und neue Männlichkeit, vermännlichte Frauen, verweiblichte Männer, kinderlose Doppelverdiener, kinderreiche Sozialhilfeempfänger etc. Überleben am Ende nur die Familien, in denen der Mann das Sagen hat? Gibt es die »Neuen Männer«, und wollen sich Frauen von ihnen überhaupt schwängern lassen? Sind starke Frauen auch kinderfreundlich? Ist Gleichstellung sexy oder steril?

Manche Fragen sind es nicht wert, gestellt zu werden, aber zu jedem denkbaren Szenario gibt es das passende Buch, das einschlägige Pamphlet. Sie tragen Titel wie »Die Wiederkehr des Patriarchats«, »Die Emanzipationsfalle«, »Der ungezähmte Mann«, »Wie die Zukunft von Frauen gemacht wird«, »Warum wir einen neuen Geschlechtervertrag brauchen« etc. Mit allem Respekt: Ich irre durch diesen Wald der steilen Sprüche, und mir geht kein Licht auf. Ich meine: Wenn das Verhältnis der

Geschlechter nicht chauvinistisch versalzen oder harmonistisch verzuckert wird, ist es das Spannendste der Welt. Aber: Wenn wir vom Geschlechterkampf reden und vom Generationenspiel schweigen, kommen wir nicht weiter. Und vor allem: Wenn wir das Generationenspiel verstehen wollen, dann müssen wir uns davor hüten, in der Gegenwart hängen zu bleiben.

Das Spiel, das hier gespielt wird, ist ein *langes* Spiel. Es ist eine schier endlose Partie – und man kann sagen, dass dieses Buch ein Spielbericht ist. Früh, nach meiner Rechnung Ende des 17. Jahrhunderts, ist die Familie, das Verhältnis der Generationen in heftige Bewegung geraten. In meiner Geschichte dieser Bewegung halte ich mich an die Väter, weil sie bei dem fliegenden Start, mit dem die Umwälzung des privaten Lebens begann, am Drücker saßen. Die »toten weißen europäischen Männer« oder DWEMs (»dead white European males«), die vor einigen Jahren als Buhmänner der Kulturgeschichte herumgereicht wurden, sind die Hauptverantwortlichen für den Weg, den die moderne Gesellschaft genommen hat. Über die Jahrhunderte hinweg haben sie Autoritäten verteidigt, aber auch gestürzt. Sie haben an der Spitze der Familien gestanden, bis ihnen schwindlig wurde. Mein Bericht vom Generationenspiel muss dort beginnen, wo die Macht sitzt, denn dann bin ich am nächsten dran, wenn sie bröckelt, sich erschöpft oder erholt, sich schließlich verwandelt, verlagert oder auflöst.

Ich neige nicht zum Wunschdenken und noch weniger zur Hasskampagne, sondern bin ein Fanatiker der Bestandsaufnahme. Dass ich mich in diesem Buch mit »toten Männern« – also zum Beispiel mit John Locke und Adam Smith, Condorcet und Edmund Burke, Jean Paul und Friedrich Schiller, Zola und Dostojewskij – befasse, ergibt sich aus einer ganz einfachen Einsicht: dass man nämlich nur dann ganz bei Sinnen ist, wenn man versteht, wie man geworden ist. Die inneren Widersprüche, die sich im Laufe der letzten Jahrhunderte in der ganzen Familie entfaltet haben, sind in uns hineingewandert, sie sind

Teil von uns selbst geworden. Ihre Spuren reichen hinein in die kleinsten Verästelungen heutiger Lebensentwürfe. Bei Alexis de Tocqueville, der den Errungenschaften der Moderne nun wahrlich wohlwollend gegenüberstand, steht der schöne Satz: »Wenn die Vergangenheit die Zukunft nicht mehr erhellt, tappt der Geist im Dunkeln.« Ihn mache ich mir zu eigen. Ich möchte, plump gesagt, herausfinden, was wir »auf dem Kasten haben«: Es geht mir um Lebensmöglichkeiten, die die Geschichte für uns bereithält, und um Lebensmöglichkeiten, die sich in der Gegenwart freisetzen lassen, wenn wir auf uns selbst so gespannt sind wie auf den Ausgang des wichtigsten Spiels unseres Lebens.

Die Macht und die Herrlichkeit (und auch die Dämlichkeit) der Moderne gilt es zu prüfen, und der Weg dieser Prüfung führt in diesem Buch erst mal über die Vergangenheit. (Apropos »herrlich« und »dämlich«: Manche werden diese Gegenüberstellung gerade bei dem Thema, um das es hier geht, ausschlachten wollen und den Geschlechtern, also den Herren und Damen, zuschlagen. Aber sosehr das »Herrliche« mit dem Herrn, auch mit dem Herrgott, zu tun hat, so wenig hat das »Dämliche« etymologisch mit der Dame zu tun; es geht auf eine ganz andere Wortfamilie zurück, zu der z. B. auch die Dämmerung gehört.) Beim Nachdenken über Vaterschaft, Vatermord und Vaterlosigkeit in der Moderne möchte ich weit ausholen und in der Geschichte Anlauf nehmen; wenn mir die große Welle, die mich durch die Jahrhunderte tragen soll, wohlgesinnt ist, dann gönnt sie mir am Ende vielleicht eine Landung in der Mitte der Gegenwart.

2. Der Niedergang des Vaters

Die Krankheit des Patriarchen

Ich weiß nicht, ob Nicolas Sarkozy gemerkt hat, dass er mit seinem Vorhaben, das Land wie ein Vater zu führen, in eine ziemlich eigentümliche, altertümliche Gesellschaft hineingeraten ist. Sarkozys entfernte Verwandte sind zahlreich: James I. meinte Ende des 16. Jahrhunderts, dass er als englischer König wie ein Vater für seine Untertanen zu sorgen habe; Jean Bodin, der französische Theoretiker des Absolutismus, sah den Vater überall am Werk – im Himmel und auf Erden, in Königreich und Haushalt; der deutsche Aufklärer Christian Wolff erklärte 1721, dass »regierende Personen« sich »zu Unterthanen« verhalten »wie Väter zu den Kindern«.

Wir machen hier Bekanntschaft mit einem Ordnungsprinzip, das im Großen wie im Kleinen angewendet wird und so unschlagbar einfach erscheint, dass es schon wieder misstrauisch macht: es ist das Prinzip des Patriarchats. Lange hielt sich der Patriarch an der Macht, in drei Größen, brav übereinandergestaffelt, kam er zum Einsatz. Ganz oben stand der göttliche Vater, darunter befand sich der von ihm autorisierte Monarch, und noch eine Etage tiefer herrschte der Familienvater, über den die beiden anderen schützend die Hand hielten.

Wer auf Erden an der Macht war, schmückte sich gerne mit den fremden Federn jenes höchsten Wesens, das über die Welt wachte. So behauptete James I., ein König könne als »göttliche Macht auf Erden« bezeichnet werden, denn »wenn man die Eigenschaften Gottes betrachtet, so wird man sehen, wie sie sich in der Person des Königs wiederfinden«. Entsprechend konnte sich der Familienvater, sozusagen als kleinstmöglicher Gott, einbilden, dass sich in ihm die Eigenschaften des Königs, also indirekt auch Gottes, in Schrumpfform wiederfanden.

Simpel war diese Welt geordnet, vornehm ging sie nicht zugrunde. Man könnte kurzerhand sagen, dass diese Welt zerfiel, weil der Patriarch von Syphilis befallen wurde. Zugegeben: Das ist nicht ganz wörtlich gemeint, auch wenn König Franz I. von Frankreich an dieser Krankheit starb. In der Geschichte, die ich erzählen will, spielt die Syphilis eine etwas andere, raffiniertere Rolle. *Morbus gallicus,* »gallische Krankheit« – so hieß die Syphilis früher, und so lautete auch der Titel eines geheimnisvollen Manuskripts, das bei einer Polizeiaktion im Londoner Haus des aufrührerischen Earl of Shaftesbury 1681 vorgefunden und auf einer Bestandsliste notiert wurde. Bei der Wahl des Decknamens muss der Verfasser dieses Textes eine diebische Freude empfunden haben, denn es ging darin gar nicht um körperliche Gebrechen, sondern um eine andere »französische Krankheit«: den Absolutismus. Mit diesem Absolutismus legte sich das Patriarchat aufs Sterbebett.

Was darf man sich unter einem absoluten Herrscher vorstellen? Er ist jemand, der despotisch, willkürlich mit seinen Untertanen umspringt. Seine Großmannssucht hat durchaus Ähnlichkeit mit einem Sexualleben, bei dem man sich nach Belieben anderer bedient – und bei solchen Ausschweifungen kann man sich bekanntlich eine schleichende, zum Tode führende Krankheit einfangen: die Syphilis. »Der Absolutismus ist die Ausschweifung. Die Ausschweifung ist die Syphilis«, sagt ein Kulturhistoriker dieser Krankheit, der den gedanklichen Kurzschluss vielleicht etwas zu sehr liebt. Doch der Despotismus hat in der Tat Züge einer politischen Geschlechtskrankheit. Er beruht darauf, dass dem Herrscher ein ganzes Volk zu Willen ist. So klingt es auch arg anzüglich, wenn ein Monarch seine Untertanen als Kinder bezeichnet und sich zugleich »Gemahl« des ganzen Volkes nennt. Übersetzt man diese Rollenspiele in ein sexuelles Sittenbild, ergibt sich eine ziemliche Sauerei.

Nach dem Manuskript über die »gallische Krankheit« hat man später vergeblich in Nachlässen gefahndet, doch der Philosoph John Locke – er nämlich war der Verfasser jener bei Shaftesbury gefundenen Seiten – machte daraus später seine berühmten »Zwei Abhandlungen über die Regierung«. In ihnen stellte er dem politischen Patriarchat lange vor seinem geschichtlichen Ende den geistigen Totenschein aus. Eigentlich muss man sogar sagen, dass Locke nicht nur den Tod festgestellt, sondern das Patriarchat eigenhändig zur Strecke gebracht hat – mit einer begnadeten, gnadenlosen Polemik, bei deren Lektüre sich jeder, der die Lust am Vernichten kennt, die Hände reibt. Zur Strecke gebracht wurde, genau genommen, nur die Idee des politischen Patriarchen; in der Realität hat er sich noch eine lange Weile herumgetrieben, auch wenn ihm durch Lockes Angriff die geistige Grundlage abhandengekommen war.

Lockes Opfer war der Königsfreund Robert Filmer, der in seiner Schrift »Patriarcha« brav vortrug, dass die »Könige Väter von Familien sind«, dass »Adam und alle ihm folgenden Patriarchen aufgrund väterlichen Rechts die königliche Autorität über ihre Kinder« ausüben, dass Gott der »oberste Herr über die Kinder und Kindeskinder aller Generationen« sei etc. Lockes Angriff galt nun, genau genommen, nicht Gott-Vater als dem obersten »Patriarchen«, er kappte vielmehr die Leinen, mit denen sich die diesseitigen »Väter« von der göttlichen Macht ins Schlepptau nehmen lassen wollten. Zwei Hiebe führte Locke gegen Filmers Patriarchat.

Der erste Hieb zielte aufs Politische. Er fragte: Wenn Gott diese patriarchalische Ordnung wirklich gewollt hat, warum hat er dann die Herrschaft auf Erden an all diese großen und kleinen Monarchen verteilt? Warum hat er den Turm von Babel zerstört und die Menschheit in Gruppen und Grüppchen (eine »multitude«, wie es bei Locke heißt) versprengt? Die Antwort liegt auf der Hand: Gott muss »sorgsam« darauf bedacht gewesen sein, die »väterliche Autorität« in der Politik »zu zerstören«, er überließ es den Menschen, ihre Angelegenheiten gemeinschaftlich zu regeln. Dem Patriarchen auf Erden war damit das Grab geschaufelt. Kühl wird Immanuel Kant später den Nachruf formulieren: »Eine *väterliche Regierung ...*, wo also die Untertanen als unmündige Kinder ... sich bloß passiv zu verhalten genötigt sind, ... ist der größte denkbare *Despotismus.*«

Um den zweiten Hieb gegen Filmers Patriarchat zu führen, holte Locke Schwung im Feld des privaten Lebens. Es mag ja sein, so sagte er, dass dem Vater die Autorität in der Familie zukomme; aber wie steht es bei dessen Tod um die Nachfolge? Dafür hat Gott keine strikten Regeln vorgegeben. Da in jeder Generation die Karten neu gemischt werden, soll sich nach Locke keiner damit abfinden, von Natur aus »Untertan eines Bruders« zu sein: »Es liegt damit bei den Menschen«, so Lockes gelassen-großes Wort, »wem sie die Regierung übertragen und welche Form sie ihr geben wollen.«

Locke sprach von den »Brüdern«, die sich durch Blutsbande oder ein gemeinsames Schicksal verbunden fühlten. Doch eigentlich hatte er es nicht auf Brüder, sondern auf Individuen abgesehen. Für sie erkämpfte er als Liberaler unveräußerliche Rechte, ihnen sollte die Entscheidung zustehen, in welcher Ordnung sie leben wollten. Die Todesstunde des Patriarchats war zugleich die Geburtsstunde des Gesellschaftsvertrages, in dem sich die Individuen arrangieren oder eben »vertragen«. »Politische Gewalt«, so sagte Locke, »*hat ihren Ursprung allein in Vertrag* und Übereinkunft und in der gegenseitigen Zustimmung derjenigen, die die Gemeinschaft bilden«, »politische Macht« sei strikt zu unterscheiden »von der eines *Vaters* über seine Kinder«.

Ende des 17. Jahrhunderts fiel der Startschuss für einen Großversuch im Laboratorium der Geschichte. Inzwischen läuft dieser Versuch – er heißt Moderne – schon seit gut dreihundert Jahren, in der Politik und im Privatleben, mit wechselndem Erfolg. Mit drei Handgriffen war das Labor für diesen Großversuch präpariert.

Erster Handgriff: Wenn der »große« Vater in der Politik abgeschafft ist, brauchen wir ein neues Modell politischer Ordnung, das sich auf die Übereinkunft der Bürger gründen soll. Wie kann das funktionieren?

Zweiter Handgriff: Wenn der Familienvater seinen Rückhalt in der Weltordnung des Patriarchats verliert, fällt seine Identität in Scherben; das Vaterbild ist zur Renovierung freigegeben. Wie sieht der neue Vater aus?

Dritter Handgriff: Wenn Politik und Privatleben nicht mehr über denselben Leisten geschlagen werden, muss ganz neu ausgehandelt werden, wie die Arbeitsteilung zwischen Staat und Familie in der Moderne aussieht. Wer darf sich bei wem einmischen? Das Jugendamt in der Familie? Der Vater beim Schulrektor? Der Staat bei der Fortpflanzung?

In diesen drei Handgriffen steckt alles drin: der ganze Schwung, von dem die traditionellen Vaterbilder verwandelt oder weggerissen werden, und der Zuschnitt der Herausforderungen, die sich dann aufdrängen. Die alten politischen Machthaber sind sturmreif geschossen, wenn sie aus der Phalanx, die von der Familie bis zur göttlichen Autorität reicht, herausgebrochen sind. Im Feld der Politik beginnt die Verwandlung der Untertanen in Bürger. Eigentlich ist nun auch kaum denkbar, dass sich diese politische Emanzipation weiterhin mit dem privaten Patriarchat arrangieren könnte. Doch die Gebrauchsanweisung, die für den politischen Umsturz benutzt wird, lässt sich nicht in gleicher Weise auf das private Leben anwenden. Hier kann das Modell, wonach sich gleiche und freie Individuen zusammentun, zwar vielleicht im Verhältnis zwischen Mann und Frau funktionieren, aber sicher nicht im Verhältnis zwischen Eltern und Kindern. Entsprechend gerät das Verhältnis zwischen der Politik und dem privaten Leben in Schieflage. Die Verwandlung des Familienvaters hinkt hinter der politischen

Entwicklung hinterher. Seit Lockes erstem großen Angriff auf das Patriarchat zeichnet sich ab, dass der Vater nicht bleiben kann, wie er war. Damals ist der Vater ins Schleudern gekommen – und er schlingert bis heute.

Inzwischen haben die Familienväter längst ihre großen Vorbilder im Himmel und auf Erden verloren, doch neuerdings ist es wieder Mode geworden, von der Rückkehr des Patriarchats zu schwärmen. Nicht der König soll wiederauferstehen, aber wenigstens der private Patriarch soll sich von der Syphilis erholen und wieder in alter Herrlichkeit amtieren. Der amerikanische Publizist Phillip Longman hat im Jahre 2006 die Parole von der »Rückkehr des Patriarchats« ausgegeben; hierzulande hat er damit nicht nur für Aufregung gesorgt, sondern auch Anhänger gefunden. So verteidigt Norbert Bolz die »patriarchalische Verhaltensweise«, die sich von alters her bewährt habe, gegen die »ungeheure Zumutung«, der die Männer durch die Gleichberechtigung der Frauen ausgesetzt worden seien. Er meint, der Angriff auf das Patriarchat sei eine Untat aus jüngster Vergangenheit, ein Anschlag, mit dem irgendwelche verirrten Frauen nach 1968 die Ordnung der Familie und das Bild des Mannes »plötzlich« auf den Kopf stellen wollten. Bolz kommt mir vor wie jemand, der entsetzt die Hände über dem Kopf zusammenschlägt, weil ein Teller auseinanderbricht, durch den sich doch schon seit Urzeiten ein langer, hässlicher Sprung zieht. Schon am Ende des 17. Jahrhunderts ist das in sich verschachtelte, gewaltige Gebilde des Patriarchats aus den Fugen geraten. Seitdem steht es klapprig, angeschlagen im Sturm der Zeit.

Bei Phillip Longman heißt es, »keiner fortgeschrittenen Kultur« sei es bisher gelungen, ihren Bestand unter Verzicht auf die patriarchale Ordnung zu sichern; deshalb sieht er uns schnurstracks zur alten Ordnung zurückkehren. Das ist gar nicht so witzig: Longman liegt jedenfalls richtig, wenn er sagt, dass sich bis heute keine Alternative zum Patriarchat fest etabliert und im Großen wie im Kleinen bewährt habe. Das heißt nun aber nicht, dass man sich den Mantel des Patriarchen einfach wieder umlegen und sein Leben nach dem alten Bilde formen könnte. Der Patriarch ist längst invalide, aber die Nachfolgeregelung ist immer noch in der Schwebe. In Österreich wurde im Frühjahr 2008 das Verbrechen eines Vaters entlarvt, der jahrzehntelang seine Tochter eingesperrt hatte und mit ihr mehrere Kinder zeugte. Elfriede Jelinek beschreibt ihn als perversen Verwandten des alten Patriarchen: »Hier gilt das Wort des Vaters..., hier haben wir einen Gottvater, der alle Personen ist und alles Sprechen ... erledigt.«

Irrungen und Wirrungen der Väter lassen sich diesseits des Entsetzens an drei Stücken ablesen, die in deutschen Theatern 2007 auf die Bühne kamen. Mirko Borscht schlachtet in dem Stück »Opferpopp« am Theater in Halle eine alte Geschichte von Roland Topor aus, lässt nun aber nicht, wie Topor, »Monsieur Laurents Baby«, sondern einen Vater ans Kreuz nageln und von Jugendlichen mit Blut übergießen. »Ich habe keinen Bock mehr auf mein Elternteil«, ruft einer. Der geschundene Vater lässt alles ziemlich teilnahmslos über sich ergehen. Den »Elenden Vätern«, den Titelhelden eines Stücks von Tom Peuckert, das am Bielefelder Theater uraufgeführt wurde, geht es nicht viel besser: sie haben offensichtlich keinen Bock mehr auf sich selbst: »Was ist aus diesem Geschlecht geworden?!« – so lautet eine besorgte Frage. Und in der Revue »Vatertag«, die Franz Wittenbrink 2007 für das Hamburger Thalia-Theater arrangiert hat, schlagen sich ein paar Männer auf die Schenkel vor Traurigkeit und singen ihr Lied dazu.

In der ZEIT war zu lesen, der »Familiendiskurs« in Deutschland quelle über von neuen Ideen, aber eines sei seltsam: »Die Väter schweigen.« Nun gut, das ist vielleicht übertrieben: Mindestens jammern tun sie, wenn nicht noch mehr. Aber wenn denn das Schweigen der Väter noch gebrochen werden muss, bitte, dann tu ich's gerne. Um mir selbst als Vater auf die Spur zu kommen und auf die Sprünge zu helfen, darf ich aber nicht bei mir selbst anfangen. Vielmehr muss ich zurückkehren zu jener Urszene, mit der die Geschichte der Vaterschaft in der Moderne einen neuen Dreh bekommen hat: zu John Lockes Kritik des Patriarchats.

Ich kenne keine Väter mehr, ich kenne nur noch Individuen

Als Kind war ich fasziniert von diesen Türmen aus Holzbauklötzen, die zusammenstürzten, wenn man nur unten an der richtigen Stelle ein kleines Stück herauszog. Genau so hantiert Locke mit dem Gebäude des Patriarchats. Einige geschickte Bewegungen genügen, und schon ist dieses Gebäude eingestürzt. Aber der Zusammenbruch des Einen ist noch nicht das Richtfest des Anderen. Eine andere Welt – sie muss erst noch erfunden werden.

Lockes Erfindungsgeist richtet sich vor allem auf die Welt der Politik, nicht auf die Familie. Die Politik soll neu organisiert werden durch einen Vertrag, auf den sich alle Bürger im »Konsens«, in einer großen »Übereinkunft« einigen. Eine giftige Frage bleibt: Wie soll diese Einigung der Bürger von Bestand sein, wenn doch in der Gesellschaft ein Kommen und Gehen herrscht und deren Zusammensetzung dauernd wechselt? Kaum hat man alle zusammengetrommelt, sind einige schon wieder nachgewachsen: Nachzügler aus einer anderen Generation, die man nicht sang- und klanglos übergehen oder vereinnahmen kann. Wenn der Gesellschaftsvertrag halten soll, was er verspricht, dann muss man bereit sein, die vereinbarte Ordnung immer wieder aufs Spiel zu setzen, immer wieder neu auszuhandeln. So wird er zur Sisyphusarbeit: Das Papier, auf dem er festgehalten wird, ist immer schon Altpapier.

Der Gesellschaftsvertrag kommt von unten, mit ihm setzen

die Menschen ihre Freiheit gegen den alten Herrscher durch. Doch der Sieg gegen das Patriarchat ist wie das Erreichen einer neuen Spielebene bei Computerspielen: Dort besteht der Lohn der Mühe darin, dass man neue Kräfte erhält, aber auch vor neuen Schwierigkeiten steht. Lockes Sieg gegen das Patriarchat entfesselt die Kräfte der politischen Emanzipation – und führt zu einem Folgeproblem: einem Generationenproblem.

Kaiser Wilhelm II. sagte, er kenne keine Parteien mehr, er kenne nur noch Deutsche. John Locke könnte sagen: »Ich kenne keine Väter mehr, ich kenne nur noch Individuen!« Gut, das ist vielleicht etwas übertrieben: In der Familie sind Väter weiterhin erwünscht. Aber in der Politik bricht mit Locke das Zeitalter der Vaterlosigkeit und der Kinderlosigkeit an. Die Menschen, die sich im Gesellschaftsvertrag zusammentun, sollen dies nicht als Kinder von Eltern, nicht als Eltern von Kindern, sondern nur als Individuen tun. Deshalb ist Lockes Angriff aufs Patriarchat auch nicht nur eine politische Angelegenheit, sondern der Startschuss für eine Umwälzung, die erst unbemerkt, dann unaufhaltsam das private Leben ergreift.

Die Theoretiker des Gesellschaftsvertrags haben als Lösung für das Generationenproblem nur einen Trick zu bieten: den Als-ob-Trick. Sie tun so, *als ob* die Individuen irgendwie schon »fertig« wären und sich an einen Tisch setzten, um sich mit anderen auf die Spielregeln des Lebens zu einigen. Man verzichtet auf eine große Bürgerversammlung und begnügt sich damit, so zu tun, *als ob* die Menschen dem Gesellschaftsvertrag zugestimmt hätten. Auf die tatsächliche Zustimmung kann man pfeifen – so heißt es –, weil sich sowieso vernünftigerweise gar keine Einwände gegen die Regeln des Vertrages finden lassen. Mit diesem Als-ob-Trick soll schließlich auch das Verhältnis von Eltern und Kindern in einen Vertrag umgebogen, umgelogen werden: Samuel Pufendorf sagte Ende des 17. Jahrhunderts, die Kinder ließen die Erziehung der Eltern über sich ergehen, »als ob« sie in einem »stillschweigenden Vertrag« ihr »volles und ausdrückliches Einverständnis« zur väterlichen Macht gegeben hätten. Alles wird mit dem Schein der Freiwilligkeit geheiligt – aber das ist natürlich scheinheilig.

Menschen sind keine Schmetterlinge, sie kommen nicht fertig auf die Welt

Ein Mensch kommt nicht zur Gesellschaft wie ein Gast zur Abendeinladung: aus freien Stücken, fertig eingekleidet, ein Lächeln auf den Lippen. Ein Mensch gehört schon zur Gesellschaft, wenn er als kleines Bündel, wimmernd oder schmatzend, im Arm der Mutter oder des Vaters liegt.

Fast alle Helden der Emanzipation, die in der Moderne auftraten, waren besessen von Szenarien der Neugründung, von der Stunde null, vom totalen Neuanfang, von der Geburt eines Neuen Menschen. Auch die Vertragstheoretiker träumten diesen Traum von der Stunde null, der doch am menschlichen Leben vorbeigeht. Bei meinen Streifzügen durch die frühe Moderne bin ich auf einen Denker getroffen, der diesen Traum als Albtraum entlarvt und sich mit scharfsinnigem Sanftmut dem Werden des Lebens, der Menschheit zwischen den Stühlen von Alt und Neu zugewandt hat: David Hume. Er meinte, man könnte sich durchaus eine Ordnung vorstellen, die nach dem Modell des Gesellschaftsvertrags eingerichtet wäre und in der immer alles neu, ohne Rücksicht auf die »Vorfahren« und ihre »Gesetze« festgelegt werden würde. Das ginge aber nur, »wenn eine Generation von Menschen die Bühne auf einen Schlag verlassen und ihr dann die nächste« – wiederum auf einen Schlag – »folgen würde«. Bei Schmetterlingen, so sagte Hume, ließe sich der Generationengang wohl nach diesem Mechanismus organisieren, nicht aber bei den Menschen, deren Gesellschaft sich »in einem unaufhörlichen Fluss befindet«. Menschen sind keine Schmetterlinge. Sie kommen nicht fertig auf die Welt, sondern wachsen in die Welt hinein. In dem Film »Ocean's Thirteen« fragt Danny Ocean alias George Clooney den von Andy Garcia gespielten Kasinobesitzer kurz vor dem großen Clou, ob er fertig sei, und Garcia antwortet: »I was born ready.« Clooney verdreht die Augen gen Himmel; recht hat er.

David Hume mutete seinen Zeitgenossen Mitte des 18. Jahrhunderts einiges zu: Unter einem Himmel, in dem er keinen Vater wohnen ließ, sah er uns Menschen ungeschützt das Leben führen. Keinem höheren Gesetz sollten wir uns unterwerfen, wir sollten uns aber auch nicht einbilden, wir seien über allen Zweifel erhaben. Niemand kann nach Hume aus dem Fluss der Geschichte herausklettern – auch die Vertragstheoretiker nicht, die krampfhaft versuchen, sich an den eigenen Haaren aus diesem Fluss herauszuziehen. Würde Hume heute leben, spräche er vielleicht von einer Welt der flachen Hierarchien und von einem Netzwerk, das Halt gibt und die Generationen untereinander verbindet. Bescheidenheit war seine Zier. Den Traum von der totalen Neugründung begrub er, das Zusammenleben der Menschen schilderte er als Spiel von Überlieferung, Anpassung und Abweichung. Es sieht vielleicht so aus, als erlahme damit die Bewegungsfreude, als sei eine solche Welt ein behäbiges Verwandtentreffen, ein Kult des Konservativen. Das ist aber gar nicht wahr. Die Anerkennung des Generationengangs kann auch dazu führen, dass die jeweils ältere Generation bewusst ihre Aufgabe der Einführung der Jugend ins Leben annimmt, weise ihre Grenzen einsieht und die jüngere Generation schwungvoll ihre »innere Elastizität« ausspielt.

Deshalb liebäugelten der amerikanische Präsident Thomas Jefferson und der französische Revolutionär Condorcet damit, Gesetze mit einem Verfallsdatum zu versehen. Den Gesetzen sollte es ergehen wie einem Glas Milch, das nach einer Weile sauer wird. Jeweils nach neunzehn Jahren sollten sie, so lautete zum Beispiel Jeffersons Vorschlag, automatisch auslaufen und neu beraten werden. Dieser Vorschlag fand aber damals, Ende des 18. Jahrhunderts, kaum Widerhall. Auch um David Humes zarten Hinweis darauf, dass die Menschheit im »Fluss« sei, hat sich in der Politik kaum jemand geschert, denn dieser Hinweis vertrug sich weder mit der Verteidigung einer ewigen, ewig-gestrigen Ordnung noch mit dem Traum, man könne ein Reich der Freiheit aus dem Ärmel schütteln.

Unter Humes Zeitgenossen gab es solche, die sich weiterhin einbildeten, als Individuum wie ein Schmetterling aus dem Ko-kon krabbeln zu können, fertig und gerüstet in die Welt zu tre-ten und ihr ganz aus sich heraus zu trotzen. Doch es gab auch solche, die auf Humes Schilderung der endlosen Bewegung, des wilden Wachstums menschlichen Lebens panisch reagierten. Sie fühlten sich nicht in einen Leben spendenden Fluss, sondern in einen »grenzen- und weglosen Ozean« geworfen. An der Wur-zel dieses Gefühls stand eine unheimliche Irritation, eine Ver-unsicherung darüber, woher man kommt und wohin man geht.

Die Menschen, die sich als Möchtegern-Schmetterlinge auf-führten, hatten das Gefühl, es sei eine Stunde Null angebrochen und sie seien aus einer vorab geordneten Entwicklung heraus-getreten. Jenen anderen, die ängstlich und verunsichert rea-gierten, erging es eigentlich gar nicht viel anders. Auch sie hat-ten das Gefühl, aus der Zeit herausgefallen zu sein. Nur warfen sie sich nicht auf die Zukunft, die sie in den Griff bekommen wollten, sondern sie haderten damit, dass ihnen die Herkunft entglitten war.

Das also war die Situation, als Gesellschaft und Familie in Bewegung gerieten, als all die Hoffnungen und Wunden der Moderne noch ganz frisch waren: Der erste Schlag gegen die väterliche Macht war geführt, das neue Leben kribbelte in den Fingern; doch neben den Angriff auf das Patriarchat trat die Angst vor dem Verlust des Vaters, der die Welt ordnet. Manche fühlten sich verloren in einer vaterlos gewordenen Welt. Das ist ein starkes Gefühl – geben wir ihm für einen Moment nach.

3. Die Angst vor der vaterlosen Welt

Ein unförmiges All

Es wird berichtet, dass der Earl of Shaftesbury, bei dem die Polizei John Lockes Manuskript über die »gallische Krankheit« fand, die Vormundschaft für seinen Enkel übernehmen musste, kaum dass dieser geboren war; der Vater des Jungen war schwer erkrankt. Bei der Suche nach einem Experten für dessen Erziehung wurde der Earl schnell fündig: eben bei John Locke. In den Jahren nach 1680, also in der Zeit, als Locke an der Demontage des politischen Patriarchats arbeitete, brachte er nebenbei dem jungen Shaftesbury Latein und Griechisch bei. Sein Zögling war hochbegabt, er wurde fast so berühmt wie Locke selbst.

Ich will nicht darüber spekulieren, wie diese familiäre und pädagogische Konstellation auf ihn gewirkt haben mag, jedenfalls aber fällt bei ihm, bei Anthony Ashley Cooper, dem dritten Earl of Shaftesbury, ein Wort, das im 18. Jahrhundert wie eine heiße Kartoffel von einer Hand zur anderen wandern wird: das Wort von der »vaterlosen Welt«.

1708 veröffentlicht Shaftesbury einen »Brief über den Enthusiasmus«, in dem er über die Vorzüge und Nachteile einer Welt nachdenkt, die vom Zufall bestimmt ist. Letztlich sei, so meint er, die Vorstellung von einem Wesen, »das Beziehung auf das Ganze hat«, die Vorstellung von einem »allgemeinen Vater« doch recht anziehend, abschreckend sei dagegen die Vorstellung von einer »verlassenen Natur« und einer »vaterlosen Welt«. Was, wenn es sich bei dem Universum, in dem wir leben, um eine »riesige Unförmigkeit« handelte, wenn wir in einer »zerrütteten Welt« lebten? Zur Sorge um die Unordnung im All gesellt sich die Angst vor dem Zerfall der sozialen Ordnung – einem Zerfall, der von den Verteidigern des Glaubens, aber auch von den Fürsprechern menschlicher Kooperation und Selbstorganisation bekämpft wird.

Man lasse diesen geistigen Stafettenlauf im Zeitraffer an sich vorbeiziehen: Es gibt also einen jungen Mann, der nicht durch seinen Vater, sondern durch ebenden Philosophen erzogen wird, welcher den ersten geistigen Frontalangriff auf das Patriarchat lanciert hat – und dieser junge Mann setzt, kaum dass er erwachsen ist, das Wort von der »vaterlosen Welt« in Umlauf. Schon am Beginn der Geschichte, die ich erzählen will, gerät man in ein Wechselbad der Gefühle und Gedanken hinein. Eines ist übrigens seltsam: Heute ist das Wort von der »vaterlosen Gesellschaft« in aller Munde, doch Sigmund Freud, Alexander Mitscherlich und all jene, die mit diesem Wort Furore machten, hatten keine Ahnung davon, dass die Menschen einst von der Sorge um die »vaterlose Welt« umgetrieben wurden. Diese Ignoranz können wir uns nicht leisten. Um aus der Krise der Vaterschaft richtig herauszukommen, müssen wir in die Geschichte dieser Krise erst mal richtig hineinkommen.

Im 18. Jahrhundert fühlten sich viele Geister in einer Mischung aus Angst und Lust zu dem Verdacht von der »vaterlosen Welt« hingezogen, um ihn dann doch panisch wieder abzuschütteln – und so wanderte dieses Wort ruhelos durch die Zeit. »Welchen Trost«, so fragte ein gewisser Robert Wallace Mitte des 18. Jahrhunderts, »kann die Menschheit daraus ziehen, dass sie in einem Durcheinander, einem verwirrten All oder einer vaterlosen Welt lebt?« Die Trostlosigkeit wurde immer aufdringlicher – wohl auch deshalb, weil die gesellschaftliche Ordnung mit der munter voranschreitenden Demontage des politischen Vaters immer stärker zu schwanken begann, ohne dass ein neues Regierungssystem schon Fuß gefasst hätte.

Ich habe nichts gegen die Angst als Lehrmeisterin, aber ohne Einsicht bleibt sie wahllos. Wovor genau habe ich also Angst, wenn ich von der Angst vor der vaterlosen Welt umgetrieben werde? Drei Väter sind im Repertoire, denen es an den Kragen gehen könnte: der Vater im Himmel, der politische Vater und der Familienvater. Bei der Angst vor der vaterlosen Welt geht es – das liegt auf der Hand – um das große, größte Ganze. Doch die große Angst geht mit kleinen Ängsten, also auch mit kleinen Hoffnungen und Sehnsüchten Hand in Hand. Auf allen Ebenen bricht Unordnung aus. Wenn ich mich in diese Zeit zurückversetze, dann fühle ich mich ein bisschen wie ein Kind, das in einem verlassenen Schloss durch endlose »Zimmerfluchten« – wie das schöne Wort heißt – läuft und den großen Überblick ebenso vermisst wie sein kleines Reich. Wer sagt mir nun, wo ich wohne, wohin ich gehöre? Ich reiße Türen und Fenster auf, schaue ins Weite, schnuppere frische Luft und frage mich, ob sie vom Unheil schwanger ist oder vom Glück.

Besuch bei Jean Paul in Bamberg: *Wir sind alle Waisen*

Wir schreiben das Jahr 1789 – doch wir schauen nicht gleich auf jenen Ort, der in diesem Jahr eigentlich alle Blicke auf sich zieht, nicht aufs revolutionäre Paris, sondern erst einmal in die welthistorische Provinz. Wir reisen ins schöne Bamberg und dann gleich noch nach Edinburgh.

In Bamberg schreibt Jean Paul 1789 den ersten Entwurf eines Textes, der in seiner endgültigen Fassung einen der ungeheuerlichsten Titel tragen wird, den die deutsche Literatur zu vergeben hat: »Rede des toten Christus vom Weltgebäude herab, daß kein Gott sei«. Berichtet wird in dieser Rede von einer schrecklichen Welt, in der nur »quecksilberne Punkte von Ichs« anzutreffen sind, »welche blinken, rinnen, irren, zusammen- und auseinanderfliehen, ohne Einheit und Bestand«. Jean Paul gestaltet diese Rede als Bericht von einer Welt, in der nur der »ewige Sturm« zu hören ist, »den niemand regiert«. Christus ruft: »Wir sind alle Waisen, ich und ihr, wir sind ohne Vater ... – Ach, wenn jedes Ich sein eigner Vater und Schöpfer ist, warum kann es nicht auch sein eigner Würgeengel sein?«

Christus macht in dieser Rede Ernst mit seiner Bereitschaft, einer von uns, ein Mensch zu sein, und muss sich deshalb auch gemein machen mit dem Individuum, das den Glauben an Gott aufgegeben hat und dem – so scheint es – nichts mehr bleibt als es selbst: ein »Ich«, das sich, als Gott in eigener Sache, als Schöpfer seiner selbst, hervorbringt. Das erste Gebot kann neu formuliert werden und lautet nun: Du sollst keinen anderen Vater neben dir haben als dich selbst.

Hinter Jean Pauls mit Grabesstimme vorgetragener »Rede« steckt viel mehr als das Hadern mit der Gottlosigkeit. Dahinter verbirgt sich eine subtile Kritik am idealistischen »Ich«, das sich selbst schafft, also auf keinen Vater mehr angewiesen ist, ja, sich jede Einmischung, jede Fremdeinwirkung verbitten muss. Jean Paul gehört nicht in die Ecke der Nostalgiker, die den Glauben an einen gütig ordnenden Gott so pflegen wie andere ihre Vorurteile oder ihre Vorgärten. Ihm brennt eine Frage unter den Nägeln – und bis heute haben wir diesen Brand noch nicht gelöscht. Diese Frage lautet: Wie entsteht Ordnung, Zusammenhang, Zusammenhalt in einer Welt der Individuen? Von Jean Paul darf man die Botschaft annehmen, dass dem selbstbestimmten »Ich« nicht zuzutrauen ist, eine solche über den eigenen Blickkreis hinausgehende Ordnung zu etablieren. Die Selbstschöpfung, in der sich dieses »Ich« nur noch auf sich selbst verlässt, ist nichts als Selbstüberschätzung. In der Fixierung auf sich selbst verkümmert die Fähigkeit des Menschen, sich auf die Welt einzulassen.

Besuch bei Adam Smith in Edinburgh: Vaterlose Welt und unsichtbare Hand

Gleichfalls im Jahr 1789 macht sich der Philosoph und Ökonom Adam Smith in Edinburgh daran, sein frühes Hauptwerk, die »Theorie der ethischen Gefühle« von 1759, einer grundlegenden Überarbeitung zu unterziehen; ein Jahr später wird er sterben. Nachdem sein anderes großes Buch »Der Wohlstand der Nationen« zeitgerecht im Jahr der amerikanischen Unabhängigkeitserklärung 1776 erschienen war, fällt die Arbeit an der Neuausgabe seiner Moralphilosophie nun auf den Beginn der Französischen Revolution. An Smith scheinen die Ereignisse in Paris allerdings ziemlich spurlos vorbeigegangen zu sein. Immerhin fügt er aber bei der Überarbeitung seines frühen Hauptwerks eine Passage ein, die es in sich hat und die wie ein verstecktes Echo auf die französischen Unruhen klingt. Darin beklagt er den Verlust der Gewissheit, dass »alle die Bewohner des Universums, die geringsten ebenso wie die höchsten, unter der unmittelbaren Fürsorge und dem Schutze jenes großen wohlwollenden und allweisen Wesens stehen«, eines »Vaters« oder »großen Direktors«, der die Sorge für die allgemeine Glückseligkeit trägt.

So bietet uns Smith eine Parallele zu Jean Paul und auch ein spätes Echo auf Shaftesbury. Die »trübsinnigste von allen Erwägungen«, eine »fürchterliche Vorstellung« fliegt ihn an: dass der Weltraum »mit endlosem Elend und Jammer« erfüllt sei und wir in einer »vaterlosen Welt« lebten. Wie andere vor ihm, so versucht auch Smith sogleich, sich diese Angst vor der »vaterlosen Welt« aus dem Kopf zu schlagen. Er tut dies im Vertrauen auf den Gott, an den er glaubt. Aber damit ist die Sache noch nicht abgetan und die Pointe, die sich in ihr verbirgt, noch nicht ausgekostet. Smiths Befund von der »vaterlosen Welt« steht nämlich in einem untergründigen Zusammenhang mit einer anderen von ihm verwendeten Metapher, die weit größere

Berühmtheit erlangt hat: der Metapher von der »unsichtbaren Hand«, die Smith in seinem anderen großen Buch über den »Wohlstand der Nationen« einsetzt.

Wie diese »Hand« funktioniert, ist bekannt: Wenn nur alle Individuen ihre Eigeninteressen vertreten und es auf ihren Gewinn abgesehen haben, dann befördern sie dabei quasi-automatisch, als wären sie von einer »unsichtbaren Hand« geführt, die allgemeine Wohlfahrt. Alle sollen davon profitieren, wenn sich jeder ganz egoistisch um die Vermarktung der eigenen Produkte bemüht. Alle sind bereit, miteinander zu kooperieren, denn schließlich ist es gescheiter, einen anderen Menschen als Kunden zu gewinnen, als ihn umzubringen. Alle strengen sich an, das, was gefragt ist, zum Verkauf anzubieten; damit erzielen sie ihren Gewinn und tragen nebenbei bei zur Verbesserung des Lebens. Wir stehen mit dieser Idee von der »unsichtbaren Hand« auf der Schwelle zur globalisierten Synergie. Es ergibt sich eine Ordnung, die auf seltsame Weise – eben: unsichtbar – hinter dem Rücken der Beteiligten entsteht, denn eigentlich haben sie es gar nicht auf jene Ordnung, sondern auf das eigene Fortkommen abgesehen. Wer seinen Nutzen maximiert, schert sich nicht ums Gemeinwohl – und trägt doch dazu bei.

Alles soll sich von selbst, wie von Geisterhand, zum Guten fügen, wenn nur jeder sein Eigeninteresse verfolgt. Man könnte fast denken, dass doch ein Gott seine Hand im Spiel haben muss, wenn alles so raffiniert eingerichtet ist. Wenn dies denn so ist, dann begnügt sich Smith aber doch nicht mit einem Gott, der nur im ökonomischen Modell seinen Platz hat. Die Vater-Figur, der »große Direktor«, nach dem er sich am Ende seines Lebens sehnt, kann sich nicht darauf beschränken, eine »unsichtbare Hand« über die Welt zu halten. Der »Direktor«, der von »Sorge für die allgemeine Glückseligkeit« erfüllt ist, soll doch zu spüren sein, er soll nicht unbemerkt hinter dem eigenen Rücken operieren. Wenn denn die »unsichtbare Hand« überhaupt zu einem Gott gehört, so ist dies ein Schrumpf-Gott, ein Einmal-

und-nie-wieder-Gott, der sich damit begnügt hat, die Welt nach dem Prinzip des rabiaten Eigeninteresses einzurichten, um sich dann umstandslos zur Ruhe zu setzen.

Die Aussicht auf die von einer »unsichtbaren Hand« geleiteten Individuen kann nichts ausrichten gegen die Angst vor der »vaterlosen Welt« – schlimmer noch: Gerade diese Individuen, die nichts als ihre eigenen Interessen vertreten, tragen bei zu dem Bild der zerfallenen, zerrissenen Welt, das Adam Smith auf der Seele liegt. So ist er ein Herold des Individualismus – und des Unbehagens daran. Ebendiesen Zwiespalt tragen wir Menschen heute in uns. Kann man sich vom Unbehagen am Individualismus nur dadurch befreien, dass man die Welt wieder einer göttlichen Ordnung unterstellt? Ich denke nicht. Mich treibt die Frage um, welche Neugestaltung menschlicher Ordnung gelingen kann, wenn das dreifache Patriarchat von Gott, Herrscher und Familienoberhaupt (Gott-Vater, Landes-Vater, Familien-Vater) gestürzt ist. Das betrifft nicht nur die Religion. Die Angst vor der vaterlosen Welt zielt gerade auch auf Politik und Familie.

So möchte ich Adam Smith nicht davonkommen lassen, ohne ihn zu fragen, was er denn zum Zusammenleben der Menschen und zum Selbstverständnis von Vätern und Müttern, Männern und Frauen zu sagen hat. Es wird sich zeigen, dass er dazu eine Pointe bereithält, die die Befürchtung, wir würden in einer »vaterlosen Welt« leben, zerstreuen hilft. Ich muss es mir verkneifen, diese Pointe jetzt schon auszukosten, denn sie trägt erst nach Smiths Tod, am Ende der Französischen Revolution, kostbare Früchte. So werde ich auf Smith noch einmal zurückkommen, wenn die Zeit reif ist für einen Besuch beim Ehepaar Condorcet (s. u. S. 112). Erst mal stürze ich mich auf die Ereignisse, die in jenem Jahr losbrachen, als Jean Paul auf eine verwaiste Menschheit blickte und der alte Adam Smith seine letzten Lebenskräfte auf die Analyse der vaterlosen Welt verwandte: auf die Ereignisse der Französischen Revolution. Hier geht der

Kampf gegen das politische Patriarchat in seine heiße Phase. Wir werden auch sehen, wie das Patriarchat in der Familie im Zuge dieses Kampfes sein Gesicht verliert oder verändert.

Was dem einen seine Angst, ist dem anderen seine Lust. Wenn die einen die Unordnung in einer vaterlosen, zügellosen Welt fürchten, so proben die anderen den Aufstand gegen einen Landesvater, der sie im Zustand der Unmündigkeit hält.

4. Brüder an die Macht!

Drei Vaterbilder auf dem Pariser Salon 1789

Besuchen Sie mit mir die Pariser Kunstausstellung, den »Salon«, für den sich am 25. August 1789, sechs Wochen nach dem Sturm auf die Bastille, die Tore des Louvre öffnen. Drei Bilder möchte ich Ihnen zeigen, die dort ausgestellt sind: eines, das Epoche gemacht hat, sowie zwei Bilder, von denen heute kaum mehr die Rede ist.

Zu Beginn betrachten wir ein Bild, das inzwischen fast in Vergessenheit geraten ist. Es stammt von Antoine-François Callet und zeigt den König, der dreieinhalb Jahre später guillotiniert werden wird: Ludwig XVI. (vgl. Abbildung S. 49). Angelegt als konventionelles Herrscherbild, wirkt es nun, nach dem Ausbruch der Revolution, wie eine unfreiwillige Karikatur. Brav hat der Maler einen selbstgewissen, selbstgefälligen Landesvater ins Bild gesetzt: Gezeigt wird ein Mann mit blasiertem Blick und aufgedunsenem Gesicht, als Symbole seiner Macht trägt er einen von Lilien verzierten Mantel und ein Zepter. Man fragt sich, warum man diesem Mann Verehrung oder gar Unterwerfung schulden soll. Eigentlich wirkt dieses Bild so, als sei es nicht aus dem Jahre 1789, sondern aus einer anderen, früheren Zeit. In der Tat ist von Callet einige Jahre zuvor bereits eine fast identische Version dieses Bildes angefertigt worden.

Wandern wir weiter durch den »Salon« und schauen auf ein Bild, das – anders als Callets Herrscherbild – Epoche gemacht hat: Jacques-Louis Davids »Liktoren bringen Brutus seine toten Söhne« (vgl. Abbildung S. 50): Es zeigt einen im Dunkeln sitzenden Vater (Brutus), daneben, im grellen Licht, trauernd, aufbegehrend, die Mutter und die Schwestern, sowie im Hinter-

Antoine François Callet, »Ludwig XVI. im Krönungsmantel
mit dem Orden vom Heiligen Geist«
1789 – Musée Bargoin, Clermont-Ferrand, Frankreich

Jacques-Louis David, »Die Liktoren bringen Brutus seine toten Söhne«
1789 – Louvre, Paris

Jean-Baptiste Regnault, »Die Sintflut«
1789 – Louvre, Paris

grund die Leichen der Söhne, die im Auftrag des Vaters wegen ihres Ungehorsams getötet wurden und nun nach Hause gebracht werden. Es ist ein Bild brutaler Machtausübung, das den Vater in vereinsamter Düsternis zeigt. Der Herrscher, der seine Macht ausübt, wirkt fast wie ein Aussätziger. Jacques-Louis David malt eine Situation, die nach Fortsetzung, nach Auflösung der Spannung schreit. Alles Mögliche kann man sich vorstellen: dass vielleicht der Vater verstoßen wird, die Söhne wiederauferstehen oder gar die Frauen den Aufstand wagen. Aber das sind alles nur Assoziationen aus der Ferne.

Nicht nur *eine* Geschichte wird in Davids Bild erzählt, sondern zwei. Brutus – damit ist nicht der Verschwörer gegen Caesar gemeint, der ja eher für Vatermord zuständig war, sondern der Kämpfer gegen den Tyrannen Tarquinius Superbus um 500 v. Chr. Dieser Brutus gründete die römische Republik, wurde ihr erster Konsul und nahm seinem Volk den Eid ab, dass es niemals wieder einen Monarchen in Rom zulassen würde. Seine Söhne sollen gegen diesen Eid verstoßen und sich gegen die Republik verschworen haben; daraufhin ließ der Vater sie köpfen. Jacques-Louis Davids Bild irrlichtert also zwischen zwei Botschaften. Ein Vater wahrt seine Autorität, indem er sich an seinen Söhnen vergeht. Und: Die junge Republik wird verteidigt, indem Abtrünnige – in diesem Fall ebendiese Kinder – getötet werden. So oder so ist Familienvernichtung am Werk, mal im Namen des Vaters, mal im Namen des Staates. In Jacques-Louis Davids heroische Darstellung ist eine Traurigkeit hineingemischt, die die Augen brennen lässt.

Schließlich möchte ich ein Bild vorführen, das unverständlicherweise kaum bekannter ist als Callets konventionelles Königsporträt, auch wenn es heute – wie Jacques-Louis Davids »Brutus«-Bild – im Louvre hängt: Jean-Baptiste Regnaults »Sintflut« (vgl. Abbildung S. 51). Ein Mann watet durch das steigende Wasser, schwer trägt er an seinem alten, sich an seinen Rücken klammernden Vater, verzweifelt blickt er auf Frau und Kind, die seiner Hilfe harren. Die Frau ist schon zu Boden gerissen, bleich liegt sie im Wasser und stemmt mit letzter Kraft ihr kleines Kind in die Höhe, um es vor dem Ertrinken zu schützen. Dies ist ein Bild auf der Schwelle, eine Momentaufnahme – und man fragt sich, was als Nächstes geschehen wird. Wird der Mann den Alten halten und das Kind greifen, aber die geliebte Frau dem Verderben ausliefern? Kann er sich überhaupt noch mehr aufbürden, oder beansprucht das Tragen des Vaters alle seine Kräfte? Endet also die Treue zum Vater im Verrat an der Zukunft, führt sie zur Zerstörung der jungen Familie? Oder wird der Mann vielleicht sogar den greisen Vater abschütteln, um Frau und Kind zu retten? Jedes Mal, wenn ich dieses Bild Freunden gezeigt habe, entbrannte eine heftige Debatte darüber, wie die Geschichte wohl weitergehen würde; dieses Bild hat aus der Unbestimmtheit eine Kunst gemacht.

Dass der junge Mann den Vater und das Kind rettet, aber die Frau ertrinken lässt, wird Regnault von der literarischen Vorlage nahegelegt, auf die in seinem Bild angespielt wird: Vergils Epos über den Trojanischen Krieg, die »Aeneis«. Geschildert wird dort die Flucht des Aeneas aus dem brennenden Troja. Als für ihn in der Stadt kein Bleiben mehr war, bat er zunächst seinen gebrechlichen Vater, sich auf seinen »Nacken« zu setzen: »diese Last wird mich nicht drücken«. Er rief seinen Sohn herbei, der kleine Iulus ergriff seine rechte Hand und »ging mit dem Vater, freilich nicht im gleichen Schritt«; begleitet wurde Aeneas auch von der Gattin. Auf der ersten Wegstrecke konnte sie mit den Männern noch mithalten, doch im Laufe der eiligen Flucht blieb sie zurück. Aeneas, der keinen Blick an die zurückbleibende Gattin verschwendet hatte, merkte deren Fehlen erst, als der sichere Hügel erreicht war. »Entriss sie mir das Schicksal, kam sie vom Weg ab, stürzte sie und konnte nicht weiter? Ungewiss ist es.« Nachdem er sich zunächst um seine Frau nicht gekümmert hatte, hat er hinterher gebührlich um sie getrauert.

Wie ist es nun? Folgt Regnault in seinem »Sintflut«-Bild Vergils Vorlage, in der die männliche Generationslinie gesichert und die Frau links liegen gelassen wird? Man könnte denken, die Sache sei schon von vornherein so entschieden. Und doch treten Abweichungen auf, schleichen sich Irritationen ein. Zum Ersten verhält sich der junge Mann, den Regnault malt, anders als Aeneas: Er kann den von Verzweiflung und Entschlossenheit gezeichneten Blick nicht abwenden von der Gattin, die im Wasser liegt. (Oder blickt er eher auf das Kind?) Zum Zweiten: Dass ihn der Alte auf seinen Schultern »nicht drückt«, wie Aeneas dies noch stolz beteuert hat, kann man nicht sagen; arg schwer trägt er an seiner Last. Und zum Dritten: Der Mann, den er auf dem Rücken trägt, wird nicht gezeigt als ehrwürdiger Vorfahr, sondern als Tattergreis mit wirrem Blick. So steigt die ungeheure Fantasie des Traditionsbruchs hoch: dass der Mann den Greis doch wieder abschüttelt und der Flut preisgibt, Frau und Kind emporreißt und in Sicherheit bringt. Der Tod des alten Vaters wird nicht besiegelt, aber er wird denkbar.

Warum habe ich Sie durch diese Ausstellung, den »Salon« des Jahres 1789 geführt? Ich wollte Ihnen zeigen, wie auf engstem Raum die gegensätzlichsten Ideale zusammengepfercht werden. Man trifft auf das Bild des Patriarchen, der doch schon auf tönernen Füßen steht. Man trifft auf das Bild des Politikers, der seine Familie zerstört. Und man trifft auf den jungen Mann, der zwischen der Achtung vor der väterlichen Tradition und der Sorge um die junge Familie hin- und hergerissen ist. In welche Richtung die Entwicklung gehen mag, kann den Besuchern jener Ausstellung damals kaum deutlich geworden sein. Eines aber ist klar: Wenn vom Vater die Rede ist, geht es offensichtlich nie allein um private Arrangements, sondern immer auch um politische Signale. Deshalb ist die Französische Revolution überhaupt nicht denkbar ohne die Inszenierung des Vatermords.

Alle Menschen werden Brüder – und wer ist ihr Vater?

Liberté, Égalité, Fraternité: So lauten die Zauberworte der Französischen Revolution. Als der Zauber, der in diesen Worten steckt, nachlässt und sich die alte Ordnung, gemischt mit napoleonischem Furor, wieder in Stellung bringt, ist es vor allem ein Wort aus jener Reihe, das Anstoß erregt. Nicht Freiheit und Gleichheit stehen zuerst auf der Abschussliste, vielmehr erwischt es die Brüderlichkeit. *Liberté, Égalité, Ordre* – so heißt zum Beispiel die Formel, die das französische Polizeiministerium um 1797 einsetzt. Später wird auch die Gleichheit außer Betrieb genommen: Unter dem Konsulat Napoleons wird die Formel *Liberté, Ordre public* eingeführt.

Ob die Brüderlichkeit nun besonders suspekt wirkte oder am ehesten entbehrlich schien – jedenfalls hatte sie etwas Irrlichterndes. Ich möchte sie genauer in Augenschein nehmen, denn sie läuft, wie man sich leicht denken kann, geradewegs auf das Thema der Vaterschaft und der Vaterlosigkeit in der Moderne zu. »Alle Menschen werden Brüder«, so schwärmte Friedrich Schiller in der Ode »An die Freude«. Immer wieder bin ich, als wäre es das erste Mal, ergriffen, wenn ich die Vertonung dieser Ode im Schlusssatz der 9. Symphonie Ludwig van Beethovens höre. Nach dem komponierten Chaos am Beginn dieses Satzes setzt sich langsam, ganz langsam, das »Freude schöner Götterfunken«-Motiv durch. Die sich ausbreitende Harmonie der brüderlichen Menschheit wirkt dann schier unwiderstehlich. Diese Welt kann keinen Haken haben, oder?

Erst mal darf man aufatmen, durchatmen. Die »Brüderlichkeit« ist ein Schritt über den Individualismus hinaus, bei dem die Beziehungen zwischen Menschen von der Ehe bis zur staatlichen Ordnung in das Korsett von Vertragswerken gequetscht werden. Doch die Frage muss erlaubt sein, wie man sich jene Brüderschaft genau vorzustellen hat. Nehmen wir mal großzügig an, dass sich zu den Brüdern auch Schwestern gesellen könnten, so bleibt doch eine tückische Frage übrig: Wenn alle Menschen Brüder sind, wer sind dann ihre Eltern?

Es gibt eine Antwort auf diese Frage, die die ganze Tücke, die in ihr steckt, gleich wieder außer Kraft setzt – eine Antwort, mit der wir schon vertraut sind. Wenn die Menschen nämlich Geschöpfe Gottes sind, dann kann es nicht anders sein, als dass sie als Kinder desselben Vaters brüderlich verbunden sind. Deshalb heißt es im Matthäus-Evangelium, die Menschen seien »alle Brüder«, und »ihr sollt niemand euren Vater heißen auf Erden; denn *einer* ist euer Vater, der im Himmel ist« (Mt 23,8f.).

Von dieser Brüderlichkeit sprechen die Vertreter der Kirche, die den Lauf der Revolution zu ihren Gunsten zu beeinflussen suchen; von dieser Brüderlichkeit versucht auch der König zu profitieren, als er im Frühjahr 1789 die Generalstände zusammenruft und an die Versammelten appelliert, sie sollten doch als »Menschen aller Altersgruppen, als Bürger verschiedenen Ranges ihre Geister und Herzen vereinigen«, auf dass sie in »feierlicher Verbundenheit«, in »Brüderlichkeit« zusammenwirkten. Was der König hier sagt, ist Gift für die Heldengeschichte der Revolution, die kurz vor dem Ausbruch steht. Heftig müssen ihre Wortführer gegen diese Brüderlichkeit, die der König besänftigend im Munde führt, protestieren und eine andere Brüderlichkeit erfinden, die zum Kampfruf gegen ihn taugt.

Der Geburtsort der Verbrüderung, die den Weg zur Revolution und schließlich auch zum Todesurteil gegen den König bahnt, ist der »Salle de Jeu de Paume« in Versailles, in dem Ludwig XVI. die Generalstände zusammengerufen hat. Die Abgeordneten wollen sich mit der bloß beratenden, untergeordneten Rolle, die ihnen der König zugewiesen hat, nicht begnügen; im berühmten »Ballhausschwur« vom 20. Juni 1789 vereinbaren sie, dass sie nicht eher auseinandergehen werden, als bis Frankreich eine Verfassung erhalten hat. (Mit dem »Ballhaus«

ist übrigens nicht ein Festsaal gemeint, die Abgeordneten waren vielmehr bescheidener im Saal für Ballspiele untergebracht: »Turnhallenschwur« wäre fast passender; von Jacques-Louis David ist eine eindrucksvolle Zeichnung dieser Versammlung überliefert; vgl. Abbildung S. 59.)

Man kann sich vorstellen, dass die Vertreter des Dritten Standes, die der monarchistischen Willkür ein Ende setzen wollen, von dem Gefühl getragen sind, *ein* Schicksal zu haben, auf Gedeih und Verderb zusammenzugehören. Die fünfhundert Abgeordneten im Ballhaus durchlaufen eine Art Identitätswechsel, eine Verwandlung vom Untertan zum Bruder. Diese Verwandlung winkt jedem, der sich den Aufrührern anschließt. Weil sich einzelne Vertreter des Klerus und auch des Adels der Versammlung anschließen, in der es zum Schwur kommt, verkündet deren Präsident stolz, nun sei »die Familie komplett«. Das klingt ein wenig kurios. Wie kann eine Familie, die nur aus Brüdern besteht, komplett sein?

Die Revolutionäre halten sich nicht an den Befund, dass sie Kinder Gottes seien, sie stellen nicht einfach fest, dass sie von Geburt an sowieso schon Brüder waren, sondern sie erfinden sich neu, machen sich selbst zu Brüdern im Geiste. Ohne Gottvater, nicht dank höherer Fügung, sondern aus eigenem Entschluss verwandeln sich die Menschen in Brüder. In einer Rede kurz vor dem Kollaps der Revolution wird Robespierre von einem »Höchsten Wesen« fantasieren, von einem Phantom-Vater, dem sich die Menschheit als »riesige Familie« zuordnet. Zu dieser Selbstschöpfung passt auch eine viel spätere exaltierte Deutung, die Jean-Paul Sartre geliefert hat: Ihm zufolge brauchen diese Brüder nämlich eigentlich gar keinen Vater, von dem sie abstammen, sondern können sich gewissermaßen selbst erzeugen. »Wir sind Brüder, insofern nach dem schöpferischen Akt des Eides wir *unsere eigenen Söhne sind,* unsere gemeinsame Erfindung.«

Wie schon beim Individualismus der Menschen, die sich auf

einen Vertrag einigen, so stößt man nun bei der Brüderschaft auf eine Unterbrechung des Generationengangs, auf eine Abschaffung der Vaterschaft. Nur folgt auf diese Emanzipation diesmal nicht die Freisetzung des Individuums, sondern die Einsetzung der Brüderschaft als neuen Souveräns. Die Revolutionäre in Frankreich brüsten sich damit, dass sie auf diese Weise für die Herausbildung einer neuen politischen Ordnung eine elegantere Lösung gefunden haben als die Engländer: Es soll sich eine organische Vereinigung etablieren, nicht ein Gesellschaftsvertrag, dessen »steriler Mechanismus« – wie es bei Saint-Just heißt – jenen »Verträgen«, die »Piraten« untereinander schließen, kaum etwas voraus hat.

Wie verhalten sich diese Brüder, die sich selbst zum Vater haben, zum Landesvater? Sie können ihn nicht anerkennen, sie müssen ihn als falschen Vorfahren ablehnen und angreifen. Und wie soll auf der anderen Seite der König mit diesen Untertanen, die sich im Handumdrehen in Brüder verwandelt haben, umgehen? Die Depesche, die er nach dem Sturm auf die Bastille an La Fayette schickt, nimmt unter den Versuchen von Hierarchen, sich – mit Verlaub gesagt – einzuschleimen, einen Spitzenplatz ein. Ludwig XVI. schreibt: »Sagen Sie Ihren Mitbürgern in meinem Namen, dass ich gerne mit allen so wie mit Ihnen sprechen würde. Sagen Sie ihnen in meinem Namen, dass der König ihr Vater, ihr Bruder und ihr Freund ist.« Ludwig XVI. will das Unmögliche möglich machen: Einerseits hält er an der Vaterrolle fest, andererseits dient er sich den Franzosen als Bruder an. Die Revolutionäre lässt diese halbherzige Wandlung kalt, Saint-Just erkennt »kein natürliches Band« zwischen König und Volk und nennt Ludwig XVI. einen »Fremdling«.

Ein Fremdling ist der König, weil er nicht einfach ein Mensch mit seiner individuellen Geschichte, seiner persönlichen Verantwortung ist, sondern aufgrund seines Amtes eine besondere symbolische Rolle spielt: Er verkörpert die Macht der Monarchie. Der König hat gewissermaßen »zwei Körper«: der eine ist

Jacques-Louis David, »Der Ballhausschwur«
1791 – Louvre, Paris (als Leihgabe im Musée de Versailles)

aus Fleisch und Blut, der andere ist die Verkörperung einer höheren Macht. So schlägt man, wenn man den König trifft, gewissermaßen zwei Leben mit einer Klappe. Eigentlich geht es den Revolutionären darum, sich von jenem symbolischen zweiten Körper zu befreien, der die Monarchie repräsentiert. Um dies zu erreichen, müssen sie aber zugleich den realen Menschen beseitigen, der diese Macht ausübt. Tatsächlich gibt es, will man das alte Regime überwinden, keinen anderen Weg. Ja, der Tod des Königs *muss sein*! Im Januar 1793 wird Ludwig XVI. geköpft. Der König ist tot. Es lebe kein König.

Die Revolution ist wie Saturn, sie frisst ihre eignen Kinder

Das Neue ist unausgegoren, unfertig. Dass nur wenige Jahre nach dem »Ballhausschwur« die einen Brüder die Köpfe der anderen Brüder unter das Fallbeil der Guillotine schieben, ist nicht gerade ein Zeichen von Nachhaltigkeit. Bei der Überwindung des Patriarchats enden die neuen Vorschläge in Rückschlägen. Dies hat nicht nur mit der Stärke des Gegners zu tun, sondern auch mit hausgemachten Schwächen. Ich will hier keine Geschichte der Revolution erzählen, aber die kürzeste Antwort auf die Frage, was im Argen liegt, lautet: Es gibt Beziehungsprobleme. Indem man alle Menschen zu Brüdern erklärt, schafft man eine diffuse Gemeinschaft, die zwischen Privatem und Politischem schillert. Zuständigkeiten bleiben ungeklärt, die Neuregelung zur Verteilung und Kontrolle der Macht misslingt. Der König ist tot. Es töten sich die Brüder. Die Revolutionäre bringen sich selbst zur Strecke. Es gilt, was Georg Büchner in »Dantons Tod« seinem Titelhelden in den Mund gelegt hat: »Die Revolution ist wie Saturn, sie frisst ihre eignen Kinder.« Genau genommen sind es nicht die »Kinder«, die hingerichtet werden. So weit kommen die Revolutionäre gar nicht. Die Opfer finden sie unter sich. Nicht die Zukunft wird zerstört, sondern gleich schon die Gegenwart. Die politische Brüderschaft wendet sich gegen sich selbst.

Aber was soll es bedeuten, dass die Revolution, diese Blüte der Moderne, »wie Saturn« sei? Folgen wir dieser Spur, und versuchen wir, mit dem alten Gott etwas über die neue Zeit, also auch über uns, herauszufinden.

Wenn es denn einen Gott gab, bei dem der Kampf gegen den Generationengang im Programmbuch stand, so war dies Kronos (wie er in Griechenland hieß) oder eben Saturn (wie er in Rom hieß). Seinen Vater hatte dieser Gott entmannt und entmachtet, aus Angst, dass ihm Gleiches widerfahren sollte, verschlang er seine Kinder, kaum dass sie geboren waren. Durch eine List seiner Frau, die dem Vielfraß nicht den Säugling, sondern einen in Stoff gewickelten Stein zum Verzehr reichte, entkam ihm sein jüngstes Kind. Kaum dass dieses Kind – es war kein Geringerer als Zeus – herangewachsen war, rächte es seine Geschwister. Er zwang den Vater zum Erbrechen, und dieser gab die von ihm verschlungenen Kinder – fünf an der Zahl – unversehrt wieder von sich. Niemand hat wohl je durch ausgiebiges Kotzen mehr Begeisterung ausgelöst als Saturn in dieser Szene, in dieser Sturzgeburt nach oben. Es ging fast zu wie im Märchen vom Wolf und den sieben Geißlein, sogar noch weniger blutig. Der menschenfressende Vater war eigentlich kein Kindermörder, sondern »nur« ein Kinder-Verschlinger. Zeus brachte ihn um seine Macht, aber nicht um sein Leben. Der Generationengang trotzte dem Saturn und blieb in Gang.

Mit zahllosen Umdeutungen hat man seitdem diese grausame Geschichte vom Verschwinden der Kinder bedacht. Unter anderem nahm man den Saturn als Symbol für die Vergänglichkeit, für das unerbittliche Auf- und Abtreten des Lebens. So stand der Gott Kronos auch für die Zeit, den Chronos und dessen zerstörerische Macht, obwohl diese zwei Wörter, so ähnlich sie auch klingen, eigentlich gar nichts miteinander zu tun haben.

Saturn warf weite Schatten – auch ins Jahr 1797, in dem der spanische Maler Francisco Goya in Madrid der königlichen Kunstsammlung wieder einmal einen Besuch abstattete. (Er war stolzer Vater eines Sohnes, doch zu jener Zeit waren ihm schon sechs andere Kinder weggestorben, die das Säuglingsalter nicht überlebt hatten; kein Vater hatte sie verschlungen, keine Wundertat brachte sie ins Leben zurück.) In der Kunstsammlung des Königs stieß Goya auf ein Bild von Rubens, nach dem er eine Zeichnung anfertigte, die heute zusammen mit jenem Bild im Prado ausgestellt ist. Rubens' Bild zeigt Saturn als einen alten Mann, der ein schreiendes Kind gepackt hält und zubeißt (vgl. Abbildung S. 64). In Goyas Zeichnung wirkt dieser Saturn gar noch ein wenig hinfälliger und melancholischer als schon in der Vorlage; er tritt weniger wie ein Täter auf als vielmehr wie jemand, der mühsam ein unausweichliches Schicksal vollstreckt. Weder bei Rubens noch bei Goya fließt Blut; die Kinder sollen, geht man nach dem Mythos, ja nur bei lebendigem Leibe verschluckt worden sein.

In seinen letzten Lebensjahren, in den Jahren 1820 bis 1823, als Goya sich in die Einsamkeit seiner »Quinta del Sordo« zurückgezogen hatte, malte er nochmals einen Saturn – einen ganz anderen (vgl. Abbildung S. 65). Weit sind die Augen dieses ungeheuren, wild gewordenen Vaters aufgerissen, seine Hände haben sich wie die Klauen eines Raubvogels in den Leib eines Kindes gekrallt, den Kopf und einen Arm hat er schon abgebissen, der zweite Arm steckt ihm als blutüberströmter Stummel im Mund. Der Vater frisst sein Kind – nun aber wirklich. Er zerfleischt es.

Die Gelehrten streiten sich, ob Goya mit diesem Bild auf bestimmte, gar politische Ereignisse anspielen wollte oder ob er durch all das, was er durchlebt und durchlitten hatte, in eine jeden historischen Anlass sprengende Verzweiflung geraten war. Das späte »Saturn«-Bild kennt jedenfalls beim Täter keine Ergebenheit ins Schicksal und beim Kind keine Chance auf ein

Überleben nach der Untat. Die Beziehung zwischen Vater und Kind wird als Gemetzel gedeutet und zeugt von der Zerstörung der Zukunft.

Aber nicht der Alleingang eines alten Malers findet hier statt, dieser wild gewordene »Saturn« kommt in Begleitung, haargenau passt er in seine Zeit. Seine Doppelgänger und Verwandten entdeckt man, wenn man von Goyas spanischer Einsamkeit ins französische Getümmel zurückkehrt und sich die Mühe macht, dessen symbolische Ordnung zu besichtigen.

Als der Enthusiasmus der Revolution gerade auf dem Höhepunkt ist, begeben sich die Franzosen auf die Suche nach einem nationalen Vorbild, dem Bild von einem Helden. Gesucht wird dieses Bild zuallererst von *dem* Maler der Revolution, von Jacques-Louis David, und zwar deshalb, weil ihm die Aufgabe zugeteilt worden ist, den wichtigsten Platz im französischen Bilder-Reich neu zu besetzen. Auf dem Staatssiegel klafft eine Lücke, seit der König den Platz in dessen Mitte hat räumen müssen. Wie soll er gefüllt werden? Soll nun die Marianne, die Freiheitsheldin, dort verewigt werden? Jacques-Louis David macht einen anderen, männlicheren Vorschlag, mit dem er sich – jedenfalls in der kurzen Schlussphase der Revolution 1793/94 – durchsetzt. Als Helden, als Aushängeschild der Nation wählt der Konvent: Herkules. An ihm fasziniert seine Stärke, das neue Staatssiegel zeigt ihn mit dem Symbol seiner Kraft, der gewaltigen Keule.

Passend dazu soll eine Statue mit fünfzehn Metern Höhe auf dem Pont Neuf errichtet werden, doch die Revolution ist schneller vorbei als der Herkules vor Ort. Immerhin wird anlässlich des »Festes der Einheit und Unteilbarkeit der Republik« am 10. August 1793 eine von Jacques-Louis David entworfene Gipsfigur auf der Place des Invalides errichtet. Sie zeigt ebenden eine Keule schwingenden Herkules und erhält ironischerweise den Beinamen »Colosse des Invalides«. Als der Festumzug sich feierlich vor der Figur versammelt, beginnt der Prä-

Peter Paul Rubens, »Saturn verschlingt einen Sohn«
1636/38 – Museo del Prado, Madrid

Francisco de Goya, »Saturn verschlingt einen Sohn«
1821/23 – Museo del Prado, Madrid

sident der Nationalversammlung, Hérault de Séchelles, seine Ansprache mit den Worten: »Französisches Volk! ... Der Riese ... bist du!«

Dass Herkules etwas mit Saturn zu tun hat, liegt auf der Hand, denn dieser war sein Großvater. Und doch sind wir, so scheint es, Saturns schrecklicher Geschichte, die beim alten Goya gar noch schrecklicher wird, ganz fern, wenn wir dem Volk bei seiner Feier des »Colosse des Invalides« Gesellschaft leisten. Von dem Helden Herkules ist nicht bekannt, dass er sich an seinen Kindern oder auch an seinem Vater Zeus vergriffen hätte. (Zwar tötete er als junger Mann in der Tat seine ersten Kinder, doch tat er dies in einem von seiner Stiefmutter Hera herbeigeführten und verschuldeten Wahnsinnsanfall.) Die Revolution findet in Herkules ein Vorbild, das für Kraft steht, aber nicht für blinde Zerstörung.

Doch damit ist die Symbolbildung noch nicht zu Ende. Die Franzosen begnügen sich nicht mit dieser alten Heldengeschichte, sie verquirlen die Mythologien und ziehen den Herkules am Ende doch in die Logik des Vater- und Kindermords hinein. Er wird sozusagen »saturnisiert« – und zwar von einem Journalisten, der im November 1793 nochmals auf jenes republikanische Fest vom 10. August zurückkommt. Seine Empfehlung lautet nun, im ganzen Lande Statuen aufzustellen, die zeigen, wie Herkules in der einen Hand den König über dem Feuer röstet und in der anderen Hand die Keule schwingt. Wenn die Könige bei Homer »Völkerfresser« (»mangeurs de peuple«) hießen, so sollen diese neuen Statuen nun die Aufschrift tragen: »Das Volk, der Königsfresser« (»Le Peuple Mangeur de Rois«; vgl. Abbildung S. 67).

Man stelle sich das nur vor: Das Volk soll sich auf all den landesweit aufgestellten Denkmälern wiedererkennen in einem Kraftprotz, der sein Opfer zappeln lässt, bevor er ihm den Rest gibt. Besessen von seinem alten Feind wirkt dieser Held. Er hat nichts Besseres zu tun, als die Keule gegen einen Vater zu

Anonym, »Das Volk, der Königsfresser«
1793 – Musée Carnavalet, Paris

schwingen, der doch längst tot ist. Dass solche Gedanken überhaupt hochkommen, nehme ich als Zeichen dafür, dass der neue Schwung der Bewegung zur Neige geht. Sie fällt zurück auf Rache und Ressentiment. Man kann kurzerhand sagen, dass in diesem Moment die Revolution das Gefühl für die Freiheit verliert. Denn kaum jemand ist so unfrei wie derjenige, der auf Rache sinnt: er ist fixiert auf sein Opfer – und bleibt genau damit von ihm abhängig, blickt zurück und nicht nach vorn. Der König, der von den Revolutionären zu einer Person der Vergangenheit gemacht worden war, lässt sie nicht in Ruhe.

Herkules ist die Hauptfigur in jenem Entwurf für das Nationaldenkmal, aber gegenüber anderen Darstellungen aus der Revolutionszeit hat sich sein Bild verwandelt. Nicht mehr als freier Held tritt er auf, sondern verkrampft führt er nun einen Kampf gegen den Vater. Damit tut Herkules einen ersten Schritt der Annäherung an Saturn, denn dessen erste Tat war gewesen, den Vater unschädlich zu machen. Es sieht einstweilen nicht so aus, als könnte Herkules auf diesem Wege auch Saturn, dem Kinderfresser, ähnlich werden. Nun überschlagen sich aber die Anspielungen, denn man kann sich dem Eindruck nicht entziehen, dass im Entwurf für jenes Denkmal der Feind, der König, mit dem sich der gewaltige Herkules herumschlägt, ziemlich klein und mickrig dargestellt wird. Eigentlich sieht der König aus wie ein Kind – und in der Tat wird er von den Denkmalsplanern »Zwergenkönig« genannt. Der Herrscher von einst ist auf Kindergröße geschrumpft. Die Macht ist neu verteilt, die Hierarchien sind verrutscht, die Täterschaft hat gewechselt. Der Souverän, das Volk, das darüber geklagt hat, ganz unten zu sein, steht nun ganz oben. Offiziell schildert jener Entwurf den Weg an die Macht, den sich das Volk durch den Vatermord erkämpft. Doch wenn man unvoreingenommen die Prügelszene des Herkules betrachtet, sieht man eigentlich nur, wie ein Herrscher den Kindsmord probt. Verblüffend ist die Ähnlichkeit zwischen diesem Bild des Herkules, der den kleinen König würgt, und den Darstellungen des Saturn, der sich an seinen Kindern vergreift. So wird Herkules am Ende zu dessen Doppelgänger.

Statt die eigene Stärke aus der Rache zu ziehen, müssten die neuen politischen Kräfte sich eigene Regeln geben und neue Ziele verfolgen. Ein solches Selbstvertrauen, das die Bürger zur demokratischen Machtausübung führen könnte, bleibt während der Revolution in den Anfängen stecken. Es siegen diejenigen, die die Macht an sich reißen und als neue Herren Willkür walten lassen – im Namen des Volkes. Der Spieß wird umgedreht und bleibt blutig. Der einst unterdrückte Sohn verwandelt sich in den neu unterdrückenden Herrn.

So kann man die Geschichte der Revolution anhand der mythischen Helden erzählen, die sich ihr als Leitbilder andienen. Die Revolution wechselt die Helden wie andere ihre Hemden. Am Beginn steht Ödipus mit dem Kampf gegen den Vater. An seine Stelle tritt Herkules, der frei gewordene, in sich ruhende Held. Doch bevor dieser sich recht etablieren kann, wird er von Saturn verdrängt, von einer Figur also, die nicht nur den jugendlichen Kampf gegen das Alte verkörpert, sondern auch die alte, immergleiche Gewalt.

Mit Grausen haben manche schon damals den Niedergang der Freiheit bemerkt und beklagt. Die Warnung vor dem Aufstieg des kindermordenden Saturn stammt aus der Zeit der Revolution selbst. Der Abgeordnete Vergniaud erklärt am 13. März 1793 in der Nationalversammlung, man müsse »befürchten, dass die Revolution, die wie Saturn nach und nach all seine Kinder verschlingt, am Ende den Despotismus« hervorbringe. Vergniaud ist also die echte Quelle für den Ausspruch, den Georg Büchner Danton in den Mund legt: dass die Revolution ihre eignen Kinder fresse. Am 31. Oktober 1793, kurz bevor Herkules in der Zeitung in seiner seltsamen Doppelrolle als Vater- und Kindsmörder präsentiert wird, kommt Vergniaud unter die Guillotine. An ihm selbst erfüllt sich seine Prophezeiung. Im April 1794 folgt ihm Danton nach.

Ach übrigens: Hat Goya, als er seinen mörderischen Saturn malte, an jenen Satz Vergniauds gedacht, hat er ihn überhaupt gekannt? Ich habe keinen Beleg dazu gefunden. Wenn es jemand weiß, soll er es mir sagen.

Der Schlusspfiff im Generationenspiel: Saturn ist unter uns

Man erzähle mir bitte nicht, Saturn und Herkules seien uns fern und fremd. Diejenigen, die das noch glauben, möchte ich auf meine Seite ziehen, indem ich ihnen August Strindbergs Drama »Der Vater« von 1887 vorführe. Dessen Titelfigur ist eine schwache, gebrochene Figur, ein Rittmeister, der draußen die Uniform und drinnen die Pantoffeln trägt: »Ich, der in der Kaserne und vor der Truppe der Befehlende war, ich war bei dir der Gehorchende«, sagt er zu seiner Frau. Der Gedanke, ausgenützt und betrogen zu werden, lässt ihm keine Ruhe. Um seine Stellung will er kämpfen, »Erwache, Herkules, ehe sie dir deine Keule fortnehmen!«, spornt er sich an. Doch entgeht ihm nicht, dass seine Frau längst die »Keule«, also die Macht an sich gerissen hat. Ihm bleibt nur, die Wolle zu spinnen, wie er meint. Er schwankt zwischen starken Sprüchen und schwachen Stunden. Der Rittmeister strickt an seinem Verhängnis.

So pocht er auch als Vater auf eine Autorität, die hohl bleibt. Er sieht eine Verschwörung gegen sich am Werk und wirft seiner Tochter vor, dass sie »zwei Seelen habe«: »Mit der einen liebst du mich und mit der anderen hasst du mich.« Dabei will er doch, dass sie »nur *einen* Gedanken« habe, »nur *einen* Willen..., den meinen!« Die Tochter antwortet: »Das will ich nicht. Ich will ich selbst sein.« Da schlägt beim Vater die Erfahrung des Machtverlusts, das Gefühl, dass es mit ihm als Herkules ein Ende hat, in eine Fantasie der Gewalt um. Man kann diesen Sinneswandel auch in die Mythologie übersetzen: Es gibt hier einen Wechsel der Leitbilder, wie man ihn genau so auch vom Ablauf der Französischen Revolution kennt. Strindbergs Rittmeister wechselt nämlich von Herkules zu Saturn. »Siehst du, ich bin ein Menschenfresser und will dich fressen«, sagt er zu seiner Tochter. »Ich bin Saturnus, der seine Kinder fraß, weil man ihm prophezeit hatte, dass sie ihn sonst fressen würden: Friss oder werde gefressen! Das ist die Frage!« Er greift zum Revolver, ohne freilich viel auszurichten. Längst haben die Frauen daraus vorsorglich die Patronen entfernt, der Vater endet in einer Zwangsjacke.

Die alten Kämpfe, von denen hier die Rede ist, sind nicht zu Ende, sie haben sich vervielfältigt und sind kleinteilig geworden. In unseren Tagen werden sie zwischen Vätern und Müttern, Müttern und Kindern, Vätern und Kindern geführt. Saturn ist unter uns, er geistert heutzutage, ob er nun erkannt wird oder nicht, durch viele Seelen. Er findet Nachfolger, wann immer jemand versucht, all diese Beziehungen, in die er verstrickt ist, einfach *aus der Welt zu schaffen.* »Ich will alles um mich her ausrotten, was mich einschränkt«, sagt Franz von Moor in Schillers »Räubern« – und sein Bruder Karl steht ihm in nichts nach: »Tötet sie! Tötet ihn! mich! euch! alles! Die ganze Welt geh zugrunde!« Saturns Wunschtraum war es, ganz allein übrig zu bleiben, von niemandem berührt, von niemandem angemacht zu werden. Man muss ihn sich als jemanden vorstellen, der die Uhren der Geschichte immer wieder zurückdreht: Ein Kind wird geboren, ein Kind verschwindet, ein Kind wird geboren, ein Kind verschwindet und so weiter und so fort. Die Aggression, mit der Saturn gegen die nächste Generation vorgeht, speist sich – genau genommen – aus dem Gefühl seiner Schwäche, aus der Angst, von den Nachkommen in die Enge getrieben zu werden.

Tausendfach funktioniert dieser Mechanismus auch heute noch. Zur Gewalt führt er bei all den Menschen, die das Gefühl haben, dass die Kinder ihnen die Luft abschnüren, ihnen ihr eigenes Leben nehmen, und die von der eigenen Schwäche in die Wut getrieben werden. Ihre Wut lassen sie dann an den noch Schwächeren, den eigenen Kindern aus. Voraussetzung für diese Verrohung ist das Gefühl, auf Kinder wie auf einen Gegner zu treffen. Dieses Gefühl befällt vor allem jene, die sich sowieso schon ihr Leben lang in die Ecke getrieben fühlen und daraus das Recht ableiten, blind um sich zu schlagen. Immer wieder wird berichtet von den brutalen Gewalttaten, der hemmungslosen Rücksichtslosigkeit und scheinbaren Gleichgültigkeit, mit der Eltern gegen ihre Kinder vorgehen. Diese Gewalt passt freilich durchaus in eine Gesellschaft, die immer wieder gerne mit dem Krieg aller gegen alle kokettiert. Was man den Menschen, die sich in die Ecke gedrängt fühlen, wünschen würde, wäre die Flucht nach vorn, in der sich das Gefühl der eigenen Schwäche vielleicht in die Stärke des gemeinsamen Lebens mit den Kindern verwandeln könnte. Aber dieser Wunsch ist weit weg von der Hartnäckigkeit, mit der sie andere leiden lassen können.

Unter den Jüngern des Saturn gibt es auch ganz unscheinbare, gar nicht brachiale Gestalten. Ich meine all jene, die in ihrer Angst und Abwehr von vornherein vermeiden, ihr Leben durch die Familie einzuengen und sich emotionale Konkurrenz ins Haus zu holen. Statt wie Saturn die Kinder nachträglich aus der Welt zu schaffen, lassen sie von vornherein die Finger von der Familie. Saturn wollte den Schlusspfiff im Generationenspiel ertönen lassen. Elternschaft – das ist mir echt zu viel, sagen diejenigen, die sein Erbe angetreten haben, und winken müde, bequem oder aber verzagt ab.

Unendlich viel ist seit Sigmund Freud über den Ödipus-Komplex geschrieben worden. Bei all der Aufregung über den Vernichtungswillen, den der Sohn, Freud zufolge, auf den Vater richtet, übersieht man leicht, dass die Ödipus-Geschichte eigentlich überquillt von positiven Gefühlen, von sozialer Bejahung. Schließlich gehört zu diesem Spiel dazu, dass der Sohn alle ihm prophezeiten Untaten sorgsam vermeiden will. Aber auch wenn man sich an die psychologische Deutung hält, dass der Sohn an der Mutter hängt und sich an die Stelle des Vaters setzen will, dann ist all dies doch undenkbar ohne die positive Besetzung dieser anderen am Spiel beteiligten Personen. Wie man am besten mit vatermordenden Muttersöhnchen umgeht, steht auf einem anderen Blatt. Ich will hier nur darauf hinweisen, dass der Ödipus-Komplex sich auf die Einübung in soziale Beziehungen bezieht: Er basiert auf einem Spiel von Identität und Differenz, gegen das prinzipiell nichts zu sagen ist; man muss nur verhindern, dass es übel endet.

Saturn ist anders. Er nimmt sich vor, dieses Spiel gar nicht erst anzufangen. Nachdem er seinen Vater abgeschafft hat, versucht er vorsorglich, sich die Konkurrenz seiner Kinder zu ersparen, sich vor ihnen zu drücken. Das soziale Leben wird annulliert. Hier gibt es nicht erst die Zuwendung, Zuneigung, Bejahung, die dann in Gewalt umschlägt, sondern gleich nur einen einzigen Gedanken: den Gedanken an Gegnerschaft.

Eric Harris, der Junge, der im Jahre 1999 in der Columbine Highschool in Littleton/Colorado ein Blutbad unter seinen Mitschülern und Lehrern anrichtete, hatte vor seiner Tat eine Website eingerichtet, auf der auch ein Abschnitt über seine »Philosophie« zu finden war. Dort war zu lesen: »Tote Leute können nicht viel machen, sie können zum Beispiel nicht nerven.« Bis zu ihm hat sich der *Saturn-Komplex* ausgebreitet, den ich in der Moderne beobachte: Er steht für eine Haltung, in der man die Menschen um sich her abschafft oder gar nicht erst an sich heranlässt.

Wie ist nun der neue Stand im Generationenspiel? Dem Rausch der Brüderlichkeit, in dem die Französische Revolution das Patriarchat abschaffte, folgt ein heftiger Kater: ein Überdruss am Zwischenmenschlichen, ein genervter Rückzug auf das eigene Selbst. Die soziale Fantasie der Moderne ist gefordert, aber sie steckt in den Kinderschuhen. Man darf annehmen, dass auch das Vaterbild in dieser Zeit des Umbruchs in Bewegung geraten ist und Spuren der Veränderung zeigt. An ihnen können die revolutionären Vatermörder nur wenig Interesse haben. Überraschenderweise erfährt man über die Veränderung des Vaters einiges von den reaktionären Vaterverteidigern, die von dem ganzen Aufstand von vornherein nichts gehalten haben.

5. Kritik an der Brüderlichkeit im Namen des Vaters

Die Geschichte macht Sprünge – vor und zurück

Der Sieg über das politische Patriarchat gelang nicht auf einen Schlag. Lange war Europa beherrscht vom Pendelschlag zwischen Thron und Barrikade, Restauration und Revolution, väterlicher Macht und familiärem Umbruch. »Wer hat denn die Franzosen genötigt, ihr Heil auf Umwegen zu suchen?«, so fragte Georg Christoph Lichtenberg im Jahre 1796. Als ob es anders ginge! Als ob die anderen Länder sich weniger umständlich als Frankreich angestellt hätten! Seit Jahrhunderten tun die Pfadfinder der Moderne nichts anderes, als sich auf Umwege zu begeben. Die Natur macht keine Sprünge, heißt es. Die Geschichte springt hin und her, vor und zurück. So folgt auch dem Fest der Brüderlichkeit der Wunsch nach der Wiederkehr des Vaters.

Dass beim revolutionären Umbau der Gesellschaft Konstruktionsfehler auftreten, merkt man schon vor 1800. Bei denen, die sie erkennen, ist die Versuchung groß, nicht weiter am Neuen herumzubasteln, sondern das Alte wiederherzustellen. Doch steckt eine eigene Wahrheit in dem Spruch, dass sich das Rad der Geschichte nicht zurückdrehen lässt. Wenn man auf das Alte zurückkommt, tut man dies aufgrund neuer Erfahrungen und Enttäuschungen. Unweigerlich beginnt man, das Alte in ein bestimmtes Licht zu setzen und in die erwünschte Richtung zu drehen. Der Rückgriff aufs Vergangene hat seine Wurzeln in der Gegenwart. Jede Restauration ist nostalgisch, sie hängt viel stärker im Jetzt fest, als sich die Verteidiger der »guten alten Zeit« eingestehen. Auch die Appelle zur Rückkehr des

Patriarchats, die im Abwehrkampf gegen die Revolution formuliert werden, wirken wie verwandelt. Sie sind infiziert oder, im besten Fall, sogar inspiriert von der neuen Zeit.

Es ist ein Großvater! Edmund Burkes Held der Gegenrevolution

Der klügste unter den frühen Kritikern der Französischen Revolution, Edmund Burke, veröffentlicht schon 1790 mit seinen »Betrachtungen über die Revolution in Frankreich« – nach Novalis' schönem Wort – »ein revolutionäres Buch gegen die Revolution«. In seiner Kritik an der Revolution ist Burke geradezu besessen vom Thema der Vaterschaft. Von Burke kann ich viel lernen, denn ich sitze immer noch zwischen den Stühlen der nassforschen Brüderlichkeit und des altbackenen Patriarchats. Burke versucht, seine Leser von der Brüderlichkeit abzubringen, das Patriarchat, das er ihnen empfiehlt, hat aber, wie wir sehen werden, eine überraschende Verwandlung durchlaufen. Sie weist schon voraus auf die umständliche Millimeterarbeit, die in der Folgezeit am Vaterbild der Moderne verrichtet werden wird.

Von England aus muss sich Burke mit zwei Revolutionen herumschlagen: der amerikanischen und der französischen. Sein Ton gegenüber den USA ist gemäßigter, aber der Vorwurf ist hier wie dort der gleiche: Er beklagt einen Aufstand gegen den Vater. Im Falle der USA handelt es sich beim Vater um den Kolonialherrn England, im Falle Frankreichs um die heimische Dynastie. Dagegen verteidigt Burke die »Erbschaft unserer Väter«, die »alles« sei, was wir besitzen: »Indem wir die Regeln der Natur in der Staatsführung nachahmen, sind wir in dem, was wir verbessern, nie ganz neu, und in dem, was wir beibehalten, nie ganz veraltet... Wir haben unsere politische Welt nach dem Bild einer Blutsverbindung geformt... Indem wir immer so handeln, als wären unsere kanonisierten Vorväter gegenwärtig, mäßigt sich der Geist der Freiheit, der von sich aus zu Unordnung und Ausschweifung führt, zu ehrfürchtigem Ernst.«

Burke bringt das alte Patriarchat, das wir von Robert Filmer kennen, leicht gemäßigt zur Wiederaufführung. Er meint, dass sich die Revolutionäre, die den König stürzen, ebenso wie die Söhne, die die Hinrichtung ihrer Eltern fordern, ins eigene Fleisch schneiden. Wer nämlich die angestammten Lebensregeln abschafft, hat keinen »Kompass« mehr, der ihn leitet, keinen »Hafen«, den er ansteuert. In derselben Zeit, ja im selben Jahr wie Adam Smith beschreibt Burke die »Konfusion«, die in einer vaterlosen Welt ausbricht. Nur ist der vermisste, gesuchte Vater diesmal nicht der große Weltenlenker, sondern der monarchische Staatenlenker. Entsprechend vernichtend fällt Burkes Urteil über diejenigen aus, die »alles neu anfangen« wollen. »Die bloße Idee, eine neue Regierungsform zu schaffen, genügt schon, um uns mit Abscheu und Schrecken zu erfüllen.« »Der Geist der Innovation« ist nach Burke gezeichnet von »Selbstbezogenheit« und geistiger »Beschränktheit«.

So weit bedient sich Burke aus dem festen Repertoire patriarchalischen Denkens; allenfalls spürt man an seinem schrillen Ton die Defensive, in die er angesichts der Ereignisse in den Vereinigten Staaten und in Frankreich geraten ist. Doch was kann man zwischen den schrillen Tönen durchhören? Nicht weniger als drei große Einsichten.

Erst mal schlägt Burke in die gleiche Kerbe wie David Hume, der vom Fluss der Generationen gesprochen hatte. Wenn Burke die alte Ordnung verteidigt, so klingt dies manchmal nur wie die verbockte Bewahrung eines Dogmas, manchmal aber auch wie die Erinnerung an die schlichte Tatsache, dass wir nicht einfach aus dem Gang der Geschichte herausspringen können. Er sagt: »Wenn ihr eure Vorväter geachtet hättet, hättet ihr gelernt, euch selbst zu achten.« Zudem lässt er noch eine dritte, die folgende Generation dazutreten: »Leute, die nie auf ihre Vorfahren zurückschauen, werden auch nicht auf die Nachkommen blicken.« Und schließlich fügt sich all dies zu einem Staat zusammen, der eine »Gemeinschaft zwischen den Lebenden, den Toten, und denen, die geboren werden«, ist.

Was er da sagt, ist einfach klug. Ich kann mir nicht vorstellen, dass ich Selbstachtung entwickeln könnte, wenn ich die, die vor mir gelebt haben, nur verachtete. Schließlich steckt ihre Art zu leben teilweise in mir. Wenn mich der Hass gegen andere umtreibt, verzerren sich meine eigenen Züge. Und wenn ich mich von der Vergangenheit abkopple und aus dem Fluss der Zeit heraussteige, verstelle ich mir den Blick in die Zukunft, in die er fließt. Die ganze Idee der Nachhaltigkeit, die die Politiker heute so häufig im Munde führen und so selten in Taten umsetzen, ist ohne die Anerkennung des Generationengangs eine Luftnummer. Von Burke übernehme ich als erste Einsicht, dass das Gefühl des Respekts für die Tradition zur Bejahung des Generationengangs dazugehört. Ich finde allerdings, dass Burkes Verteidigung der Tradition weit über das Ziel hinausschießt. Respekt heißt nicht Mundverbot, er eröffnet die Möglichkeit schärfster Kritik. »Man kann frei gegenüber den Traditionen sein und sie doch ehren, ihre Bedeutung, ihre Richtigkeit, ihre Funktion verstehen«, sagt der große Pädagoge Hartmut von Hentig. Ich schlage mich auf seine Seite.

Burkes zweite Einsicht folgt im Windschatten der ersten. Wenn man die Väter und Vorväter einfach von der Bühne fegt, bevölkert sie sich, so bemerkt Burke, mit neuen Gestalten, Kopfgeburten und Kunstgeschöpfen. Mit »Schrecken« schaut Burke auf jene »Kinder ihres Vaterlands«, die »ihren alten Vater in Stücke hacken und ihn in den Zauberkessel werfen, um dann durch giftige Kräuter und wilde Zauberformeln ... das Leben ihres Vaters in neuer Form wiederherzustellen«. Unförmige Gespenster, scheußliche Phantome sieht Burke emporsteigen – und nicht nur er sieht das so. In »Dantons Tod« lässt Georg Büchner Saint-Just gleichfalls ein martialisches Szenario schildern – freilich in ganz fröhlichem Ton: Die Revolution, so sagt er, »zerstückelt die Menschheit, um sie zu verjüngen. Die Menschheit wird aus dem Blutkessel wie die Erde aus den Wellen der Sündflut mit urkräftigen Gliedern sich erheben, als wäre sie zum ersten Male geschaffen.« Beschrieben wird hier eine Giftmischerei, bei der am Ende seltsame Geister aus der Flasche steigen: Ersatzväter aus der Retorte. Robespierre hat das »Höchste Wesen« noch gar nicht aus dem Ärmel geschüttelt (s. o. S. 57), als Burke uns schon Einsicht in die Gefahren des Gesellschaftsspiels gewährt, in dem eine vaterlose Menschheit neue Leitfiguren bastelt. Sie tut dies in einer Mischung aus seelischer Verlassenheit und Willkür. Entsprechend abstoßend wirken diese Figuren, die in der neueren Geschichte seitdem immer wieder aufgetaucht sind: Zu ihnen gehören Diktatoren wie Mussolini oder Hitler, aber auch Sektenführer wie Bhagwan Shree Rajneesh oder L. Ron Hubbard, der Scientology-Gründer.

Auf den echten Vater, der die Wahrheit für sich gepachtet hat, lässt Burke nichts kommen. Aber was ist das für ein Vater, der von ihm aufs Podest gestellt wird? Nicht nur in Frankreich, auch in England haben Burkes Zeitgenossen erbittert einen Vater bekämpft, der als Despot und Unterdrücker seine Machtfülle missbraucht; kurz nach seiner Auswanderung in die USA nannte Thomas Paine den englischen König einen blutrünstigen Pharao. Will sich Burke zum blinden Verteidiger einer solchen Figur machen? Es fällt auf, dass er bei seiner Verteidigung des Vaters wählerisch ist. Burke will uns eigentlich ein Sondermodell des Vaters nahebringen: Der Sturz des »milden« Vaters wird beklagt, »Nachsicht« und »Sanftheit« werden an ihm gelobt. In einem geradezu kitschigen Ton schwärmt Burke von einer Welt, in der die Mächtigen zart und die Gehorchenden aufgeschlossen sind, in der deren Beziehung von verschönernden und besänftigenden Empfindungen zur Harmonie gebracht wird.

Wenn hier von Schönheit die Rede ist, so geht es nicht um

Kosmetik. Burke, der politische Kopf, hat als junger Mann eine Schrift zum »Schönen« und »Erhabenen« veröffentlicht, in der seine Faszination für Vater- und auch für Mutterrollen schon durchschimmert. Der Vater steht hier für das Erhabene, das aus der Ferne gefürchtet, bewundert oder verehrt wird, ihm werden Eigenschaften wie Strenge, Stärke oder Weisheit zugeordnet. Die Mutter rückt auf die Seite des Schönen, sie verkörpert »mindere Tugenden« wie Mitgefühl, Sanftmut und Freundlichkeit. Daran, dass er die väterliche Strenge bevorzugt, lässt Burke keinen Zweifel. Doch dann flicht er einen Einwurf ein, den er, wie er sagt, einem »weisen Freund« verdankt: »Die Autorität des Vaters, die mit Recht in jeder Hinsicht Verehrung findet«, hindere uns, wie dieser Freund anmerke, »daran, für ihn die ganze Liebe zu empfinden, die wir für unsere Mütter empfinden ... Aber gemeinhin empfinden wir große Liebe für unsere Großväter, mit denen diese Autorität ein Stück von uns weggerückt ist und bei denen sie durch die Schwäche des Alters mit so etwas wie einer weiblichen Neigung abgemildert wird.«

Nun wissen wir also, was hinter dem Idealbild des milden, gütigen Monarchen steckt, das Burke den Revolutionären entgegenhält: es ist ein Großvater! Hinter seiner Polemik steckt keine platte Verteidigung des Patriarchen, sondern kurioserweise eine eigene Art der Abschaffung des Vaters: dessen Ersetzung durch den Großvater. Eine praktikable Lösung für den Generationengang in der Moderne ist dieses Aussparen der mittleren Generation wahrlich nicht. Aber man kann Burkes Wendung auch wohlwollender deuten: nämlich als eine Öffnung von Männer- und Frauenrollen, die bis hin zur Entdeckung der zarten, sogenannten weiblichen Seite des Mannes führt. Burke selbst vollführt diese Öffnung auf eine unglaublich verdrehte Weise, aber er gelangt zu der Einsicht – es ist die dritte der oben erwähnten Einsichten –, dass die Verteidigung des Vaters in der Moderne auf dessen Verwandlung setzen muss.

Hinter der Panik der Männer von heute, bloß keine »Frauen-versteher« oder »Weicheier« sein zu wollen, steckt kein positi-ves Programm, sondern nur eine große Ratlosigkeit darüber, wer sie eigentlich sind: eine Drückebergerei, die in Kraftmeie-rei umgelogen wird. Genau genommen will ich selbst auch kein Frauenversteher sein, aber nicht, um als »Hartei« (oder was?) zu gelten, sondern weil ich mir nicht wünsche, dass sie ihr Ge-heimnis verlieren.

In Burkes Werken gibt es eine ebenso spektakuläre wie ku-riose Stelle, in der die Umdeutung der Rollen in der Familie auf die Spitze getrieben wird. In einer Schrift aus dem Jahre 1775, in der er sich gegen die Unabhängigkeit der amerikanischen Ko-lonien wendet und zur Versöhnung aufruft, bemerkt Burke, dass England unterdessen in den Genuss reicher Getreideliefe-rungen aus Amerika gekommen sei: »Seit einiger Zeit ist die Alte Welt nun von der Neuen Welt genährt worden. Der Man-gel, den wir gefühlt haben, wäre zu einer verzweifelten Hun-gersnot geworden, wenn dieses Kind unserer alten Tage nicht in wahrer kindlicher Treue... die volle Brust seines jugendlichen Überflusses dem Mund seines erschöpften Vaters dargereicht hätte.«

Es wird immer bunter: Die Tochter wird zur stillenden Mut-ter, der Vater erst zum Großvater, nun schließlich zum Säug-ling. Das konservative Kraftzentrum des Patriarchats wirkt wie gelähmt. Mit seiner Mischung aus starken Sprüchen und schwa-chen Momenten errichtet Burke keine volle Deckung, keine ge-schlossene Front für die Vaterverteidigung. Er kann die neue Zeit nicht aufhalten. Eines aber zeigt Burke überdeutlich – und damit macht er sich unvergesslich: Kaum dass in der modernen Gesellschaft der Vater gestürzt ist, treten an der Lücke, die er hinterlässt, Verlustgefühle auf. Ob es sich dabei um echtes Lei-den oder um Phantomschmerzen handelt, ist noch nicht abzu-sehen. Doch das Patriarchat wird in unregelmäßigem Rhythmus immer wieder auftauchen und durch die Zeit geistern.

In der Politik setzt sich dieser Prozess so lange fort, wie die Ordnung der Demokratie noch ungesichert bleibt. Im privaten Leben sind die Aussichten jedoch viel verschwommener. So müssen wir die Helden der Französischen Revolution noch mal ins Kreuzverhör nehmen und fragen, wie sie sich die Zeit nach dem Ende des privaten Patriarchen vorstellen. Die erste, aber vielleicht nicht beste Antwort, die die Revolutionäre auf diese Frage geben, liegt in der Konsequenz des Königsmords: So wie sie den Monarchen im Staat abschaffen, so schaffen sie auch den Patriarchen in der Familie ab – und die Familie der Einfachheit halber gleich mit.

6. Die Abschaffung der Familie

Man muss die Revolution in sich selbst spüren und schüren

»Hast du Kinder«, so lautete im 17. Jahrhundert ein häufig ge-
brauchter Ratschlag, dann »beuge ihren Hals von Jugend auf«.
Es genügt, Hölderlins Gedicht »An die klugen Rathgeber« von
1796 zu lesen, um mitzuerleben, wie diese gebeugte Jugend einen Stein von ihrem Herzen wälzt. Hölderlins Gedicht richtet
sich gegen die – eher altklugen als klugen – Ratgeber, die ihn
»so gern lebendig« begraben und »den Wurm zum König über
ihn« machen wollen, die »die neue Kunst, das Herz zu mor-
den«, beherrschen und dem »Geist der Jünglinge sein schmäh-
lich Grab« schaufeln wollen. Doch »indeß ihr noch die Leichen-
fakel hält,/ Geschiehet schon, wie unser Herz geboten,/ Bricht
schon herein die neue beßre Welt.«

Die Zeit ist reif dafür, dass Hölderlin das Joch der Väter ab-
wirft. Doch auch er bleibt beim Schreiben jenes Gedichts noch
in einen Vater-Sohn-Konflikt verwickelt: Er schickt es dem äs-
thetischen Übervater Friedrich Schiller, und als dieser sein Miss-
fallen äußert und mit rotem Stift einzelne Verse ankreidet, fängt
Hölderlin an zu verschlimmbessern. »Ich hab' es gemildert und
gefeilt, so gut ich konnte«, schreibt er ihm, vergeblich um Zuspruch für eine gezähmte Fassung bemüht.

Nicht nur auf der großen Bühne der Politik wird der Befreiungskampf geführt, sondern auch im Kleinen: zwischen Arrivierten und Neulingen, Lehrern und Schülern, Vätern und Söhnen. Während die Französische Revolution dem politischen
Patriarchat einen entscheidenden Schlag versetzt, kommt es
auch eine Ebene tiefer, in der Ordnung des privaten Lebens, zu

Umwälzungen. Die von der Französischen Revolution betriebene Offensive der Brüderlichkeit schlägt auf die Rolle des Familienvaters durch. Dieser Umbruch ist von Unsicherheiten geprägt: Während man politisch bald zu wissen meint, wie die Siegerstraße zur Demokratie verläuft, gelangt man bei der privaten Umwälzung in ein Labyrinth von Lebensmöglichkeiten.

Eines aber ist klar: Unerträglich war die Lage, in der sich die junge Generation Ende des 18. Jahrhunderts vor Ausbruch der Revolution befand. Das alte Recht sprach in Frankreich dem Vater eine schier unbegrenzte Macht über seine Familie zu. Wenn eine Mutter ihr Neugeborenes tötete, galt dies nicht nur als Verbrechen gegen das Kind, sondern auch als Eingriff in das Eigentum des Vaters. Das patriarchalische Machtmittel, das im *Ancien Régime* für den größten Unmut sorgte, war die sogenannte *lettre de cachet:* ein Brief, der mit Unterschrift und Siegel des Königs versehen war und Strafmaßnahmen, zumeist Verhaftungen, nach sich zog. Die *lettres* wurden häufig zur Bestrafung unbotmäßiger Söhne eingesetzt, denn mit deren Hilfe konnte ein Familienvater direkt, ohne Umweg über ein Gericht, den Polizeiapparat der Monarchie hinzuziehen und ein ihm untergebenes Familienmitglied ins Gefängnis werfen lassen. Der Landesvater fühlte sich verbunden mit dem Familienvater, welcher in seinem kleinen Reich für Ordnung sorgte, und stellte ihm den Staatsapparat zur Verfügung. Väterliche und staatliche Gewalt zogen an einem Strick. Noch 1787 sagte Ludwig XVI.: »Ich werde nicht dulden, dass mein Parlament sich gegen eine Gewalt erklärt, deren Ausübung im Interesse der Familien und der Ruhe im Staat häufig erforderlich ist.«

Eines der vielen Opfer dieser doppelten staatlich-familiären Gewalt war der junge Graf Mirabeau. Mehrfach wurde er auf Initiative seines Vaters mittels *lettres de cachet* wegen ominöser Verstöße ins Gefängnis verbracht. Dort schrieb er die Pamphlete »Über den Despotismus« und »Über die *lettres de cachet* und die Staatsgefängnisse«, mit denen er zu einem berühmten

Wortführer des Protests gegen die monarchistische Willkür und später auch zu einem gemäßigten Verfechter der Revolution wurde.

Angesichts der Härte, mit der sich die väterliche Macht aufspielte, muss niemand mehr davon überzeugt werden, dass es damals Grund genug zum Umsturz auch des privaten Lebens gab. »Man sagt uns«, so hieß es schon vor der Revolution, »dass die Macht des Souveräns nach dem Modell der scheinbar unbegrenzten Macht des Vaters gebildet ist. Aber gibt die väterliche Autorität das Recht, die Kinder zu tyrannisieren, zu quälen, zu berauben, zu zerstören? Soll diese Autorität gerecht sein, so gründet sie sich auf die Vorteile, die Anleitung, die Sorge, die sie den Wesen, die ihr unterstellt sind, zuteil werden lässt.« Diese Sätze waren die Vorboten einer kurzen, aber höchst bemerkenswerten Rede, die der ansonsten eher unauffällige Abgeordnete Pierre-François Gossin (der fünf Tage vor dem Sturz Robespierres guillotiniert werden sollte) am 5. August 1790 in der Nationalversammlung hielt. »Nachdem Sie«, so sprach er, »den Menschen im öffentlichen Leben frei und glücklich gemacht haben, bleibt Ihnen die Aufgabe, seine Freiheit und sein Glück im privaten Leben sicherzustellen. Die Tyrannei der Väter war oft genauso schrecklich wie die Despotie der Minister. Oft verwandelten sich die Gefängnisse des Staates in Gefängnisse der Familie. Es wäre deshalb angemessen, der Erklärung der Menschen- und Bürgerrechte gewissermaßen eine zweite Erklärung folgen zu lassen, die sich mit den Rechten der Ehegatten, der Väter, der Kinder, der Eltern etc. befasst.« Gossin ging es damals vor allem um eine Lockerung des Scheidungsrechts, doch er ließ sich leiten von der Einsicht, dass der Fortschritt der Menschheit sich auch im Verhältnis zwischen den Generationen beweisen müsse. Ein paar Jahre später schlug er der Nationalversammlung ein Projekt zur Schulreform vor, wonach die Kinder zu »Freunden der Freiheit« erzogen werden sollten. (Wie diese Lehre von Gossin privat beherzigt wurde, weiß man leider nicht. Kurz bevor er enthauptet wurde, soll er gerufen haben: »Oh, meine Frau, oh, meine Kinder!« Mindestens fünf Söhne haben ihn, wie man liest, überlebt.)

Die Menschen seinerzeit schürten zwei Feuer, ein politisches und ein privates. Die Kommission, die zur Überwachung der »befreiten Stadt Lyon« eingesetzt war, ließ im Jahre 1793 mitteilen: »Um ein wahrhafter Republikaner zu sein, muss jeder Bürger in sich dieselbe Revolution verspüren und schüren wie diejenige, die das Antlitz Frankreichs verändert hat.« Die Revolution war nicht nur eine Staatsaffäre, sondern auch eine Selbsterfahrung. Sie hinterließ in allen Lebensbereichen ihre Spuren.

Zur Abkopplung von der Welt der Väter trug auch der Revolutionskalender bei, der seine neue Zählung am 22. September 1792, am Tag der offiziellen Abschaffung der Monarchie begann. Indem die Franzosen die Stunde null ausriefen, versuchten sie, wie Tocqueville später sagte, die »Geschichte sozusagen in zwei Teile zu spalten und durch eine tiefe Kluft das, was sie bis dahin waren, von dem zu scheiden, was sie fortan sein wollten«. Die Generation der Gegenwart beschloss Maßnahmen, um einen Sicherheitsabstand zur Generation der Vergangenheit einzuführen. Man wollte sozusagen verhindern, dass von hinten jemand zu dicht auffuhr. Verabschiedet wurde beispielsweise ein Gesetz, wonach sich jeder nach Gutdünken einen neuen Namen geben konnte und von der Verpflichtung, den Namen des Vaters zu tragen, entbunden war; kurze Zeit später wurde dieses Gesetz freilich wieder außer Kraft gesetzt. Das alte Recht, in einem Testament über sein Erbe zu verfügen (oder auch Nachkommen zu enterben), wurde aufgehoben. Im August 1790 wurden per Gesetz »Familientribunale« eingesetzt, an die sich Kinder wenden konnten, die sich von ihren Vätern ungerecht behandelt fühlten. Klar ist: Auch in den privaten Lebensverhältnissen wurde der Bruch mit dem Patriarchat geprobt.

Schon das ungeborene Kind gehört dem Vaterland

Wie die radikalste Lösung zur Beendigung des Patriarchats in der Familie aussieht, liegt auf der Hand: Will man den Einfluss der Väter, jener Riesen aus der Vergangenheit, an der Wurzel bekämpfen, muss man geradewegs das ganze Reich abschaffen, in dem sie ihr Unwesen treiben. Anders gesagt: Die Familie muss von der Bildfläche der Geschichte verschwinden.

Tatsächlich wurde in der Endphase der Revolution eine Debatte angezettelt, die die Abschaffung der Familie im Schilde führte. Wie man das Kind mit dem Bade ausschütten kann, so spielte man in diesen Jahren auch mit dem Gedanken, mit dem Vater auch gleich noch die Familie abzuschaffen. Rabaut Saint-Étienne erklärte: »Die nationale Erziehung besteht darin ..., sich des Menschen von der Wiege an und gar vor seiner Geburt zu bemächtigen, denn schon das ungeborene Kind gehört dem Vaterland.« Danton, Robespierres Weggefährte und späterer Gegenspieler, sagte im Dezember 1793: »Die Kinder gehören schon der Republik, bevor sie ihren Eltern gehören ... Wer wird mir erklären, dass die Kinder, die vom Egoismus ihrer Väter angetrieben werden, keine Gefahr für die Republik darstellen? Für die Gefühle haben wir genug getan, nun müssen wir den Eltern sagen: Wir entreißen euch nicht eure Kinder, aber ihr dürft sie dem nationalen Einfluss nicht entziehen.«

Angestachelt von Robespierre, Danton und anderen führten die Abgeordneten der Nationalversammlung eine große Debatte über die Verstaatlichung der Erziehung. Auf diese Weise wollte man den verhängnisvollen Einfluss der Väter unterbinden und die Privatsphäre ihrer Eigenständigkeit berauben. Die Debatte blieb folgenlos – aber nicht, weil man wegen dieser Entmachtung Bedenken gehabt hätte, sondern weil man vor den Kosten einer komplett vom Staat durchgeführten Erziehung zurückscheute.

Schon immer (für Philosophen heißt das: seit Platon) gab es

Pläne, nach denen die Erziehung in die Zuständigkeit von staatlichen Stellen oder Erziehungsanstalten übergehen sollte. Schon immer gab es auch jene weisen Meister, die man sich als Lebenslehrer besser vorstellen konnte als irgendeinen ahnungslosen Papa. Auch nach der Französischen Revolution wanderten die Verstaatlichungsfantasien weiter durch die Geschichte. In Deutschland schwärmte Johann Gottlieb Fichte Anfang des 19. Jahrhunderts von einer »neue[n] Erziehung«, die eine »gänzliche Umschaffung des Menschengeschlechts bezeichnet«, aber nur bei »Absonderung der Kinder« von den Eltern zum Erfolg geführt werden könne. Darauf folgten im frühen 20. Jahrhundert Plädoyers für mehr Staat in der Erziehung: »Die Erziehung und Versorgung der *Kinder* wird immer mehr eine öffentliche Angelegenheit«, bemerkte Franz Müller-Lyer im Jahre 1911: »Je höher... die Anforderungen an die Erziehung steigen und je mehr sich zugleich die Familie zersetzt, um so weniger wird sie geeignet die Erziehung zu leiten.« Wenig später schmiedete man dann in der Sowjetunion Pläne zur Kollektivierung der Erziehung (s. u. S. 209).

Danton und seine Mitstreiter, die damals das Bild einer verstaatlichten Erziehung entwarfen, beließen es bei Ankündigungen, bei großen Reden und starken Sprüchen. Das Rütteln an der Rolle der Familie blieb rhetorisch. Ihre großen Szenarien zur Abschaffung der Familie erlaubten es ihnen immerhin, sich mehr oder weniger elegant davor zu drücken, über die Verwandlung der Familie neu nachzudenken.

Es ist einigermaßen trostlos zu sehen, dass die Debatte heute noch in denselben Gräben feststeckt, die damals in der Zeit der Französischen Revolution für und gegen Kollektivierung ausgebuddelt wurden. Man denkt – positiv oder negativ – in alten Klischees. In jüngerer Zeit sind es seltsamerweise gerade die Konservativen, die – auf beiden Seiten der Barrikade! – die Waffen zücken.

Da gibt es einerseits diejenigen, die das Schreckbild totaler

Kollektivierung aufwärmen, um vor einer Verschwörung gegen die Familie zu warnen. So wirft zum Beispiel der konservative Publizist Alexander Gauland einer kinderreichen verheirateten Frau, die außerdem noch deutsche Familienministerin ist, vor, sie wolle »Staat und Gesellschaft« an die »Stelle« der Familie setzen. Während Gauland die Familie über den grünen Klee lobt und der Ministerin fast schon Anflüge von Bolschewismus andichtet, steckt Bernhard Bueb in einem ganz anderen Graben fest: Er verbindet sein »Lob der Disziplin« mit der Warnung vor einer »zu große[n] Nähe« der Jugendlichen zu den Eltern. Um deren Fähigkeiten steht es, Bueb zufolge, ziemlich schlecht, und deshalb lautet seine Forderung: »Ganztagseinrichtungen müssen zur Regel werden.« Am liebsten würde er wohl alle Jugendlichen gleich ins Internat stecken. Der große Erfolg, den Bueb mit seinem Buch »Lob der Disziplin« gefeiert hat, bekommt einen bitteren Beigeschmack, weil die Eltern, die sich auf dieses Buch gestürzt haben, offenbar gar nicht gemerkt haben, dass er ihren Fähigkeiten misstraut. Damit ist Bueb in schlechter Gesellschaft, denn er spielt im Generationenspiel dieselbe Karte, die schon in der Französischen Revolution, als sich ratlose Aufregung über die Zukunft der Familie ausbreitete, aus dem Ärmel gezogen wurde: Er zeigt den Eltern die rote Karte.

Fast hätte ich jetzt gesagt: Weil die Debatte heute immer noch in den alten Gräben feststeckt, lohnt sich deren Besichtigung noch immer. Aber das klingt zu gemütlich, zu touristisch. Ich besichtige diesen Kampfplatz nicht wie einen halb versunkenen Bunker am Strand der Nordsee. Immer noch verschanzt man sich in jenen Gräben, es wird Zeit, aus ihnen herauszufinden, ohne sich die Köpfe einzuschlagen.

Bevor ich mich den Vätern zuwende, die ihre Verunsicherung spüren oder ihre Verwandlung proben, muss ich mich mit einem Quertreiber herumschlagen, der sich beim Untergang der Vaterschaft die Hände reibt und die Revolution in einer Weise feiert, dass man vor ihr Reißaus nehmen möchte. Er saß lange Jahre im Irrenhaus und im Gefängnis, und doch laufen wir Gefahr, uns selbst nicht recht zu verstehen, wenn wir ihn nicht anhören. Sein Name ist Donatien Alphonse François Marquis de Sade.

De Sade gehört, was die Demontage der Vaterschaft betrifft, auf die Seite Dantons und Rabaut Saint-Étiennes. 1795 schreibt er in einem Ton, der so klingt, als sei die Revolution noch in vollem Gange: »Was sind, frage ich, die Gefahren dieser Freiheit? Kinder, die keine Väter haben? Na und! Was bedeutet das in einer Republik, ... wo alle, die geboren werden, Kinder des Vaterlandes sind! Ach! Wie viel mehr werden die ihr Vaterland lieben, die nichts anderes kennen, die von Geburt an wissen, dass sie nur von ihm alles erwarten können! ... Bildet euch doch nicht ein, ihr könntet gute Republikaner heranbilden, solange ihr die Kinder, die nur der Republik gehören dürfen, in ihren Familien absondert. Wenn sie nur einigen Individuen das Maß an Zuneigung zukommen lassen, das sie für alle ihre Brüder empfinden müssten, werden sie notwendigerweise auch die häufig gefährlichen Vorurteile dieser Individuen annehmen; ihre Ansichten und Gedanken werden sich auf ihren engen Lebenskreis, auf das Besondere richten und sie weit von allen Tugenden eines Staatsmannes entfernen ...! Wenn es also die größten Nachteile hat, Kinder in ihren Familien mit Sonderinteressen füttern zu lassen, die sich oft sehr von denen des Vaterlandes unterscheiden, so hat es andererseits die größten Vorteile, sie von ihren Familien zu trennen.«

Es gibt ein paar Zutaten in de Sades Familien-Gericht, die

besonders pikant schmecken. So plädiert er zum Beispiel für den Inzest, weil dieser die »Familienbande« lockert und »infolgedessen die Liebe der Bürger zum Vaterland« stärkt: »Ich wage zu behaupten, dass, kurz gesagt, der Inzest in jedem Staate, dessen Grundlage die Brüderlichkeit ist, Gesetz werden müsste.« Wenn die Brüder und Schwestern es allesamt miteinander treiben, ist nach de Sade die höchstmögliche Befreiung von der Familie erreicht; sowieso zieht er die »Ausschweifung« der »Fortpflanzung« vor. (Man denke nicht, de Sade sei ein Unikum: In den nachgelassenen Schriften Saint-Justs, des Weggefährten Robespierres, der mit ihm 1794 guillotiniert wurde, findet sich gleichfalls ein Plädoyer für die Rechtfertigung des Inzests. Wenn man die Lust an der Perversion, die de Sade umtreibt, beiseitelässt, dann gelangt man auch an eigentümliche Beispiele geschwisterlicher Liebe, in denen die Erotik einer ursprünglichen Verbundenheit entspringt: Zu den großen Liebespaaren der Moderne gehören deshalb auch Siegmund und Sieglinde in Richard Wagners »Walküre« und Ulrich und Agathe in Robert Musils »Mann ohne Eigenschaften«.)

Niemand hat die Welt, die die Brüderlichkeit feiert, so radikal ausgelegt und zugespitzt wie de Sade. Seine Texte sind der schrillstmögliche Gegensatz zu der D-Dur-Harmonie, die Beethoven für Schillers »Alle Menschen werden Brüder« erfindet. Man stelle sich nur mal eine Inzestszene à la de Sade, vielleicht verfilmt von Pasolini, vor, zu der als Hintergrundmusik Beethovens Neunte läuft. Da wächst auseinander, was zusammengehört. Man hungert deshalb auch nach einer Antwort auf die Frage, ob der Missklang oder der Wohlklang besser zur modernen Brüderlichkeit passt. Aber diese Frage ist falsch gestellt. Denn wenn Schiller und Beethoven einen Ehrenplatz in unserer Ahnengalerie haben, steht dort doch auch unverrückbar, in einer dunklen Nische, der Marquis de Sade. Sie alle haben die Brüderlichkeit gepriesen – jene Brüderlichkeit, mit der die Vision einer Gleichstellung der Menschen und der Bruch mit der

Hierarchie des Patriarchats verbunden war. Jeweils zeigt die Brüderlichkeit ganz verschiedene Gesichter, Grimassen oder gar Fratzen. Bei Schiller sieht sie anders aus als bei de Sade.

Schiller deutet die Brüderlichkeit als Ausweitung familiärer Verbundenheit, als Bild der Versöhnung. Da es keine Väter mehr gibt, bleibt die Großfamilie der Menschheit, die sich bilden soll, zwar unvollständig. Doch dies hindert die Botschafter der Brüderlichkeit nicht, die private Vertrautheit zum Modell für politische Verständigung zu erklären: Nichts Menschliches soll uns fremd sein, seien wir auf Du und Du mit der ganzen Welt.

Der Marquis de Sade schießt dieser versöhnlichen Geste in die Parade. Wenn er von Brüderlichkeit spricht, so hat dies mit der Familie eigentlich gar nichts mehr zu tun, das Wort ist ihr entwendet und entfremdet. Es steht nun ganz auf der Seite der republikanischen Bruderschaft, des Bunds der freien Bürger. So taugt die Brüderlichkeit nach de Sade plötzlich zum Frontalangriff auf die Familie – auf jene Familie, die zwischen Eltern und Kindern, zwischen Brüdern und Schwestern eigene Vorschriften und Tabus kennt. Solche privaten Sonderrechte und -pflichten sind de Sade ein Dorn im Auge. (Den Schmerz, den er dabei empfinden muss, wird er ausnahmsweise wohl nicht als lustvoll empfinden.) Statt die private Vertrautheit zur politischen Tugend auszuweiten, dreht der Marquis den Spieß um und mobilisiert die öffentliche Libertinage gegen die private Ordnung der Familie.

Wie ist nun der neue Spielstand im Generationenspiel? Wenn die Menschen Ernst machen mit dem Ende des Patriarchats, dann stehen sie vor der Aufgabe, das Politische und das Private neu zu bestimmen. Elegant wirkt dann erst mal die Lösung, sich an die Idee der Brüderlichkeit zu halten: Auf diese Weise betreibt man einen Schulterschluss zwischen dem Privaten und dem Politischen, bei dem sich die ganze Welt in eine Familie verwandelt. Aber dieser Vorschlag nutzt sich schnell ab: Dass die Familie, um die es nun geht, keinen Vater (und auch keine Mutter) mehr kennt, sondern nur noch Brüder (oder Geschwister), erweist sich als eine nicht besonders fruchtbare Idee – unabhängig davon, ob sie nun human und versöhnlich auftritt (wie bei Schiller) oder militant und zynisch (wie bei de Sade). So oder so schlägt die Brüderlichkeit über die Stränge, so oder so traut sie sich zu viel zu und maßt sie sich zu viel an. Das politisch-private Gesellschaftsspiel der Moderne findet kein gutes Ende, wenn man die Familie und die Politik auf die Brüder herunterstutzt. Damit ist letztlich kein Staat zu machen – und auch keine Familie.

Fortschritte werden gemacht bei dem Versuch, in der Politik das Patriarchat zur Strecke zu bringen. Wie ein Abfallprodukt der großen politischen Debatten wirkt dann die Fantasie von der Verstaatlichung der Erziehung: Sie ist schnell verflogen, sie prallt ab am Alltag eines privaten Lebens, in dem die alte Ordnung mühsam verabschiedet werden muss. In der Politik ist der Tatendurst groß; am Ende wird er mit Blut gelöscht. Im Privaten weiß man nicht, wohin mit sich. Immerhin: Nicht erst in den Revolutionsjahren, schon im Laufe des ganzen 18. Jahrhunderts hört man das Eis knacken. Die Väter spüren, dass irgendetwas nicht mit ihnen stimmt. Sie spielen mit dem Gedanken, anders zu leben. Aber wie?

7. Väter auf der Suche nach sich selbst

Wer reitet so spät durch Nacht und Wind?
Es ist der Vater mit seinem Kind

Das vielleicht berühmteste Gedicht deutscher Sprache, Goethes »Erlkönig« von 1782, möchte ich in das Leben hineinziehen, in mein Leben. Ich lese es als Vater-Kind-Gedicht und frage mich, wie es wäre, wenn...

Mein Kind ist todkrank, ich bin unterwegs zu dem Ort, der Rettung verheißt. Den Jungen habe ich im Arm, ich fasse ihn sicher, ich halte ihn warm. »Siehst, Vater, du den Erlkönig nicht?«, fragt er und birgt bang sein Gesicht. Ich sage ihm, es sei ein Nebelstreif. »Mein Vater, mein Vater, und hörst du nicht, was Erlkönig mir leise verspricht?« Was ich höre, so sag' ich dem Kind, das ist der säuselnde Wind. »Mein Vater, mein Vater, und siehst du nicht dort Erlkönigs Töchter am düsteren Ort?« Ich sehe nichts als graue Weiden. »Mein Vater, mein Vater, jetzt fasst er mich an.« Mir graust's, ich eile geschwind, in den Armen halte ich das ächzende Kind. Ich erreiche das Haus mit Mühe und Not, in meinen Armen das Kind war tot.

Wie bin ich, was tue ich, wenn ich solch ein Vater bin? Ich bin entschlossen, das Kind zu schützen, kein Stolpern muss es fürchten. Den wärmenden Mantel habe ich ihm umgelegt. Das Kind fantasiert, ich will ihm die Angst nehmen vor den unheimlichen Gestalten, die es sieht. So ruhig, wie es mir nur möglich ist, spreche ich, um mein Kind, das ich in eine andere Welt hinweggleiten sehe, in die Wirklichkeit zurückzuziehen, hin zu mir. Am Ende geschieht, was für mich schlimmer ist als der eigene Tod, der Tod meines Kindes. Gerne hätte ich ihn mit meinem getauscht.

Wie bin ich, was tue ich, wenn ich solch ein Kind bin? Ich bin schwach und krank. Mein Vater hält mich fest, fast zu fest. Er ist außer Atem. Ich höre Stimmen am Wegesrand. Man lockt mich. Bei »schönen Spielen« soll ich mitspielen dürfen, aber ich habe gelernt, mit niemandem mitzugehen. Ich bin brav. Ich habe Angst. Man droht mir. »Bist du nicht willig, so brauch ich Gewalt«, heißt es von draußen. Mein Vater sieht nicht, was ich sehe. Er meint, ich irre mich. Er erklärt mir, es seien keine Stimmen zu hören, es gebe keine Gespenster. Er ist so klug. Ich würde ihm gerne glauben. Aber es geht nicht. Ich bin bei ihm und doch weg, weit weg. Bald kann ich nicht mehr.

Der Vater, der aus der Kälte kam

Als ich meine Prosa-Version des »Erlkönig«-Gedichts, die Sie gerade gelesen haben, meinem Sohn zu lesen gab, kreidete er mir eine Schwäche im Ausdruck an. Ich hätte die Geschichte so geschildert, dass am Schluss »das« ächzende Kind, »das« tote Kind auftrat; dabei müsse es, so meinte er, korrekterweise heißen: »mein« Kind. Ich fand (wie üblich), dass mein Sohn recht hatte; noch mal bei Goethe nachlesend, stellte ich aber fest, dass ich mich einfach nur an dessen Text gehalten hatte. (Deshalb habe ich meine Version jetzt doch so belassen, wie sie war.) Am Ende des Gedichts hört das Kind bei Goethe tatsächlich auf, Kind des Vaters zu sein. Es ist eben »das« ächzende Kind, »das« tote Kind, von dem die Rede ist. Das heißt: Dem Vater ist es entglitten.

Aber wie nahe war der Vater dem Kind je gewesen? Im »Erlkönig« spricht er über Wind und Wetter, über die Welt. Nur darüber, nicht über sich, nicht über das Kind. Warm hält der Mantel das Kind, kühl klärt der Vater es auf. Es ist eine seltsame Mischung aus Nähe und Ferne, aus Schutz und Sachlichkeit, die er aufbietet. Eigentlich könnte man das, was er zum Kinde sagt, auch in einer Schulstunde anbringen: Wie Weiden aussehen, wäre von ihm zu lernen. Sein Versuch, das Kind vom Fieber-traum auf den Boden der Tatsachen zurückzuführen, schlägt fehl. Der großen Aufgabe, seinem Kinde Geborgenheit zu bie-ten, ist er nicht gewachsen, den Tod kann er nicht verhindern. Er begegnet einer starken, unheimlichen Macht, also trifft ihn wohl keine Schuld. Oder doch? Die Frage, ob er das Kind hätte retten können, nimmt ihn in einen Würgegriff, der ihm, dem Vater, nicht mehr von der Kehle gehen wird.

Goethes »Erlkönig« ist ein Gedicht über das Unheimliche und die Aufklärung – und ein Gedicht über einen Vater, der scheitert. »Vater und Sohn sehen, hören, fühlen nicht dasselbe. Es ist, als ob sie in zwei verschiedenen Welten leben würden«, sagt die Goethe-Forscherin Henriette Herwig. Dieser Vater, der aus der Kälte kam, mag sich in seiner Sachlichkeit eingerichtet haben. Der Tod seines Kindes schlägt die Tür zu diesem Le-bensentwurf krachend zu.

In vollkommenster poetischer Form zieht mir dieses Gedicht, wenn ich es lese, den Boden unter den Füßen weg. Seine Schön-heit lässt die Katastrophe noch unerträglicher erscheinen. Sie ergibt sich nicht nur aus der äußeren Bedrohung, sondern auch aus der inneren Bedrückung. Schlimmer geht es nicht mehr. Wie man es auch dreht und wendet, so kann der Vater nicht bleiben.

Die Schule der Väter

Wer die väterliche Gewalt im alten Stil ausübt, trifft laufend Ent-scheidungen für sein Kind. Er entscheidet, was es lernt, was es tut, was es wird, wen es heiratet, wie es lebt. Wenn das Kind nicht tut, was der Vater sagt, wird es bestraft. Wird es aus dem Schaden nicht klug, wird die Strafe härter. Der Vater weiß alles besser, denkt solch ein Vater. Er ist ein Besserwisser.

Timante de Volny ist ein Vater dieser Art. Erzählt wird von

ihm in der Geschichte »Die Schule der Väter« von Jean-François Marmontel, die aus dem vorrevolutionären Frankreich stammt. Das Bild, das in dieser Geschichte gezeichnet wird, sieht so aus wie ein Haus am Kliff auf Sylt, das von der nächsten Sturmflut mitgerissen werden wird. Seine Tage sind gezählt, es steht schon leicht schief, doch es tut so, als wäre nichts. So taugt Marmontels Geschichte auch wunderbar dazu, den Hintergrund auszumalen, vor dem sich das Neue abzeichnen kann.

Um Timante also geht es – und um seinen gleichnamigen Sohn, der von der Mutter, wie es heißt, zu einem »kleinen Schnösel« erzogen worden ist. Der junge Timante lebt auf großem Fuß, hat aber nichts Nützliches gelernt; er weiß, wie man Geld ausgibt, aber nicht, wie man es verdient. Nun hat er das Pech, dass er von zwei Seiten in die Zange genommen wird. Die hübsche, kluge Angélique, die er mit halbseidenen Schmeicheleien verführen will, lässt ihn abblitzen und glänzt mit ihrer Tugend, was ihn zugleich verunsichert und anzieht. Überdies mischt sich sein Vater nun in die Erziehung ein und beschränkt sich nicht mehr darauf, das Vermögen zu verdienen, das sein Sohn verprasst. »Was werde ich tun«, so fragt der Vater nun, »um ihn von dem Abgrund zurückzuziehen, an dem ich ihn stehen sehe?« Verhaften will er ihn nicht lassen, denn schließlich sei es das »natürliche Recht« des Kindes, »frei zu sein«. Eine *lettre de cachet* kommt für diesen Vater also schon nicht mehr in Frage. In dieser Hinsicht ist er schon ein Kind der neuen Zeit.

In anderer Hinsicht ist er ein Strippenzieher alten Schlages. Er ruft das Kind zu sich und teilt ihm mit, er habe auf einen Schlag fast sein ganzes Vermögen verloren; entsetzt nimmt der Sohn diese Neuigkeit hin. Als sich die neue Armut der Familie Volny herumspricht, wenden sich die Mätresse und die Freunde der Nacht sogleich vom jungen Timante ab. Auch ist er nun so arm, dass er nicht mehr um die Hand Angéliques anhalten kann. Doch sie verspricht, auf ihn zu warten, wenn er denn die »Lust an der Zerstreuung« mit der »Liebe zur Arbeit« vertausche und den Erfolg im Beruf suche. Der junge Timante will sich, wie er sagt, »ihrer würdig« erweisen und geht frisch ans Werk. Er nimmt sein Leben in seine eigenen Hände und arbeitet tüchtig, seine finanzielle Lage wird langsam wieder erträglich.

Fünf Jahre später lädt der alte Timante Angélique und ihren Vater zu einem Empfang, um ihnen dort einen Mann vorzustellen, der eine gute Partie für die junge Frau wäre. Der Sohn des Hauses gesellt sich zu der Versammlung und sucht mühsam nach Fassung, als er vom Anlass des Treffens erfährt; für ihn selbst ist die Ehe noch immer außer Reichweite. Da enthüllt der Vater sein Geheimnis: das Märchen von seinem Ruin. Mit dieser Finte habe er seinen Sohn nur auf den rechten Weg zurückbringen wollen, verrät er, und nun könne er ihn mit altem Geld und neuer Tugend als Gemahl empfehlen. Bleich fällt der junge Timante vor der geliebten Angélique auf die Knie; deren Vater zieht ihn empor und schließt ihn in die Arme. Die Ehe ist gestiftet. »Mein Freund«, so sagt Angéliques Vater zum alten Timante, »wenn man angenehme Überraschungen herbeiführen will, dann muss man bei Ihnen in die Schule gehen. Wahrlich, Sie sind ein guter Vater, und Ihr Sohn hat es verdient, glücklich zu sein.« Schluss, aus, Ende gut, alles gut.

Nun will ich dieser Familie nicht in die Suppe spucken, die sie zur Feier des Tages auslöffelt. Doch ich frage mich, was im Kopf dieses Jungen genau vorgeht oder was in mir vorginge, wenn ich der Sohn dieses Vaters wäre. »Die Schule der Väter« heißt Marmontels Geschichte – und in dieser Schule ist offenbar als Lehrmethode jahrelange Täuschung erlaubt. So gut die Geschichte ausgeht, am Ende würde man sich doch nicht wundern, wenn der Sohn ein wenig damit haderte, gewissermaßen in sein Glück hineinbetrogen worden zu sein. Doch ihm scheint egal zu sein, wie er wurde, was er ist. Sprachlos nimmt er die gute Wendung auf. Der Vater straft nicht mehr, aber er steuert den Sohn wie eine Marionette. Allmächtig ist er in seiner Güte, und vielleicht ist diese Güte, die am Drücker sitzt, gar nicht so gut. Er repräsentiert den guten Herrscher, dessen Erfolgsprinzip darauf beruht, dass seine Herrschaft so unumschränkt wie nur möglich ist. Dem Vater fehlt etwas, was ihn erst menschlich machen würde: die Einsicht in seine Fehlbarkeit.

Die Einsicht in die Fehlbarkeit des Vaters

Der dramatischste Vater-Sohn-Konflikt im Deutschland des 18. Jahrhunderts ist der Kampf zwischen Friedrich Wilhelm I. und dem Kronprinzen Friedrich – ein Kampf, in dem der Vater bekanntlich Katte, den Freund des Sohnes, wegen Fahnenflucht hinrichten lässt. Weil der junge Friedrich zwar den Aufstand probt, am Ende aber seinen Frieden mit dem Vater macht, wird diese Geschichte von konservativen Schriftstellern im 19. und 20. Jahrhundert ausgeweidet, um die Bekehrung des Jungen zum Gehorsam zu preisen. Eigentlich aber ist im 18. Jahrhundert eine ganz andere Botschaft populär: die Botschaft von der Fehlbarkeit des Vaters.

In den Jahren vor 1789 ist die Literatur – nicht nur in Frankreich – voll von Geschichten über verstockte Väter, die an ihrer eigenen Haltung irrewerden. Heftig proben die Literaten den Aufstand. Interessant ist jeweils der Zeitpunkt, an dem sie die Väter zur Besinnung kommen lassen, der Moment also, in dem sie ihren Fehler entdecken. Immer nämlich kommen sie damit zu spät, erst hinterher, nach der Tat, nach der Untat, dämmert es ihnen. Das große Vorbild all dieser Väter ist Shakespeares »König Lear«, der seine über alles geliebte, ihn über alles liebende Tochter Cordelia verstößt und am Ende niederkniet und sie »um Vergebung bittet«. Lear bleibt das Unglück nicht erspart, und auch bei seinen literarischen Nachfolgern reicht es allenfalls zur Schadensbegrenzung. Die Väter bleiben an der Macht, doch sie lernen spät, das zu bedauern, was sie vorher nicht haben lassen können. Alte und neue Verhaltensmuster werden zu einem unstimmigen Stimmungsbild verwoben. Die neue Kultur der Reue kennt im 18. Jahrhundert verschiedenste Spielarten des inneren Zwists: Man begegnet Vätern, die erst genau zu wissen meinen, was sie zu tun haben, und dann ihre Tat ungeschehen machen wollen, aber auch schon Vätern, die von vornherein schwanken, eher willkürlich als Repräsentanten der Macht agieren und dann einen Rückzieher machen, bei dem sie fast den Boden unter den Füßen verlieren.

Zögerlich kratzt auch Jean-François Marmontel am Denkmal des Patriarchen, denn nach seiner Geschichte von der »Schule der Väter« verfasst er eine Geschichte über den »Irrtum eines guten Vaters«. Bedrückt, fast gebrochen tritt der Vater hier auf, denn er hat seinen widersetzlichen Sohn verstoßen und erst zu spät seinen Irrtum erkannt. Eine »harte, kalte Vernunft« habe er walten lassen, klagt er, und sich damit um die Treue und den Trost seines Nachkommen gebracht. Am Ende kommt es zu einem wunderbaren Wiedersehen und zur Versöhnung. Spuren der alten Vaterherrlichkeit bleiben freilich erhalten, denn auch wenn der Vater heftige Schuldgefühle hegt, lässt Marmontel nur den Sohn den Vater um Vergebung bitten. »Ja, ich vergebe dir«, so erwidert der Vater, »und alles ist vergessen, da du zu mir zurückgekehrt bist.« – Marmontels berühmtere Zeitgenossen haben die Väter entschlossener zur Kultur der Reue angestiftet: Bei Lessing, Diderot, Rousseau und vielen anderen wird die Verunsicherung der Väter in scharfes Licht getaucht.

1755. Gotthold Ephraim Lessing bringt in »Miss Sara Sampson« einen Vater auf die Bühne, der seiner Tochter zunächst den Umgang mit dem Geliebten gestattet, dann aber den »Fehler« begeht, sie mit »später Strenge« in die Flucht – und letztlich in den Tod – zu treiben. »Tadle mich, liebste Tochter, tadle mich; ich sahe mehr auf meine Freude an dir, als auf dich selbst«, sagt der Vater zu seiner sterbenden Tochter. Sein Wunsch – »Ich würde doch lieber von einer lasterhaften Tochter, als von keiner, geliebt sein wollen« – zerfällt zu Trauer.

1758. Denis Diderot lässt in seinem Theaterstück »Der Familienvater« einen Mann auftreten, der seinem Sohn die Heirat mit einem tugendhaften, aber armen Mädchen verbietet. Der Vater wettert gegen die »Unordnung« der Gesellschaft, den »Niedergang« der Familie, der Sohn gegen die »elenden Konventionen«. Kaum hat sich der Vater gegen den Sohn gewandt, hadert er aber schon mit seiner eigenen Härte. Am Ende entpuppt sich die Geliebte als gute Partie, der Konflikt löst sich in Wohlgefallen auf, und sichtlich gebeutelt spricht der Vater ein Schlusswort, das in Frankreich zum geflügelten Wort werden wird: »Oh, wie grausam, wie süß ist es, Vater zu sein.«

1761. Jean-Jacques Rousseau erfindet in »Julie oder Die neue Héloïse« die wohl berühmteste Geschichte eines Vaters, der zwischen Autorität und Sentimentalität schwankt. Nachdem er vom unziemlichen Umgang seiner Tochter erfahren hat, lässt er seine Wut – »die Augen funkelten, das Gesicht glühte« – an seiner Tochter aus. Er misshandelt sie, wie es heißt, »schonungslos« – natürlich nicht ohne dass ihn kurz darauf sein Verhalten verdrießt. Die Tochter sagt: »Keine Verwirrung ist so rührend als die von einem zärtlichen Vater, der Unrecht getan zu haben glaubt.« Es kommt zu einer Versöhnungsszene, in der der Vater »seine Reue wegen seines Zornausbruchs« bezeugt. In provokanter Intimität zieht er die Tochter auf seinen Schoß, sie weinen gemeinsam und küssen sich. Bei Rousseau gerät das alte Vaterbild – fast! – aus den Fugen.

1762. Der Schweizer Salomon Gessner, der nicht zuletzt als Gründer der späteren »Neuen Zürcher Zeitung« in die Geschichte eingehen wird, schildert in seinem Theaterstück »Erast« väterliche Gewissensbisse, wie sie schneidender kaum denkbar sind. Geschlagen wird darin der Bogen zwischen der Klage des bitterarmen, vom Vater wegen einer *mésalliance* verstoßenen Sohnes (»O wie kann ein Vater so grausam seyn«) bis zum späten Wiedersehen und zur Einsicht des Vaters (»Was hat meine Ungerechtigkeit dich leiden gemacht! ... Halte mich,

Sohn!«). Bei Gessner kennt die väterliche Bereitschaft zur Vergebung keine Grenzen mehr: Umstandslos vergibt der Vater sogar einem Vertrauten des Sohnes, der ihn ausgeraubt hat. Die Milde schlägt über alle Stränge.

Wie Bälle wirft man sich in jenen Jahren solche Geschichten zu. So wird Gessners Stück auch in Paris gelesen – und zwar von dem (uns bereits bekannten) Jean-François Marmontel, der eine ziemlich gemäßigte, zahnlose Version dieser Geschichte 1770 zu dem Opernlibretto »Silvain« verarbeitet, sowie auch von dem (uns gleichfalls bekannten) Denis Diderot, der im selben Jahr eine eher noch weiter verschärfte Version dieser Geschichte in seinem Theaterstück »Die unglücklichen Väter« präsentiert. Überträgt man die Spielregeln Hollywoods auf das Paris des Jahres 1770, dann kann man sagen, dass es dort in einem Jahr zwei *remakes* eines bekannten Stoffes gegeben hat. Daran zeigt sich, wie sehr das Thema der Fehlbarkeit der Väter den Menschen damals unter den Nägeln gebrannt hat.

Als ich meiner Frau von all diesen verschiedenen und doch so ähnlichen Geschichten erzählte, sagte sie, der Unterschied zwischen jenen Vätern und mir bestehe nur darin, dass bei ihnen die Einsicht in ihre Fehler fünf bis sieben Jahre dauere und bei mir fünfzehn Minuten. Ich habe dieses Spiel also leider immer noch nicht ganz hinter mir gelassen. Nur der Spielverlauf hat sich geändert. Ein Vater, der Fehler begeht und sich in der Einsicht in seine Fehlbarkeit übt, hört nicht auf, *mixed signals* zu senden. Er schwingt den Hammer und heilt Wunden, er zeigt Härte und sucht Versöhnung. Man kann nicht sagen, dass ein Vater besser werden wird, wenn er anders wird; aber so viel kann man sagen: Er muss anders werden, wenn er gut werden soll. – Es ist klar, wie die nächste Suchmeldung aussehen muss, nachdem wir die Väter gefunden haben, die exzessiv damit beschäftigt sind, die Fehler zu bereuen, die sie als Patriarchen begangen haben. Gesucht sind nun Väter, die vom Hochsitz des Patriarchen herabsteigen.

8. Unter den Brüdern gab es auch Väter

Politiker, Väter, Opfer

Die Revolutionäre waren nicht nur damit beschäftigt, die alten Machthaber zu stürzen. Die Menschen haben auch geliebt damals, es wurden Kinder gezeugt und geboren. Der Generationengang setzte sich fort. Der Sturz des Königs führte nicht nur zum Bruder- oder Kindsmord, sondern er machte auch den Weg frei für ein neues Leben im Kleinen. Die Revolution frisst ihre Kinder, hatte Vergniaud gesagt, kurz bevor er von ihr gefressen wurde. Und doch gab es Kinder, die aufwuchsen, und Väter, die ihnen vielleicht beim Weg durchs Leben beistanden. Was für Väter waren dies? Unternehmen wir eine Heldenbesichtigung bei zwei Männern, Politikern, Vätern, Opfern. Bei Jacques-Pierre Brissot, geboren am 15. Januar 1754, guillotiniert am 31. Oktober 1793 (am selben Tag wie Vergniaud), und beim Marquis de Condorcet, geboren am 17. September 1743, gestorben im Gefängnis am 28. März 1794.

Brissots Traum von der drahtlosen Verbindung zwischen Vater und Kind

Brissot, der Führer der Girondisten, ist ein Tausendsassa, der aus dem Nichts kommt, ein von Geldnöten verfolgter Aufsteiger, den es hierhin und dorthin verschlägt, ein wortmächtiger Aufrührer. Drei Söhne hat er, doch die Familie verfolgt er oft nur aus der Ferne – zum Teil gezwungenermaßen. So wird er kurz nach der Geburt seines ersten Sohnes wegen Schulden verhaftet. Gleichwohl meint Brissot die Stunde der neuen Vaterschaft schlagen zu hören. Seine Erweckung verdankt er einem Quacksalber, der sich von Wien nach Paris verzogen hat und hier wie dort von Erfolg zu Skandal eilt: Franz Anton Mesmer. Brissot ist fasziniert oder eben »mesmerisiert« von diesem Mann, der sich als Entdecker einer wundertätigen Kraft, des natürlichen oder »animalischen Magnetismus«, feiern lässt. Das All sei durchzogen von Wellen, so verkündet er seinen Anhängern, die eine heilende Wirkung auf Menschen haben und mit denen sie aus der Ferne miteinander in Verbindung treten können.

Dass die arrivierten Pariser Akademiker bei Mesmer abwinken, ist für Brissot gerade ein Grund, sich zu dessen Verteidiger aufzuschwingen. »Ich komme«, so sagt er den etablierten Wissenschaftlern, »um ihnen eine Lektion zu erteilen, meine Herren. Ich habe das Recht dazu… Ich hänge keinem Vorurteil an, während Sie an die Ihres Standes gefesselt sind.« Von Mesmer erhofft sich Brissot nichts anderes als eine Wunderheilung der Vaterschaft. Wie sie funktionieren soll, ist schnell erklärt. »Ich, der ich ein Vater bin und die Ärzte fürchte, liebe den Magnetismus, weil er mich mit meinen Kindern eint. Wie süß ist es für mich…, wenn ich sie meiner inneren Stimme gehorchen sehe, wenn sie sich vorbeugen, in meine Arme fallen und den Schlaf genießen! Der Zustand einer nährenden Mutter ist ein Zustand des permanenten Magnetismus. Wir unglücklichen Väter, die von den Geschäften vereinnahmt werden, sind fast nichts für unsere Kinder. Durch den Magnetismus werden wir wieder Väter. Darin liegt eine neue Wohltat, geschaffen für die Gesellschaft, die diese so sehr nötig hat!«

Brissot träumt davon, aus der Ferne mit seinen Kindern in Verbindung treten zu können, ihnen also auch dann nahe zu sein, wenn er gerade in wichtigen Geschäften unterwegs ist (oder im Gefängnis sitzt). Er ist damit auch der Ahnherr all jener flexiblen Männer, die ihre Beziehung nach Hause per Handy und Blackberry pflegen. Damals wie heute sind Wellen am Werk, damals wie heute sucht der technikgläubige Vater zu seinen Kindern den direkten Draht oder, genauer gesagt, den drahtlosen Kontakt. Brissots Traum ist rührend, vielleicht auch komisch, aber gar nicht so abwegig. Was Brissot den Frauen neidet, diese intime Beziehung und Verbundenheit mit dem Kind, ist nicht deren Monopol. Aber beim Versuch, dieses Monopol zu brechen, wirkt Brissot wie ein Tölpel. Sogar noch die Zärtlichkeit will er sich naturwissenschaftlich beglaubigen lassen. Brissot ist – wie viele andere Väter – hin- und hergerissen zwischen dem Bedürfnis nach Nähe und dem Dogma aus aristokratischer Zeit: dem Dogma der Distanz. In den Kindheitserinnerungen des (1735 geborenen) Prince de Ligne findet sich der lakonische Satz: »Mein Vater hat mich nicht geliebt. Ich weiß nicht, warum, denn wir kannten uns gar nicht.«

Doch was sagt Brissots Frau zu dem ganzen Spiel? Wunderbarerweise ist uns ein Brief überliefert, den Madame Brissot Ende 1792 an ihre Schwester Nancy in Amerika schreibt. Ich muss gleich vorwarnen: Diesen Brief will ich ausführlich wiedergeben, weil er mich in seiner Mischung aus Sehnsucht, Nüchternheit und Bitterkeit bewegt – und auch weil ich annehme, dass ihn kaum jemand kennt.

Madame Brissot schildert darin erst mal ihre eigene Lage: »Der Geldmangel und die Achtlosigkeit meines Mannes gegenüber seinen Kindern stellen auf Dauer Hindernisse für deren gute Erziehung dar. Man muss ihm freilich Gerechtigkeit erweisen, gegenüber dem jüngsten Kind ist er ein wenig aufgeschlossener. Nach den Erfahrungen, die ich gemacht habe, würde ich, liebe Nancy, wenn ich einen Witwer heiratete, wünschen, dass er das Kind, das er bekommt, auch aufzieht.« Der Mesmerismus von Monsieur Brissot scheint als elegante Lösung für die Vater-Kind-Bindung im Alltag also nicht recht funktioniert zu haben. Entsprechend geht auch Madame Brissots Traum von der Familie an der Wirklichkeit zu Bruch: »Nichts ist so verbreitet wie das Phänomen, dass die Gemeinschaft der Eheleute von ihren eigenen Kindern zerrüttet wird, wenn ihre

Ansichten über die Erziehung auseinandergehen. Eine leichte Aufgabe ist das nicht: es gibt wenige Eltern, denen das Glück des Erfolges beschieden ist. Wenn der Vater seinen Beitrag nicht leistet, so glaube ich nicht, dass eine Frau die Erziehung ohne die Hilfe eines Erziehers oder Hauslehrers übernehmen kann. Dies ist jedoch sehr kostspielig und sehr viel unbefriedigender für die Mutter, der es einigen Schmerz bereitet, sich stärker an ihre Kinder als an ihren Ehemann gebunden zu sehen, wenn dieser das Seinige nicht tut, um sie zu erziehen. Ich würde mir wünschen, Nancy, dass mein Beispiel dir als Warnung vor all den Klippen dient, denen Du begegnen wirst.«

Madame Brissot träumt den Traum von einem Eheleben, zu dem auch die gemeinsame Erziehung zählt. Im Blick auf die Hochzeit ihrer Schwester sieht sie sich jedoch gedrängt, ihr alle Illusionen zu rauben: »Wenn Du darauf zählst, in der Ehe ein unabänderliches Glück zu erreichen, so schlag Dir das aus dem Kopf... Lass Dich davon überzeugen, dass die Männer weit davon entfernt sind, diese Zartheit des Gefühls zu kennen, das der empfindsamen Frau so kostbar ist. Glaube mir, wenn die Gesellschaft das Herz der Frauen nicht auf unnatürliche Weise verformt hätte, gäbe es in Frankreich weniger kokette und in England weniger verhärmte Frauen. Die einen werden nämlich nur deshalb zu leichten Mädchen, weil die Ehemänner ihre Tugend nicht genug zu schätzen wissen. Die anderen, die von ihren häuslichen Pflichten zu sehr belastet sind, finden nicht genug Abwechslung im Austausch mit den Männern, die sich nur selten in ihrer Begleitung einfinden. Daraus ergibt sich, dass die Ehefrau, die schnell einsieht, dass sie für ihren Ehemann ein Nichts geworden ist, im Stillen von den Schmerzen verzehrt wird, die ihr allzu zartes Herz ertragen muss, welches von der Liebe zu einer teuren Familie, um die sie sich sorgt, erfüllt ist. Bilde Dir nicht ein, dass Du den Mann, an den Du Dein Schicksal bindest, gewinnen kannst, seist Du auch ein Engel oder ein Wesen, das von der Vernunft geleitet ist.«

Wenige Monate vor der Enthauptung ihres Mannes entwirft Madame Brissot zwei Bilder: das Bild einer ehelichen und elterlichen Gemeinschaft, die sich die Aufgabe der Erziehung zu eigen macht, und das Bild eines Mannes, der nicht in diese Gemeinschaft passt, weil ihm eine wesentliche Eigenschaft, nämlich das, was sie Empfindsamkeit nennt, fehlt. (Erinnern Sie sich? Auch Edmund Burke sprach von der Empfindsamkeit der Frauen und wollte auf verquere Art den Patriarchen mit diesem Zartgefühl ausstatten, indem er ihn als milden Großvater in Szene setzte.) Das Bild des Mannes als eines fernen, fremden Vaters hat Madame Brissot offensichtlich ihrem Mann nachgebildet, obwohl dieser doch selbst erklärt hat, seine Empfindsamkeit zusammen mit den Kindern ausleben zu wollen. Aber vielleicht war er nur ein Verbal-Vater.

Und wie steht es nun um den zweiten revolutionären Helden, den wir in seiner Rolle als Vater kennenlernen wollen? Condorcet war ein Vater, der anders sein wollte und wohl auch anders war. Lange ging das nicht gut.

Condorcets Ratschläge an seine Tochter

»Der Tornado des Säkulums, der eiskalte Sturm des Terrorismus, fuhr endlich aus der heißen Wolke und schlug das Leben nieder. Nicht die, deren Vermögen oder Leben geopfert wurde, litten am bitterlichsten, sondern die, denen jeder Tag eine große Hoffnung der Freiheit nach der anderen mordete, die in jedem Opfer von neuem starben, und vor die sich allmählich das weinende Bild eines sterbenden, von Ketten und Vampyren umwickelten Reichs als Preis aller Opfer gekrümmt hinstellt.« Diese Sätze Jean Pauls sind eine Warnung vor dem weltgeschichtlichen »Terrorismus« der Französischen Revolution, sie enthalten darüber hinaus die Zumutung, dass man den Verlust der Hoffnung schwerer zu nehmen habe als den Verlust des Lebens. Folgt man Jean Paul, so hatte es Condorcet vergleichsweise leicht, denn ihm kam während der Französischen Revolution nur das Leben, nicht aber die Hoffnung abhanden.

Als »optimistischer Rationalist«, gar als »einer der besten« Menschen, »die je gelebt haben«, wurde Marie Jean Antoine-Nicolas Caritat de Condorcet Opfer der Revolution, für die er gekämpft hatte. Nach einer glänzenden wissenschaftlichen Karriere, die ihn 1782 in die Académie Française geführt hatte, schlug er sich 1789 auf die Seite der Revolution – beflügelt auch von seiner Freundschaft mit Benjamin Franklin und Thomas Jefferson. 1793 wurde Haftbefehl gegen ihn erlassen, doch während Weggefährten wie Brissot und Vergniaud zu Tode kamen, schlug er einen Umweg ein, der ihm mehrere Monate Aufschub gewährte und letztlich seinen Ruhm sichern half. Er versteckte sich bei seiner Gönnerin Madame Vernet und verfasste dort die Schrift, die ihn vor allem berühmt machen sollte, den »Entwurf einer historischen Darstellung der Fortschritte des menschlichen Geistes«.

Im März 1794 gab Condorcet seinen Schutz preis und verließ das Versteck, wohl um Madame Vernet nicht zu gefährden. Kurz darauf wurde er in einem Gasthof festgenommen und starb dann im Gefängnis von Bourg-la-Reine unter bis heute nicht ganz geklärten Umständen. Jules Michelet, der große Historiker der Französischen Revolution, meinte, auf der Republik laste damit »die Schande des Vatermords, das Verbrechen, den letzten derjenigen Philosophen in den Tod getrieben zu haben, ohne die es sie nicht gegeben hätte«. Ob Condorcet nun ein »Vater« war, den die Brüder töteten, oder ein »Kind«, das von Saturn verschlungen wurde – so oder so lässt sich die Revolution als Familienstreit lesen. Doch mich interessiert diesmal nicht die imaginäre politische Familie, sondern die reale Familie Condorcets.

»Sie hätte in jeder Hinsicht eine viel bessere Wahl treffen können, aber sie hatte die Güte, mich vorzuziehen«, so schreibt Condorcet im Juli 1788 an Benjamin Franklin, als er ihm von seiner Heirat mit Sophie de Grouchy erzählt. Unüberhörbar ist der erleichterte Unterton, mit dem der gestandene Mann die Verbindung mit dieser zweiundzwanzigjährigen jungen Frau bekannt gibt. Den Spruch eines anderen berühmten Philosophen hätte auch Condorcet sich zu eigen machen können: »Ich kam, ich sah, *sie* siegte.« Der vom Erfolg verwöhnte und von Schüchternheit geplagte Condorcet liefert sich, wie eine Freundin zu berichten weiß, blitzartig, als wäre er ganz wehrlos, dieser Liebe aus. Er verspricht Sophie »alles Glück, das die Zärtlichkeit geben kann«, und findet in ihr eine faszinierende Frau und eine Intellektuelle von hohem Rang. In Paris führt das Paar gemeinsam einen Salon, dessen Besucher sich vor Berühmtheit kaum retten können und der sich sogleich in eine revolutionäre Zelle verwandelt.

Während Sophie im Januar 1790 den »Club de la Révolution« aus der Taufe hebt und im April 1790 die Tochter Éliza zur Welt bringt, avanciert Condorcet zu einem der einflussreichsten Revolutionsführer; wenig Erfolg hat freilich sein Plädoyer für die »Zulassung der Frauen zu den Bürgerrechten«, das er als einer der wenigen echten Feministen der Französischen Revolution im Juli 1790 publiziert: »Warum sollen Wesen, die Schwangerschaften durchleben und gelegentlich unpässlich sind, gewisse Rechte nicht ausüben können, während man doch nie darauf käme, diese Rechte Leuten abzuerkennen, die im Winter an Gicht leiden oder sich schnell erkälten?«

Während Condorcet eine Denkschrift zur Schulreform lanciert, liest Sophie Adam Smiths »Theorie der ethischen Gefühle« und lässt sich davon zu ihren »Briefen über die Sympathie« inspirieren. Darin heißt es: »Väter, Mütter, Lehrer, in Ihren Händen ist eigentlich das Schicksal der Generation, die Ihnen nachfolgen wird! Ach, wie Sie sich schuldig machen, wenn Sie in den Kindern diese kostbaren Keime der Empfindsamkeit verkümmern lassen, die nur … auf das Beispiel des Mitgefühls warten, um sich zu entwickeln.«

Man weiß nicht, wie lange das Zusammenspiel zwischen den Eheleuten noch angedauert hätte. Das *dream team* oder *power couple* hat ausgespielt, als sich die Schlinge um Condorcet zuzieht. Kurz vor seinem Tod verfasst er ein Testament, in dem er seiner noch nicht einmal vierjährigen Tochter Éliza wünscht, sie möge im Geist der »Liebe zu Freiheit und Gleichheit« erzogen werden; als erbauliche Lektüre empfiehlt er ihr nichts anderes als die »Briefe über die Sympathie« aus der Feder seiner Frau. Im März 1794 schreibt er als einen seiner letzten Texte »Ratschläge an seine Tochter«. Als Empfehlungen an eine junge Frau würden diese Zeilen auch heute nicht schlecht abschneiden.

In einer Zeit, in der die Frauen üblicherweise aufs häusliche Leben eingeschworen werden, rät Condorcet seiner Tochter, sie solle eine gute Ausbildung durchlaufen und nach beruflicher und ökonomischer Selbständigkeit streben: »Mach dir die Arbeit zur Gewohnheit, nicht nur, um dir selbst ohne fremde Unterstützung genug zu sein, sondern auch, um für deine Bedürfnisse aufkommen zu können … Ob die Natur dich nun benachteiligt oder begünstigt hat, vergiss niemals, dass die Freude an der Betätigung dein Ziel sein muss.« Die Selbständigkeit, die Condorcet seiner Tochter nahelegt, steht nicht nur für die Unabhängigkeit durch den eigenen Beruf, sondern auch für die emotionale Stärke, mit der sie sich gegen äußere Versuchungen und gegen die Wechselfälle des Lebens wappnen soll; Condorcet erwähnt ausdrücklich die Möglichkeit, dass »das Schicksal uns unsere Freunde, unsere Eltern, all das, was uns am teuersten ist, entreißen« kann. Er muss annehmen, dass Éliza zuallererst der eigene Vater entrissen werden würde. – Wird die Tochter übrigens all diese Ratschläge befolgen? Geschildert wird sie als eine selbstbewusste, gebildete Frau; sehr jung wird sie die Ehe mit einem irischen Revolutionär eingehen, aber nicht die berufliche Selbständigkeit erlangen, die ihr Vater ihr nahegelegt hat.

Den Aufruf, in sich zu ruhen, ergänzt Condorcet mit dem Aufruf, sich anderen zuzuwenden. Die abgestumpften Ohren von heute müssen sich gefallen lassen, wie an Élizas Mitgefühl und Menschlichkeit appelliert wird: »Lass in deinem Herzen zarte Neigungen entstehen zu all den Menschen, die dir von den Ereignissen, den Lebensgewohnheiten, deinen Vorlieben und Beschäftigungen nahegebracht werden... Die zarte Empfindsamkeit, die eine Quelle des Glücks sein kann, hat ihren ersten Ursprung in dem natürlichen Gefühl, das uns den Schmerz jedes empfindsamen Wesens teilen lässt... Die Wesensart, vor der ich dich gern bewahren würde, ist... die Veranlagung..., die uns in den Wechselfällen des Lebens alles auf die Interessen unserer Gesundheit und Bequemlichkeit, unserer Vorlieben und unseres Wohlbefindens beziehen lässt. Sie lässt uns in gewisser Weise immer in der Gegenwart unserer selbst verharren... Wenn du dieses Unglück vermeiden willst, dann lass das Gefühl für Gleichheit und Gerechtigkeit zu einer Gewohnheit deiner Seele werden.«

Wenige Tage nachdem Condorcet diese Zeilen geschrieben hat, ist er tot – und so können nur seine Texte, nicht sein Leben die Tochter weiter begleiten. Es ist ein vertrackter Zufall, dass dem Vater, über dessen familiären Alltag ich besonders gerne Genaueres erfahren hätte, dieser Alltag verwehrt geblieben ist. Condorcets Lebensgeschichte bricht vor der Zeit ab. Aber die Geschichte, die ich über ihn erzählen will, ist damit noch nicht zu Ende.

Die Geburt der Menschenrechte aus dem Geist der Frauen

Beiläufig habe ich gerade ein Buch erwähnt, das Sophie de Condorcet in der Revolutionszeit gelesen hat. Mit diesem Buch hatten wir schon zu tun: In ihm brachte Adam Smith pünktlich zum Ausbruch der Revolution, aber fern vom Pariser Geschehen seine Sorge um die »vaterlose Welt« zum Ausdruck (s. o. S. 45). Die letzte Auflage dieser »Theorie der ethischen Gefühle« wurde dann 1798 in einer französischen Fassung publiziert; als Übersetzerin und Herausgeberin firmierte Sophie de Grouchy; die Witwe hatte wieder ihren Mädchennamen angenommen.

Als ich bei meinem kurzen virtuellen Besuch in Edinburgh Smiths Sorge um die »vaterlose Welt« schilderte, meinte ich am Ende eine Pointe zurückhalten oder verheimlichen zu müssen, die mit seinen Einsichten ins Leben der Väter und Mütter, Männer und Frauen zu tun hatte. Es ist genau diese Pointe, die bei den Condorcets auf fruchtbaren Boden gefallen ist.

Manchmal gleicht die Geistesgeschichte jenem unschlagbar einfachen Spiel, das »Stille Post« heißt. Jemand flüstert eine Botschaft seinem Nachbarn zu, die vom diesem zum nächsten und dann von einem zum anderen weitergegeben wird. Je öfter dies geschieht, desto unkenntlicher oder gar unsinniger wird sie, desto mehr wird sie verändert und verzerrt. Man kann sagen, dass viele Ideen genau nach dieser Methode in den Sand gesetzt worden sind. (Rousseaus Hinwendung zur »Natur« ist ein Beispiel dafür oder auch Nietzsches »Wille zur Macht«.) Man könnte nun mit diesem Unwesen aufräumen wollen und es darauf anlegen, die originalen Botschaften aus alter Zeit über alle historischen Untiefen hinweg eins zu eins zu bewahren. Doch manchmal schadet es der Geschichte gar nicht, wenn Botschaften sich langsam wandeln; sie können dabei einen neuen guten Sinn gewinnen.

Zwischen Adam Smith, dem Ehepaar Condorcet und auch noch ein paar anderen, die ich jetzt der Einfachheit halber beiseitelasse, wird »Stille Post« gespielt. Die Botschaft, mit der das Spiel beginnt, ist Adam Smiths Lob der »Sympathie«, des »Mitgefühls« oder der »Menschlichkeit«, das im Zentrum seiner »Theorie der ethischen Gefühle« steht. Diese Theorie fällt nüchterner aus, als dies die Verächter des Gutmenschentums wahrhaben mögen. Die Sympathie trieft nicht wie Sirup von Smiths erhobenem Zeigefinger, sondern bekommt bei ihm einen natürlichen Platz im Zusammenleben der Menschen. Smith beruft sich auf die Erfahrung, dass er, wenn ein anderer einen Schlag auf den Arm erhält, zurückzuckt, als ob er selbst getroffen worden wäre, und den Schmerz des anderen mitfühlt. Er sagt: »Menschlichkeit besteht ... in dem äußerst feinen Mitgefühl, welches der Zuschauer gegenüber den Empfindungen der betroffenen Personen hegt.« Gemäß den Regeln der »Stillen Post« hört Sophie de Condorcet, was Smith sagt, und schreibt nun in einem ihrer »Briefe über die Sympathie«: »Dieses Gefühl der Menschlichkeit ... gleicht einen Teil der Übel aus, die das Eigeninteresse hervorbringt.« Die »Menschlichkeit«, so sagt sie, wirke zum Wohle der »Schwachen« und »Unglücklichen«, indem sie bei den Menschen »das Gefühl natürlicher Gleichheit« wecke. Durch die Vernunft werde diese Menschlichkeit dann »in unseren Seelen zu einem tätigen und andauernden Gefühl, das darauf brennt, sich zu bewähren«.

Als Condorcet schon in seinem Versteck bei Madame Vernet sitzt, nimmt er seinerseits diese Botschaft auf und erklärt, dass der Fortschritt sich – wir kennen das nun schon – auf das »Gefühl der Menschlichkeit« stützen könne, also »auf das Gefühl zarten, tätigen Mitleidens mit dem ganzen Elend, das die menschliche Gattung bedrückt«. Condorcet schwärmt von den »Regungen eines tätigen und aufgeklärten Wohlwollens, einer feinen und edlen Empfindsamkeit«. In der Mitte seiner Geschichtsphilosophie erhält Adam Smiths »Menschlichkeit« also einen Ehrenplatz, der doch so gut versteckt ist, dass ihn kaum jemand bemerkt. Die Menschlichkeit des Mitfühlens ist für das Ehepaar Condorcet ein Schlüsselerlebnis, in dem die Menschen erfahren, dass sie *alle gleich* sind. Sie denken sich bei der Sympathie die Vernunft hinzu, verwandeln sie zu einer Tugend, die sich auf die ganze Gattung ausdehnt. Man ist Zeuge der Geburt der Menschenrechte aus dem Geist der Sympathie.

Wenn man nun noch einmal die Seiten nachliest, die Smith über die Sympathie geschrieben hat, so stößt man auf einen Satz, der aus ihnen heraussticht wie ein Gesicht aus einer Menge, das man dann nicht mehr aus den Augen lassen will. Smith erklärt, die »Menschlichkeit« im Sinne der Sympathie sei die »Tugend der Frau«. Das klingt heftig, zumal im Englischen: »Humanity is the virtue of a woman.« Statt Mensch und Mann zu verwechseln, schlägt Smith die Menschlichkeit den Frauen zu. Diese Pointe ist bei der »Stillen Post« zwischen Smith und den beiden Condorcets allerdings unter den Tisch gefallen. Bei ihnen wird die Menschlichkeit zum Inbegriff eines »allgemeinen Gefühls«, eines »Gefühls für die Rechte«, das allen Menschen gemeinsam ist. Es ist also nicht nur die Geburt der Menschenrechte aus dem Geist der Sympathie, die wir hier erleben, sondern die Geburt der Menschenrechte aus dem Geist der Frauen – eine Wiedergeburt, genau genommen, denn im ersten Anlauf standen Menschenrechte für Männerrechte. Gestiftet wird nun eine Verbindung von der Menschlichkeit, die der Frau zugeschrieben (oder untergeschoben?) wird, zu dem allgemeinmenschlichen Gefühl, das hinter den politischen Forderungen der Aufklärung steckt; sie läuft, wie gesehen, auf dem stillen Postweg von Smith zu Condorcet.

Wenn Smith von der Menschlichkeit der Frauen spricht, dann hört sich das so an, als wollte er bei all seiner Sorge über die »vaterlose Welt« die Männer und Väter abservieren, als bliebe für sie nur die Unmenschlichkeit übrig. So schlimm wird es nicht sein, aber wie ist es dann?

Im Bunde der Dritte: der Vater

Zwar schlägt Smith die Menschlichkeit der Frau zu, doch er lässt
für den Mann noch eine Tugend übrig: nämlich die Großzü-
gigkeit oder den Edelmut (»generosity«). Große Taten und edle
Gesten hat Smith im Sinn, wenn er von dieser »Tugend des
Mannes« spricht. Was soll man davon halten? Die meisten, die
dies hören, werden sich über seine Charakterlehre der Frauen
und Männer amüsieren oder echauffieren. Smiths Beobachtung
läuft darauf hinaus, dass Frauen die Meisterinnen des Mitgefühls
und des Einverständnisses sind, während Männer herausstechen
wollen. Sie legen es darauf an, sich zu unterscheiden – im
Schlechten oder im Guten. So begeben sie sich auf ihren Ego-
Trip oder starten ihre eigene kleine Exzellenz-Initiative. Als generelle These über Männer und Frauen ist das höherer Blödsinn, aber vielleicht ist die revolutionäre Welt der Brüderlichkeit
doch auch deshalb in Brutalität umgeschlagen, weil in ihr ein
Kampf der Männer um den kleinen Unterschied losbrach. Ich
möchte mich nicht zu lange mit Smiths These aufhalten, doch
finde ich in ihr ein Körnchen Wahrheit, das ich herausklauben
möchte.

Wenn Smith sagt, dass die Tugend der Frauen die Menschlichkeit sei, so ist dies eine maßlose Übertreibung. Zu viele Zi-
cken stören das Bild. Seine These von der Menschlichkeit der
Frau hat aber ein Heimspiel – in der Familie. Er schlägt die
»Menschlichkeit« der Frau zu, weil er, wenn er an die Frau
denkt, die Mutter vor Augen hat, die ganz im Einklang ist mit
einem anderen Menschen – nämlich mit ihrem neugeborenen
Kind. In der Intimität des Mitleidens, aber auch im Wechselspiel des Lächelns ist die Mutter auf den Gleichklang mit dem
Kind eingestimmt – erst mal jedenfalls, bis die Wege sich trennen und das Spiel der Abweichungen beginnt. (Also nicht allzu
lange.) Der Vater kommt da erst mal nicht mit. Ohne etwas in
die Natur der Geschlechter hineinzugeheimnissen, kann man

sagen, dass die Frau in die Beziehung zum Kind nicht so plötzlich und schlagartig hineinfinden muss wie der Mann. Sie hat mit ihrem Kind eine andere Geschichte, die schon in den langen Monaten vor der Geburt beginnt. (Ich erinnere mich noch daran, wie mir die Hebamme mein neugeborenes Kind in den Arm drückte, wie ich es vorsichtig, als wäre es aus hauchdünnem Glas, in meinen plumpen Händen hielt und an mich zog. Ich war ihm zugetan, ich war hingerissen, und doch spürte ich einen Rest von Fremdheit, sosehr ich mich auch gegen sie sträubte. Seltsam unvorbereitet war ich auf die Überwältigung, die ich empfand.)

Für Smith ist die Beziehung zwischen der jungen Mutter und ihrem Kind die Urszene des Gleichklangs, den er mit der »Menschlichkeit« im Sinne hatte. Der Vater steht dabei, setzt sich dazu, mischt sich ein. Er ist im Familienbunde der Dritte. Dieser Unterschied zwischen Mutter und Vater lässt sich – ob man dies nun gut finden mag oder nicht – mit einem egalitären Federstrich nicht beseitigen. Die Reise der Mutter beginnt bei der Symbiose. Mit jedem Tag, da das Kind älter wird, wächst dann – zum Glück für die Beteiligten – die natürliche Entfernung zwischen Mutter und Kind. Zugleich beginnt das offene Spiel zwischen Vater, Mutter und Kind. Keine Ablösung findet hier statt, sondern nur eine Einmischung: Es gibt keinen Grund, Jean-Jacques Rousseau und Johann Gottfried Herder zu folgen, die in der Mutter die »Säugerin« und im Vater den »Erzieher« sahen. Die Mutter säugt bekanntlich nicht ihr Leben lang, und sie wird nicht tatenlos, wenn sie damit aufhört. Langsam, aber sicher verblasst mit dem Heranwachsen des Kindes das Bild jener Urszene, über die es mit der Mutter verbunden ist. Es beginnt ein Spiel von Vertrautheit und Verselbständigung.

Die Reise des Vaters beginnt in der Distanz, sein Startplatz ist definiert durch die Trennung, die Unterscheidung zwischen ihm und der Mutter mit dem Kind, dem Kind mit der Mutter. Ob die Ferne bleibt oder schwindet, hängt davon ab, welchen

Weg der einzelne Vater einschlägt. Brutal sind die Unterschiede, die sich dabei ergeben. Manche hauen einfach ab. Andere spielen nach außen den Beschützer, stehen also wie eine Mauer um das Kind herum, das dann in der Mitte wie in einer Leere steht. (Der Vater in Goethes »Erlkönig« ist so ein Typ.) Wieder andere kümmern sich nicht darum, wie das Kind wird, sondern nur darum, was es werden soll. In all diesen Fällen zehren die Väter von der Distanz, die sie von Beginn an hatten. Weil sie im Verhältnis zu ihren Kindern die Großen Abwesenden bleiben, sind die Kinder in gewisser Weise vaterlos.

All diese Wege sind eingeschlagen worden, aber es waren nicht die einzigen. Wer zu spät kommt, den bestraft das Leben, heißt es. Die Väter kommen unweigerlich immer zu spät, aber sie beschenkt das Leben mit der Chance, auf ihre Weise »menschlich« zu werden und dem Kind näherzukommen. Um totalen Einklang geht es dabei weder dem Vater noch dem Kind, denn dieses selbst ist schon auf seinem Weg ins eigene Leben. Worauf es der Vater anlegen kann, ist eine Balance zwischen Gleichklang und Verschiedenheit. Mal wird er sich auf Augenhöhe mit dem Kind begeben, mal wird er groß, stark und schützend vor ihm stehen. Heute werden die meisten – mich eingeschlossen – eine solche Balance anstreben. Damals, Ende des 18. Jahrhunderts, ist diese Balance nur selten gelungen. Condorcet war dieser Liebesdienst nur ein paar Jahre und vielleicht auch nur in seinen Träumen vergönnt.

Das Generationenspiel ist mit der Revolution in Bewegung geraten – und ins Stocken gekommen: Nicht nur haben die Brüder, die die Revolution anzetteln, ihre liebe Not mit der Familie, sie treiben neben vielen anderen auch jemanden in den Tod, der ein Bruder, aber auch ein etwas anderer Vater sein wollte. Schnell ist der erste Schwung, die erste Aufbruchsstimmung vorbei, und es bietet sich die Gelegenheit, am Übergang vom 18. ins 19. Jahrhundert den Zwischenstand im Generationenspiel festzuhalten.

Was die politische Emanzipation betrifft, so hat sie von den britischen Liberalen zu den französischen Demokraten zweifellos einen gewaltigen Sprung nach vorne gemacht: Das politische Patriarchat ist in den Grundfesten erschüttert, auch wenn es nach der Revolution wieder seine Kräfte sammeln wird. Im privaten Leben ist das Bild diffuser: Hier verlieren die Väter zwischen altem Patriarchat und neuer Brüderlichkeit erst einmal die Orientierung. Immerhin: In den Winkeln der Geschichte trifft man auf zarte Versuche der Väter, sich den Kindern auf neue Weise zuzuwenden. Wenn man nun aufs 19. Jahrhundert vorausblickt, dann fällt allerdings auf, dass diese Versuche erst einmal kaum Nachahmung finden. Die Väter zehren weiter von ihrer alten Macht, die sie unter neuen Verhältnissen behaupten. Dabei können sie freilich nicht einfach bleiben, wie sie sind. Sie müssen sich verwandeln. Doch ihre Verwandlung nimmt eine ganz eigentümliche Form an.

Die Väter werden stark. Die Väter werden schwach.

9. Der Vater als lebender Widerspruch

Eine Welt der Enge

Der König ist tot, es lebe kein König! Oder sollte man besser sagen: Der König ist tot, es lebe der Kaiser? 1793 wurde die Herkules-Statue als »Koloss« auf der Place des Invalides errichtet, und das Volk feierte den Sieg über den König, indem es sich selbst als »Koloss« mit gewaltigen Kräften ausgab. Es vergehen nur wenige Jahre, bis Napoleon das Heft in die Hand nimmt und sich als Mischung aus Volksheld und Imperator feiern lässt. Prompt wird nun nicht mehr das Volk, sondern nur wieder dieser Herrscher als »Koloss« bezeichnet, gefeiert, gefürchtet. Mit Napoleon I. reißt eine neue schillernde Vaterfigur die politische Macht an sich; er demontiert die revolutionäre Brüderschaft, sofern sie dies nicht schon selbst erledigt hat – und er stärkt auch wieder die Stellung des Vaters in der Familie. Die Brüder sind tot, es lebe der Vater! Aber welcher?

In den meisten Ländern Europas haben sich die Vorrechte des Vaters über alle Aufbruchsstimmung hinweg weitgehend unbeschadet erhalten. In Frankreich wird die »väterliche Gewalt« in der Familie nach Napoleons Machtübernahme in weiten Teilen wieder rehabilitiert und im Kleingedruckten der Gesellschaft durch diverse Gesetze gestärkt. Aus der Ausschreibung einer Preisfrage zur Zukunft der »väterlichen Gewalt« geht ein Traktat als Sieger hervor, das deren umfassende Wiederherstellung fordert und das von der Revolution angerichtete Zerstörungswerk beklagt. Noch bis weit ins 19. Jahrhundert hinein trifft man immer wieder auf die Auffassung, die ideale Gesellschaft bestünde letztlich doch in einer in sich gestuften patriarchalen Ordnung, die auf dem »Glauben an den einzigen

Gott« und der »Unterwerfung unter die väterliche Autorität« basiert.

Und doch kommt es im 19. Jahrhundert nicht einfach zur Herstellung der alten Ordnung. Die väterliche Gewalt wird – in Napoleons »Code civil«, in Preußen, in England – nur in einer gewissen Dosierung, in abgeschwächter Form zur Geltung gebracht. In den Gesetzen spiegelt sich eine unübersichtliche Überlagerung von Alt und Neu. Der revolutionäre Umbau ist gestoppt, doch der Sturz der alten Ordnung lässt sich nicht ungeschehen machen. Europa zeigt sich im 19. Jahrhundert als ein seltsames Zwischending aus Alt und Neu, Beharrung und Bewegung, Restauration und Mobilisierung. Wie ein nasser Sack steckt dieses Jahrhundert zwischen den großen Revolutionen des 18. Jahrhunderts und dem Siegeszug der Demokratie im 20. Jahrhundert. Die Menschen finden sich wieder in einer Welt der Enge, in der die Suche nach dem kleinsten Freiraum schon ein Kampf ist.

Am Anfang des 19. Jahrhunderts gab Friedrich Hölderlin allen Zeitgenossen und Nachgeborenen die Warnung mit auf den Weg,

> »Daß aber uns das Vaterland nicht werde
> Zum kleinen Raum«.

Bei Leonce, Georg Büchners großem gebrochenen jugendlichen Helden, steigert sich Hölderlins Sorge zur Panik. Als Valerio ihm erklärt: »Auf Ehre, Prinz, die Welt ist doch ein ungeheuer weitläufiges Gebäude«, da sagt Leonce: »Nicht doch! Nicht doch! Ich wage kaum die Hände auszustrecken, wie in einem engen Spiegelzimmer, aus Furcht, überall anzustoßen.«

Wenn schon das Vaterland oder gar die ganze Welt klein werden, wie klein wird dann erst das Vaterhaus? Die Kinder, diese »frei Umhertobenden«, werden, so wird Franz Kafka viele Jahre später schreiben, in ein »enges Haus« gezogen. Die Ideen zur Verwandlung des Vaters und der Familie sind beim großen revolutionären Auftakt Ende des 18. Jahrhunderts in den Kinderschuhen stecken geblieben. Im 19. Jahrhundert kommen sie aus diesen Kinderschuhen auch nicht heraus, aber man könnte sagen, dass sich die neuen Ideen in diesen zu engen Schuhen dicke Blasen gelaufen haben. Den Schmerzensweg der neuen Ideen möchte ich nachverfolgen, um auf diese Weise die Vorgeschichte unserer Zeit, einen Vorgeschmack der eigenen Gegenwart zu erhaschen.

Beim Umgang mit dem traditionellen Vaterbild werden im 19. Jahrhundert alle möglichen Szenarien durchgespielt: beharrliche Verteidigung und bittere Ablehnung, steiler Niedergang und zarte Wandlung. Vorgeführt – und angegriffen! – wird der Vater, der unbarmherzig seine Macht über die Familie ausübt. Beobachtet – und beklagt! – wird aber auch der Ausfall des Vaters und der Niedergang der Familie. Erwogen wird, mit nicht allzu starker Stimme, eine Verwandlung des Vaters zum Wohle der Familie. Beschworen wird schließlich, mit schriller Stimme, die Wiederherstellung des Patriarchats, das als Rettung vor dem sozialen Zerfall gepriesen wird. All diese Szenarien werde ich in diesem und in den drei folgenden Kapiteln vorführen.

Vaterverkümmerung

Wie ergeht es den Familien im 19. Jahrhundert? Auf diese Frage gibt es nicht eine Antwort, sondern mehrere: Das Bild, das die Arbeiterklasse bietet, unterscheidet sich dramatisch von dem des Bürgertums. Nur eine Entwicklung gibt es, die quer über alle Klassen hinweg um sich greift und ihre Spuren hinterlässt: Es kommt zur Auflösung der alten Verbindung zwischen Haushalt und Arbeitswelt, auf die sich in der einen oder anderen Weise die alte Herrschaft des Familien- und Hausvaters gestützt hatte. Ganz unterschiedlich sind nun aber die Konsequenzen, die diese Veränderung im Alltag der verschiedenen Klassen mit sich bringt.

Die Arbeiterfamilie wird in dem Maße ausgehöhlt, wie nicht nur das Leben des Mannes, sondern auch das der Frau und der Kinder weitgehend in die Fabrik ausgelagert wird. In den knappen Stunden zu Hause tut man vor allem eines: schlafen. Dass hier ein Zerfall der Familie zu beobachten ist, darin sind sich Interpreten aus allen politischen Lagern einig. »Alle Familienbande«, so sagen zwei Kommunisten im Jahre 1848, werden »für die Proletarier zerrissen«. Im »vierten Stand«, so sagt ein Konservativer im Jahre 1855, wird die »Familienlosigkeit geradezu zur Regel«.

Das Bürgertum bietet ein anderes Bild. Im Zuge einer neuen Arbeitsteilung von Mann und Frau verstärkt sich der Rückzug der Frau ins private Leben; dort macht sie ihren Einfluss geltend. »Man sagt«, so erklärt ebenjener Konservative – es handelt sich um Wilhelm Heinrich Riehl –, »unsere Berufs- und Erwerbsverhältnisse« seien »so kompliziert geworden, dass sich der Vater der häuslichen Erziehung seiner Kinder gar nicht mehr widmen kann«. Ein amerikanischer Pfarrer zitiert zur selben Zeit die beredte »Klage einer Kaufmannsfrau« über die Männer ihrer Zeit: »Sie sind gute Verwalter, Direktoren, Kassierer oder Bankiers, aber sie sind ganz gleichgültige Ehemänner und Väter... Das ist ganz verkehrt, meine Herren. Es ist eine traurige Verfehlung des Lebens, es ist auf grausame Weise ungerecht gegenüber uns und unseren Töchtern, und es ist die allzu gewisse Quelle eines tiefen und andauernden Elends für diejenigen, die sich in dieses Leben hineinstürzen.« Wie auch immer beredt diese Klage ausfällt, die frustrierte Kaufmannsfrau beschreibt hier eine Entwicklung, die die bürgerliche Familie im 19. und auch im 20. Jahrhundert prägen wird.

Es lohnt sich, einen Moment bei dieser Entwicklung zu verweilen, denn so selbstverständlich sie sich dann über das Bürgertum hinaus in andere Schichten ausgebreitet hat, so eigentümlich ist doch die Vorgeschichte dieses neuen Geschlechter- und Generationenspiels. Was ist bislang geschehen? Wir waren

Zeuge beim Sturz oder mindestens bei der Schwächung des allmächtigen Patriarchen; wir haben Größe und Grenzen der Brüderlichkeit kennengelernt, mit der man die staatlichen und familiären Hierarchien zum Verschwinden bringen wollte; wir haben die teils unbeholfenen, teils eindrucksvollen, aber jedenfalls angestrengten Versuche der Väter erlebt, ihre eigene Verwandlung ins Werk zu setzen.

Wenn sich nun die Kluft zwischen Berufs- und Privatleben, Arbeitswelt und Familie weitet, dann rückt der Vater immer weiter von der Familie ab, und all jene hochfliegenden Pläne zu seiner Verwandlung werden zu einer unsanften Landung gezwungen. Auf den Schultern der Väter lastet die Aufgabe, das Überleben der Familie zu sichern. Viele von ihnen sehen darin den einzigen Dienst, das größte Geschenk, das sie ihren Kindern bieten können. Im Inneren des Kapitalismus, der nur den Fortschritt kennt, geht es wild zu: Der Mann wird zugleich beschleunigt und gebremst. Auf Touren kommt er im Beruf, in der Familie wird er weitgehend lahmgelegt. Was in der Familie geschieht, ist aber nicht nur eine beiläufige Folge der Professionalisierung und Industrialisierung des Lebens; offensiv wird vielmehr daran gearbeitet, ein neues Vaterbild zu entwickeln, das den Mann in der Familie in eine prekäre Randlage bringt.

Vielleicht war der Chefentwickler dieses neuen Vaterbildes Johann Heinrich Pestalozzi, der große Pädagoge. Die Porträts, die von ihm gezeichnet werden, zeigen üblicherweise zwei Gesichter. Die einen stellen ihn dar als Pionier einer Erziehung, die dem kindlichen Leben neue Aufmerksamkeit schenkt. Die anderen rechnen ihn zu den besonders raffinierten Vertretern der »Schwarzen Pädagogik«, die es auf die Disziplinierung der Kinder abgesehen haben. Doch Pestalozzi hat noch ein drittes Gesicht, auf das mich der Pädagoge Dieter Lenzen aufmerksam gemacht hat: Vor allem in den späteren Schriften nach 1800 treibt er die Väter dazu, sich aus dem Feld der Erziehung zurückzuziehen, das sie im 18. Jahrhundert vorsichtig erkundet, manchmal sogar offensiv besetzt haben.

Mit brutaler Raffinesse geht Pestalozzi vor, als er das Patriarchat begräbt: Nachdem sich der alte Familienvater noch darin gesonnt hat, eine verkleinerte Ausgabe Gottvaters zu sein, macht Pestalozzi nun die Mutter zum Medium des Gottes. Das Kind lässt er sagen: »Mutter! Mutter! wenn ich dich liebe, so liebe ich Gott«, und der Mutter bringt er bei, dass sie »dem Kinde an Gottes Statt« zugeneigt sein soll. Das ist nichts anderes als ein Affront, ein Schlag ins Gesicht des alten Vaters und der alten Welt. Was nun die neu heraufziehende Welt betrifft, so halten sich Pestalozzis Erwartungen an den neuen Vater aber in engen Grenzen. Die Frau hat die Erziehung im Griff, dem Kind soll die ganze Palette des Lebens, »Selbstüberwindung, Thätigkeit, Gehorsam und mit diesem der ganze Umfang des sittlichen Denkens und Fühlens und Handelns... an der Seite der liebenden Mutter« zugänglich werden. Vom Vater ist an dieser Stelle gar nicht die Rede, obwohl doch gerade »Selbstüberwindung« traditionell nicht in die Zuständigkeit der zartfühlenden Mutter fiel, sondern in die des fordernden Vaters. Auch Pestalozzi kennt zwar den »für das Wohl seiner Kinder warm belebten Vater«, aber einen klar bestimmten Ort kann er ihm nicht zuweisen. Als Ernährer ist er nötig, als Erzieher steht er im Regen. Pestalozzi hat mitgewirkt am Sturz des alten Patriarchen, zugleich hat er es dem Vater schwer gemacht, einen Fuß in die Tür des Hauses zu bekommen, das doch sein eigenes war.

Beim Generationenspiel gerät der Mann an den Rand. Was Pestalozzi und seine Gesinnungsgenossen in Gang bringen, ist jüngst als ein Prozess der »Marginalisierung der Vaterschaft« bezeichnet worden. Man könnte es auch Vaterverkümmerung nennen. Wohin das führt, möchte ich an einem einzigen kleinen Beispiel illustrieren, mit dem ich auch eine Brücke vom Beginn in die Mitte des 19. Jahrhunderts schlagen kann. Diese

Brücke führt von Pestalozzi zu einem anderen berühmten Schweizer, zu Johann Jacob Bachofen, dem Theoretiker des »Mutterrechts«.

Eigentlich wirkt Bachofens Theorie auf den ersten Blick wie ein Gegenentwurf zu Pestalozzi: Sie ist angelegt als Entwicklungsgeschichte, die vom Mutterkult zum Patriarchat führt. Angestrebt wird der »Fortschritt« der Vernunft, ein Sieg des souveränen Überblicks, des »geistigen Prinzips« des Vaters über die Fruchtbarkeit, das »stoffliche Prinzip« der Mutter. Doch im Untergrund dieser Fortschrittsgeschichte verläuft als starke Gegenströmung eine Verlustgeschichte. Wenn man Bachofen liest, kann man kaum widerstehen, dieser sorgenden Mutter von einst, dieser Demeter, die das Feuer unter dem Herd am Leben erhält, nachzutrauern. In »alle[n] Zeiten«, so schreibt Bachofen selbst, hat dieses Bild Bewunderung auf sich gezogen. Da mit dem Fortschritt ein Verlust mitläuft, kommt es zu einer merkwürdigen Entwertung der angestrengten Fortschrittsthesen, die Bachofen aufstellt. Das Bild, das er zeichnet, erstarrt plötzlich zu einer Momentaufnahme der bürgerlichen Gesellschaft des 19. Jahrhunderts, in der einander widerstreitende Tendenzen am Werk sind: Der Mann ist an der Macht, doch die Frau hat die Herrschaft über ihr eigenes kleines Reich übernommen – ein Reich, das auf die Männer anziehend und abschreckend zugleich wirkt. Dieses Reich ist der Raum, in den sich ein großer Teil des Generationenspiels verlagert – und es ist gar nicht mehr klar, welche Stellung der Mann in diesem Reich hat. Die Verlegenheit des Vaters wächst.

Ob man nun zu den Armen oder zu den Bessergestellten blickt – man trifft in dieser Zeit also überall auf Schrumpfformen der Vaterschaft, auf vaterlose Teilwelten. Die Bürgerfamilien werden zur Domäne der Frauen, die Arbeiterfamilien werden innerlich ausgehöhlt. Diese Entwicklung zeitigt höchst instabile Ergebnisse – und zwar nicht nur deshalb, weil über kurz oder lang die Frauen mit dieser Aufteilung hadern werden, sondern auch deshalb, weil die Väter in eine Identitätskrise geraten, die die ganze Familie ins Schlingern bringt.

Bei Max Horkheimer liest man: »Der Mann, befreit von der Knechtschaft in fremden Häusern, wurde Herr in seinem eigenen. Die Kinder jedoch, für die die Welt das ganze Mittelalter hindurch ein großes Zuchthaus gewesen war, blieben weiterhin Sklaven bis tief ins neunzehnte Jahrhundert hinein.« Unterdessen ist dem Vater, der hier als Sklavenhalter dargestellt wird, aber die Rückendeckung durch die politische und religiöse Ordnung weggebrochen, welche den Patriarchen alter Schule noch mit Autorität ausgestattet hatte. Nach der Erschöpfung all der aufgeregten Veränderungsversuche im ausgehenden 18. Jahrhundert stellt sich der abwesend-anwesende Vater als ein seltsames Doppelwesen dar: Vom Patriarchen alten Schlages leiht sich der Vater seine Macht, doch zugleich zeigt er Züge von Machtlosigkeit, von Inkompetenz. Eigentlich ist das neue Modell, das auf den großen Umbruch im politischen und privaten Leben folgt, ziemlich trostlos: Der Vater wird ein lebender Widerspruch, ein Zwitter aus Machterhalt und Machtverlust. Der erste Nachfolger des Patriarchen alten Schlages ist ein Vater, der an der Macht klebt und doch zur Randfigur wird. Er verwandelt sich in ein Sinnbild von Stärke und Schwäche zugleich.

Wenn der Vater zur Arbeit geht und die Haustür von außen schließt, ist er einer unter vielen, ein Individuum auf dem Markt. Das Einsatzfeld des Mannes hat sich aus dem Haushalt herausverlagert. Wenn er in die Familie zurückkehrt, so trägt ihn kein Rückhalt von oben (oder ganz oben), kein höherer Auftrag und Segen. Er verfügt nicht mehr über die Allgegenwart, mit der der Herr des Hauses früher die Organisation der gemeinsamen Selbsterhaltung regelte. So hat er in der Privatsphäre alles andere als ein Heimspiel. Wenn er im familiären Innenraum den starken Mann markiert, wirkt dies oft unbedarft, hölzern. Das Leben des Vaters ist gezeichnet von einer neuen Aufteilung zwischen Beruf und Familie, die ihn von sich selbst entzweit, die eine Spaltung seiner Identität mit sich bringt. Einerseits geht er, wie Hänschen klein, allein in die weite Welt hinein, um sich dort draußen zu bewähren. Andererseits soll er zu Hause seinen Mann stehen. (Aber wie macht man das?) In der Familie spielt der Vater eine Rolle irgendwo zwischen Zaungast und Aufseher. Joseph Roth hat den Vater einmal als »fremden König« bezeichnet; das trifft die Sache. Zum familiären Alltag gehört er nicht richtig dazu, aber er greift ein, wenn es darum geht, zu prügeln, zu sagen, was gemacht werden soll, oder für Ordnung zu sorgen. Zwei Formen der Distanz werden geübt: eine Distanz des Unverständnisses, in der der Vater kaum ein Wort verliert, und eine Distanz der Macht, in der er das letzte Wort hat.

Heutzutage berufen sich die Verteidiger familiärer Werte gern auf die bürgerliche Familie des 19. Jahrhunderts und erklären, eine klare Zuordnung der Rollen von Mann und Frau zu Beruf einerseits, Familie andererseits sei immer noch die krisensicherste Konstellation, die sich denken lässt. Und doch läuft diese Familie im Laufe des 19. Jahrhunderts in die soziale Konfusion hinein wie in ein offenes Messer. Dies hat damit zu tun, dass es sich bei der Vaterfigur, die in diesem Modell zum Einsatz kommt, letztlich doch um einen Torso handelt. Auf dem Kampfplatz der Geschichte ist an herausgehobener Stelle eine Baustelle halb fertig liegen geblieben. Bekanntlich verwandelt sich eine Baustelle, an der weiter nichts geschieht, schnell in eine Ruine. Den Einsturz dieser Vater-Ruine werden wir noch erleben – kurz nach 1900.

Die Familie als Stauraum und als Hohlraum

Ich möchte das Kräftespiel, das in der Familie des 19. Jahrhunderts – aber auch noch in den meisten Familien von heute – herrscht, mit Hilfe eines kleinen Vergleichs illustrieren. In einem ersten Durchlauf stelle ich mir die Familie als System von Planeten vor, die zentripetal von einem Zentrum angezogen werden; dann stelle ich sie mir als Karussell vor, in dem jeder darauf vorbereitet sein muss, zentrifugal aus der Kurve zu fliegen.

Wenn man sich die Familie als ein Zentrum vorstellt, das die Menschen anzieht und vereint, dann hat man die Privatsphäre im Sinn, in der sich die Generationen versammeln. Sie tritt als eigene Welt neben die Welt der Arbeit und des Berufs, in ihr geht es um die Bewältigung des Alltags, in ihr spielt aber auch die Macht der Gefühle. Wer diese Familie in den wärmsten Farben malen will, sieht in ihr eine Gegenwelt, einen »Hafen in herzloser Welt«, in dem Erholung und Erbauung locken. Doch die starke *zentripetale* Kraft wirkt im Guten wie im Schlechten. Wenn die Anziehungskraft der Familie groß ist, wird es eng in ihrer Mitte. Ein explosives Gemisch der Gefühle bildet sich, auch im familiären »Hafen« kommt es zum Ausbruch der Gewalt. Herzlos können auch diejenigen sein, denen das Herz gebrochen wird.

Ob das Leben in der Familie gedeihlich ist, hängt im 19. Jahrhundert immer noch vor allem vom Vater ab, der die Macht über diese geschlossene Welt weiter innehat. Dass er im Alltag an deren Rand rutscht, dass er der Große Abwesende ist, macht ihn nicht unbedingt schwächer, denn bekanntlich wirkt jemand umso mächtiger, je weniger man ihn kennt, je weniger man ihn auf ein menschliches Maß bringen kann. Jacques Lacan hat seine ganze psychoanalytische Theorie auf der Macht des fernen, abwesenden Vaters aufgebaut. Der Vater ist, wie Lacan meint, nur als »Name« (»nom«) anwesend, was seine Macht des Verbots, des »Nein«(»non«)-Sagens nur noch mehrt. Und doch ist der Große Abwesende eben abwesend, seine Macht bekommt etwas Schwankendes, Imaginäres. Der familiäre Alltag des 19. Jahrhunderts kreist um einen starken Mann, der Schwächen zeigt. Wenn er sich denn nicht eines Besseren besinnt, wird er in dieser Situation umso blinder auf seiner Stärke beharren und die Familie mit seiner Willkür, mit seiner Strenge einschnüren. Die Familie wird zu einem emotionalen Stauraum.

Vielleicht hilft es, wenn ich Sie kurz in einen solchen real existierenden Stauraum blicken lasse. Wir versetzen uns dazu in das Jahr 1820 und machen einen Besuch im Hause Nytorv 2 in Kopenhagen. Dort lebt der kleine Søren Kierkegaard mit seinem Vater und seiner Familie. Erbittet er Ausgang, so wird ihm dies regelmäßig verweigert, nur gelegentlich lässt der Vater sich erweichen: Dann bietet er dem Sohn an, im Flur des Hauses mit ihm auf und ab zu spazieren. Sie betreten in diesem Moment eine virtuelle Welt, denn der Vater beschreibt dann, was bei einem Spaziergang draußen zu sehen wäre, grüßt die Vorübergehenden oder prüft die Früchte am Marktstand. Rückblickend gibt Kierkegaard dieser Szene einen versöhnlichen Anstrich, er sieht den Vater als »Herrgott« und sich selbst als dessen intimen »Liebling, der Erlaubnis erhielt, seine törichten Einfälle dreinzumengen«. Doch Kierkegaard schreibt auch von den »entsetzlichen« Erinnerungen an das »Verhältnis zu Vater«, der auftrat wie ein wandelnder Befehl, dem das Kind ausgesetzt war wie der Verhaftete dem grellen Licht einer Schreibtischlampe beim Verhör: »Seit meiner frühesten Kindheit hat ein Pfeil des Kummers in meinem Herzen gesessen.« – »Es ist mit so fürchterlichen Qualen verbunden, ein Individuum werden zu sollen.«

Es wäre allerdings ein Irrtum zu glauben, dass der familiäre Raum im 19. Jahrhundert nur immer enger würde und sich immer heftiger mit Gefühlen auflade. Umgekehrt wirken auch erhebliche *zentrifugale* Effekte, die den Vater und letztlich auch die anderen Familienmitglieder aus der familiären Innenwelt heraustreiben. Die Enge und Strenge dieser Welt, die künstliche Abkapselung des Lebens führt zu Auflösungserscheinungen, zu Fluchttendenzen. Wenn die Mitglieder der Familie sich von ihr entfernen, so ist dies aber nicht nur aus der Not geboren. Dass es die Menschen nach draußen treibt, hängt auch eng zusammen mit dem Auftrag, mit dem die bürgerliche Familie angetreten ist: dass sie nämlich Individuen hervorbringen soll, die sich auf eigene Faust durchschlagen können. In der Welt dort draußen sind nicht Familienmitglieder gefragt, die dauernd an den heimischen Herd zurückflüchten, gefragt sind vielmehr Nestflüchter, arbeitsfähige und durchsetzungsfähige Individuen. Als Vorbild dafür dient wiederum der Vater, der sich draußen herumtreibt und zu Hause oft so auftritt, als wäre er nur zu Besuch. So dreht sich auch das Bild vom »Hafen in herzloser Welt« geradewegs um. Das Gefühlsgefängnis hat man satt, die Leinen will man lösen, und ob die Familie wirklich so herzlich und die Welt dort draußen wirklich so herzlos ist, wird zur offenen Frage. Wenn die Individuen der Familie den Rücken zuwenden, verwandelt sich die Innenwelt in einen verlassenen Ort. Der Zweck der Familie liegt außerhalb der Familie, unnachgiebig wirkt diese Tendenz, mit der sich der emotionale Stauraum in einen sozialen Hohlraum verwandelt.

Von einem bin ich überzeugt: Die größte Herausforderung an die Familien heute besteht darin, sich nicht zum Stauraum zu verdichten und nicht zum Hohlraum zu verkommen. Der Grat ist schmal, der zwischen diesen zwei lebensgeschichtlichen Missgeschicken hindurchführt. Kinder zerbrechen daran, dass sie in dem, was sie tun, krampfhaft auf ihre Eltern schielen; Kinder zerbrechen daran, dass sie vernachlässigt werden, dass also die Erwachsenen ihr Elternsein vernachlässigen. Die Gefahr des Hohlraums ist heute sicher größer als die Gefahr des Stauraums, aber nur wer beide Gefahren kennt, wird den richtigen Kurs halten. Deshalb möchte ich die Stauräume und Hohlräume, die im 19. Jahrhundert durchlebt und durchlitten wurden, aufsuchen: Sie taugen heute zum Anschauungsunterricht erster Güte, sie bieten ein fast komplettes Repertoire der Schreck- und Wunschbilder, mit denen die Debatten ums Generationenspiel bis in unsere Tage hinein bestückt werden. Mal arbeiten sich Alt und Jung aneinander ab, mal verlieren sie sich aus den Augen. Die

Auflösung der Familie im Zeitalter des Individualismus wird mich ebenso beschäftigen wie die trotzigen Versuche, die heile Welt der Familie wiederherzustellen. Erst mal soll es aber um einen Vater gehen, der einen Stauraum schafft, in dem er seine Familie zugrunde gehen lässt.

10. Im Stauraum: Der Vater beherrscht die Welt und versteht sie nicht mehr

»Frau, wir wollen heute nicht darüber sprechen«: Friedrich Hebbels halber Vater

»Es gibt keinen ärgern Tyrannen«, so notiert Friedrich Hebbel im Jahre 1837, »als den gemeinen Mann im häuslichen Kreise.« Hebbels Leben und Werk stehen ganz unter dem Eindruck eines Vaters, der mit seiner blinden Strenge aus der Familie einen Stauraum gemacht hat, in dem man es gar nicht mehr aushalten kann. Es ist berührend zu sehen, wie Hebbel selbst in dieser Geschichte als Leidender, aber auch als Täter auftritt – und wie er schließlich zum überzeugendsten Zeugen wird, der vom Niedergang des tyrannischen Vaters zu berichten weiß.

Anlässlich des Todes seiner Mutter erinnert sich Hebbel dankbar daran, dass sie »mich fort und fort gegen die Anfeindungen meines Vaters, der (von seinem Gesichtspunkt aus mit Recht) in mir stets ein mißratenes, unbrauchbares, wohl gar böswilliges Geschöpf erblickte, mit Eifer in Schutz nahm«. Wenig später notiert er in sein Tagebuch: »Die Sonne scheint dem Menschen nur einmal, in der Kindheit und der früheren Jugend. Tieck sagt in diesem Sinne irgendwo: nur wer Kind war, wird Mann. Ich erbebte, als ich dies zum erstenmale las, nun hatte das Gespenst, das mich um mein Leben bestiehlt, einen Namen. Wie war nicht meine Kindheit finster und öde! Mein Vater haßte mich eigentlich, auch ich konnte ihn nicht lieben... Er... haßte aber auch die *Freude*; zu seinem Herzen war ihr durch Disteln und Dornen der Zugang versperrt, nun konnte er sie auch auf den Gesichtern seiner Kinder nicht ausstehen... Die *Armut* hatte die Stelle seiner *Seele* eingenommen.« Es war keine auftrumpfende Macht, der der junge Hebbel ausgesetzt war, sondern eine tieftraurige. Der Vater, der diese Macht ausübte, starb früh, und wenn sein Tod denn etwas Befreiendes gehabt haben sollte, so wurde danach doch die Armut noch drückender.

Mich interessiert nun ein Jahr im Leben Hebbels ganz besonders, nämlich das Jahr 1843, in dem er das Theaterstück »Maria Magdalene« schrieb. In diesem Jahr ist aus dem traurigen Kind ein großer Dichter geworden – und ein schlechter Vater. Begleiten wir ihn ein Stück seines Weges, vom 1. Mai dieses Jahres, als er stolz den Abschluss des ersten Aktes seines »bürgerlichen Trauerspiels« vermeldet, bis zum 8. Dezember, als die Reinschrift der »Maria Magdalene« fertig vor ihm liegt. Was geschieht in diesen Monaten – und worum geht es schließlich in diesem ganz besonderen Stück?

Hebbel treibt es von einem Ort zum anderen, er lebt in Kopenhagen, Hamburg und Paris. Im Louvre sieht er ein Bild von Jacques-Louis David, das auch wir schon gut kennen; wir haben es bei unserem Besuch im Salon des Jahres 1789 gesehen (s. o. S. 50). Hebbel notiert: »Brutus, der seine Söhne verurteilt. Unglaublich groß.« Seine Gedanken kehren zurück zu einem Stück Shakespeares, das er schon Jahre zuvor in München auf dem Theater gesehen hat und das wir als Vorlage für all die reumütigen, fehlbaren Väter des 18. Jahrhunderts kennengelernt haben (s. o. S. 99): den »König Lear«. Hebbel liest den »Lear«, dieses »Meisterstück«, ganz anders als diejenigen, die bei der Geschichte vom fehlbaren Vater am Ende immer auf den Friedensschluss, die Versöhnung zwischen Vater und Kind bedacht waren. Mit scharfem Schnitt legt er die zerstörerische, selbstzerstörerische Tendenz des »Lear« frei: Am »Lear« macht Hebbel den Vaterverlust in der Moderne fest. Er schreibt: »Wir sehen ein, daß ein so jähzorniger Vater eben solche heimtückische, kalte, ihn nur *fürchtende* Kinder erzeugen mußte, die, sobald sie der Furcht entbunden wurden, gar kein Verhältnis mehr zu dem Erzeuger haben und ihn eher als ein feindseliges Wesen betrachten, wie als ein verwandtes, und die, da sie ihr Ich ihm gegenüber früher immer verleugnen mußten, jetzt auch nichts mehr kennen, als ihr Ich, wenn er ihnen in den Weg tritt.«

Hebbel erzählt hier auf wenigen Zeilen die Geschichte von der Herrschaft und vom Kollaps des Stauraums Familie. Er hält sich nicht an die »gute« Tochter in Shakespeares Drama, nicht an die liebende Cordelia, sondern an die zwei »bösen« Regan und Goneril. Sie erstarren in der Furcht vor dem Vater, ersticken fast in der Atmosphäre, die er verbreitet. Der Zorn des Vaters lässt ihnen, so scheint es, überhaupt nur einen Ausweg: sie kapseln sich ab, ziehen sich zurück auf ihr Ich, auf das nackte Eigeninteresse. Diese Töchter fallen so weit vom Vater ab, dass sie ihm am Ende als einem Fremden gegenübertreten. Lear hört in den Augen der Töchter auf, Vater zu sein. Der zornige Vater hat die Familie zu einem Stauraum werden lassen, und nun beginnt das Gift, das die Töchter zum Schutz gegen den Vater produziert haben, diesen Raum innerlich zu zerfressen. Wir erleben eine Auflösung der Familie von innen, die Geburt des Eigeninteresses aus der Enttäuschung.

Das Elend hat sich Hebbel nicht angelesen. In sein Nachdenken über die Enge der Familie mischt sich nicht nur die Erinnerung an seine Kindheit, sondern auch das Hin und Her mit der Freundin Elise, das ihn 1843 in Atem hält. Ohne sie kann er nicht leben, mit ihr kann er nicht leben. Er ist bettelarm, seine Unfähigkeit, ihr den Lebensunterhalt zu sichern, treibt ihn weg, aber er will sowieso nicht bleiben. In Paris erreicht ihn aus Hamburg die Nachricht, dass sein erster Sohn Max, knapp dreijährig, gestorben sei. Nun hadert er mit sich, dass er die Teilnahme an diesem Leben »als Mensch, als Vater verschmähte«. Es hilft alles nichts: Das Unglück, von dem Hebbel sich als Sohn umfangen sah, setzt sich bei ihm selbst fort. Was der Vater in »Maria Magdalene« sagt – »O, ich hab' so groß Unrecht erlitten, daß ich Unrecht tun muß« –, hat Hebbel als Ausrede für sich selbst nicht benutzt, aber es passt auf das, was in seinem Leben geschieht. In sein Tagebuch notiert er: »Wie oft war ich hart, grausam gegen das Kind, wenn es mir in meinen finstern Stimmungen in seiner rührenden unschuldigen Lebenslust entgegen trat!« Jahre später wird Hebbel schreiben: »Erst mit seinem Tode erwachte mein Gefühl für ihn.«

Man kann nicht sagen, dass Hebbel sich die Familie als Thema ausgesucht hätte; er war ihm einfach ausgeliefert. So ist auch das Trauerspiel »Maria Magdalene« eine Familiengeschichte. Der Vater rackert sich als Tischler ab, er bietet das traurig-trotzige Bild eines Patriarchen, bei dem sich Strenge mit Bitterkeit, Erschöpfung und Misstrauen mischt. Seine Frau sagt zu ihm, er sei für seinen Sohn »nur ein halber Vater«. Er antwortet: »Frau, wir wollen heute nicht darüber sprechen!« Damit ist eigentlich alles gesagt.

Dieser Vater ist eher abwesend als anwesend, und wenn er da ist, führt er eine harte Hand. Seine Bereitschaft, dem Sohn Missetaten zuzutrauen, ist unerschütterlich. In hilflosem Hohn spielt er mit einer Umkehrung der Machtverhältnisse zwischen Vater und Sohn – aber nur um sie *ad absurdum* zu führen: »Früher glaubte die dumme Welt, der Vater sei dazu da, um den Sohn zu erziehen. Umgekehrt, der Sohn soll dem Vater die letzte Politur geben, damit der arme einfältige Mann sich im Grabe nicht vor den Würmern zu schämen braucht.« Die sogenannten Lehren, die er von seinem Sohn Karl gehört haben will, lauten, dass »man sein Wort nicht zu halten braucht« und dass »es überflüssig ist, in die Kirche zu gehen«. Mit dem Einwand »Er ist anders, als Du, muß er darum gleich schlecht sein?« findet die Mutter kein Gehör.

Der Mutter fällt die Aufgabe zu, in diesem kräftezehrenden Machtspiel den Haushalt zusammenzuhalten; in Hebbels Drama ist die Rollenverteilung zwischen Vater und Mutter klassisch – und die Stimmung entsetzlich. Zur Tochter sagt die Mutter: »Ich habe im Hause geschafft, was ich konnte, ich habe Dich und Deinen Bruder in der Furcht des Herrn aufgezogen und den sauren Schweiß Eures Vaters zusammen gehalten.« Am Ende hält nichts mehr zusammen: Die Mutter ist an Herzschlag gestorben, die Tochter, die vom falschen Mann schwanger ist, hat sich in den Brunnen gestürzt, und der Sohn, der zu Unrecht eines Diebstahls verdächtigt worden war, bricht auf, um zur See zu fahren. Das Schlusswort des Vaters, der hartnäckig zur Steigerung des Unglücks beigetragen hat, lautet: »Ich verstehe die Welt nicht mehr!«

Zuallererst versteht sich der Vater selber nicht. Er klammert sich an die alte Macht, ohne aber eigentlich noch zu wissen, wofür er sie einsetzen, welche Ordnung er erzwingen soll. Dieser Patriarch kommt mir vor wie eine Fliege im Todeskampf, deren Bewegungen langsam immer unkontrollierter werden, die zu zucken und zu taumeln beginnt. Krampfhaft hält der Vater Stellung im Stauraum Familie, während diejenigen, die ihm unterworfen sind, zerbrechen oder flüchten. Am Ende bleibt er allein zurück.

Manchmal nimmt eine Geschichte, in der alle Zeichen auf Sturm stehen, ganz am Ende eine glückliche Wendung. Dies gilt nicht für »Maria Magdalene«, wohl aber für Friedrich Hebbel. Wenn ich seine Tagebücher lese, bin ich – wie jeder, der bei Trost ist – bewegt davon, wie Hebbel, dieser sich selbst und seiner Umwelt oft unerträgliche Mensch, in den Jahren nach 1843 langsam aus seinem äußeren und inneren Elend herausgefunden hat. Nach dem ersten Sohn stirbt 1847 – gleichfalls ganz jung – der zweite, den ihm Elise gebärt und den er selbst nie gesehen hat. Im selben Jahr stirbt auch sein dritter Sohn, den er mit Christine, seiner neuen Frau, hat. Von seinen vier Kindern übersteht nur das letzte, die Tochter Titi, die ersten Lebensjahre; Hebbel begleitet sie mit Hingabe durch Kindheit und Jugend. Kurz vor seinem Tod zieht er noch als »Ball-Vater« mit dem tanzlustigen Mädchen durch die Nacht und muss »bis halb vier Uhr morgens aushalten«. In den Tagebüchern finden sich viele liebevoll geschilderte Szenen aus dem Leben seiner heranwachsenden Tochter. Die Sprach- und Beziehungslosigkeit, in der Hebbel lange gefangen war, ist durchbrochen. Und doch bleibt die Verwandlung des Vaters eine Gratwanderung. Lesen Sie nur die Notiz aus dem Jahre 1851, in der ein unschlagbar altkluges Kinderwort der dreijährigen Tochter festgehalten ist: »Titi, die vorgestern von mir eine kleine Züchtigung erhielt, sagte gestern zu mir, als sie sich daran erinnerte: wenn ich ein großes Mädchen geworden bin und du ein kleiner Knabe, züchtige ich dich auch.« Dass sie dies überhaupt hat sagen können, ist jedenfalls ein gutes Zeichen.

»Maria Magdalene« aber ist das Drama eines Herrschers, der am Schluss ohne Beherrschte dasteht, also auch ein Drama von Kindern, die sich von ihrem Vater abkehren oder es nicht mehr ertragen, ihm vor die Augen zu treten. Die ungeheure Zuspitzung der Spannung verwandelt den Stauraum Familie in ein Trümmerfeld. Dem König ohne Land folgt der Vater ohne Kind. Hebbels Stück ist ein Vorspiel zu dem inneren Zerfall der Familie, der bis heute immer weiter um sich gegriffen hat. In einem Brief kurz nach Vollendung des Dramas spricht Hebbel von »Konsequenzen« für die Idee der Familie, die sich aus diesem Stück ergeben und die »wohl erst nach Jahrhunderten in den Lebens-Katechismus Aufnahme finden werden«. Man kann nicht sagen, dass wir heute die von Hebbel erahnten Konsequenzen allesamt schon in Lebensregeln übersetzt hätten, die wir in- und auswendig beherzigen und befolgen. Wenn die Männer keine Tyrannen mehr sind, was für Väter können sie dann sein?

Franz Xaver Kroetz liest Hebbel, aber zum Vater fällt ihm nichts ein

Der Stoff, aus dem Hebbels Trauerspiel ist, hat bis in die jüngste Zeit die Gemüter bewegt und die Schriftsteller beschäftigt. Anfang der 1970er Jahre hat Franz Xaver Kroetz eine ganz eigene Version von Hebbels Stücks herausgebracht. Ich habe Kroetz' »Maria Magdalena« schon deshalb mit großer Neugier gelesen, weil er in späteren Jahren die Rolle des Erfolgsschriftstellers und Patriarchen ausgelebt und schließlich totgeritten hat: »Wer im Lexikon steht, muss nicht abwaschen«, war einer seiner Lieblingssprüche. Nachdem er von seiner Frau Marie-Theres Relin verlassen wurde, hat diese dann ihrerseits mit einer Website zur »Hausfrauenrevolution« Furore gemacht.

Wie ging Kroetz, bevor er sein ganz persönliches Ende des Patriarchats durchlebte, mit demjenigen um, den Hebbel für »den Hauptcharakter« seines Stückes hielt: mit dem »eisernen Alten«, dem Vater? Fast hat man das Gefühl, dass sich hier schon Kroetz' späteres Schlamassel abzeichnete, denn er konnte mit dieser Figur eigentlich gar nicht umgehen. Zum Vater fiel ihm nichts ein.

In Kroetz' Bearbeitung rückt der Vater aus dem Zentrum des Geschehens heraus und begnügt sich mit schlechter Laune. »Ich bin zu lange Vater, das nutzt ab«, sagt er zum Beispiel, oder: »Kinder, für was braucht der Mensch Kinder?« Kroetz' Version des hebbelschen Stoffes endet nicht mit dem einsamen Vater, dem die ganze Familie weggebrochen ist, sondern mit einer Skatrunde unter Männern. Kurz wird der Vater vom Spiel abgelenkt, als die Tochter mit Selbstmord droht, aber keiner nimmt sie richtig ernst, übrigens sie sich selbst auch nicht.

Kroetz drückt sich vor dem Vaterthema, indem er den Vater in einer Männerkumpanei untergehen lässt und das Stück auf die Botschaft abstellt, dass die Frau ein Opfer der Männer sei. Diese Botschaft mag politisch korrekt sein, sie mag in den

1970er Jahren noch einen gewissen Überraschungswert gehabt haben, und doch ist es ein Jammer, dass Kroetz die Chance verpasst hat, eine Figur zu erfinden, die der zeitgemäßen Nachfolge von Hebbels »eisernem Alten« würdig wäre. Die Frauenfrage hat sich Kroetz eilfertig angeeignet – und um das Thema der Vaterschaft einen weiten Bogen gemacht.

Friedrich Hebbel aber – er ist für mich einer der ganz großen Helden in der Geschichte, die ich erzählen will. Er bringt es fertig, eine von Elend und Bitterkeit berstende Kindheit zu überleben, bemüht sich verzweifelt darum, die widerstrebenden Wünsche in seinem Inneren auszuhalten, gelangt zu tiefen Einsichten über das Umschlagen von Liebe in Hass und versucht am Ende, sich der Liebe so behutsam zu nähern, dass sie von seiner Sehnsucht nicht zerquetscht wird. Das ist auch unter weniger bedrückenden Lebensbedingungen ein Kunststück. In diesem Fall gilt: Von der Vergangenheit lernen heißt lieben lernen. Noch uns Heutigen fällt es schwer, Hebbels Kunststück fertigzubringen: einerseits deshalb, weil sich in vielen Familien immer noch ein Stauraum bildet, andererseits aber auch deshalb, weil viele Familien zum Hohlraum verkommen sind. Mal baut der Vater einen unerträglichen Druck auf, mal trägt er bei zu einer unerträglichen Leere.

11. Im Hohlraum: Individualismus und Vaterschaft

Wo kommen all die Individuen her?
Ein Streit um das Erbe der Französischen Revolution

Manche Historiker führen sich im 19. Jahrhundert auf wie Versicherungsangestellte: Sie sehen in ihrem Jahrhundert einen einzigen großen Schadensfall, und wenn es an die Schuldfrage geht, dann fällt ihnen nur eines ein, dem sie die Verantwortung zuschieben können: die Französische Revolution. Sie wird auch für die zentrifugalen Kräfte verantwortlich gemacht, die die Familien auseinandertreibt.

Hippolyte Taine, der große, freilich auch missgünstige Historiker der Französischen Revolution, erklärt, die Revolution habe zur Folge gehabt, dass »jedes Band zwischen den Menschen... zerschnitten, jede Unterordnung oder Hierarchie verschwunden« sei: »Es bleiben nur Individuen, 26 Millionen gleiche und unverbundene Atome.« In dem Roman »Zwei Frauen« hat Honoré Balzac, auf dessen Vater-Obsession ich gleich noch mal zurückkommen werde (s. u. S. 151), diesen Sachverhalt in einen kurzen Satz gefasst: »Es gibt heute keine Familien mehr, es gibt nur noch Individuen.«

Es ist also gar nicht mehr die revolutionäre Brüderschaft, von der sich die Familie angefochten und angegriffen fühlen muss; dieses Modell, das mit dem Versprechen einer anderen Art von Gemeinschaft einherging, hat sich nach dem Scheitern der Revolution vorerst erledigt. Nur in den frühsozialistischen Utopien einer neuen, harmonischen Gemeinschaft treibt es noch Blüten, und erst viel später, in der Jugendbewegung (s. u. S. 196), wird es in der Mitte moderner Gesellschaften wieder hochkommen. Doch erst einmal fällt die Idee der Bruderschaft aus der Erbmasse der Revolution, so wie sie von Hippolyte Taine beschrieben wird, heraus. Stattdessen macht er die Französische Revolution dafür verantwortlich, dem Individuum zu einem zweifelhaften Sieg verholfen zu haben: zu einem Sieg auch über die Familie.

Dass im 19. Jahrhundert die Individualisierung zum Durchbruch gelangt, ist richtig. Dass die Revolution die Ursache dieser Entwicklung sein soll, ist aber eine schlechte Erfindung Taines. Die Gliederung der Gesellschaft in Individuen war schon von den großen liberalen Theoretikern des 17. und 18. Jahrhunderts um der Freiheit willen propagiert worden. Nun ist es aber nicht die politische Emanzipation, sondern vor allem die ökonomische Entwicklung, die die Individualisierung beschleunigt; die Französische Revolution hat daran nur einen geringen Anteil.

Hippolyte Taines Konkurrent um die Deutungshoheit über die Geschichte der Französischen Revolution, Jules Michelet, kann seinen Widersacher an diesem Punkt leicht ausstechen. Die Revolution erscheint ihm eher als Projekt, mit dem der bürgerliche Gemeinsinn gestärkt werden sollte. Diesem Projekt schließt er sich an, und so gibt es für ihn gar keinen Grund, früheren Zeiten nachzutrauern. Er gehört nicht zu denen, die immer der Revolution den Schwarzen Peter zuschieben. Aber auch er schildert in eher melancholischem Ton die Verwandlung des Alltags im 19. Jahrhundert. Bei der Suche nach den Ursachen der modernen Familienfeindlichkeit gelangt er nun aber zu anderen Erklärungen als Hippolyte Taine.

Mitte des 19. Jahrhunderts beobachtet Michelet die schrittweise Aushöhlung der Familie und der Gemeinschaft überhaupt. In Lyon trifft er einen Weber, der ihm auf die Frage nach dem größten aktuellen Missstand antwortet: »Mein Herr, *wir sind ungesellig.*« »Dieses Wort«, so schreibt Michelet, »klang mir im Herzen nach, es traf mich wie ein Gerichtsurteil.« Die-

ses Wort weckt dann auch sein Interesse an den neuen Arbeits-
bedingungen der Menschen im Maschinenzeitalter. Man arbeitet zusammen, so erkennt er, »ohne einander zu kennen«, be-
ziehungslos bewältigt man den Alltag. Diese Ungeselligkeit,
diesen Mangel an Gesellschaftsfähigkeit beobachtet Michelet
nicht nur bei den Arbeitern in den Fabriken, sondern auch bei
Männern aus anderen Gesellschaftsschichten: zum Beispiel beim
»Kaufmann« und beim »kleinen Fabrikanten«. Alle versuchen,
ihre Stellung zu verbessern, alle trachten nach ihrem eigenen
Fortkommen. Sie »stehen in einem Kampf«, der ganz dem »persönlichen Fortschritt« gewidmet ist, und wollen sich von der
»Familie« nicht »behelligen« lassen. »Wissen Sie«, so fragt Michelet, »was die Gefahr ist, wenn man sich isoliert und gegen
andere verschließt?« Seine Antwort lautet: »Man schließt nur
eine Leere ein« – »Die Tür ist gut verschlossen, aber es gibt niemanden darinnen«. Der eingekapselte Mensch »verarmt« und
verliert letztlich sich selbst. Michelet beschreibt den Single-
Haushalt, bevor es ihn als Wohnform wirklich gibt.

Michelet ist Historiker genug, um nicht einer ganzen Gesellschaft ein einziges Entwicklungsmuster überzustülpen. Er beschreibt den ökonomischen Individualismus, aber auch die
emotionale Belebung, die die neue Zeit mit sich bringt. So entdeckt er durchaus auch Anzeichen für eine neue Familie mit
einem verantwortungsbewussten Vater, einer liebenden Mutter
und einem Kind, das zu einem neuen »Herrn« wird, um den
die Sorge und die Hoffnungen der Eltern kreisen. (Eine exaltierte Version dieses Modells wird sich später bei Ellen Key finden, die in reformpädagogischem Übereifer das Kind als König
feiert, vor dem man das Haupt in den Staub zu senken hat; s. u.
S. 193.)

Was auch immer man von dieser etwas anderen, neuen Familie halten mag – Michelet sieht für sie keine allzu großen Er-
folgsaussichten. Letztlich fasst er seine Rolle sowieso nicht so
auf, dass er die Zukunft auszumalen hätte. Er agiert eher wie

ein Reporter, der ein Rennen zwischen verschiedenen Lebensmodellen kommentiert – ein Rennen, welches zeit seines Lebens
offengeblieben ist (und heute immer noch nicht abgewunken
worden ist). Auf der Tribüne, auf der Michelet dieses Rennen
verfolgte, saß neben ihm ein Kommentator, in dem er einen Verbündeten sehen durfte.

Alexis de Tocqueville über den Siegeszug des Individualismus und die Verwandlung der Vaterschaft in Amerika

Die Warnung vor der Aushöhlung der Familie und vor der Verwandlung der Väter in Individuen hört man schon früh: bevor
überhaupt die bürgerliche Familie und der ökonomische Individualismus sich etabliert haben. Bei Jean-Jacques Rousseau
heißt es bereits: »Die Familie zerfällt, Gewohnheit stärkt keine
Blutbande mehr: es gibt keinen Vater, keine Mutter, keine Kinder, keine Brüder, keine Schwestern mehr. Man kennt sich
kaum, wie sollte man sich lieben? Jeder denkt nur an sich.« Eigentlich geht es bei Rousseau nicht um Fakten, die konstatiert,
sondern um Befürchtungen, die zum Ausdruck gebracht werden. Den egoistischen Exzess des Individualismus, den Rousseau hier beschreibt, hat er nur in seinen Albträumen erlebt;
vom Albtraum zur Wirklichkeit wurde er erst im 19. Jahrhundert.

Wer etwas über den Individualismus in Erfahrung bringen
will, muss sich an das Land halten, das ihm zum historischen
Durchbruch verholfen hat: die Vereinigten Staaten von Amerika. So hat auch der erste große – und bis heute größte – Theoretiker des Individualismus seine Einsichten auf einer Reise
durch die USA gewonnen, die er als junger, noch nicht einmal
dreißigjähriger Mann im Jahre 1831 antrat: Alexis de Tocqueville.

An der Revolution, die bei ihm zu Hause angezettelt worden war, entdeckt Tocqueville den Versuch, eine »tiefe Kluft« zwischen sich und die Vergangenheit zu legen (s. o. S. 86). Was in seinem Vaterland die Form eines politischen Großprojekts annahm, das begegnet ihm nun in den USA als alltägliches Training, als große Lockerungsübung in Geistesgegenwart: »Für den Amerikaner«, so schreibt er 1835 in seinem Buch »Über die Demokratie in Amerika«, »verläuft das ganze Leben wie ein Spiel, wie eine Zeit der Revolution, wie der Tag einer Schlacht.« Zwei Jahre später wird der Vorzeige-Amerikaner Ralph Waldo Emerson (der sich seltsamerweise mit Tocqueville kaum befasst hat) ausrufen: »Wenn es eine Zeit gibt, in die man hineingeboren werden will, ist dies nicht die Zeit der Revolution?« Jedes Individuum soll nun aber in der Lage sein, eine solche Revolution tagein, tagaus für sich selbst neu auszurufen.

Diese Revolutionierung des eigenen Lebens bleibt nicht ohne Folgen für die sozialen Kreise, in denen sich das Individuum bewegt; auch auf den Zuschnitt der Vaterrolle schlägt sie durch. Als einer der Ersten macht Tocqueville Ernst mit der Einsicht, dass der Individualismus, der in der Politik mit der liberalen Demokratie seinen Siegeszug antritt, auch eine durchgreifende Änderung der familiären Beziehungen nach sich zieht, ja geradezu erzwingt.

Tocqueville meint sogar Belege dafür gefunden zu haben, dass der Familie das letzte Stündlein geschlagen haben könnte. Die »Demokratie«, so sagt er, »lässt jeden nicht nur seine Ahnen vergessen, sie verbirgt ihm auch seine Nachkommen und trennt ihn von seinen Zeitgenossen; sie führt ihn ständig auf sich allein zurück und droht ihn schließlich ganz und gar in der Einsamkeit seines eigenen Herzens einzuschließen«. Ganz nah ist Tocqueville hier bei Michelet, er diagnostiziert eine Individualisierung, die den Niedergang sozialer Beziehungen, also zuallererst der Familie, nach sich zieht.

Dies ist wohlgemerkt noch nicht Tocquevilles letztes Wort,

aber wenn man bei diesem Punkt erst mal innehält, ergibt sich eine ganz simple, wunderbar eingängige – und, ich sage das gleich vorweg, irreführende – Deutung Amerikas als einer vaterlosen Gesellschaft. Das Drama, in dem sich diese Deutung zusammenfassen lässt, hat drei Akte.

Der erste Akt ist der politische Gründungsakt Amerikas, der nichts anderes war als ein Vatermord: ein Abschied vom politischen Vater, vom englischen König. Dessen Vorgaben sind vom Tisch gewischt. Der Pionier schaut nach vorn, nicht zurück. »Geschichte ist Mumpitz«, wird Henry Ford später sagen.

Der zweite Akt ist der Siegeszug des Individualismus, in dem die Menschen die Abschaffung des Vaters, die Urerfahrung, mit der das ganze Land angetreten ist, im eigenen Leben beglaubigen und auskosten. Der Mensch, der die Last der Vergangenheit abgeschüttelt hat, kann sich ungestört neu erfinden und die Welt erobern. *Every man for himself,* heißt die Devise. Der Familie muss es an den Kragen gehen, denn sie verkörpert im Kleinen das, was die Nation im Großen abgeschafft hat: das Gesetz des Vaters. Mit ihm muss jeder Individualist, der etwas auf sich hält, brechen, und so beginnt die Geschichte des Amerikaners wie die Geschichte vom »verlorenen Sohn«. Nur hat er gar kein Interesse daran, zur Familie zurückzukommen. Er ist und bleibt *on the road.* Der österreichische Dramatiker Johann Nestroy trat als Amerikaner im Geiste auf, als er sagte, am verlorenen Sohn sei vor allem »verächtlich«, dass »er wieder nach Haus gekommen ist«.

Der dritte Akt beginnt mit der verwunderten Rückfrage, wie es denn komme, dass in dieser familienfeindlichen Ansammlung von Individualisten überhaupt noch Kinder auf die Welt kommen. Hier greift nun eine einfache Lösung: Man schlägt nämlich den Individualismus nur den Männern zu. Die Familie bleibt erhalten, aber sie wird Frauensache. So hört man häufig die Auskunft, dass das private Leben sich in Amerika in viel stärkerem Maße »verweiblicht« habe als in Europa – und zwar gerade deshalb, weil sich in erster Linie die Männer an dem von Tocqueville und auch von Michelet beschriebenen Individualismus orientiert haben. Die »Verwerfung des Vaters« endet, so liest man, in einem »Land der Mütter«. Der Mann fällt in der Familie faktisch aus – ob er nun formell noch als Vater fungiert oder nicht, spielt kaum mehr eine Rolle.

So weit klingt das alles ganz eingängig. Wo also steckt der Wurm in dieser Geschichte? Schon im ersten Akt ist ein Fehler. Mit dem Gründungsakt sei, so hieß es, der Bann gebrochen, der definitive Vatermord schon begangen. Der Weg in eine vaterlose Zukunft soll frei sein. Doch wie nennt man in Amerika heute die Männer, die diesen Gründungsakt vollzogen haben? *Founding Fathers,* Gründerväter. Um mit der Autorität zu brechen, mussten sie selbst als Autorität auftreten, und so war unversehens eine neue Rangordnung, eine neue Tradition etabliert. Wer den Vater abschafft, wird gleich selbst zum Vater erklärt. Es gibt also nicht nur Individualisten in Amerika, die frisch, fröhlich und frei ans Werk gehen, sondern doch auch lauter Kinder und Kindeskinder der Gründerväter. Amerika erfindet eine paradoxe, ungeheuer produktive Mischung aus Tradition und Innovation.

Das zeigt sich erst einmal in der politischen Ordnung. In ihr sind die verfassungsrechtlichen Vorgaben aus der Vergangenheit (beispielsweise das Recht zum Besitz von Schusswaffen) schier unantastbar, und doch nimmt man sich das Recht heraus, jeweils alles ändern und neu regeln zu können, wenn das Volk es nur will. Diese Spannung zwischen alten Vorgaben und neuen Vorsätzen zeigt sich aber auch im Privaten, in der Familie, im Verhältnis zum Vater. Von einer kühlen Abschaffung der Vaterschaft kann keine Rede sein. Wenn man auf Amerika blickt, so wirkt die Diagnose, dieses Land bestünde nur aus männlichen Individualisten und weiblichen Familienoberhäuptern, doch nur wie eine schlechte Karikatur.

Zu präsent sind die Väter – als quasi-väterliche Präsidenten (mit ihren manchmal missratenen Söhnen) und in zahllosen privaten Vater-Sohn-Geschichten, die an Spannung kaum zu überbieten sind. Es gibt eben nicht nur James Stewart, der, als er den Vater in »Mr. Hobbs macht Ferien« spielt, wie ein hilfloses fünftes Rad am Wagen wirkt und gerade mal zum Gepäckträger taugt, sondern es gibt zum Beispiel auch Vater-Sohn-Filme wie Elia Kazans »Jenseits von Eden« oder Robert Redfords »In der Mitte entspringt ein Fluss«.

Alexis de Tocqueville hat die unauflösliche Spannung zwischen Abschaffung und Wiederkehr des Vaters schon genau gespürt. Er begnügt sich nicht mit der Geschichte vom individualistischen Zerfall der Gemeinschaft, vom Ruin des Sozialkapitals in der Moderne (wie man dies heute nennen würde), er beklagt nicht wie ein melancholischer Sandburgenbauer das Zerbröseln und Zerfallen des sozialen Gebäudes der Moderne. Statt die Demokratie geradewegs zur vaterlosen Gesellschaft zu erklären, gelangt Tocqueville zu einem anderen, hoffnungsfrohen Schluss und hilft uns auf die Sprünge zu einem Verständnis der Vaterschaft nach dem Ende väterlicher Allmacht.

Dazu blickt er zurück in die Vergangenheit und erinnert uns daran, dass der Vater in der Aristokratie genau genommen zwei verschiedene Funktionen erfüllte: als »Haupt« der Familie und als »Träger der Überlieferung«, »Vermittler des Brauchtums«. Zwar sei nun, wie er meint, unter Bedingungen der Demokratie die »väterliche Autorität« in der Familie »beeinträchtigt«, zwar schwinde »das Strenge, Herkömmliche und Gesetzliche in der väterlichen Gewalt«. Doch die Erosion sozialer Beziehungen schlägt nach Tocqueville nicht automatisch auf die Familie durch – und zwar deshalb nicht, weil die Stunde des Vaters als »Vermittler« schlägt.

So beobachtet Tocqueville in Amerika ein Verhältnis zwischen Vater und Sohn, das von »Vertrauen und Liebe« geprägt ist. »Im Schoß der Familie« bilden sich, so heißt es, neue Beziehungen, in denen der Vater nicht als »Herr und Amtsträger«, sondern als Leitbild und Ratgeber auftritt. Dessen Einfluss und Macht stützen sich nicht auf alte Vorrechte, sondern auf Erfahrung. Tocquevilles Resümee lautet: »Die Demokratie, die fast alles frühere gesellschaftliche Herkommen zerstört oder verdunkelt und die verhindert, daß die Menschen sich auf neue Bräuche festlegen, bringt die Mehrzahl der Gefühle, die diesem Herkommen entspringen, zum Verschwinden. Die andern aber verändert sie lediglich, und sie flößt ihnen häufig eine Kraft und eine Milde ein, die sie nicht besaßen.«

Tocqueville ist einer der ganz wenigen in seiner Zeit, die zwischen Kritik oder Lob des Individualismus auf der einen Seite, Kritik oder Lob des Patriarchats auf der anderen Seite hindurchsteuern. Nur ein bestimmtes Modell des Vaters sei, so sagt er, an sein Ende gelangt. Das Modell, das an dessen Stelle treten könnte, meint er in Umrissen bereits erkennen zu können. Es ist ein Vater, der auf ein menschliches Maß reduziert ist, dessen Vorgaben und Vorschriften sich aus dem Vorsprung an Lebenserfahrung rechtfertigen. Dieser Vater ist nicht unnahbar, er wird in seiner eigenen Endlichkeit gezeigt. Jenseits von Patriarchat und Individualismus inszeniert Tocqueville eine quicklebendige Auseinandersetzung zwischen Vater und Kind. Erst wenn der Vater auf ein menschliches Maß schrumpft, kann die Leidenschaft, mit der man sich an ihm reibt, lohnen. Es ist kein Wunder, dass sich die Theorie des Ödipus-Komplexes in den USA in einen Kult verwandelte und über die Begrenzung auf die Kleinkindphase, die bei Freud vorgesehen war, hinausschwappte. In den USA trafen die Söhne auf Väter, die von vornherein nur als Menschen mit beschränkten Mitteln galten: Der Kampf galt ihnen, nicht irgendwelchen politischen oder religiösen Hintermännern, und so war er auch nicht von vornherein chancenlos. (Wenn man von einem übermächtigen Vater beim ersten Widerwort gleich in irgendwelche tropischen Sümpfe verbannt wird, dann fällt es ziemlich schwer, sich in eine Ödipus-Rolle hineinzusteigern.)

Wenn die Revolution von den Amerikanern, wie Tocqueville sagt, privatisiert und zur alltäglichen Lebensaufgabe gemacht worden ist, so heißt dies nichts anderes, als dass die Auseinandersetzung mit den – geistigen und leiblichen – Vätern geradezu zum Programm werden muss. So sind auch die Schlüsseltexte der amerikanischen Identität – etwa diejenigen von Ralph Waldo Emerson – voll vom Kampf gegen Väter aller Art: gegen die geistige Herkunft (»Zu lange haben wir den höfischen Musen Europas zugehört«), gegen Vorbilder aller Art (»Nachahmung ist Selbstmord«), gegen politische Machthaber (»Je weniger Regierung wir haben, desto besser«), gegen familiäre Zwänge (»Ich scheue Vater und Mutter«). In all diesen Auseinandersetzungen ist das Kind aber doch auf den Vater, der Nachfahre auf den Vorfahren angewiesen – nämlich, um sich von ihm abzustoßen. Ewig neu wiederholt sich dieses Spiel, denn Emerson und all die anderen Kämpfer gegen Autoritäten werden im Zuge ihres Einsatzes selbst zu Vaterfiguren, an denen andere sich wieder neu reiben können.

Man kann darüber streiten, wie verbreitet das von Tocqueville gezeichnete demokratische Vaterbild seinerzeit war – und wie verbreitet es heute ist. Manche werden sich immer noch eher von Patriarchen alten Stils umkreist sehen. Andere werden sagen, dass Tocqueville mit seinem ersten furchtbaren Verdacht, mit seiner Warnung vor der totalen Erosion sozialer Beziehungen doch nicht so falsch gelegen habe, dass er damit – gerade in Amerika – die Lage besser treffe als mit dem rosigen Bild einer »anderen« Familie und einer »anderen« Vaterschaft. Es ergibt keinen Sinn, unter diesen Lesarten eine zum Sieger zu erklären, denn das Ringen zwischen Vaterschaft und Vaterlosigkeit ist nicht nur in den USA, sondern in allen modernen Gesellschaften bis heute im Gange. Wir sind damit wieder bei der großen Gegenüberstellung zwischen der Familie als Stauraum und der Familie als Hohlraum – und bei der Frage, wie ein Weg zwischen diesen beiden Zuständen hindurchführt. Anders gesagt: Wir sind weiterhin bei dem offenen Rennen, das Alexis de Tocqueville, so wie Jules Michelet, *live* kommentiert hat.

Ein paar Plätze neben ihm auf der Tribüne der Geschichte saßen seinerzeit, verbissen auf ihn herabblickend, diejenigen, die den neuen Individualismus mit alten Mitteln zu bekämpfen suchten. Sie dachten, ohne den Vater vom alten Schrot und Korn sei kein Staat zu machen. Sie sehnten einen zweiten Frühling des Patriarchen herbei – und mussten erleben, wie dieser Frühling am Ende zum Herbst erkalten sollte. Sie stimmten ein spätes Loblied auf den Patriarchen an, das als Totengesang enden würde. Die Verteidiger des Patriarchats arbeiteten sich heftig ab an ihrem neuen Gegner: dem Individualismus. Deshalb erfährt auch der Individualist einiges über sich selbst, wenn er sich im Herbst des Patriarchen den Wind um die Nase wehen lässt.

12. Der Herbst des Patriarchen

Balzac: »Als ich Vater wurde, habe ich Gott verstanden«

Einer der heftigsten Vaterverteidiger des 19. Jahrhunderts war Honoré de Balzac. Er blieb kinderlos, und je mehr er darunter litt, desto verbissener verteidigte er in seinen Romanen den Vater alten Schlages. Die Vater-Feier ist in Balzacs Romanen sogar fest eingebaut, bevor er irgendeiner Figur überhaupt das Wort erteilt. Sie kommt schon darin zum Ausdruck, dass Balzac sich als Erzähler wie ein allwissender, allmächtiger Vater geriert, der in alle Figuren hineinsehen kann, als wären sie seine Untertanen, und der die ganze Welt überblicken kann, als wäre sie sein heimisches Reich.

Dieser Vater-Erzähler, der die »Comédie humaine« schreibt, verleiht nun auch dem Zorn auf die Vatervernichtung der Französischen Revolution eine unüberhörbare Stimme. »Das Vaterland geht zugrunde, wenn die Väter mit Füßen getreten werden ... Die Gesellschaft, die Welt beruhen auf der Vaterschaft«, sagt der Titelheld in »Vater Goriot«. »Die Revolution wächst weiter«, so spricht ein Vater in dem Roman »Zwei Frauen«: »Sie ist in den Boden eingegraben, sie arbeitet beständig in allen Geistern ... Soll ich dir, mein Kind, die zerstörendsten Ergebnisse der Revolution nennen? Du kannst sie nicht erraten. Indem die Revolution Ludwig XVI. den Kopf abschlug, hat sie allen Familienvätern den Kopf abgeschlagen ... Mit dem Sieg der Gleichheitsproklamationen über die väterlichen Rechte wurde der Familiengeist vernichtet und der Fiskus geschaffen ... Ein Land, das sich nicht auf väterliche Macht gründet, verliert den gesicherten Boden. Hier beginnt die Leiter der Verantwortlichkeit und der Unterordnung, die bis zum König hinaufreicht. Der König, das sind wir alle!« Unwillkürlich fasst man sich als Familienvater an den Hals bei der Vorstellung, dass man durch den Tod des Königs selbst einen Kopf kürzer gemacht worden sei. Patriarchat oder Tod, so heißt die Devise. Balzac zeichnet das längst bekannte geschlossene Bild einer Hierarchie, die vom Familienvater bis zum König reicht.

Doch die Vorzugsbehandlung, die Balzac den großen und kleinen Patriarchen seiner Zeit zuteil werden lässt, hat auch ihre Grenzen. Als Vater-Erzähler, der über den Dingen schwebt, muss er sich nämlich davor in Acht nehmen, nicht zum plumpen Parteigänger zu verkommen. Er würde sich als alles überschauender Autor demontieren, wenn er vom Hochsitz herabstiege und sich mit einer bestimmten Figur wie dem Patriarchen gemein machte. So muss er auch aufbegehrenden Söhnen, missachteten Töchtern und betrogenen Ehefrauen eine Stimme verleihen, ja er muss auch die Schwächen der Väter zeigen. Als der ganzen Wirklichkeit zugewandter Autor spürt er die Zuckungen, in denen das traditionelle Vaterbild verendet, und doch will er es eigentlich bewahren und in die Zukunft hinüberretten. Balzacs Blick ist mal nüchtern, mal trunken von Nostalgie. Seine tragische Größe liegt darin, dass er in seinen Romanen, deren Anlage zutiefst patriarchalisch ist, auch vom Niedergang der Väter berichten muss, der ihm doch ganz gegen den Strich geht.

Deshalb erzählt er nicht nur von der Tochter, die das Unglück findet, weil sie sich den Warnungen ihres Vaters widersetzt und den falschen Mann heiratet (»Die Frau von dreißig Jahren«, 1832), man trifft auch den Sohn, der sich vom Despotismus des Vaters wie von einer »Bleikuppel« eingeschlossen fühlt (»Die tödlichen Wünsche«, 1831). Balzac gibt sich dafür her, einen Vater zu schildern, der seine Tochter, die sich in einer Romeo-und-Julia-Geschichte mit dem Sohn seines Feindes verbunden hat, dem Verderben ausliefert; gnadenlos – aber auch schlaflos! – verharrt dieser Vater in seiner Unversöhnlichkeit (»Vendetta«, 1830). Schließlich lernt man einen »verlorenen Vater« kennen, der die Familie zugunsten amouröser Abenteuer vernachlässigt und am Ende reumütig, aber nicht wirklich bekehrt zu ihr zurückkehrt (»Tante Lisbeth«, 1847). Vielleicht lässt Balzac die Vaterschaft gelegentlich auch deshalb scheitern, weil er schlechtmachen will, was ihm versagt geblieben ist – so wie der Fuchs beschließt, die Trauben, die er nicht erreichen kann, für sauer zu halten.

Auch die berühmteste Vaterfigur Balzacs ist ein Mann, der von der Aufgabe, das Patriarchat zu verteidigen, offensichtlich überfordert ist. Die Rede ist von Vater Goriot, der in den Augen seines Vertrauten Eugène »die Vaterschaft an sich verkörperte« und vom Erzähler als opferbereiter »Christus der Vaterschaft« eingeführt wird. Nach dem Tod seiner Frau hat sich bei Goriot das »väterliche Empfinden ... bis an die Grenzen des Wahnsinns« gesteigert. Bei seinen beiden Töchtern blüht das Eigeninteresse, und der Vater, der meint, dass »Geld Leben« sei, hält die Verbindung zu seinen treulosen Töchtern aufrecht, indem er sie mit Geld überhäuft.

In einem Echo auf die Hierarchie patriarchalischer Autoritäten vergleicht sich Vater Goriot mit Gott, meint aber doch einen bemerkenswerten Unterschied erkennen zu können. »Als ich Vater wurde, habe ich Gott verstanden«, sagt er: »Er ist überall gegenwärtig, weil die Schöpfung aus ihm hervorgegangen ist. Nur liebe ich meine Töchter mehr, als Gott die Welt liebt, denn die Welt ist nicht so schön wie Gott, und meine Töchter sind viel schöner als ich.« Ein eigentümlicher Wettstreit findet hier statt: Die göttliche Liebe will Goriot überbieten, indem er seine Töchter erhöht und sich selbst erniedrigt. Die Liebe dieses gebrochenen Patriarchen verwandelt sich in blindes Anhimmeln. Sein Hunger nach Zuwendung wird von den Töchtern ausgenutzt, bis er einen armseligen Tod findet.

Balzac beschränkt sich nicht darauf, über den Untergang des

Alten Tränen zu vergießen, die seinen Blick auf das Neue verschleiern. In seinen Romanen bietet er auch eine Fülle von Beobachtungen zu einem Leben der Familie, das von Auflösungserscheinungen gezeichnet ist. So steht auch Vater Goriot, der sich als Sprachrohr der alten Ordnung aufführt, am Ende vor den Trümmern seiner eigenen Familie – und muss sich fragen, ob er zum Zerstörungswerk selbst beigetragen hat. Man höre nur einmal seine nachdenkliche, wieder einmal verspätete Selbstanklage: »Ich allein habe meine Töchter verdorben ... Heute verlangen sie nach Vergnügen, wie sie einst nach Zuckerwerk verlangt haben. Ich habe ihnen immer ihre Jungmädchen-Launen erfüllt. Mit fünfzehn Jahren hatten sie Pferd und Wagen.« Für diesen letzten Satz gibt es heutzutage beliebig viele Varianten, bei denen durchaus immer noch Pferd und Wagen (am besten vielleicht ein Cabrio), aber je nach Angebot und Nachfrage auch zahllose andere Güter – von iPod bis xBox – eingesetzt werden können. Zum Siegeszug der Konsumgesellschaft passt das erniedrigende Gefühl der Väter, die merken, dass ihr Handlungsrepertoire im Umgang mit den Kindern drastisch geschrumpft ist, dass sie eigentlich nur noch eines wirklich *können:* nämlich verwöhnen. Diese Erfahrung ist auch heute noch ziemlich verbreitet.

Vater Goriot meint seine Kinder verwöhnen zu müssen, weil er auf ihr Wohlergehen versessen ist. An einer Stelle heißt es: »Ich führe ein dreifaches Leben« – und Goriot meint damit, dass er nicht nur sein eigenes Leben lebe, sondern auch noch das seiner zwei Töchter. So hält er es auch für unerträglich, dass sein Tod ihn daran hindern würde, die Kinder ihr ganzes Leben lang zu begleiten. »Was soll denn aus euch werden, wenn ich nicht mehr bin? Väter müssten so lange leben wie ihre Kinder. Mein Gott, wie hast du deine Welt schlecht eingerichtet!« Eigentlich stimmt es aber gar nicht, dass Vater Goriot ein »dreifaches Leben« führt, denn er vernachlässigt ob dem Leben seiner Töchter sein eigenes. Tatsächlich will er eigentlich nur das

Leben seiner Töchter führen, und da dies nicht geht, bleibt ihm am Ende kein Leben übrig.

Nun ist aber in dieser Vervielfachung des Lebens, von der Goriot spricht, doch ein Körnchen Wahrheit versteckt – eine Wahrheit freilich, deren Genuss ihm verwehrt geblieben ist. Löst man sich von der besonderen Konstellation, in der ein altruistischer Vater von egoistischen Töchtern ins Verderben getrieben wird, dann kann man Goriots Idee von der wundersamen Verdopplung (oder gar Verdreifachung) des Lebens doch einiges abgewinnen. Sie findet dann statt, wenn man nicht nur sein eigenes Leben führt, sondern mit Leib und Seele an dem seines Kindes hängt. »Wenn Sie einmal Vater sein werden«, so schwärmt Goriot, »dann werden Sie glauben, eins mit ihrer Haut zu sein, jeden Schritt der Kinder werden Sie körperlich spüren.«

Wenn man die Überdrehtheit dieses Gefühls zurücknimmt, dann findet es seinen bescheidenen Ausdruck in einem Vater-Kind-Spiel, das ich als Kind wie auch als Vater genossen habe: dem Spiel nämlich, in dem das Kind sich mit seinen kleinen Füßen auf die Oberseite der großen Füße des Vaters stellt, ihm den Rücken zuwendend, und dann beide durch die Wohnung staksen. Es ist dies der zarteste Gleichschritt, der sich denken lässt. (Eine etwas weniger tollpatschige Version dieses Spiels ist die Skiabfahrt, in der man das Kind zwischen die Beine nimmt.) Das Spiel lebt von der Erfahrung des Kindes, dass es den Boden unter den Füßen verliert, ohne zu stürzen, es lebt von der ebenso wohligen wie fragilen Erfahrung der Zusammengehörigkeit, die im Schützen und Beschütztwerden ausgelebt wird. Dieses Einswerden passt zu dem Gleichklang der »Menschlichkeit«, das uns schon bei der »Stillen Post« zwischen Adam Smith und dem Ehepaar Condorcet begegnet ist.

Vater Goriot hat von dieser Zusammengehörigkeit geschwärmt, aber er hat sie nicht erlebt, weil er sich als Zerrbild eines Patriarchen selbst im Weg stand. Im Grunde hat Balzac mit dieser Romanfigur, einem seiner berühmtesten Helden, weniger zur Wiedereinrichtung des Patriarchats beigetragen, die er doch anstrebte, als vielmehr einen Bericht von dessen Zerfall geliefert. Seine Gesinnungsgenossen konnten dies nicht auf sich sitzenlassen. Gefragt war das ungebrochene Loblied des Patriarchats; angestimmt wurde es von Émile Zola.

Zolas Utopie vom neuen Patriarchat

Kommen Sie mit mir in eine Welt, die nicht die unsrige ist und doch ganz vertraut wirkt. Wir schlagen die Zeitung auf und lesen, dass die Geburtenrate seit Jahrzehnten drastisch sinkt. Die aktuellen Zahlen der amtlichen Statistik tun kund, dass im zurückliegenden Jahr mehr Menschen starben als neu geboren wurden. Die öffentliche Aufregung ist enorm: In wissenschaftlichen Zeitschriften und politischen Gremien diskutiert man, ob der Erziehungsurlaub verlängert, die Steuern für Familien gesenkt oder Bußen gegen unverheiratete Erwachsene erhoben werden sollen. Kinderlose werden als »soziale Parasiten« bezeichnet, und es erscheint ein Pamphlet mit dem Titel »Ein Land der Ledigen und Einzelkinder«. Es ist, als könnte man die Zeiten wechseln wie die Tapeten: Das Frankreich an der Wende vom 19. ins 20. Jahrhundert, von dem hier die Rede ist, bietet ein wildes Vorspiel gegenwärtiger Debatten.

Im Vergleich waren die französischen Geburtenraten damals in der Tat niedrig: Auf tausend Einwohner kamen im Jahr 1899 21 Geburten, in Deutschland waren es 38. (Zum Vergleich: 2006 kamen auf tausend Franzosen 13, auf 1000 Deutsche 8 Geburten.) »Es bekümmert mich, dies zu sagen«, so bemerkte Jacques Bertillon im Jahre 1897, »aber ich sehe sichere Belege für das bevorstehende Verschwinden unseres Vaterlandes.« Seine Prophezeiung ging in die Irre, doch zwei Jahre später, 1899, erschien ein Buch gegen das Verschwinden: Émile Zolas heute fast vergessenes Spätwerk »Fruchtbarkeit«. Der Roman, ein naiv-bizarrer, polemisch-pathetischer Ausbund an Lebensbejahung, gipfelt im siebzigjährigen Ehejubiläum seines Heldenpaares, Mathieu und Marianne Froment, das 158 Kinder, Enkel und Urenkel hervorgebracht hat. (Die Ururenkel ließ Zola in seiner Zählung der Einfachheit halber beiseite.)

Ein Kritiker begrüßt das Buch direkt nach Erscheinen als »schönen harmonischen Traum vom neuen Patriarchat«. Ein anderer Kritiker protestiert sogleich heftig gegen diese Einschätzung: Für ihn ist Zolas Buch die ewiggestrige Verteidigung einer patriarchalischen Welt, die nun wahrlich nicht zu einem Zustand »endgültigen Glücks« geführt habe. (Zola selbst lebte übrigens nicht in der heilen Welt, von der er schwärmte: Er hatte, anders als Balzac, zwei Kinder, aber nicht von seiner Ehefrau, sondern von seiner Geliebten; jahrelang führte er zwei Haushalte nebeneinander.)

In vielen Romanen hat Zola eine Gesellschaft geschildert, die von der Gier nach Geld, von Selbstsucht und Machtstreben beherrscht war. So ist er geübt darin, mit knalligen Farben schwarz-weiß zu malen. Ambivalenzen, Zwischentöne sind Krampf in dem Kampf für die »Fruchtbarkeit«, den er gegen Ende seines Lebens – er stirbt 1902 – zu führen beginnt. Er richtet sich gegen Dekadenz, schwüle Lust, »wahllose Brunst«. Die Verhütung kommt bei ihm schlecht weg als Verschwendung einer »ungeheuren Menge von Samen« und als Erstschlag gegen die Lebensbejahung. Der verhätschelte Alleinerbe einer Fabrik stirbt an Schwindsucht. Das verspielte Pärchen, das sich im Wald und auf der Wiese zu lieben pflegt, verpasst ob der »leichtsinnig verlängerten Zeit der tollen Leidenschaft« die rechte Zeit zum Kinderkriegen und verfällt in Depression. Die Lebemänner eifern gegen die Fortpflanzung und schicken ihre unehelichen Kinder in die Provinz, wo sie als Säuglinge sterben oder zu verschlagenen Kriminellen heranwachsen. Frankreich wird bezeichnet als ein Friedhof, auf dem mehr Säuglinge verscharrt werden, als Soldaten in den Napoleonischen Kriegen ihr Leben ließen. Ein Dandy beruft sich auf Jesus als keusches Vorbild für kinderlose Geist-Menschen. Übertriebene Gehirntätigkeit, so wird behauptet, führe zur Minderung der Fruchtbarkeit. Zola erzählt mit von Entsetzen geweiteten Augen von einem Paris, das im Bann des »Schreckens vor dem Kind« steht, der Gegenwart frönt und die Zukunft verliert.

Wie es sich für eine klassische Utopie gehört, läuft Zolas Roman auf einen stabilen »Zustand der höchsten Kultur und des Wohlseins« zu, der die Perversionen der modernen Selbstsucht hinter sich gelassen hat: »Immer neue Samenmengen zeugen immer neue Ernten, die Sonne erhebt sich immer wieder über die Erde, die Milch rieselt endlos aus nährenden Brüsten, sie, der ewige Lebenssaft der Menschheit. Und dieser Milchstrom rollt das Leben durch die Adern der Welt, schwillt, und quillt über, endlos über die Jahrhunderte.« Der Schaum vor dem Mund, mit dem Zola seine Zeit kritisiert, ist also Milchschaum. Mehr noch als eine Feier der Mutterschaft ist Zolas Utopie aber eine Hymne auf den Patriarchen, der in einer dynastischen Ordnung als unbestrittene Autorität fungiert und mit schier übermenschlicher Weisheit ausgestattet ist. Zolas heile Welt steht und fällt mit dieser Figur. Mathieu Froment ist der unbeirrbare, mutige, gütige Herrscher über eine ganze Welt.

Insgesamt ist der alte Zola fasziniert von Vaterfiguren, die die Welt in Ordnung bringen. In dem auf »Fruchtbarkeit« folgenden Roman »Arbeit« von 1901 steht Mathieus Bruder Lucas Froment im Mittelpunkt, der sich um die Reform einer heruntergekommenen Bergwerkssiedlung verdient macht. Er führt dort einen harten, letztlich erfolgreichen Kampf für die Verwandlung einer »von Egoismus durchseuchten Stadt in ein glückliches Gemeinwesen«. Er wird zum Führer einer Genossenschaft, in der »die freie Betätigung des Individuums in einer einträchtigen Gemeinschaft« gepflegt wird.

Damit dieses patriarchalische Projekt gelingen kann, muss

Lucas den »störenden Einfluss« der »koketten und verschwenderischen« Frauen zurückdrängen, die die Gemeinschaft mit ihrer erotischen Anziehung und ihrer Sucht nach Luxus zu zerstören drohen. Während in »Fruchtbarkeit« Mathieu Froments Frau von vornherein als Mutter in das gemeinsame Werk eingebunden ist, muss Lucas also eine geschickte Geschlechterpolitik betreiben, um am Ende – den Frauen zum Trotz! – Frieden zu stiften. Seine Rolle als Patriarch erlaubt es ihm schließlich sogar, neben seiner Hauptfrau, mit der er Kinder hat, zwei Nebenfrauen zu haben, die sich in den Dienst seines Werkes stellen, ihre eigenen fleischlichen Sehnsüchte zurückstellen und die Liebe zu ihm als »makellos reine Seelenfreundschaft« ausleben.

Die Familie ist bei Zola nicht, wie bei den meisten seiner Zeitgenossen, ein Nährboden des Zwists, sondern ein Jahrmarkt der Uneitelkeiten, in dem fast alle kerngesund, willig und verteufelt human sind. Das Wohlgefallen, in dem sich am Ende seiner späten Romane alles auflöst, weckt beim Leser allerdings – man muss es sagen – unweigerlich eine leichte Übelkeit. Wenn ich von dem Strom des Lebens, in den ich von Zola geworfen werde, einen Schluck nehme, habe ich das Gefühl, dass er Zuckerwasser enthält – und davon kann man genug kriegen.

Zolas ungebrochene Utopie ist von gestern, die Gegner aber, die er in seinen Büchern zu Wort kommen lässt, sind gute Bekannte geblieben. Die Argumente, die sie vorbringen, sind abgedroschen, aber unverwüstlich. »Wenn man sein Glück noch zu machen hat«, so liest man zum Beispiel, »ist es ein Verbrechen, sich mit Kindern zu belasten.« Heute ist immer wieder zu hören, dass man erst mal »auf eigenen Füßen« stehen will, bevor an Kinder zu denken ist – und entweder wird dieser Zustand dann nie erreicht, oder man steht auf den eigenen Füßen wie angewurzelt und findet den Gedanken an Kinder eher beunruhigend. Bekannt sind auch die schon bei Zola erwähnten ökonomischen »Berechnungen«, wonach die Kinderfrage mit

»Nein« zu beantworten sei. Der »Schrei des Egoismus«, den Zola hinter all diesen »Berechnungen« durchhört, klingt nicht gerade nach großem Jubel.

Anders als viele seiner Zeitgenossen setzt Zola die familiäre Lebensbejahung nicht ein, um das Bevölkerungswachstum im imperialistischen Kampf um die Machtverteilung in Europa einzusetzen; er teilt nicht deren Sorge, dass mangelnder Nachwuchs auf eine Schwächung der Armeestärke durchschlage. (Wenn man diese Sorge in den aktuellen Debatten wiederfinden will, dann muss man sich an diejenigen halten, die davor warnen, dass die Europäer aussterben und von Immigranten überrollt werden.) Anders als manche seiner frühsozialistischen Ideengeber ist Zola auch klug genug, um seine Utopie nicht auf Zwangsmaßnahmen herunterzubrechen. »Die *Sitten* muss man ändern«, heißt es bei ihm beschwörend, und so ruft er nicht nach einem politischen Rundumschlag, sondern überlässt die Beherzigung seiner Ratschläge den Lesern.

Soll man sie beherzigen? Es wäre, so glaube ich, schon etwas gewonnen, wenn man angesichts von Zolas Schwarz-Weiß-Malerei nicht nur über die zur Weltherrschaft ansetzende Großfamilie, sondern auch über all die mit größter Selbstverständlichkeit auf sich selbst versessenen Menschen den Kopf schüttelte. Dann erfüllte dieser Roman, halb ewiggestrig, halb ewigjung, die Funktion, die man von einer Utopie erwarten darf: Er taugte als Prüfstand für die eigenen »Sitten« – noch heute.

Kommando zurück: Nikolaj Fjodorow und Fjodor Dostojewskij über die Wiederauferstehung der Väter

Am 2. Juli 1889 – die Pariser Weltausstellung war in vollem Gange – traf sich Émile Zola mit einigen französischen Schriftstellerkollegen zu einem exklusiven Abendessen: Serviert wurde

nicht irgendwo, sondern in dem Gebäude, welches als Symbol
dieser Ausstellung und des Siegeszugs der Technik überhaupt
galt: auf dem Eiffelturm. Mehrfach besuchte Zola die Weltausstellung, denn er hasste zwar die Spekulanten, aber er liebte die
Ingenieure und war fasziniert von den Konstruktionen, mit denen sie das Gesicht der Welt veränderten. Zolas Verteidigung
des Patriarchats ging einher mit einer ungebrochenen Faszination für den Fortschritt, er wollte das Wachstum der Wirtschaft
nur kanalisieren und unter dem Dach einer traditionellen Ordnung wirkungsvoller zur Entfaltung bringen.

Misstrauischer, grollender klang ein Urteil zur Pariser Weltausstellung, das im fernen Russland zu hören war und von einem der seltsamsten Denker unter Zolas Zeitgenossen stammte:
dem Religionsphilosophen Nikolaj Fjodorow. Er sah in der
Weltausstellung nichts als ein »Magazin der Begierden«, in dem
der zum Untergang verurteilte Westen seine Dekadenz zur
Schau stellte. Sein Urteil war getrieben von der Wut auf die
vor allem in Frankreich ihr Unwesen treibenden Fortschritts-
freunde, die nichts Besseres zu tun hatten, als nach vorne zu blicken und ihre »verachtenswerten Vorfahren« mit Nichtachtung
zu strafen: »Bruderschaft gründet sich auf Vaterschaft, nur
durch die Väter sind wir Brüder«, so erklärte er, »und die brü-
derliche Vereinigung der Söhne kann vollkommen nur sein im
Bemühen um die Väter.« Fjodorows Verteidigung der Väter
darf in unserer Reise durch den Herbst des Patriarchen nicht
fehlen, sie taugt als eine – unschlagbar kuriose! – Coda zu dieser Geschichte.

Fjodorow sah in der Gesellschaft nur Eigennutz am Werk,
überall witterte er den Verrat der Tradition, den »Verzicht auf
die gemeinschaftliche Sache«, deren Verteidigung er sich zu seiner Hauptaufgabe machte. Fjodorow schimpfte auf die »Emanzipation«, mit der sich die Kinder von der »Heimat« verabschieden. In der Französischen Revolution sah er den Sündenfall, mit
dem das »Recht, aus allen Bindungen … auszutreten«, einge-

führt worden sei; seitdem breiteten sich überall »Entfremdung, Feindlichkeit, Zerstörung« aus. Auch dort, wo soziale Parolen gängig waren, fand Fjodorow nur halbherzige Solidarität und verkappten Gruppen-Egoismus. So sei zum Beispiel zu beklagen, dass sich die Gewerkschaften nur um die Arbeiter kümmern, die Vereine nur um ihre Mitglieder etc. Was passiert nun, wenn diese Kritik sich ausweitet oder – Entschuldigung – *überschnappt*? Dann erweist sich als der schlimmste Egoismus unter dieser Sonne, dass sich die Lebenden nur um die Lebenden kümmern.

Fjodorows Rosskur gegen diesen Gruppen-Egoismus steht nun nicht, wie man vielleicht meinen könnte, im Dienst des ungeborenen Lebens oder der nachgeborenen Generationen. Das wäre aus seiner Sicht nur eine Übersprungshandlung, denn damit würde von einer Schuld abgelenkt, die die Lebenden immer schon auf sich geladen haben. Ihre Schuld besteht nach Fjodorow schlicht darin, die Toten hinter sich gelassen zu haben. Zwar mag man sie betrauert haben, aber nach deren Tod wendet man sich letztlich wieder dem Umgang unter Lebenden zu. Die Geschichte ist eine »Geschichte von Söhnen..., die ihre Väter vergessen haben«, die sich »hochmütig« der »unmoralische[n] Verdrängung der Väter« schuldig gemacht haben. Ein Skandal! Für die Versöhnung mit der Vergangenheit steht nach Fjodorow nur ein Weg offen: Man muss die Wiederauferstehung oder »Auferweckung« der Toten bewerkstelligen. Das Kommando lautet: Zurück! Er nimmt die Parole »Der Vater ist tot! Es lebe der Vater!« so wörtlich wie niemand sonst. Es sind buchstäblich der tote Vater und Vorvater selbst, die wieder leben sollen.

Auf diese Wiederauferstehung kann man – so werden Sie süffisant sagen – lange warten. Das stimmt. Vielleicht dauert es bis zum Sankt-Nimmerleins-Tag oder bis zum Tag des Jüngsten Gerichts. Fjodorow aber will nicht warten. Ungeduldig sinnt er auf Maßnahmen, mit der die Söhne ihre Urschuld tilgen und dem Respekt vor den Vätern Taten folgen lassen können. Warum soll es, so fragt er, angesichts der enormen wissenschaftlichen Fortschritte nicht bald möglich sein, die Wiederauferstehung mit technischen Mitteln zu bewerkstelligen und die Leichen ins Leben zurückzuholen? So entsetzlich er die Vergnügungslust findet, die in der Pariser Weltausstellung zum Ausdruck kommt, so hoffnungsfroh setzt er darauf, dass die Technik einem humanen Zweck, der »gemeinschaftlichen Sache« unterstellt werden und in ein großes Wiederbelebungswerk münden könne. Damit alle Kräfte darauf konzentriert werden, ist nach Fjodorow als Sofortmaßnahme geschlechtliche Enthaltsamkeit, unbedingte »Keuschheit« geboten. Denn wenn die Männer ihrer Lust frönen und sich auf Frauen einlassen, dann entsteht nur neuer Nachwuchs, und die Blickrichtung der Lebenden wechselt wieder von der Vergangenheit auf die Zukunft. Das »Kinderzeugen« soll nach Fjodorow durch »Väterschaffen ersetzt« werden. Dieses Schaffen sei zwar kein Kinderspiel, aber unter Einsatz raffiniertester Techniken durchaus machbar: »Die Auferweckung wird kein Wunderwerk sein, sondern ein Werk des Wissens und der gemeinsamen Arbeit«, in dem die Toten aus den »Molekülen und Atomen«, die von ihnen übrig geblieben sind, rekonstruiert werden. Nebenbei können sich die Lebenden mit technischen Tricks ihre eigene Unsterblichkeit sichern. So versammeln sich am Ende alle zum Lobe des Herrn und bilden auf dieser Erde eine durch nichts getrübte, von niemandem hintertriebene Gemeinschaft. Mit all den wiederbelebten Toten mag es auf der Welt zwar recht voll werden. Aber wenn man die Kinderzimmer, die nicht mehr benötigt werden, umnutzt und die leer gewordenen Friedhöfe in Bauland umwidmet, wird man schon zurechtkommen.

All das klingt irre, aber vielleicht ist es, wie Leo Tolstoj meinte, »gar nicht so verrückt, wie es scheint«. Jedenfalls ist es lehrreich. Verschiedene Sehnsüchte kommen bei Fjodorow zum Ausdruck, die – wenn man sie nur aus seinem eigentümlichen

Szenario herauslöst – bei vielen Menschen auch heute noch eine Saite zum Klingen bringen. Der Wunsch nach der Überwindung des Todes, den Fjodorow in einer technisch-religiösen Utopie auf die Spitze treibt, kehrt in aktuellen Visionen zur biowissenschaftlichen Abschaffung der Alterung wieder; dass sich damit auch das Verhältnis zwischen den Generationen verwandeln würde, liegt auf der Hand. Und auch mit dem Wunsch nach einer Überwindung des »Antagonismus zwischen Jung und Alt« steht Fjodorow nicht allein, mag auch seine Forderung, man müsse von den Frauen ablassen, um die Väter richtig würdigen zu können, nicht jedermanns Sache sein. Schließlich nennt Fjodorow einen Geburtsfehler der Moderne beim Namen, den viele bis heute noch nicht richtig erkannt haben: Die ganze Rhetorik der Brüderlichkeit, die die Französische Revolution eingeführt hat, ist in der Tat völlig »unbegreiflich«, wenn man nicht auch über Vaterschaft nachdenkt. Sonst bleibt – kurz gesagt – nur ein Kollektiv von Waisen übrig. Noch innerhalb der jungen Sowjetunion gab es – unter dem Einfluss Fjodorows – scharfe Kritik an einem solchen Kollektiv der Vaterlosen.

In seinem Roman »Tschewengur«, der in den 1920er Jahren entstand, aber erst 1988 erscheinen konnte, schildert Andrej Platonow eine Versammlung in einer kommunistischen Stadt, auf der der Funktionär Prokofi von der »brüderlichen Familie« der »Genossen« schwärmt und damit auf den bitteren Protest eines anderen Redners stößt: »Genossen! ... Prokofi hat euch Brüder und Familie genannt, aber das ist eine direkte Lüge: Alle Brüder haben einen Vater, aber viele von uns sind seit Anfang des Lebens eindeutig vaterlos. Wir sind nicht Brüder, wir sind Genossen, denn wir sind füreinander Ware und Preis.« Der unscheinbare Satz, mit dem diese Rede endet, hallt, wenn man ihn nur ein bisschen enträtselt, gewaltig nach. Im Russischen enthält er ein kesses Wortspiel, denn das Wort für »Ware« *(towar)* steckt auch in dem Wort »Genosse« *(towaristsch)*. Kühl wird also festgestellt, dass die Menschen, die »Genossen« geworden sind, damit nur auf ihre Arbeitskraft, auf ihren ökonomischen Wert reduziert werden. Ernüchtert bleiben diese Genossen zurück, ihnen bleibt nur die »Vaterlosigkeit«, nur das »Waisendasein … auf der Erde«. Durch den Roman weht das Gefühl der Verlorenheit, das seit Shaftesburys und Smiths »vaterloser Welt« (s. o. S. 40, 44) die moderne Welt begleitet.

In diesem Roman, den die Sowjetunion damals nicht ans Licht der Öffentlichkeit ließ, wird eine Frage aufgeworfen, die auf unsere Gegenwart passt wie die Faust aufs Auge: ob es nämlich in der modernen Gesellschaft ein soziales Leben gibt, das die Logik von »Ware und Preis« abschütteln kann. Wenn es ein solches soziales Leben gibt, dann – so lautet die Antwort in »Tschewengur« – ist es auf die Familie angewiesen.

Nicht erst in der Sowjetunion, sondern schon zu Lebzeiten hatte der Vaterfreund Fjodorow trotz aller Schrulligkeit nicht die schlechtesten Bewunderer. Zu ihnen gehörte ein Schriftsteller, der vom Vaterthema mindestens so besessen war wie Fjodorow selbst. In einem Abschnitt seines »Tagebuchs eines Schriftstellers« zitiert Fjodor Michailowitsch Dostojewskij – denn er ist dieser Bewunderer – eine längere Passage aus einem Manuskript, »das nicht von mir herrührt, sondern mir mit der Post zugeschickt und noch nicht veröffentlicht worden ist«. Wiedergegeben werden lang und breit die Klagen über den Verlust des »Gefühl[s] für Zusammenschluss« und Einwände gegen den verkappten Egoismus, die »Bruderfeindschaft«, den »Parteikampf« von Gewerkschaften und Handelsgesellschaften. Dostojewskij lobt den »außerordentlich ›eigenbrötlerischen‹ Schwung« des anonymen Autors und erklärt in einem privaten Brief an den Absender des Manuskripts, er sei mit diesen Ideen – es sind die Ideen Fjodorows – »völlig einverstanden«.

Auch Dostojewskij träumt von der »Auferstehung« der Toten, mit der dem irdischen Werden und Vergehen ein Ende gesetzt werden wird. Dass er selbst 1849 der Vollstreckung des

Todesurteils, das gegen ihn verhängt worden war, entging und schließlich die Freiheit wiedererlangte, hatte er schon dankbar als seine eigene kleine »Auferstehung von den Toten« gewertet. Der Technikgläubigkeit, mit der Fjodorow eine solche Wiedererweckung praktisch umsetzen will, kann sich Dostojewskij freilich nicht anschließen; er hofft auf das Eingreifen Gottes in den Weltlauf, für das sich die Russen bereit machen sollen.

Dass die Welt vom Individualismus und vom Verlust der väterlichen Ordnung gezeichnet sei, darin ist Dostojewskij mit Fjodorow völlig einig. Er sieht seine Aufgabe dann aber vor allem darin, in aller Strenge den Zustand der Sündhaftigkeit und des Verfalls offenzulegen. So ist die Welt, die er in seinem Roman »Die Brüder Karamasow« schildert, eine Welt, in der die Väter versagen und die Söhne verzweifeln. Den Lesern seines Buches will Dostojewskij *weh tun*. Sie sollen den Schmerz über das Fehlen des echten Patriarchen so heftig in sich spüren, dass sie auf die Suche nach ihm gehen.

Der Vater im Roman ist das glatte Gegenbild eines echten Patriarchen. Kaum hatte er nach dem Tod seiner ersten Frau den ältesten seiner drei Söhne, Dmitrij, weggegeben, »vergaß« er ihn schon »vollkommen«; »verständnislos« habe er, so heißt es, »dreingeblickt«, als man ihn später an das Kind erinnerte. Der Sohn konnte, als er erwachsen war, in seinem Vater nur den »Peiniger meines Lebens« sehen. So musste der Verdacht auch gleich auf ihn fallen, als der Vater dann ermordet wurde. Im Hass gegen den Vater war er mit seinen Brüdern einig, und auch wenn keiner von ihnen die Tat wirklich begangen hatte, fühlten sie die Schuld der bösen Absicht. Passend zu diesem Schuldgefühl und doch zu Unrecht wurde Dmitrij am Ende wegen »vorsätzlichen Mordes« verurteilt.

Im Gerichtssaal warf Dmitrijs Verteidiger die Frage auf, ob man denn in diesem Fall überhaupt von Vatermord sprechen könne. »Vatermörder und Monster« war Dmitrij vom Polizeichef genannt worden, doch der Verteidiger sagte: »Meine Herren Geschworenen, was ist ein Vater, ein wirklicher Vater, was ist das für ein gewaltiges Wort, was für eine unermeßlich hohe Idee ist darin beschlossen?... In unserem Prozeß entspricht der Vater, der verstorbene Fjodor Pawlowitsch Karamasow, keineswegs jenem Begriff des Vaters, der jetzt unserem Herzen entsprungen ist. Das ist ein Unglück. Ja, tatsächlich, mancher Vater kommt einem Unglück gleich.« – »Ein solcher Vater, wie der ermordete alte Karamasow, kann nicht ›Vater‹ genannt werden, er ist dieses Namens nicht würdig. Eine Liebe zum Vater, die durch den Vater nicht gerechtfertigt ist, ist eine Absurdität, ein Ding der Unmöglichkeit. Die Liebe kann nicht aus dem Nichts entstehen, aus dem Nichts schafft nur Gott. ›Ihr Väter, erbittert eure Kinder nicht, auf daß sie nicht scheu werden‹, schreibt der Apostel aus seinem liebeflammenden Herzen ... Anders sind wir keine Väter, sondern Feinde unserer Kinder, und sie sind nicht unsere Kinder, sondern unsere Feinde, Feinde, die wir selbst dazu gemacht haben!«

Schuld liegt auf allen Seiten: bei dem Vater, der seine Kinder vernachlässigt, bei den Söhnen, die mit Mordgedanken spielen. In der Rede des Verteidigers erkennt man wieder Dostojewskijs Sehnsucht nach dem guten, alten Patriarchen. Doch anders als bei Balzac und Zola gibt es in den »Brüdern Karamasow« keine Figur, die diese Rolle wirklich ausfüllt. Die Welt, der sich Dostojewskij gedanklich ausliefert, kennt allenfalls einen guten Ersatzvater, nämlich Starez Sossima. Vor dem realen Vater aber brechen die Söhne in Entsetzen aus, der Kampf schiebt sich vor den Traum vom Frieden. Dostojewskij erzählt seine Geschichte vom Vatermord als Warnung, um die Krise der Familie abzuwenden. Doch viele seiner Zeitgenossen sind in dieser Krise wie in einem Strudel versunken. Nicht die heile Familie, sondern der Konflikt mit dem Vater hält Dostojewskijs Zeitgenossen in Atem. Es gibt nichts daran zu deuteln: Zäh klebt er an seinem Sessel, aber der Herbst des Patriarchen neigt sich dem Ende zu, seine Kraft lässt nach, seine Herrschaft ist erschöpft.

13. Vaterlosigkeit zwischen Verlusterfahrung und Gewinnerwartung

Die zwei Gesichter der Vaterlosigkeit

Im 19. Jahrhundert gewinnen zwei Bewegungen an Schwung, mit denen sich die Krise der Vaterschaft verschärft; bis heute sind diese Bewegungen nicht zur Ruhe gekommen. Die eine Bewegung wird angetrieben vom individualistischen Zerfall der Familie und mündet in der Familie als Hohlraum, in der der Ausfall des Vaters verschmerzt werden muss und beklagt wird. Wer diese Klage führt, kann die Angst nachempfinden, von der die Menschen in der frühen Moderne geplagt wurden: die Angst vor der »vaterlosen Welt« (s. o. S. 40). Neben diese Vaterlosigkeit als *Verlusterfahrung* tritt die Vaterlosigkeit mit *Gewinnerwartung:* Sie steht am Ziel einer Entwicklung, in der der Stauraum der Familie aufgesprengt und der Vater vom Sockel gestürzt wird – endlich! Die Luft ist dick im Raum der Familie. Der Schnellkocher, dieses Paradestück des bürgerlichen Küchenhaushalts, ist vielleicht nur ein Stahl gewordener Abkömmling jenes Dampfdrucktopfs, den der bürgerliche Seelenhaushalt in Betrieb genommen hat und in dem die Konflikte zwischen den Geschlechtern und Generationen aufgeheizt werden.

In den Gesellschaften, in denen die Menschen sich auf dieser Achterbahn der Gefühle bewegen, herrscht, kurz gesagt, Platzangst – und zwar tritt diese Platzangst in den beiden der Psychologie bekannten Varianten auf. Zum einen ist da die Angst vor dem offenen Raum, auf dem alles durcheinandergeht, zum anderen die Angst vor der Enge, in die man eingeschlossen ist. Das Gefühl der Verlassenheit führt am Ende zur Vatersuche, das Gefühl des Gefangenseins im Extrem zum Vatermord. In der

Dämmerung des familiären Lebens flattern diese beiden Gefühle wie außer Rand und Band geratene Fledermäuse nebeneinander her. In ihnen spiegelt sich nur jener abwesend-anwesende Vater wider, den die bürgerliche Welt installiert hat, nachdem der erste Schwung im Generationenspiel verloren gegangen war: Der abwesende Vater wird vermisst, der anwesende Vater wird gefürchtet.

Die Jahre um 1900 sind die hohe Zeit dieses Doppel-Lebens, dieser Doppel-Angst. Man kann die Jahrhundertwende beispielsweise einrahmen mit dem Theaterstück »Die Vaterlosen«, das Anton Tschechow noch als Schüler, 1877/78, schreibt, und Ernst Weiß' Roman »Der Gefängnisarzt oder Die Vaterlosen«, der die Nachkriegsgesellschaft in Deutschland schildert. Jeweils geht es hier um die Vaterlosigkeit als Verlusterfahrung. Schlägt man sich dagegen auf die andere Seite und hält man sich an den Befreiungsschlag, der zur Vaterlosigkeit führen soll, so kann man das Jahr 1900 etwa einrahmen mit André Gides Prosagedicht »Uns nährt die Erde« von 1897, in dem der Hass auf die Familie gepriesen wird, und mit Arnolt Bronnens Theaterstück »Vatermord«, das im Ersten Weltkrieg entsteht.

Die Epoche um 1900 ist beherrscht von diesem Hin und Her, auf seltsame Weise kreist sie in sich selbst. Wenn man für diese Bewegung einen passenden Schauplatz suchen müsste, würde man vielleicht bei einem kleeblättrigen Autobahnkreuz jüngeren Datums landen, bei dem aufgrund einer undurchsichtigen Verschwörung die Verbindung zu allen Anschlussautobahnen unterbrochen ist. Was geschieht dann? Keiner kommt vom Kreuz herunter, endlos drehen sich alle im Kreise, überholen sich, begegnen den anderen auf der Gegenfahrbahn und lassen sich weismachen, sie selbst hätten eine ganz andere Richtung eingeschlagen. Eigentlich aber stecken alle im selben Kreisel fest. Sie sind im Stau unterwegs.

Diese Zeit ist auch eine Zeit der falschen Erwartungen: der Erwartung, dass der Vater, wenn er nur da wäre, alles in Ord-

nung brächte, oder aber der Erwartung, man könne frei durchatmen und loslegen, wenn der Vater nur weg wäre. Der eine Erwartungsraum ist bestimmt vom Bedürfnis nach Halt. In dem
anderen Erwartungsraum verharrt derjenige, der bei »Halt«
nicht an Zusammenhalt, sondern nur an ein Haltesignal denkt:
an das Rotlicht, das ihn aufhält, blockiert.

Die traurigen Vaterlosen

Das Vatersterben in den Köpfen beginnt schon, bevor das reale
Leid des Ersten Weltkriegs über die Menschen hereinbricht. An
allen Ecken und Enden trifft man im späten 19. Jahrhundert auf
»Vaterlose« und »Entwurzelte«. Wenn man deren Bekenntnisse
liest, hat man zum Teil den Eindruck, dass hier auf hohem Niveau geklagt wird. Und doch kann man die Melancholie, die
man hier spürt, nicht achselzuckend abtun.

Noch bevor der Krieg den Kindern die Väter entreißt, brei-
tet sich jenes schwer greifbare Gefühl aus, dass man nirgendwo hingehört, dass die eigene Herkunft sich im Nichts verliert.
Die »verlorenen Söhne« und Töchter, die man trifft, haben es
schwerer als ihr biblisches Vorbild, denn sie haben die Adresse
ihres Zuhauses gar nicht; selbst wenn sie heimkehren wollten,
könnten sie den Weg nicht mehr finden.

Solch eine Figur ist Platonow, die Hauptfigur in Anton
Tschechows »Die Vaterlosen«. Platonow sei »der beste Ausdruck der heutigen Orientierungslosigkeit«, sagt einer seiner
Bekannten. Müsste ich diesen Platonow charakterisieren, würde
ich sagen: Er hat eigentlich gar keinen Charakter. Er ist ein Cha-
mäleon, er sagt jetzt, was er gerade bestritten hat, und was er
sagt, meint er eigentlich sowieso gar nicht ernst.

»Nimm mir die Familie, und ich glaube, ich bin endgültig am
Ende«, beteuert er, aber diesen Spruch glaubt er noch nicht
mal selbst, geschweige denn sonst jemand um ihn her. Nicht

um seine Frau Saša ist er heftig bemüht, erst recht nicht um seinen kranken Sohn, sondern er ist scharf auf Anna Petrowna. Oder doch Sofja Jegorowna? Oder Marja Jefimowna? Weil er mit jeder verfügbaren Frau in seiner Umgebung anbändelt, hört Platonow Vorwürfe, die so klingen, als hätte Tschechow Vorabmeldungen aus dem Streit um die Spaßgesellschaft von heute erhalten und sie direkt in sein Stück übernommen. Da heißt es: »Sie ... suchen nicht nach der Wahrheit, Sie suchen nur Ihren Spaß« – und so weiter.

Zeitweise liebäugelt Platonow sogar mit denjenigen, die die Vaterlosigkeit als Erfolgsgeschichte, als Befreiung feiern; aber dies tut er eigentlich nur als Trittbrettfahrer, der der eigenen Courage doch nie traut. Mal probt er den Aufstand gegen »hausgemachte Altmännerweisheiten«, mal fasziniert ihn Sofjas Vision, dass er mit ihr – nur mit ihr – »ein anderer Mensch« werden würde, »frisch und neu!«. Aber seine Faszination hält so lange wie Feuer im Regen, und als der Brand gelöscht ist, sagt Platonow: »Hols der Teufel, alles Neue! Ich bin erschöpft, ich kann nicht mehr ... Ich brauche kein neues Leben. Ich weiß ja nicht einmal, wohin mit dem alten.« – »Wie ist das alles erbärmlich, schmutzig, zerschlissen« – »Wie ist alles dunkel und merkwürdig auf dieser Welt!«

Tschechow ist längst tot, als der Erste Weltkrieg beginnt, aber es ist, als würde mit diesem Krieg das Gefühl, von dem Tschechow erzählt, erst seine wahre Berechtigung finden und besiegelt werden. Dieser Krieg zieht ein Gefühl auf den Boden der Tatsachen, das vorher wie ein böses Gespenst durch die Gehirne geistert ist. Idee und Realität kommen zusammen: Zur »geistigen« gesellt sich die »leibliche« Vaterlosigkeit. Unter den neun Millionen gefallenen Soldaten sind viele Väter. Unter den Kindern, die nach dem Krieg aufwachsen, sind viele Halbwaisen.

Groß ist das Leiden der Kinder, denen die Väter fehlen oder die Väter haben, die selbst am Boden zerstört sind und denen die Kriegsereignisse die Sprache verschlagen haben. In Ernst

Weiß' Roman »Der Gefängnisarzt oder Die Vaterlosen« erhält der Sohn noch einen letzten Brief des Vaters aus dem Feld, als dieser schon längst gefallen ist. Darin heißt es: »Dein Vater [ist] letzten Endes genauso verrückt, abgestumpft und verbiestert geworden... wie tausend andere... Man hat allmählich das Sprechen verlernt.« Auch aus der Zeit nach dem Zweiten Weltkrieg kennt man solche verstummten, erstarrten Männer (s. u. S. 229); Rainer Werner Fassbinder hat sie in seinen Filmen auftreten lassen.

Neben die Erstarrung der Väter tritt die Verlorenheit der Kinder. In Ernst Weiß' Roman begegnet man jungen Menschen, »die noch vor kurzem ihre Wurzeln fest in ihrer väterlichen Scholle« hatten, sie jetzt aber »verloren« haben und »wie betäubt umher«gehen. Ob es nun Söhne ohne Väter sind oder eine »Jugend ohne Gott«: diese jungen Menschen sind aus der Bahn geworfen. Was sie tun, ist neu, fremd, seltsam für sie selbst.

Ein Junge – Konrad heißt er – will den Vater nach dessen Tod bei seinem jüngeren Bruder ersetzen und wird von diesem mit Hohn überschüttet: »Du willst wohl den Vater spielen? Das schlage dir aus dem Kopf! Wenn ich mir das Befehlen gefallen lassen wollte, könnte ich ja in der Bürgerwehr dienen.« Ein anderer Junge bändelt an mit der Nachbarin, deren Ehemann noch an der Front ist und seit einem Jahr keinen Heimaturlaub gehabt hat; der Junge erzählt seinem Freund, dass sie beim Orgasmus »immer lauter und wilder« stöhnte – »und plötzlich schrie sie einen Namen... ›Schorsch! Schorsch!!‹ und sie hielt mich fest gepackt und biß mich in die Schulter«. Schorsch – so heißt der ferne Ehemann, und August, der Junge, weint und sagt: »Wir sind nur *Ersatz*.«

Die traurigen Vaterlosen dieser Jahre sind gezeichnet und gebrannt vom Schmerz über den Tod ihrer Väter, über die Amputation der Familien im Weltkrieg. Doch dazu tritt das überbordende Gefühl, alle Orientierung verloren zu haben. Auch hier soll der Vater für Abhilfe sorgen können, in ihm sieht man jemanden, der – wie der Patriarch früherer Tage – nicht nur für die Ordnung in der Familie, sondern gleich für die Ordnung in der Welt sorgen soll. Anders als dieser Patriarch bleibt der Vater, den sich die traurigen Vaterlosen wünschen, aber ein Phantom, und die Erwartung, die sich auf ihn richtet, zieht die Enttäuschung an wie das Brot den Schimmel. Es hat Menschen gegeben, die die Führungsaufgabe, die an sie herangetragen wurde, gierig an sich rissen und sich als Leitwolf anpriesen. Aber sie haben den Vaterschaftstest nie bestanden.

Die traurigen Vaterlosen der Moderne sind jene, die unter dem Hohlraum leiden, zu dem die Familie geworden ist. Sie sind aber nicht allein. In der Nachbarschaft lauert Konkurrenz – nämlich von denjenigen, die die Familie als Stauraum empfinden, der ihnen unerträglich geworden ist. Sie leiden gerade nicht unter der Leere, die im Hause herrscht, sondern unter der Enge, die sie erdrückt. Sie verbinden mit der Vaterlosigkeit kein Trauerspiel, sondern eine Feierstunde: den Festakt, an dem es dem Vater, diesem Auslaufmodell der alten Macht, nach all den vergeblichen Angriffen auf das Patriarchat endgültig an den Kragen geht. Neben das Leiden am Verlust des Vaters tritt: die Lust am Verlust.

Die wütenden Vatermörder

Sie erinnern sich: Im 18. Jahrhundert gab es eine Inflation von Geschichten, deren Helden reumütige Väter waren (s. o. S. 99). Im Rückblick wirken diese Geschichten reichlich idyllisch; die Harmonie, in der sie schwelgen, stößt auf taube Ohren bei denjenigen, die über die Zustände in der Familie erbittert sind. So gibt es um 1900 eine Inflation von Geschichten, in denen erneut zum Jagen auf die Väter geblasen wird. In dieses Horn bläst, wie erwähnt, André Gide, dem die Enge und die Zwänge des Familienlebens ganz unerträglich geworden sind. Er findet um die Jahrhundertwende zahllose Gesinnungsgenossen, die den Glauben an die Lernfähigkeit der Väter längst verloren haben. Sie sehen sich in einer großen Tradition: Ihr »Kampf gegen den Vater« sei, so meinen sie, das, was »vor hundert Jahren die Rache an den Fürsten war«. Die Hymne dieser Nachkommen der revolutionären Königsmörder ist und bleibt: »die Marseillaise!«

Vor allem in Deutschland ist die Lage angespannt. In die Bastion der Väter sind hier noch weniger Breschen geschlagen worden als anderswo. Deutschland ist von der Großoffensive des Individualismus, die von England und Amerika ausging, nur gestreift worden, die Revolution der Brüderlichkeit hat hier, anders als in Frankreich, keinen Erfolg vorzuweisen. Die Stimmung ist gedrückt. 1911 beklagt ein Beobachter den »Selbstmord der Jugend«: »Nichts in unserer Zeit, in unserem Volke ist so schlimm und fürchterlich, wie die Knaben- und Jünglingsselbstmorde, deren immer mehr werden.« Es töten sich, so heißt es, gerade diejenigen, die »zu begabt, zu persönlich, zu eigen sind«. Doch die Jugendlichen töten nicht nur sich selbst, mehr und mehr nehmen sie die Alten aufs Korn, die die Zügel der Macht umklammert halten. Den »Ideengreisen« soll es an den Kragen gehen, »ein Blutwechsel tut der Nation not, eine Empörung der Söhne gegen die Väter«. Da wird der »Sprung zum Mörder« ein »Katzensprung«.

Ein Sohn schwankt zwischen den »bitteren Nächten«, in denen er sich nach der Liebe des Vaters sehnt, und der Wut über die »Erniedrigungen«, die er durch ihn, den er wie »Gott fürchtet«, erfährt; er schließt sich einer Bewegung an, die »der patriarchalischen Weltordnung« den Krieg erklärt hat: »Hat er . . . nicht . . . kalt, herrisch, unverständig meine Jugend in ein Zuchthaus verdammt? Rache dafür!« Bei dem Versuch, den todkranken Vater zu ermorden, hält der Sohn in letzter Sekunde inne; am Ende wandert er nach Amerika aus. (Franz Werfel, »Nicht der Mörder, der Ermordete ist schuldig«)

Ein anderer sagt: »Mein *Vater*?... Als Knabe schon hab' ich ihn totgeträumt.« Als er vom Vater an »des Geschlechtes Leiter« erinnert wird, auf der er weiter in die Höhe steigen soll, antwortet er: »Ich bin kein Erbe. Ich bin selbst Beginn!« – »Das Erbe, dem du nicht entgehen *kannst,/ Ermord* es, um es – zu besitzen.« Der Vatermord wird begangen, ihm folgt Größenwahn, am Ende allerdings Reue und Bekehrung. (Franz Werfel, »Spiegelmensch«)

Ein Dritter sagt: »Ich bin die Knospe... Überviele Frühlinge sind in mir ... Du Vater Teufel Henker Herr Erzeuger Hund du bist mein du fällst.« Dann ersticht der Sohn den Vater. (Arnolt Bronnen, »Vatermord«)

Ein Vierter ist völlig besessen von dem Leitbild des Vaters, beklagt sich bei ihm: »Ich kann mich nur noch mit Dir beschäftigen« und spielt mit einem Revolver sowie mit der Idee, den Vater zu erschießen. Nachdem er dann taten- und wortlos von ihm geschieden ist, folgt der Kommentar des Sekretärs des Vaters: »Da es sich so tausendfach wiederholt, mutet es fast wie ein Gesetz an. Vater und Sohn streben voneinander weg. Es ist immer ein Kampf auf Leben und Tod.« (Georg Kaiser, »Die Koralle«)

Ein junger Mann, der die Konventionen wegwirft »wie schmutzige Wäsche«, legt sich nicht mit den Eltern, sondern mit den Lehrern an und sagt: »Wer noch ein Wort sagt, ist am Verrecken!!!... Mir ist die Stunde!!... Nur mir!!!... Ihr dürft wiehern zu meinem Witz!!!... Aber ihr dürft mir keine Reminiszenzen rülpsen aus eurer stinkigen Welt!« Am Ende reicht es bei diesem jungen Mann zwar zu vielen Ausrufezeichen, aber nicht zur Gewalt, sondern nur zum Wahnsinn. (Hanns Johst, »Der junge Mann«)

»Der Sohn«, der in Walter Hasenclevers Theaterstück dieses Titels auftritt, wählt nicht von vornherein die schrillen Töne, die bei Bronnen, Johst und manchen anderen die Schmerzgrenze überschreiten. Zunächst sind verschiedene Beteiligte durchaus um Mäßigung bemüht: Ein Polizeikommissar – ausgerechnet! – versucht den wütenden Vater zu beruhigen, ohne mit seinen Ratschlägen freilich Erfolg zu haben. Der Sohn offenbart dem Vater seine wundgescheuerte Seele: »Ich will dein Feind nicht mehr sein. Nimm mich an als Mann«, »Zerreiße die Fesseln zwischen Vater und Sohn – werde mein Freund«. Doch der Vater erhört den Sohn nicht und verstößt ihn; der Sohn, der einen Bund »der Jungen gegen die Welt« gründet, ruft auf »zum Kampf gegen die Väter«, zum »Vatermord!!!!«. Am Ende erhebt der Sohn die Waffe gegen den Vater, doch bevor er abdrücken kann, wird dieser vom Schlag getroffen und ist tot.

Auffällig an all diesen Geschichten ist, dass der Befreiungsschlag, den die Söhne führen, meistens nach hinten losgeht oder ins Leere führt. Die Niederlage der Söhne besteht wohlgemerkt nicht darin, dass sie einer drakonischen Strafe zugeführt werden. Das würde sie ja nur in ihrem Tun und Leiden bestätigen. Nein, das dicke Ende tritt genau deshalb ein, weil sie sich des Unterdrückers entledigen. Hinterher wirken sie dann gar nicht befreit, sie atmen nicht tief durch wie ein Mensch, der aus der stickigen Luft einer engen Stube endlich aufs freie Feld hinausgetreten ist. Stattdessen schnappen sie nach Luft, schlagen verbissen weiter um sich oder bleiben trostlos, bewegungslos auf dem Schlachtplatz stehen, als wäre der Zug des Lebens ohne sie abgefahren.

Das expressionistische Pathos, mit dem diese jungen Helden angetreten sind, nutzt sich schnell ab. Ihre ganze Identität hängt am Kampf gegen die Väter. So wissen sie, wenn es mit ihm ein Ende hat, gar nicht mehr, was sie mit sich selbst anfangen sollen. Eigentlich sterben diese Söhne genau in demselben Moment wie die Väter, selbst wenn sie hinterher scheinbar weiterleben. Aber sie sind eben Söhne – und sonst nichts, und deshalb fällt die Bestimmung ihres Lebens weg, wenn der Vater wegfällt. In Arnolt Bronnens »Vatermord«-Drama lautet ein Vorwurf des Sohnes: »Er ist mein Vater – Er ist kein Mensch.«

Genauso müsste er eigentlich auch sagen: »Ich bin sein Sohn – einzig und allein das. Also kann ich unmöglich auch noch ein Mensch sein.« Nur »Sohn« zu sein ist aber entschieden zu wenig.

Die traurigen Vaterlosen und die wütenden Vatermörder haben eigentlich dasselbe Problem: So oder so sind sie auf den fehlenden oder übermächtigen Vater fixiert. Für sie sind nur zwei mögliche Lebenszwecke im Repertoire: Anhänglichkeit oder Abwehr. Ohne den – sehnsüchtigen oder hasserfüllten – Bezug auf den Vater sind sie geliefert, hängen sie in der Luft.

An dieser Stelle ist im Generationenspiel der Moderne ein Tiefpunkt schier unüberbietbarer Traurigkeit erreicht. Der Alltag der bürgerlichen Familie steht in voller Blüte, aber es ist überhaupt nicht mehr einsichtig, wie wir uns die Väter als Helden vorstellen sollen; mit einer merkwürdigen Mischung aus aufdringlicher Anwesenheit und anstößiger Abwesenheit haben sie sich ins Abseits manövriert. Wenn wir vorausdenken an die Wut auf die Väter um 1968 oder aber an die heute gängigen Klagen über den Orientierungsverlust der jungen Generation, dann sehen wir, dass das Repertoire von Verhaltensmustern, das im 19. Jahrhundert entwickelt worden ist, noch in die neuesten Runden des Generationenspiels hineinwirkt.

Welche Wege eröffneten sich der Jugend damals, um mit dem Kollaps der Väter umzugehen, um über ihn hinwegzukommen? Von zwei Seiten wurden Deutungen an sie herangetragen: In der Sozialpsychologie wurde Anfang des 20. Jahrhunderts die Idee der vaterlosen Gesellschaft mit ihren Möglichkeiten und Grenzen genau durchgespielt; in der Jugendbewegung wurde zur gleichen Zeit eine Emanzipation der Jugend ausgemalt und ausgelebt, mit der sie sich der Erwachsenen einfach entledigen sollte. Schauen wir uns diese zwei neuen Versuche, die Lage zu beschreiben und zu verändern, der Reihe nach an.

14. Die Psychologie der vaterlosen Gesellschaft

Sigmund Freud über die Vatersehnsucht des Brüderclans

Bestünde die Geschichte der Moderne aus Musik, dann hörte man um 1700 ziemlich ähnliche Klänge wie um 1900. 1709 war bei Shaftesbury von der »vaterlosen Welt« die Rede; bei Adam Smith und anderen fiel dieses Wort dann auf fruchtbaren Boden (s. o. S. 40). 1913 prägte Sigmund Freud in »Totem und Tabu« dann das Wort von der »vaterlosen Gesellschaft«; sein Schüler Paul Federn hat es prompt aufgegriffen, und mit Alexander Mitscherlichs Buch »Auf dem Weg zur vaterlosen Gesellschaft« ist es zu einer sprichwörtlichen Wendung geworden. Seltsamerweise liest man neuerdings immer wieder, Paul Federn hätte dieses Schlagwort von der »vaterlosen Gesellschaft« erfunden. Freuds Vorlage ist darüber fast in Vergessenheit geraten.

»Vaterlose Welt« und »vaterlose Gesellschaft« haben fast den gleichen Klang, meinen aber doch nicht dasselbe. Die »vaterlose Welt« um 1700 ist verbunden mit der Trauer über den Ordnungsverlust in einer zunehmend unübersichtlich werdenden Welt. Wenn Freud von der »vaterlosen Gesellschaft« spricht, dann zielt er dagegen eher auf die Offensive, in der die Autorität des Vaters gebrochen und der Vatermord inszeniert wird.

Der Angriff auf die väterliche Autorität gehört nach Freud zur Gründungsgeschichte menschlicher Gesellschaften, in der der »gewalttätige Urvater«, der der »Vaterhorde« vorsteht, durch eine »Brüderschar« gestürzt wird. Nicht nur die Familie, auch die Menschheitsgeschichte ist demnach gezeichnet vom Ödipus-Komplex. Den Zustand nach dem Sturz der Väter bezeichnet Freud dann eben als »vaterlose Gesellschaft«. Er spricht auch von einer »demokratischen Gleichstellung« der Beteiligten in diesem »Brüderclan«. Doch man muss vorsichtig sein, wenn man diesen Zustand mit der modernen Demokratie in Verbindung bringt, denn es handelt sich hier um ein äußerst anfälliges Übergangsphänomen in der Geschichte der Menschheit.

Kaum haben die Brüder die Autorität abgeschüttelt, mischt sich nämlich in den »Triumph über den Vater« eine neu aufkommende »Vatersehnsucht«. Es kommt eine Entwicklung in Gang, die von einer durchgängigen »Ambivalenz« gegenüber der bewunderten und gefürchteten Instanz des Vaters geprägt ist. Ihn, den man gestürzt hat, hat man doch auch geliebt. Kaum ist er weg, sucht man ihn wieder neu, und am Ende dieser Suche hat sich die Brüderschar eine imaginäre Macht-Instanz geschaffen, in der die väterliche Autorität verwandelt wiederkehrt: ein »Totem«, das als »Vaterersatz« dient. Zum Schutz dieses Symbols der Macht werden »Tabus« aufgeboten – Tabus, mit denen sich das soziale Leben neu ordnen lässt und mit denen nach Freud »die Sittlichkeit der Menschen beginnt«.

Freud hat eine ganz einfache oder, genau genommen, eine zweifache Botschaft. Zum Ersten entzaubert er die Idee, man könne sich im sozialen Leben den Vater einfach *sparen*. Wenn man den einen Vater verschwinden lässt, kommen – so zeigt er – in verwandelter Form doch nur wieder Ersatzväter hoch. Die »vaterlose Gesellschaft« hat demnach eine äußerst kurze Halbwertzeit, sie ist zum Zerfall verdammt. Ein »Brüderclan« kann sich zwar *ad hoc* eines realen Vaters entledigen, ist damit aber noch längst nicht dem Problem enthoben, wie die Funktionen, die diesem Vater oblagen, weiter wahrgenommen oder abgewandelt werden. Der imaginäre Vater bleibt im Spiel – und der Einsatz, um den es bei diesem Spiel geht, ist die Aufrechterhaltung und Infragestellung von Autorität.

Zum Zweiten meint Freud eine Verbindung ziehen zu können zwischen der familiären Konstellation und der Gesellschaft insgesamt. Dieser zweite Punkt ist heikler als der erste. Die Parallele von Individualpsychologie und »Völkerseelenleben«, von der sich Freud bei aller Vorsicht fasziniert zeigt, wird schnell schief. Bei Freud mischt sich die Ambition auf psychologische Deutungen politischer und historischer Konflikte mit der Mahnung, bei solchen Deutungen vorsichtig vorzugehen. Wenn er zum Beispiel den »Brüderclan« als »demokratisches« Modell beschreibt, so ist doch die moderne Demokratie kein kurzlebiges Zwischenprodukt wie jene Urhorde. Demokratie definiert sich nicht nur negativ durch die Abschaffung väterlicher Gewalt, sondern positiv durch ein neues Modell der Legitimation von Herrschaft. Der Clou dieses Modells besteht darin, dass das Verhältnis zwischen Befehlen und Gehorchen, wie man es vom Patriarchat kennt, entkrampft wird: Der Einzelne ist in der Demokratie zugleich Teil des Souveräns, der die Gesetze macht, wie auch derjenige, der Gesetzen gehorcht. Der Bürger wandert, wenn die Demokratie gelingt, sozusagen zwischen der Rolle des Vaters und der Rolle des Kindes hin und her.

Freud selbst fällt sich bei seinem Versuch, das Persönliche und das Politische zusammenzuführen, immer wieder selbst in den Arm. So meint er, dass sich der innere Zwist der Brüderschaft in einem »Gesellschaftsvertrag« besänftigen lasse. So soll die Fixierung auf väterliche Macht, von der autoritäre Herrschaftssysteme bestimmt sind, durchbrochen werden. Doch dieser Hinweis ist eher ein Zeichen von Verunsicherung als ein Weg zur Lösung. Denn eigentlich läuft das Modell des »Gesellschaftsvertrags« darauf hinaus, die Individuen aus der Geschichte herauszustellen und deren Einbettung in den Generationengang zu leugnen (s. o. S. 37). Wenn aber die Väter nur verleugnet und verdrängt werden, dann kommen sie irgendwo, wie ein unter Wasser gedrücktes Stück Holz, wieder hoch.

Mit enormer Sorgfalt hat einer der großen Rechtsphilosophen der Weimarer Republik, Hans Kelsen, schon ganz früh,

1922, in der Zeitschrift »Imago«, dem Hausblatt Sigmund Freuds, Überlegungen zur Demokratie als Brüderclan angestellt – und dabei eben die Frage herausgestellt, inwieweit das familiäre Drama auf die politische Bühne übertragen werden kann. Kelsen will sich mit dem ewigen Hin und Her zwischen Patriarchat und vaterloser Gesellschaft nicht abfinden und eine demokratische Balance der Macht an dessen Stelle rücken. Von der »psychologischen Masse« muss sich, so sagt er, der Staat unterscheiden, und er tut dies, indem er sich nicht als Über-Vater aufspielt, sondern sich in »Selbstbeschränkung« übt. Eben darum bemüht sich die moderne Demokratie, in der jeder zugleich Souverän und Untertan ist.

In der Familie aber funktioniert dieses Wechselspiel, in dem gewissermaßen Väter zu Kindern und Kinder zu Vätern werden, nicht. Hier kommt der Vater nicht darum herum, erst mal als Macht aufzutreten, und so muss er sich auch warm anziehen, wenn seine Kinder zu Erwachsenen werden.

Obwohl Freuds Schrift über »Totem und Tabu« tief in die Mythologie eintaucht und weit in das Leben anderer Kulturen ausgreift, lädt sie förmlich dazu ein, auf die Zeitläufte bezogen zu werden. Immerhin wird gerade in der Zeit kurz vor dem Ersten Weltkrieg, als Freud diese Schrift veröffentlicht, die väterliche Autorität aufgerüstet, aber auch angegriffen wie nie zuvor. Entsprechend ist die Versuchung groß, Freuds Stichwort von der »vaterlosen Gesellschaft« auf die Gegenwart zu beziehen. Mit mehr oder minder großem revolutionären Elan haben Paul Federn und Walter Lippmann einen solchen Bezug hergestellt. Der eine schaut vor allem auf Österreich und Deutschland, der andere auf die USA; der eine setzt auf Fortschritt, der andere auf Vorsicht. Ich möchte mich an diese beiden halten, denn mit ihrer Hilfe kann ich mich einerseits im alten Reich, andererseits in der neuen Welt umschauen.

Paul Federn über die vaterlosen Gesellen
der Revolution

Freud beschrieb mit gehöriger Skepsis, wie ambivalent die Figur des Vaters ist, wie man ihn flieht und sucht, anhimmelt und angreift. Sein Schüler Paul Federn warf die Vorsicht des Meisters über Bord: er interpretierte die revolutionären Umtriebe nach Ende des Ersten Weltkriegs als einen Vatermord, aus dem am Ende die vaterlose Gesellschaft siegreich hervorgehen sollte. 1919 erschien in der Wochenzeitschrift »Der Oesterreichische Volkswirt« die Abhandlung »Zur Psychologie der Revolution: Die vaterlose Gesellschaft«. Aus Freuds Schrift »Totem und Tabu« bezog der Verfasser Paul Federn, ohne dies eigens zu sagen, eben das Wort von der »vaterlosen Gesellschaft«. Anders als Freud suchte Federn nun aber als mitfiebernder Zeitgenosse den direkten Bezug auf die politischen Ereignisse.

Federns Kommentar zu den revolutionären Bewegungen in Österreich, Deutschland und Russland, denen er mit Sympathie gegenüberstand, lebte von einer klaren Verteilung der Rollen: Die geschlagenen, abgetretenen oder in die Defensive gedrängten Autoritäten fungierten als politische Repräsentanten väterlicher Autorität, während die Revolutionäre nicht als vaterlandslose, sondern als »vaterlose Gesellen« auftraten. Wenn Freud den Wandel von der Vaterhorde zum Brüderclan als ein »vorgeschichtliche[s]« Ereignis beschrieben hatte, so bezog Federn ihn nun auf die europäische Situation nach 1918. Er beobachtete, wie dieser Wandel in manchen Ländern geradezu schlagartig erfolgte: Überall dort, wo eine Herrscherinstanz künstlich lange auf ihrem Stuhl geklebt hatte, wurde sie *subito* vom Thron gestoßen. Nach den Exzessen militärischer Autorität im Weltkrieg kam es fast überall zu einem »jähe[n] Zusammenbruch aller staatlichen Autoritäten«.

Früher sei, so meinte Federn, eine bestimmte Art zu leben vom »Vater« vorgeschrieben worden; an die Stelle dieser Lebensart trete nun eine neue Freiheit, eine »Unart« des Lebens. Die vielfach beklagte Desorientierung führte Federn darauf zurück, dass das Vertrauen in die »ideelle Vatergemeinschaft« als solche zerstoben und damit die Anerkennung von Autoritäten überhaupt »kraftlos« geworden sei: »Damit stürzten alle Ehrfurchtsgefühle vor der Staatsordnung, stürzte die sichere Sohneseinstellung zusammen.«

Federn begnügte sich nicht damit, die Ambivalenz gegenüber dem »Vater« als ewiges Schwanken zwischen Anpassung und Aggression zur Kenntnis zu nehmen. Vielmehr wollte er das Recht auf Widerstand gegen die Autorität verteidigen. Deshalb feierte er den Sturz der Monarchie in Österreich als Kampf gegen einen Vater, dessen Macht unerträglich geworden war. Dagegen sah Federn zum Beispiel in Viktor Adler, der bewährten Führungsfigur der österreichischen Sozialdemokraten, eine weiterhin glaubwürdige Autorität, die »jeder Genosse fast bewußt als Vater empfand«.

So oder so aber blieben diese Vaterfiguren, ob sie ihre Aufgaben nun schlecht oder recht erfüllten, dem Untergang geweiht. Federn sah eine »vaterlose Gesellschaft« heraufziehen, die mit der »Bindung« an den Vater »alles« fallen lassen würde, »was durch sie in Funktion gehalten wurde«. Da Federn auch die »guten« Väter für Auslaufmodelle hielt, musste er sich nach neuen Ordnungsmodellen umschauen. Freuds Warnungen vor der mangelnden Stabilität des »Brüderclans« zum Trotz setzte Federn auf den »Fortschritt von der Vaterlosigkeit der Gesellschaft zum Bruderprinzip«. Er erwies sich damit als treuer Erbe der Französischen Revolution, aber auch als Anhänger der sozialistischen »Räteorganisation«, mit der man die herkömmlichen Führungsprinzipien hinter sich lassen könne. Sie sei kein bloßes »Kampfmittel«, sondern stehe für den Bruch mit der Logik der »patriarchalischen Gesellschaft«. Ähnlich wie Freud sprach auch Federn von einem »verträglichen, d. h. durch Vertrag zustande gekommenen neuen Staat«. Für ihn war die Räterepublik das konstruktive Ergebnis des revolutionären Vater-mordes. Sie wollte Federn verteidigen gegen »*zerstörerische* Ten-denzen« des Vatermords; zum Ausdruck kamen sie vor allem in den »riesenhaften Streiks«, in denen sich nach Federn bloß eine Verweigerungshaltung auslebte.

Wieder also – zum wievielten Male eigentlich? – sollte das untote Patriarchat zu Grabe getragen werden. Und weiterhin stießen diejenigen, die das Grab schaufelten, auf Widerstand. Federn witterte diesen Widerstand auf allen Ebenen der Gesell-schaft, insbesondere auch in den Familien, in denen er Kader-schmieden für das Leben im »patriarchalisch gebauten Staat« sah. Deren eigenes Potential zur demokratischen Veränderung hielt er – anders als zum Beispiel Alexis de Tocqueville (s. o. S. 147) – für gering. Für Federn war die Familie eine Sache von gestern, etwas, das in die neue Zeit, die »neue Ordnung« über-haupt nicht hineinpasste. Sie wollte er durch ein ganz anderes Erziehungsmodell ersetzen, ein noch »unbekannte[s] System«, das zum Rätesystem passen und von der Gemeinschaft getra-gen werden sollte. Hier kam also wieder die Fantasie von der kollektiven Erziehung und von der Abschaffung des Privaten hoch.

Anders als Freud setzte Federn auf eine Gesellschaft, die die familiären Zwänge hinter sich lassen würde. Und anders als Freud nahm er an, dass die »vaterlosen Gesellen« über das Rüst-zeug zur Neuordnung nicht nur der Gesellschaft, sondern auch des Generationenspiels verfügten. Er täuschte sich. Von seinen Visionen zur »vaterlosen Gesellschaft« rückte er später ab, doch ihm blieben sein Misstrauen gegen die traditionelle Ordnung und seine entschiedene Parteinahme für die Jugend. Hinge-bungsvoll hat er sich in Wien und, nach der Emigration, in New York für ihr Seelenwohl eingesetzt. Federn wurde zu einem der Gründerväter der Kinder- und Jugendpsychologie. Für seinen Grabstein wünschte er sich die Inschrift:

»Ich habe den Sinn geliebt
Und den Wahn begriffen,
Und so manche Seele
Dem Wahnsinn entrissen.«

Walter Lippmann über den Kampf der Jugend gegen Tabus und über die Heimatlosigkeit der Vaterlosen

Walter Lippmann war einer der einflussreichsten amerikanischen Publizisten des 20. Jahrhunderts. Im Laufe seines langen Lebens, das von 1889 bis 1974 währte, spielte er die unterschiedlichsten Rollen: Er begann als begeisterter Leser Henri Bergsons und Sigmund Freuds, wurde in jungen Jahren Mitarbeiter des US-Präsidenten Woodrow Wilson, später dann Geburtshelfer des »Neoliberalismus«; in jüngerer Zeit ist er jedoch in Richard Sennetts populärem Buch »Der flexible Mensch« zum Gewährsmann gegen die neoliberale Zerstörung der Gemeinschaft gekürt worden.

Wenn wir an den Anfang des 20. Jahrhunderts zurückgehen, dann treffen wir auf einen Walter Lippmann, der, wie Paul Federn, von Freud fasziniert war, sich aber doch in einer ganz anderen Situation befand als der Zeitgenosse aus Österreich. Keiner übermächtigen und überalterten Autorität war er ausgesetzt, und so hielt er es bei aller Aufbruchsstimmung nicht für nötig, Totaloperationen im Sinne räterepublikanischer Kollektiverziehung vorzunehmen. Doch wie Federn, so war auch Lippmann fasziniert von Freuds Überlegungen zu Familie und Gesellschaft. Aufgrund seiner deutschen Herkunft konnte er sofort auf die Originaltexte zugreifen, und er zögerte nicht, Freuds Thesen direkt auf die aktuelle Situation in den USA zu beziehen. Sein Buch »A Preface To Politics« aus dem Jahr 1913 erhielt in ebendem Jahrgang der Zeitschrift »Imago«, in dem der Schlussteil von Freuds Schrift über »Totem und Tabu« vorabgedruckt wurde, schon eine äußerst positive Besprechung: »Das Buch kann«, so hieß es da, »aus vollem Herzen empfohlen werden als ein eindrucksvoller Versuch, moderne psychologische Erkenntnis und Intuition auf die Probleme der Soziologie und Staatskunst anzuwenden.«

Lippmann griff in diesem Buch Freuds Theorie des »Tabus« auf und bezog sie schnurstracks auf Gesellschaft und Erziehung in der Moderne. Er sehe sich, so klagte er, umgeben von Routiniers, die in ihrer »Panik« vor allem Neuen den Schutz nirgendwo anders suchten als im »Tabu«: also in einem »rein negativen Gesetz«, das gegen jede Infragestellung immunisiert war. Diese Form der Herrschaft empfand Lippmann als allgegenwärtig, er ging aber davon aus, dass sie mit dem Siegeszug der Demokratie begraben werden könne. In der modernen Zeit habe sich das Tabu, wie er durchaus zufrieden feststellte, »eine tödliche Krankheit« eingefangen: »Denn je mehr die Menschen sich selbst regieren, desto weniger ist es möglich, äußere Einschränkungen vorzuschreiben.« In den USA sei deshalb die »sterile Tyrannei des Tabus« langsam in die Defensive gedrängt worden – und damit sei auch der Weg frei für eine Infragestellung der Väter – jedenfalls solcher Väter, die sich in der Rolle des Routiniers gefielen und ihre Macht auf unhinterfragte Tabus stützten.

Die Entmachtung der Väter wurde nach Lippmanns Beobachtung im Einwanderungsland USA besonders begünstigt, denn hier war das Verhältnis zwischen »Eltern und Kindern« durch große Distanz geprägt. Die Eltern sprachen oft eine »andere Sprache« – und damit war erst mal, im wörtlichen Sinne, deren alte Muttersprache gemeint, an der sie, anders als die Kinder, festhielten, im übertragenen Sinne ging es aber auch um den Bruch im Selbstverständnis, der zwischen Eltern und Kindern aufbrach. Meist taten sich die Kinder leichter in der neuen Welt, und mit ihrem wachsenden Erfolg wuchs auch ihr Selbstbewusstsein gegenüber den Eltern. Am Horizont zeichnete sich damit auch eine Entkrampfung im Verhältnis zwischen den Generationen ab: Je mehr sich nämlich die Welt von einer Generation zur anderen verändert, desto stärker ist die Jugend in der Lage, eigene Kompetenzen zu entwickeln, ohne auf die Alten angewiesen zu sein. So nahm das Einwanderungsland USA eine Entwicklung vorweg, die heute zum Alltag gehört: dass eine neue Generation jeweils Zugang zu neuen Technologien gewinnt, von denen die Älteren sich überfordert fühlen.

Die zentrifugalen Kräfte in der Familie ergaben sich Lippmann zufolge aus dem amerikanischen Lebensstil, dem jede »Autorität« suspekt war: »Der amerikanische Traum ... mag resümiert werden ... in dem Satz, dass der undisziplinierte Mensch das Salz der Erde ist.« Derart »gesalzen« scheint die Welt nur sein zu können, wenn väterliche Autorität demontiert wird. Entsprechend hielt Lippmann eine Eloge auf den »Erfinder«, der mit der »Routine« der Väter bricht. Der Kampf gegen Autoritäten, den Paul Federn aufflackern sah, war für Walter Lippmann also immer schon entschieden: zugunsten der jungen Generation.

Wenn das Tabu der Autorität gebrochen ist, dann ist die Zeit reif für die kreative Überwindung der Vergangenheit; diesem Anfang wohnt ein Zauber inne, freilich auch eine Gefahr. Schon Lippmann wies darauf hin, dass ein Mensch, der einen solchen Anfang wagt, der ein solcher »Anfänger« ist, die Kraft zur »Selbstbestimmung« aufbringen müsse; sonst sei er verloren. Wer nicht weiß, wohin er gehen will, dem droht ein Zustand der Verwirrung, der Rat- und Hilflosigkeit. Neben dem Meister des Anfangs kannte Lippmann deshalb auch einen modernen Versager, ein Opfer dessen, was er »Drift« nannte. Für einen solchen Menschen böten die »Tage« nur »Fetzen unverdauter Erfahrungen«: »Wir haben die Autorität verloren. Wir sind ›emanzipiert‹ von einer geordneten Welt. Wir driften ... Wir sind heimatlos.«

Man sieht: Die Feier des Tabubruchs ist nicht so heiter und unbeschwert, wie dies zunächst den Anschein hat. Beleuchtet wird auch die Kehrseite eines Lebens nach dem Ende tabuisierter Autoritäten. Zwei Wege stehen offen: einerseits ein produktiver Prozess der Infragestellung von Autoritäten, eine Auseinandersetzung, bei der man wächst, andererseits ein Auseinanderfallen der Generationen, bei dem man sich verliert.

Das Auseinanderfallen der Generationen ist auch heute zu beobachten – und zwar überall dort, wo die Eltern in die Berufswelt auswandern und die Jugendlichen unter sich bleiben. Diese Bewegung hin zum Hohlraum Familie ist nicht auf Amerika beschränkt, und sie ist auch nicht von heute, sondern von gestern. Mag auch Lippmann vor ihr gewarnt haben – die Abkopplung von den Eltern muss damals etwas enorm Anziehendes und Entlastendes gehabt haben. Sie bot einen Ausweg sowohl für die traurigen Vaterlosen, die von der Suche nach den Vätern nicht lassen konnten, wie auch für die wütenden Vatermörder, die im Kampf auf ihre Gegner fixiert waren. Die einen wie die anderen waren auf je eigene Art in zerstörerische Versionen des Generationenspiels eingespannt.

Es lag in der Eigenart des Zwitterwesens, als das der Vater im 19. Jahrhundert auftrat, dass man ihn nur vermissen oder bekämpfen, dass man ihm nicht in innerer Freiheit gegenübertreten konnte. Nun träumte man von einer Situation, in der man ihn weder für seine Sehnsucht noch für seinen Hass noch brauchte, in der man den Vater einfach auf sich beruhen ließ und so tat, als gäbe es ihn gar nicht. Man wünschte sich eine Radikalkur, in der nicht nur der Vater, sondern auch der Gedanke an ihn verschwand. Die Neigung war groß, aus dem Generationenspiel wie aus einer Pokerrunde, bei der man nur verloren hat, ganz auszusteigen.

Ein solches Ausstiegsszenario der Jugend wurde schmerzlich genau von einem Vater kurz nach Ende des Ersten Weltkriegs beschrieben. Er sagte: »Unsere Söhne... schwingen kein

Schwert über uns, sie zerbrechen uns nicht mit der Kraft ihrer Jugend und ihrer Arme, es ist kein redlicher Kampf der Zeiten; sie kehren uns den Rücken, sie laufen von uns davon, als seien wir keines Kampfes wert, sie rufen in den Wind, wir fassen es nicht; wir verdammen sie, ihnen ist es ein Nichts.« Wenn zutrifft, was dieser Vater beobachtete, dann bekam die Geschichte damit einen neuen Dreh. Es war Zeit für einen großen *showdown* im Generationenspiel der Moderne. Die Jugend wollte das Generationenspiel nicht ändern, sondern kurzerhand für beendet erklären. Sie meinte, sie könne die Väter hinter sich lassen, irgendwo als Altlast deponieren.

Benötigt wurde demnach nur noch ein Endlager für Väter und eine neue Spielwiese, auf der die Jugend sich ergehen und sich selbst genügen konnte. Im frühen 20. Jahrhundert hat die deutsche Jugendbewegung eine solche Spielwiese angelegt. Die Abschaffung der Väter sollte auf ganzer Linie gelingen, weder als fernes Suchbild noch als nahes Feindbild wollte man sie dulden. Man war sich selbst genug. Gustav Wyneken, der die Jugendbewegung entscheidend antrieb, sagte: »Die Jugend führt gegenwärtig keinen Kampf gegen das Alter, sie fordert nur eine größere Freiheit vom Alter.« Um diese Freiheit wurde gekämpft, doch die Jugend hat sich bei diesem Kampf, wie wir nun sehen werden, selbst verloren.

15. Die Jugendbewegung läuft heiß – und läuft sich tot

Wir tanzen und singen: Die Verselbständigung der Jugend

Wir tanzen und singen. Wir entdecken und schmecken. Wir wandern, schwenken Fahnen, baden im See, trocknen einander ab, brechen das Brot und wärmen uns abends am Feuer. Wir turnen auf dem Feld und nehmen, wie wir das nennen, ein »Luftbad«. Wir ertüchtigen Leib und Seele. Das ist ein Leben!

Es ist das Leben der neuen deutschen Jugend. Am 11. Oktober 1913 feiert sie sich selbst – auf einem Berg unter freiem Himmel, auf dem Hohen Meißner bei Kassel. Zweitausend sind gekommen, ein Aufruf hat sie gelockt, in dem es heißt: »Die Jugend, bisher nur ein Anhängsel der alten Generation, ... beginnt sich auf sich selber zu besinnen. Sie versucht sich selber ihr Leben zu gestalten, unabhängig von den trägen Gewohnheiten der Alten und von den Geboten einer häßlichen Konvention.« Während Freuds »Totem und Tabu« druckfrisch in den Buchhandlungen liegt, wird die vaterlose Gesellschaft auf der grünen Wiese geprobt.

Ein Besucher des Meißner-Festes sieht die Jugendlichen nach und nach auf einer »mit bekränzten Masten geschmückten, waldumgrenzten Berghalde« zusammenkommen: »Ein unvergleichlicher Zauber reinen Jugendfrohsinns und unverdorbener Kraft lag über dem Bilde. Alle ... tollten und wiegten sich.« Im Hausblatt der Bewegung, dem »Anfang«, heißt es: »Am Nachmittag war die Sonne durch den Nebel gebrochen und nun kam die ganze Jugendlichkeit und Buntheit erst zu ihrer Geltung. Man lagerte sich ..., spielte olympische Spiele, sang zur Gi-

tarre.« In einer anderen Reportage heißt es: »Reis mit Apriko-
sen, Linsen, Erbswurst, Kartoffeln, Fleisch, Eier, Maggi! Knorr!
wird hier auf Holzfeuer und auf dem Wanderkocher kunstge-
recht verarbeitet« – und es wird lobend hervorgehoben, dass die
Jugendlichen nicht den »erotischen Rundtanz in enger Um-
klammerung« bevorzugen, sondern »offene Reigentänze«, bei
denen »man jauchzt und singt«. »Mädel und Buben auf Du und
Du. Schönheit des Rhythmus in manchem kraftstrotzenden
Körper, Zartheit und Kühnheit der Bewegung, ungeschlachte
Wucht in freudigem Toben!«

Gustav Wyneken, der – freudig? lüstern? – die jungen Menschen bei ihrem Bewegungsspiel betrachtet, meint die »Tanze-
rei auf dem Hohen-Meißner-Fest« gegen Vorurteile in Schutz
nehmen zu müssen. Man könne, so sagt er, »erschrecken über
die Gehirnlosigkeit dieses Treibens; aber ... der pedantisch-
fanatische, zunächst komisch wirkende Eifer der Herumsprin-
genden hatte für den tiefer Blickenden etwas von kultischem
Ernst«. Keinesfalls hätten die jungen Menschen »Unfug und
Schweinereien« im Sinn, betont Wyneken. Auch ein gewisser
Fred Schmid, der »die Besten einer Generation ... wie Irre in
die Herbstwälder« jagen und »im Halbdunkel der Feuer« feiern
sieht, beeilt sich, die »geheime seelische Triebkraft« der Jugendlichen zu loben.

Nicht alle teilen die Faszination für diese wandernde, tan-
zende, singende Jugend. Zwei katholische Abgeordnete im preu-
ßischen Landtag erregen sich in einer Parlamentsdebatte über
die Feier auf dem Hohen Meißner; sie sehen »eine Jugend heranwachsen, an der weder die Eltern noch das Vaterland Freude«
hätten, und werfen den Teilnehmern vor, sie hätten sich mit
»Spiel, Tanz und dergleichen« gegen »deutsche Zucht und Sitte
versündigt«. Der kommunistische Schriftsteller Erich Weinert
verfasst ein Spottgedicht über die Jugendbewegung, mit dem
er sich als echter Spielverderber hervortut. Es ist so wunderbar
gemein, dass ich ein paar Zeilen daraus zitieren muss:

»Die Klampfe klirrt im Schritt und Tritt
Die Kochgeschirre klirren mit.
Der Wald ist voll Akustik.
Wir sind so schrecklich lustig...
Wie lustig schmort die Soße
In der Konservendose!
Und ist die Grütze aufgekaut,
Dann wird in Blau und Rosa
Das Seelenleben aufgebaut,
Teils lyrisch, teils in Prosa...
Wer sich von innen her beschaut
Und Nietzsche liest und Rüben kaut,
Was kümmern den die andern?
Juchhu! Wir müssen wandern!«

Nimmt man – was mir ein bisschen schwerfällt – all sein Wohlwollen für die Jugendbewegung zusammen, dann muss man zugeben: Sie hat unsere Vorstellung vom menschlichen Lebenslauf erheblich beeinflusst. Die Jugendbewegung bricht endgültig mit der Vorstellung, dass vor dem Erwachsensein eine Phase der Unfertigkeit und Unvollkommenheit liege, die man wie eine Krankheit durchmachen müsse. Die Jugend wird zur eigenen Größe und bekommt ihr eigenes Recht. Plötzlich erscheint alles in einem anderen Licht: Widersetzlichkeit, Übermut, Verspieltheit werden zu Tugenden. Erst wenn man an der Jugend zu schätzen weiß, dass sie unfertig ist, kann man abfällig über jemanden sagen: »Mein Gott, ist der fertig.« In der Jugend wird das Unvollendete Ereignis.

Die Jugendbewegung hat sich dafür eingesetzt, die Lebensphase, in die die Ablösung von den Eltern fällt, als etwas Eigenständiges anzuerkennen. Schon damals wird das heute gehätschelte Wort von der »Jugendkultur« erfunden. Man will »die Grenzen der Jugend befestigen« und sie nicht bloß als »das Nochnichterwachsensein«, sondern als »eine Zeit mit einem eigenen und unersetzlichen Werte« verstehen. Damit soll die Jugend auch davor geschützt werden, sich mit nichts anderem zu beschäftigen als der »Tüchtigmachung für den wirtschaftlichen Daseinskampf«. Dieser Forderung kann ich mich anschließen, aber bei den Begleiterscheinungen, die mit ihr verbunden sind, werde ich reichlich nervös.

Gibt es ein Leben nach der Jugend?

Die Wortführer der Jugendbewegung sind so begeistert vom Tanzen und Springen der Jugend, dass sie Mühe haben mit der Vorstellung, diese Zeit könne irgendwann ein Ende nehmen. Das wäre doch ein Jammer, oder? Statt mit dem Ernst des Lebens zu drohen, beeilen sich auch die erwachsenen Freunde der Jugendbewegung, die »Mühe, Kampf und Sorge« ihres Alltags zu beklagen. Hinter ihrem Einsatz für die Jugend steckt der Frust über die Routine des Berufslebens. Nie fühlen sie sich dem Paradies näher als in der Gemeinschaft mit Jugendlichen, die unbeschwert ihre Kraft spielen ließen. Hinter der Feier der Jugend steckt ein Spiel mit dem Feuer: nämlich mit der totalen Entwertung oder gar Abschaffung des Erwachsenseins.

Pünktlich zur Jahrhundertwende, im Jahr 1900, fordert Ellen Key, die Eltern sollten »ihre Stirne vor der Hoheit des Kindes in den Staub beugen« und dessen unschuldige Spontaneität vergöttern; ein paar Jahre später lenkt Gustav Wyneken diese Verehrung auf die Jugend um: »Wäre der Gedanke so absurd, daß die menschliche Gesellschaft ihre ganze Arbeitskraft darauf konzentrierte, wenigstens einen Teil ihres Lebens, die Jahre der Jugend und Kindheit, vom Daseinskampfe zu emanzipieren...? Wäre die Phantasie wirklich absurd, daß die menschliche Gesellschaft sich ihrer eigenen Jugend opferte?«

Entschuldigung, ich finde diese Opfer-Fantasie tatsächlich absurd. Als Jugendlicher wäre ich zwar vielleicht geschmeichelt, aber doch einigermaßen verdutzt gewesen, wenn ein solches Erwachsenen-Opfer mir zuliebe dargebracht worden wäre. Ich hätte mich gefragt, was am Leben als Jugendlicher denn so großartig und beneidenswert sein soll. Zwar genoss ich jene ziemlich sorglosen Tage, in denen mir mein Leben vorkam wie eine Wundertüte, aber das war nicht alles. Ich versank auch in Fantasien darüber, wie es wäre, wenn ich jetzt über die Brüstung spränge. Ich ertrug die Irrwege im Labyrinth meiner unbeholfenen, langatmigen Sehnsüchte und Begierden. Ich wünschte mir, dass irgendetwas passierte, was mich weiterbrachte, und war scharf darauf, erwachsen zu werden, hatte aber keine Ahnung, wie das geht.

Gerade habe ich aus einem alten Karton einen Stapel Seiten herausgefischt, die am Ende jener Lebensphase – ich muss damals ungefähr achtzehn Jahre alt gewesen sein – entstanden sind. Ich erinnere mich noch daran, dass sie mir, kaum hatte ich sie geschrieben, schon unendlich peinlich waren, und so habe ich sie auch nie jemandem gezeigt. Jahrzehntelang waren sie weggepackt, nun habe ich sie mit einer gewissen Scheu hervorgeholt, weil ich in ihnen autobiographisches Beweismaterial für die Schattenseiten der Jugend vermute. Man darf sagen, dass die Beweise erdrückend sind, denn auf diesen Seiten stehen Sätze wie die folgenden: »Ich will nicht Ordnung in mein Chaos bringen, sondern bitte nur das Chaos, dem ich ja nicht entrinnen kann, es möge sich wenigstens so mit mir einrichten, daß es mir außer an Lebenssinn an nichts fehlt.« – »Es ist im Grunde egal, ob wir ins Bett oder in die Binsen gehen.« – »Äußere Erfolge wechselten mit inneren Mißerfolgen ab. Na, was wäre das Leben ohne Abwechslung, ohne den schillernden Wechsel, oh, von Flimmer und Glimmer und Kummer und, oh, Jammer.« – »Die Gassen, die mir inmitten meiner Gefühls-Trümmer gelassen sind, laufen spitz aus: gegen mein Herz. Wenn ich mich aus der schlammigen Nacht noch heraushalte, so durch irgendeine selbstbewußte Stabilität. Woher die kommt?!«

Ich würde sagen: Das genügt. Ob man diesen jungen Menschen mit seinem gestelzten Pathos unausstehlich oder bedauernswert findet, ist wohl Ansichtssache. Aber wer hält es im Ernst für wünschenswert, dass so ein Zustand lebenslang andauert? Nicht jeder Jugend muss man nachweinen. Dabei würde ich nicht für mich in Anspruch nehmen, dass ich besonders unglücklich gewesen wäre. Ich war einfach nicht mit mir im Reinen – und dies ist nun freilich ein für Jugendliche ziemlich typischer Zustand. Denn diese Lebensphase steht im Zeichen des akuten Bewusstseins von einem großen Übergang: Man ist zwischen den Stühlen, in den Seilen, auf dem Sprung. Jugendliche sind »Schwellenwesen«.

Die Chefinterpreten der Jugendbewegung um 1900 lassen diese innere Unausgeglichenheit einfach unter den Tisch fallen. Offenbar nehmen sie die Jugend nur in einer Sonderausführung zur Kenntnis, in der alles auf das Gefühl der Frische, der Unbekümmertheit, der Abenteuerlust ausgelegt ist. Manchen älteren Herren geht es auch darum, einen Blick auf junges Fleisch und nackte Leiber zu erhaschen. Wie Ertrinkende klammern sich die Alten an eine Jugend, die sie für unübertrefflich halten. Ihnen geht es, genau genommen, gar nicht um Jugendbewegung, sondern um Jugenderstarrung: Sie wollen die Jugend auf Dauer stellen, sie in eine Endlosschleife hineintreiben. Natürlich beteuern sie zu wissen, dass es noch ein Leben nach der Jugend gibt. Und doch fällt ihnen dazu eigentlich nicht viel ein. Nach dieser Jugend kann eigentlich nichts mehr kommen. »Die Wahrheit ist«, so liest man bei Gustav Wyneken, »daß wir alle alles darum geben würden, dürften wir noch einmal jung, wirklich jung sein.«

So hat die Jugendbewegung auch den Boden bereitet für den Jugendkult unserer Tage. Wenn es im erwachsenen Leben nur noch bergab geht, dann liegt es nahe, dieses Leben gar nicht erst anzufangen. Die Vorstellung, man sei erwachsen, löst das kalte Grausen aus. Der Zeitpunkt, an dem die Talfahrt beginnt, wird möglichst weit hinausgeschoben. Vielleicht hat man ja Glück und der Tod kommt dem Niedergang zuvor: Die Jugend von 1914 zieht auch deshalb so begeistert in die Schlacht, weil der Stachel des Todes seinen Schrecken verliert, wenn er Rettung vor dem Siechtum des Erwachsenseins verheißt.

Diejenigen, denen sich die Aussicht auf ein längeres Leben eröffnet, versuchen dem Niedergang zu entgehen, indem sie ihre Jugend konservieren. Neu entdeckt und viel beredet wird in jenen Jahren das Phänomen der »gestreckten Pubertät«; gemeint ist damit ein jugendlicher Lebensstil, der weit über den Eintritt der Geschlechtsreife hinausreicht. »Streckung« – dieses Wort passt auf den Versuch, die Jugend wie ein Gummiband immer weiter auszudehnen. Die Frage ist, wie lange das gut geht und wann das Band schnalzt. Die Seelennöte der Berufsjugendlichen von heute werden wir noch bestaunen dürfen (s. u. S. 310).

Zur sozialen Leistungsschau der Jugendbewegung gehört auch die *peer group,* die Gruppe Gleichgesinnter, die sich selbst genügt. Ihr begegnet man immer häufiger, wenn die Familie zum Hohlraum wird und Jugendliche sich zuallererst an ihresgleichen orientieren. Zu den Verwandten der jugendbewegten *peer group* gehören nicht nur die Cliquen, *gangs* und *communities* unserer Tage, sondern auch eine frühere, längst in Ehren ergraute *peer group,* nämlich die Bruderschaft der Französischen Revolution. Manche dieser »Brüder« hatten es gleichfalls schon auf eine Entmachtung der Familie abgesehen und deshalb auch auf eine Kollektivierung der Erziehung gesetzt. Die Wortführer der Jugendbewegung greifen diese Ideen auf und plädieren wiederum für die Ausschaltung der Eltern. Wyneken, der die Erziehung in die Hände selbstverwalteter Schulgemeinden legen will, zitiert gerne Johann Gottlieb Fichtes Wort, wonach eine Erziehung im höheren Sinne nur durch »gänzliche Absonderung der Kinder« von den Eltern möglich sei (s. o. S. 88), und erklärt: »An und für sich haben aber Familie und Erziehung nichts miteinander zu tun.« Die ins Freie entlassene Jugend wird zum Objekt der Begierde für kollektive Erziehungsmodelle.

Der Kampf der Jugendbewegung richtet sich gegen die (mütterliche) Verzärtelung, die (väterliche) Unterdrückung und die (elterliche) Gängelung der Kinder. Speziell der Kampf der jungen Männer gegen ihre Väter bekommt in der Jugendbewegung einen ganz eigenen Dreh: Sie müssen nicht nur gegen die ältere Generation kämpfen, sondern sich auch ein neues Bild der Männlichkeit zulegen, in dem es für Väter und Kinder keinen Platz mehr gibt.

Ich kenne keine Väter und Söhne mehr, ich kenne nur noch Männer

Auf dem Hohen Meißner tanzen Jungen und Mädchen gleichermaßen. Doch die unumstrittenen Helden der Jugendbewegung sind junge Männer. Ihr Abschied von der Familie ist auch der Abschied von einem Männerbild, zu dessen Bestimmung es gehörte, Vater oder Sohn zu sein. Stattdessen soll nun gelten: Ich kenne keine Väter und Söhne mehr, ich kenne nur noch Männer.

Der Männerbund verspricht Lösungen für zwei Probleme. Vor dem Individualismus des Berufslebens, in dem man ganz auf sich gestellt ist, rettet man sich in eine Gemeinschaft, in der alle zusammengehören, in der Kameradschaft gepflegt wird. Und: An die Stelle des familiären Stauraums, in dem der Mann sich mit artfremden Lebewesen wie Frau und Kindern arrangieren muss, tritt – wie Heinrich Schurtz 1902 sagt – ein »freiwilliger Zusammenschluss der durch Ähnlichkeit und Sympathie Verbundenen«. Im Männerbund ticken alle gleich. Hier ist man unter sich, hier kann man das Selbstgefühl wiederherstellen, das im Berufs- und Privatleben durch Vereinzelung und

Verweichlichung beschädigt worden ist. Da Wirtschaft und Haushalt keine Bühne für Triumphzüge bieten, schaffen sich die Männer eine eigene Welt, spielen ihre eigenen Spiele, versammeln sich Seit' an Seit' und klopfen sich gegenseitig auf die Schulter. Vielleicht will man in diesem Bunde nicht gleich »die Sau rauslassen«, aber jedenfalls will man »den Mann rauslassen«.

»Die deutsche Jugend verläßt das Haus der Väter – sie gründet ihr eigenes Haus«, sagt Alfred Baeumler. Hier soll niemand drin wohnen als der Mann allein. Was durch den »Männerbund überwunden« werden kann, ist – so heißt es – die *bürgerliche Lebensform*«, in der der Held zum Privatmann degeneriert und sich mit seiner Karriere herumschlägt – oder, noch schlimmer, mit Frauen! Baeumler warnt: »Findet der sich entwickelnde Mann den Platz nicht, den er zur Entfaltung braucht, hat er nur die Wahl, zum nüchternen Geschäftsmann, zum Weiberknecht oder zum versimpelten Familienvater zu werden.« Dieser Niedergang des Mannes führe zum »Verderb des Ganzen«, denn der Staat sei auf die »Taten und die Vereinigung freier Männer« angewiesen, er fuße auf einem Prinzip, das »dem der Familie ursprünglich entgegengesetzt« sei.

Die Männer müssen demnach mit den Frauen und mit der Familie brechen. Das Gespenst von der »Feminisierung« der Männer wird an die Wand gemalt, »Antifeminismus« hieß schon damals die Parole. Ausgegeben wurde sie von Hans Blüher, der zu wissen meinte, dass »dem Manne die dauernde Gesellschaft der Frau unerträglich und herabmindernd« sei und er »zwangsartig darüber hinaus zu den Männern« strebe.

Das sind steile Thesen oder, anders gesagt, verbale Erektionen. Die Plädoyers für den Männerbund verraten eine homoerotische Neigung; manchmal ist sie versteckt, manchmal, wie bei Blüher, ganz offen. Den Männern, die sich auf die Familie einlassen, wird nachgesagt, dass sie sich der Verweiblichung ausliefern. Eigentlich kommt hier nur wieder die große Ratlosigkeit zum Ausdruck, die die Männer nach dem Sturz des alten Patriarchats ergriffen hat: Nachdem sie in der Familie nicht mehr einfach als Herren auftreten können, wissen sie sich keinen besseren Rat, als sich auf ihresgleichen zurückzuziehen. Der Mann soll erst dann ein Mann sein, wenn er unter Männern bleibt.

Dass sich die Konfusion der Männer bis heute fortsetzt, zeigen die kuriosen Thesen, die Norbert Bolz, der sich für einen Verteidiger wahrer Männlichkeit hält, 2006 aufgestellt hat. Er prophezeit ein Jahrhundert der Frauen und befürchtet, dass der Mann in eine Identitätskrise gerät, wenn er sich allzu stark im Haushalt und in der Erziehung engagiert. Darin sieht er eine »Feminisierung« des Mannes, die mit seinen biologischen Anlagen zur Konkurrenz und zum Kampf nicht vereinbar sei. Im Ergebnis führt diese »Feminisierung« der Männer nach Bolz zu einer gesellschaftlichen Beförderung der Homosexualität. Sie hält er für ein »Nebenprodukt, das bei der Produktion femininer Züge in unserer Gesellschaft anfällt«, und er beklagt, dass die Schwulen zu den neuen Leitbildern für weichgekochte Männer werden.

Ich weiß nicht, welche Schwulen Norbert Bolz kennt, aber ich kenne neben denen, die an ihrer Sopranstimme arbeiten, auch die sogenannten »Ledermänner«, die sich alljährlich beim »Folsom Europe« in Berlin treffen und dort nicht nur ihre Muskeln zeigen. (Und ich kenne solche, die weder das eine noch das andere tun.) Während Norbert Bolz meint, die Homosexualität sei die letzte Konsequenz aus der Verweichlichung der Männer, haben manche seiner Vorgänger das Bollwerk gegen diese Verweichlichung nirgendwo anders gesucht als beim homosexuellen Männerbund. Ich weiß nicht, ob Bolz diese Verbündeten vom anderen Ufer peinlich wären. So oder so aber erkennt man hier keine klaren Fronten, sondern nur verschiedene Klischees – ob es sich nun um Blühers Feier des Homosexuellen als des wahren Mannes handelt oder um Bolz' Trauer über die Verweiblichung durch schwule Leitbilder. Wer mir einen Gefallen tun will, mag sich diese Klischees abschminken.

Die Männerbünde entstehen im frühen 20. Jahrhundert als Reaktion auf die Krise der Männerrolle im Beruf und der Vaterrolle in der Familie. Diese Bünde entwickeln eine Organisations- und Führungsstruktur, die nichts mit dem ökonomischen Individualismus und auch nichts mit dem Modell der vom Vater geführten Familie gemeinsam haben darf. Deshalb soll diese Gemeinschaft auch kein Zuhause haben, sie soll nicht unter Dach und Fach gebracht werden können, sondern unter freiem Himmel stattfinden.

Von der Jugendbewegung führen viele Wege zu den unterschiedlichsten politischen Lagern, darunter auch einer zum Nationalsozialismus. Wenn man die Männerbund-Ideologie aufrüstet, ist man schnell bei den braunen Sturmtrupps; Alfred Baeumler, einer der Theoretiker des Männerbunds, gehörte zu den schlimmsten Nazis unter Deutschlands Philosophen. Auch die homoerotischen Untertöne finden bekanntlich Anklang bei Teilen der nationalsozialistischen Bewegung, werden aber letztlich weitgehend abgewürgt. Die Inszenierungen bündischer Gleichheit bei Tanz, Sport und Spiel sind Vorspiel für Erfahrungen, die die Männer exklusiv für sich beanspruchen können, in denen sie das finden, was neudeutsch »Alleinstellungsmerkmal« genannt wird. Dieses Merkmal finden sie in der Kampfgemeinschaft. Alle stehen zusammen, alle gehen durch die gleiche harte Prüfung und können am Ende verschwitzt feiern, sofern sie denn noch am Leben sind. Im Zweiten Weltkrieg wird aus diesen Männlichkeitsexerzitien tödlicher Ernst. Den Männern, die diesem Spiel mit dem Tod nichts abgewinnen können oder entronnen sind, bleibt das Leben in angeschlagenen Familien.

Die Alten rufen zur Räson

Gregor Straßer, ein Nationalsozialist der ersten Stunde (der freilich 1934 beim sogenannten Röhm-Putsch von der Gestapo umgebracht werden wird), hetzt im Jahre 1927: »Wir klagen sie an, diese Alten, und heischen sie an: Macht Platz, macht Platz, ihr Unfähigen und Schwachen ... Macht Platz, ihr Alten, eure Zeit ist abgelaufen.« Besorgt beobachten die Alten dieses Treiben und runzeln die Stirn. »Die Alten« – das sind vor allem bürgerliche Kreise, die sich um die Aufrechterhaltung der Ordnung bemühen, aber auch einige aus dem nationalsozialistischen Lager, die den Übermut der Jugend bremsen wollen.

Die politischen Neigungen der Altvorderen sind äußerst unterschiedlich, gemeinsam ist ihnen aber die Überzeugung, dass Jugend selbst noch kein Gütesiegel darstellt und die Politik nicht schon dadurch auf den grünen Zweig kommt, dass man die Alten stilllegt. Wenn man verschiedene Voten aus den Jahren zwischen 1900 und dem Beginn der Nazizeit zusammensucht, dann spürt man, wie die Stimmung immer verbitterter und mutloser wird.

1907. Der Pädagoge Friedrich Paulsen beklagt die »leichtfertige Rücksichtslosigkeit und lieblose Selbstsucht« der Jugend, die »pietätlose Vernachlässigung und schmähliche Mißachtung« der Älteren. Er beobachtet eine »krankhafte Verschiebung im Verhältnis der beiden Generationen zueinander« und beschwert sich darüber, dass bei den jungen Leuten ein »antiautoritärer Zug« vorherrsche, während sie sich als ewige Studenten »bis an die Grenze der ersten grauen Haare« auf den »väterlichen Geldbeutel« verlassen. (Das kommt einem irgendwie bekannt vor.)

1922. Der amtierende Justizminister Gustav Radbruch sagt über die Jugend, sie gefalle sich zu sehr in ihrer plumpen Lebendigkeit und »ringende[n] Unentschlossenheit« und verschließe sich damit gefestigter Erkenntnis und ausgewogener Politik.

1931. Der Pädagoge Erich Lehmensick kritisiert die »Kapitulation vor dem jugendlichen Geiste« und die »Verjugendlichung der Politik«, in der nichts als eine »Unsicherheit« der »Erwachsenengenerationen« zum Ausdruck komme.

1932. Der Literaturwissenschaftler Ernst Robert Curtius erklärt, der »deutsche Geist« sei »in Gefahr«; als Ursachen für diese Gefahr nennt er »die seelische Revolution der Söhne gegen die Väter, aber auch die falsche Fixierung auf eine illusorische ›Jugend‹«. Die Jugend sei dabei, so meint Curtius, »geistig« zu »verspießern«, weil sie sich von den familiären Traditionen und von Einsichten der »Altersstufen der Reife« abschließe. Gegen diese Tendenzen will er die Hochkultur verteidigen. (Ich muss zugeben, dass mich beim Lesen von Curtius' Schrift »Deutscher Geist in Gefahr« das Gefühl beschlichen hat, der Autor stelle sich die Welt als ein Museum vor, in dem man ein Leben lang wandelt.)

In der Regel ist die Verteidigung der Verbindung von Alt und Jung verbunden mit der Kritik an den von den Nazis »planmäßig aufgehetzte[n] Söhne[n]«, die »der Generation der Väter... zu Leibe« gehen. Manch andere sehen allerdings gerade in Hitler jemanden, der sich dem »Sieg der Söhne über die Väter« entgegenstellt. So zieht Karl Rauch 1933 die »Jugendkonjunktur« in Zweifel und warnt vor einer heranwachsenden Generation, die in der »Vaterlosigkeit« ein Ehrenzeichen zu sehen meint. Im Handumdrehen verwandle sich dieses »vaterlose« in ein »staatenloses« Leben. Um dies zu verhindern, will Rauch die »große jugendliche deutsche Bewegung«, nämlich den Nationalsozialismus, in eine Erfolgsgeschichte verwandeln, die die Generationen vereinigt. Adolf Hitler traut er zu, als Führerfigur diese Vereinigung ins Werk zu setzen.

Auf der einen Seite also verwandelt sich die Jugendbewegung in den Männerbund, der Männerbund in den nationalsozialistischen Kampfbund. Auf der anderen Seite beschwören die bürgerlichen Verteidiger der alten Ordnung die Tradition, die von den Vätern auf die Söhne übergehen soll. Mal gut gemeinte, mal leicht beleidigte Vorwürfe haben sie parat. Eher mit erhobenem Zeigefinger treten sie auf als mit einladender Geste. Sie schwächeln bei ihrem Auftritt. Während viele Jugendliche die Familie links liegen lassen, wird sie von den Vätern zu Tode gelobt. Dies ist wiederum Ausdruck der Verunsicherung, die die Väter nach dem Sturz des alten Patriarchats ergriffen hat und die sie während des langen 19. Jahrhunderts nicht haben ablegen können.

Die Defensive der Familie hat nicht nur mit dem Nationalsozialismus zu tun, sie gerät vielmehr in diesem Zeitalter der Ideologien von den verschiedensten Seiten unter Beschuss. Damit wir am Beginn des 21. Jahrhunderts wissen, wie es um das Repertoire unserer Lebensmöglichkeiten steht, müssen wir Ermittlungen aufnehmen zu den ideologischen Anschlägen, die im 20. Jahrhundert auf die Familie verübt worden sind.

16. Die Familie im Zeitalter der Ideologien

Unter die Räder gekommen

Zu den vielen Dingen, die im 20. Jahrhundert unter die Räder kamen, zählte auch die Familie. Die Frage ist: Unter welche Räder kam sie? Die Antwort heißt: Unter die Räder der Ideologien. Die nächste Frage lautet, ob die Familie die Verletzungen, die sie davongetragen hat, überlebt hat. Die Antwort auf diese Frage heißt: Ja. Aber bevor ich angeben kann, wie diese ganze Geschichte ausgeht, muss ich erst mal sehen, was jene großen Ideologien mit den Familien und insbesondere mit den Vätern angestellt haben.

Drei große Ideologien haben dieses Jahrhundert bestimmt: Faschismus, Sozialismus und Kapitalismus. Nicht nur bei dem einen oder anderen, bei allen dreien tat sich die Familie nicht leicht. Den Faschismus will ich mir im Folgenden nur in seiner deutschen Version, dem Nationalsozialismus, vornehmen: Er nahm die Familie in eine würgende Umarmung. – Dagegen stellte der Sozialismus die Familie ins Abseits. – Und der Kapitalismus legte im Inneren der Familie Gift aus.

Nationalsozialismus und Familie: Die Trennung der Welten von Mann und Frau

Mit seinem Ungeist überschattet der Nationalsozialismus bis heute die Debatten, die in Deutschland um die Familie geführt werden. Nachdem im Herbst 2007 eine bekannte deutsche Fernsehmoderatorin die Nationalsozialisten dafür gelobt hatte, dass sie die »Werte« der »Kinder«, der »Mütter«, der »Familien«, des »Zusammenhalts« hochgehalten hätten, sahen sich manche bemüßigt, ihren Einsatz für die Familie mit einer Distanzierung vom Nationalsozialismus zu verbinden. Eine Publizistin beeilte sich, nach ihrem Plädoyer für Familienfreundlichkeit »feierlich zu erklären: Ich halte den Nationalsozialismus für die größte Sauerei aller Zeiten.« (Echt stark. Irre mutig.) Bei dieser Kraftmeierei spiele ich nicht mit; solche Übungen sind auch deshalb ganz unnötig, weil die Nationalsozialisten zwar die Fortpflanzung und Vermehrung der arischen Rasse propagierten und das Mutterkreuz als Ehrenzeichen einführten, aber der Familie, dieser Schutzzone privaten Lebens, ziemlich misstrauisch gegenüberstanden.

Natürlich findet man Aussagen aus berüchtigtem Munde, mit denen sich der Nationalsozialist als Freund der Familie andient. »Es kann niemand bestreiten«, so sagte zum Beispiel Innenminister Wilhelm Frick im Jahre 1935, »dass wir Nationalsozialisten in der kurzen Zeit unserer Regierung die Familie als die Wurzel jedes Menschen und die Urzelle des Staates wieder in den Mittelpunkt der Staatspolitik gerückt haben.« Dass niemand das »bestreiten« kann, ist allerdings Unsinn. Die »Urzelle«, von der hier die Rede ist, hat bei näherem Hinsehen eine monströse Form.

Zwingen wir uns mal zu hören, was Adolf Hitler während des Reichsparteitags in Nürnberg im September 1934 der NS-Frauenschaft zu sagen hatte: »Wenn man sagt, die Welt des Mannes ist der Staat, die Welt des Mannes ist das Ringen, die Einsatzbereitschaft für die Gemeinschaft, so könnte man vielleicht sagen, daß die Welt der Frau eine kleinere sei. Denn ihre Welt ist der Mann, ihre Familie, ihre Kinder und ihr Haus ... Was der Mann einsetzt an Heldenmut auf dem Schlachtfeld, setzt die Frau in ewig geduldiger Hingabe, in ewig geduldetem Leid und Ertragen. Jedes Kind, das sie zur Welt bringt, ist eine Schlacht, die sie besteht für das Sein oder Nichtsein ihres Volkes.«

Verschiedene Schlachten waren zu schlagen, und fein säuberlich wurden sie verschiedenen Welten zugeordnet. Die Einteilung, die Hitler vornahm, war für die Familie folgenschwer. Eigentlich müsste sie aus der Schnittmenge der »Welt« des Mannes und der »Welt« der Frau bestehen, auf dass sich daraus die Gemeinschaft mit den Kindern bilde. Aber in Hitlers Mengenlehre blieb diese Schnittmenge, streng genommen, leer. Es gab sie gar nicht. Nach Hitlers Einteilung hatte zwar der Mann einen Platz in der »Welt« der Frau, aber es war keine Rede davon, dass die Frau zur »Welt« des Mannes gehöre. Diese Welt war die Welt »dort draußen«, die Welt des Kampfes. Eine Gemeinsamkeit, der sich beide von sich aus zugehörig fühlten, gab es gar nicht. Die Familie war auf einem Auge blind.

So wurden auch die Aufgaben, die mit der Familie traditionell verbunden waren, neu zugeschnitten. Der Frau blieb die Aufgabe des Gebärens, ihr Schlachtruf war der Schmerzensschrei, den sie während der Wehen ausstieß. Und wann war der Mann ein Mann? Wenn er in die Schlacht und in die Ferne zog. Was die Erziehung betraf, so hatte die Familie Aufgaben zu übernehmen, die sich aus den Vorgaben des Regimes ergaben. Vor allem aber betrieb der Nationalsozialismus die Kollektivierung der Erziehung. »An der Jugend wird der Gesamtstaat zum Züchter des Volkstums nach den Gesetzen der führenden Rasse«, meinte der nationalsozialistische Chefpädagoge Ernst Krieck. In »Mein Kampf« bemerkte Hitler, es stelle sich »die Frage, warum eine solche Institution« – nämlich die Ehe – »überhaupt noch besteht und welchen Zweck sie haben soll«. Als Zweck nannte er die »Vermehrung und Erhaltung der Art und Rasse«. An den Stellen, an denen in »Mein Kampf« von Erziehung die Rede ist, kommt die Familie gar nicht vor, wohl aber die staatliche Erziehung, die die »Leistungsfähigkeit« der Kinder nach völkischen Vorgaben steigern soll.

Das Wort von der Frau als »Gebärmaschine«, das von einem katholischen Bischof im jüngsten Streit um private und öffentliche Kinderbetreuung in Deutschland lanciert worden ist, passt zwar nicht zur aktuellen Regierungspolitik (auf die es gemünzt war), aber ziemlich gut zum Frauenbild des Nationalsozialismus. Im Roman »Michael«, in dem Joseph Goebbels seine eigene Version der Jugendbewegung inszenierte, wurde ein »Kampf« der Jugend gegen das Alter ausgerufen, bei dem freilich nur Männer mitwirkten; als der Titelheld von einer Frau befragt wurde, warum sie denn nicht an diesem Kampf teilnehmen dürfe, erhielt sie zur Antwort: »Die Frau hat die Aufgabe, schön zu sein und Kinder zur Welt zu bringen.« In »Mein Kampf« ist zu lesen, der »völkische Staat« sehe sein »Menschheitsideal« nicht »im ehrbaren Spießbürger oder der tugendsamen alten Jungfer..., sondern in der trotzigen Verkörperung männlicher Kraft und in Weibern, die wieder Männer zur Welt zu bringen verstehen«. Hier wird die Frau in der Tat zur »Gebärmaschine« – und man sollte sich daran erinnern, dass dieser Ausdruck von Sozialdemokraten um 1900 aufgebracht wurde, um damit das traurige Los der Arbeiterfrauen zu bezeichnen, die jahrein, jahraus ein Kind nach dem anderen bekamen und von diesem Leben langsam, aber sicher in die »Verkümmerung« getrieben wurden.

Der Nationalsozialismus pflegte ein Männerbild, bei dem die Vaterschaft aus dem Zentrum rutschte. Die Privatsphäre der Familie wurde beargwöhnt, weil sie ein Schlupfloch für die innere Emigration bot. Der Staat suchte den direkten Zugriff auf die Jugend, und so dienten die Hitlerjugend und der Bund deutscher Mädchen nicht nur dazu, die Jugendlichen auf die »Welt des Mannes« resp. auf die »Welt der Frau« vorzubereiten, sondern auch dazu, einen Keil zwischen Eltern und Kinder zu treiben. Nicht selten wurden Kinder zu Verrätern und denunzierten die Eltern, wenn sie zum Beispiel die falschen Radiosender hörten.

Ein großer deutscher Schriftsteller erklärte kurz vor Hitlers Machtergreifung, der Erste Weltkrieg habe viele Menschen hinterlassen, die wie »irre Kinder« wirkten und sich nach einem

»Führer« sehnten. Diese »Sehnsucht nach dem Führer« wurde von ihm – von Hermann Broch in seinem »Schlafwandler«-Roman – so glaubhaft geschildert, dass dessen Lektüre bis heute beklommen macht. Es lockte der Fanatismus der Gefolgschaft. Die Menschen, die den Halt verloren hatten, dienten den Nationalsozialisten als Menschenmaterial. Doch diese »Vaterlosen« fanden im Führersystem nicht einfach eine Variante der Vaterherrschaft alten Stils, den »Entwurzelten« wurde auch nicht eine »Art Familie« bereitgestellt. Ein Soziologe erkannte in dieser »Pseudo-Intimität« die »eigentliche Lüge« der Volksgemeinschaft. Es wäre zu simpel, würde man behaupten, das Fehlen oder Versagen des individuellen Vaters würde nun durch einen kollektiven Vater ausgeglichen. Die Heimtücke des Nationalsozialismus bestand darin, verschiedenste Sehnsüchte anzuziehen und sie allesamt zu enttäuschen. Er saugte die Vaterlosen an und betrieb zugleich die Vaterabschaffung, die Auszehrung des sozialen Lebens.

Schon vor 1933 beobachtete Eduard Spranger den Aufstieg der Figur des »Jugenddiktators«, also »des Mannes, der an der Spitze der Jugend die neue Welt heraufführt, wenn die alte endgültig in ihrer Sackgasse gescheitert ist«; dezent merkte er an, dass diese Figur, die gerade nicht väterlich auftritt, »auch viel Problematisches« habe. Die nationalsozialistischen Führer agierten eher wie große Brüder oder böse Onkel, nicht wie Väter. Gerade Adolf Hitler war alles andere als eine typische Vaterfigur. Wenn er von kleinen Mädchen Blumensträuße entgegennahm oder auf dem Obersalzberg mit den Kindern seiner Gefolgsleute menschelte, wirkte er viel unbeholfener, als wenn er seinen Schäferhund Blondi streichelte.

Sozialismus und Familie: Die Verstaatlichung der Kinder

»Aufhebung der Familie! Selbst die Radikalsten ereifern sich über diese schändliche Absicht der Kommunisten.« Und doch lässt dieser Eifer Marx und Engels kalt, denn sie sehen in der Familie eine Abart der Herrschaft des Privateigentums des Mannes, das ausnahmsweise nicht aus Gütern, sondern aus Frau und Kindern besteht. Insofern schenken sie denen keinen Glauben, die vom »trauten Verhältnis von Eltern und Kindern« schwärmen. Die Intimität wird von der Macht vergiftet, die in der Familie herrscht. Die »Abhängigkeit« der Kinder von den Eltern muss nach Engels »vernichtet« werden, die »Erziehung sämtlicher Kinder« soll »von dem Augenblicke an, wo sie der ersten mütterlichen Pflege entbehren können, in Nationalanstalten und auf Nationalkosten« erfolgen.

Der Sozialismus hat – anders als der Nationalsozialismus und auch, wie wir sehen werden, anders als der Kapitalismus, kein Bedürfnis, seine Familienfeindlichkeit zu verheimlichen. Entsprechend gab es nach Gründung der Sowjetunion Massenexperimente mit Kollektiverziehung. Sie entsprachen den ideologischen Vorgaben, doch sie waren auch aus der Not geboren, denn der Krieg und die Revolution hatten Millionen von Kindern elternlos zurückgelassen. »Die ersten Sowjetjahre waren«, so schreibt Gerd Koenen, »auch die Zeit der großen Erziehungsexperimente, der Arbeitskommunen und Kinderheimlaboratorien.« All diese Institutionen dienten dem Zweck, die Familie zu schwächen oder zu ersetzen. 1919 wurde ein Familiengesetz beschlossen, das besser Anti-Familiengesetz hätte heißen müssen. Ehen konnten jederzeit auf Wunsch eines Partners annulliert werden, nicht nur Abtreibung und Ehebruch, auch Inzest wurde straffrei gestellt. Wie schon in der Französischen Revolution gab es diesen leichtherzigen, leichtsinnigen Drang, alles neu zu erfinden. Wenn man an den Ausgang der

Experimente in der Französischen Revolution denkt, muss man darüber den Kopf schütteln. Wenn man sich allerdings das alltägliche Elend anschaut, das im 19. Jahrhundert im Stauraum Familie geherrscht hat, dann kann man sich dem Drang nach Veränderung kaum entziehen.

Für die Familienfeindlichkeit des Sozialismus finden sich Zeugen aus frühen, aber auch aus späten Phasen der sowjetischen Geschichte. Zlata Liliana, eine einflussreiche Funktionärin, die mit ihrem Mann zeitweise eine Wohnung mit dem Ehepaar Lenin geteilt hatte, erklärte auf dem »Kongress für staatliche Erziehung« im Jahre 1918: »Wir müssen diese Kinder vor dem verderblichen Einfluss des Familienlebens retten. Wir müssen alle Kinder erfassen, wir müssen sie, offen gesagt, verstaatlichen. Von ihren ersten Lebenstagen an werden sie unter den wohltätigen Einfluss der kommunistischen Kindergärten und Schulen geraten. Hier sollen sie das ABC des Kommunismus lernen. Hier sollen sie zu wahren Kommunisten heranwachsen. Unsere praktische Aufgabe besteht nun darin, die Mütter darauf zu verpflichten, ihre Kinder der Sowjetregierung zu übergeben.«

Noch im Jahre 1960 stieß der Ökonom Stanislaw Strumilin ins selbe Horn und beschrieb den kurzen Weg des Neugeborenen zum Sozialismus: »Kaum dass er aus dem Krankenhaus kommt, wird jeder Sowjetbürger einer Kinderkrippe zugeteilt, später dann einem Kindergarten, der Tag und Nacht offen ist, und schließlich einem Internat, vom dem aus er sein unabhängiges Leben beginnt ... Egoistische Neigungen des Kindes werden schon in der Wiege erstickt. Stattdessen werden alle angeborenen sozialen Instinkte und Gefühle gestärkt und gefördert, ... die im Zuge täglicher kameradschaftlicher Beziehungen ausgebildet werden.«

Das alles klang ziemlich eindeutig und nicht gerade einladend. Väter und Mütter wurden sozusagen auf die Straße gesetzt, das Heranwachsen der Kinder sollte »gesamtgesellschaftlich« (ich hasse dieses Wort) gelöst werden. Doch die sozialistische Praxis sah nicht genau so aus, wie es uns die Programmatik der Revolutionszeit und die offizielle Rhetorik späterer Jahre weismachen wollen. Bewegungen verschiedenster Art gab es vor allem in der spannendsten und widersprüchlichsten Zeit der sowjetischen Geschichte, nämlich in den Jahren zwischen der Oktoberrevolution 1917 und der sogenannten »konservativen Wende« Stalins um 1930.

Mit zwei Familien aus jener Zeit möchte ich Sie bekannt machen – einer fiktiven und einer realen. Darf ich vorstellen: Hier sind Gleb und Dascha Tschumalow mit ihrem Töchterchen Njurka – und hier Stepan und Anna Wetkin mit ihren Kindern. Die Schicksale dieser beiden Familien könnten gegensätzlicher nicht sein.

Gleb und Dascha waren die Helden in Fjodor Gladkows »Zement«, einem Buch, das 1926 in der ersten von vielen, vielen Auflagen erschien. Das Buch ist ein Roman über den Bürgerkrieg und den wirtschaftlichen Aufbau in der Sowjetunion – und auch ein Roman über den kompletten Umsturz der Vater-, Mutter und Kinderrollen. Gleb, der Vater, hatte sich um den Aufbau der Zementfabrik verdient gemacht und tat sich nun schwer damit, dass seine Frau eine zunehmend wichtigere Rolle in der Partei zu spielen begann. Dascha spürte, dass es in ihrem Leben für etwas anderes als den Kampf keinen Platz mehr gab, sie vollzog die Auflösung der Familie, wie dies in der Propaganda des Sozialismus vorgesehen war. Bei Gleb traten noch Reste bürgerlichen Besitzdenkens auf (wie etwa die Eifersucht), doch Dascha wies ihn zurück: »Dich liebe ich, Gleb: Das ist wahr – aber vielleicht liebe ich auch andere? Ich weiß nicht, Gleb, alles ist gerissen, alles ist verworren ... Man muß die Liebe irgendwie neu einrichten ... Nun, ich muß gehen, Gleb ...« Dascha war, wie Gleb meinte, »in den Massen ertrunken« und »nicht wiederzufinden«. Als Mann und als Vater hatte Gleb nichts mehr zu melden.

Das gemeinsame Töchterchen Njurka wurde erst zu einer Freundin, dann in ein Kinderheim abgeschoben, wo es »von Tag zu Tag wie eine Kerze« schmolz und erlosch »wie ein Fünkchen«: »Njurka war mager wie ein Skelett, und die Haut auf ihrem Gesicht war gelb und runzlig wie bei einer alten Frau... Njurka schwieg jetzt viel, ihre Augen und ihr Gesicht waren nachdenklich, und wenn Dascha von ihr Abschied nahm, war sie ganz gleichgültig. Und Dascha erlebte zum ersten Male in diesem Jahre einen unerträglichen Schmerz, begrub ihn aber tief in ihrer Seele.« Dascha wusste, dass ihr Kind, das »vom Ast abgerissen und auf den Weg geworfen worden« war, sich nach »Zärtlichkeit« sehnte. Doch an der Situation konnte und wollte sie nichts ändern. Einen höheren Auftrag musste Dascha erfüllen, und so lag die Schuld auch nicht »in ihrem Willen, sie kam von irgendwo, von außen, vom Leben, von jener Kraft, in deren Macht sie sich selber befand«: von der Revolution. (Heiner Müller hat in seiner in der DDR höchst umstrittenen Dramatisierung von Gladkows »Zement« Dascha, die Mutter, die ihr Kind sterben lässt, als eine Verwandte der Medea dargestellt, die ihre Kinder tötet.)

Als Njurka gestorben war, erlaubte sich Dascha die Trauer nur minutenweise, danach ging sie zur revolutionären Tagesordnung über. Eine schwangere Kollegin bedauerte den Vater des toten Mädchens darum, dass er nun »allein – ohne Familie – ohne warmes Nest« leben müsse; er antwortete mit Durchhalteparolen, an die er selbst nicht recht zu glauben schien: »Wir sind im Kampf und bauen ein neues Leben. Alles ist gut... Das alte Nest war wahrscheinlich schlecht.« Gegenüber Dascha, der von ihm entfremdeten Frau, blieb er aber bei seinen Klagen: »Ich bin jetzt ein heimatloser Hund... Wir alle leben nicht – leben nur halb.« Sie antwortete: »Liebe bleibt Liebe, Gleb, nur verlangt sie nach neuer Gestaltung... Alles wird in Ordnung kommen.«

Auf andere Weise traf die Auflösung der Familie auch Sergej

Iwagin, einen Kollegen Glebs. Bei ihm betraf sie nicht die Ehe, sondern einerseits die Beziehung zur Vergangenheit – »Sergej wollte noch irgendein Wort dem Vater sagen (welches, hatte er vergessen)« –, andererseits die symbolische Vernichtung der Zukunft: Bei einem seiner einsamen Spaziergänge entdeckte er einen Säugling mit »wächsern-zartem Gesicht«, der in einem Korb ausgesetzt worden und in der Kälte erfroren war. Iwagin dachte: »Persönliches – gibt es nicht. Was ist seine in unsichtbarer Tiefe versteckte Liebe? Was sind die Fragen und Gedanken, die sein Hirn quälen? Nichts als das Aufstoßen einer verfluchten Vergangenheit. Alles das ist – vom Vater ... Alles das muß ausgemerzt werden, ausgemerzt bis zu den tiefsten Wurzeln.«

Fjodor Gladkow lässt den Roman mit dem Sieg der sozialistischen Industrialisierung enden. Bei der Eröffnungsfeier des Zementwerkes, in der das Buch gipfelt, hält Gleb eine Rede: »Wir bauen am Sozialismus, Genossen, und an unserer proletarischen Kultur ... Auf zum Sieg, Genossen!« Der Roman ist gezeichnet von einer seltsamen Mischung aus Triumph und Traurigkeit, Zielsicherheit und Melancholie. Eine Genossin sagt gelegentlich: »Wir sind gut organisiert, fest zusammengeschweißt – und schrecklich fremd einander im persönlichen Leben.« Die Menschen bleiben sich selbst fremd in diesem Leben, in dem sie keine Männer und Frauen, Väter und Mütter mehr sind, sondern nur noch Arbeiter. »Bist du vor lauter Arbeit ganz verhext und hast aufgehört, Weib zu sein?«, fragt Gleb seine Frau, die »den Herd verlassen« hat. Als sie ihm nicht zu Willen ist, versucht er sie zu vergewaltigen. Und als er dagegen protestiert, dass sie das Kind ins Heim geschickt hat, sagt sie höhnisch, er könne es gern zurückholen, aber da sie »keine Zeit« habe, müsse er es »pflegen« und »füttern«. Sie hält ihm ein anderes Vaterbild vor und weiß zugleich, dass Gleb so ein Vater ebenso wenig sein will, wie sie noch eine Mutter sein will, die sich um ihr Kind kümmert. Die Verteilungskämpfe zwischen

Vater und Mutter, die in unseren Tagen aus kaum einer Beziehung wegzudenken sind, sind schon von Gladkow in dieser fernen sozialistischen Welt vorgeführt worden. Dort ist das Ende programmiert. Das Kind stirbt. Die Menschen hören auf, als Eltern zu leben. Der Vater hat mit dieser Radikalkur im Roman interessanterweise mehr Mühe als die Mutter.

Wir müssen gar nicht weit wandern, um von Gladkows Zementwerk am Schwarzen Meer zu Makarenkos Kommune zu gelangen; sie liegt ein paar hundert Kilometer landeinwärts in der Ukraine. Die Welt, die wir nun kennenlernen, wirkt aber wie ausgewechselt. Unstrittig ist im Kreis um Makarenko, dass »die Kindheit als Objekt der zentralen Aufmerksamkeit der Weltkommune« gilt. Auf den ersten Blick scheint es so, als würde Anton Makarenko, der immerhin als Pionier der großen Kinderkolonien in der frühen Sowjetunion bekannt ist, gut in das Bild einer familienfeindlichen Zeit passen. Doch wenn man genauer hinsieht, verwandelt sich das Bild.

1926, in ebendem Jahr, in dem Gladkows »Zement« erschien, lernte Anton Makarenko Stepan Wetkin kennen; ausführlich berichtete er darüber in seinem »Buch für Eltern«. Wetkin wurde mit Frau und Kindern Mitglied in der Kolonie, die Makarenko gerade aufbaute. Der Einzug dieser Familie erregte dort großes Aufsehen, denn sie kam mit nicht weniger als dreizehn Kindern – und das war schon in der damaligen Zeit ein Kuriosum. Viele schüttelten den Kopf über diese Großfamilie oder dieses Kleinkollektiv, das da plötzlich auftauchte.

Doch je länger Makarenko diese Familie beobachtete, in der jeder seinen Beitrag leistete und alle umeinander besorgt waren, desto mehr verwandelte sich Verwunderung in Bewunderung. Stepan Wetkin sagte: »Ein Vater muß auch Mensch bleiben, und es darf nicht sein, wie ich nur zu häufig beobachtet habe, daß er nur noch ein Arbeitspferd ist mit stumpfem Blick, gekrümmtem Rücken, die Nerven beim Teufel und von Seele keine Spur! Es fragt sich, wozu so ein Vater noch taugt. Nur für den Broterwerb.« Makarenko lobte Wetkins »schöpferischen Optimismus«, sein »feines Einfühlen in die kleinen Dinge«. Dieses Lob passte gar nicht zu der Propaganda von der Verstaatlichung der Erziehung in den ersten Jahren sowjetischer Herrschaft.

Dass Makarenko überhaupt ein »Buch für Eltern« schrieb, war schon ein Signal dafür, dass die Elternfeindschaft, die in den ersten Revolutionsjahren – und auch noch in Gladkows »Zement« – propagiert worden war, offenbar nachgelassen hatte. Makarenko sah die »Verantwortung für die Erziehung des Kindes« durchaus auch bei den Eltern. Ihm ging es nicht darum, die Familien zu zerschlagen und die Erziehung der Kinder vollständig in Kommunen zu verlagern. Vielmehr setzte er auf die Familie als »natürliche primäre Zelle der Gesellschaft«. Mit der Hingabe, mit der er dem Kinde zugetan war, rannte er auch außerhalb der Sowjetunion zahlreiche offene Türen ein. Dass Makarenko der Familie seine Wertschätzung entgegenbrachte, war inzwischen aber auch in seinem eigenen Land im Sinne der Partei.

Zwar war nach der Revolution viel von der Verstaatlichung der Erziehung die Rede gewesen, doch längst hatte die totale Neuerfindung des sozialen Lebens, die die Revolutionäre sich vorgenommen hatten, Schiffbruch erlitten. Die offizielle Politik begann die Familie wiederzuentdecken. Stalin ging es dabei freilich nicht, wie Makarenko, um die Geborgenheit, die »innere Einheit des Lebens«, sondern darum, dass die Familie möglichst reibungslos neue Arbeitskräfte in großer Zahl bereitstellen konnte.

Die kommunistischen Wirtschaftsplaner klagten über den drastischen Niedergang der Geburtenraten, der auch durch die chaotisch verlaufende Umwälzung der Familienverhältnisse bedingt war: Noch im Moskau des Jahres 1935 endeten drei von vier Schwangerschaften in der Abtreibung. Im Gegenzug kam es nun zu einer großen Restauration der alten Ordnung, in der die juristischen Experimente und revolutionären Ideologien der 1920er Jahre zugunsten des Modells der traditionellen Familie fallen gelassen wurden. Zu Stalins »konservativer« Wende gehörten das Verbot der Abtreibung und die gesetzliche Verpflichtung der Eltern, ihre Erziehungsaufgaben zu erfüllen. Daneben konzentrierte sich die staatliche Erziehungspolitik darauf, Arbeitsschulen einzurichten und die militärische Früherziehung zu forcieren. Mit einer kreativen Balance zwischen Familie und größerer Gemeinschaft, wie sie Makarenko erträumte, hatte das freilich nicht mehr viel zu tun. Der Sozialismus, der anfangs in der Theorie viel familienfeindlicher aufgetreten war als der Nationalsozialismus, begnügte sich letztlich mit einer ziemlich plumpen Arbeitsteilung zwischen Familie und Staat. Merkmal sozialistischer Familienpolitik blieb die stark ausgebaute staatliche Kinderbetreuung: Wenn der Sozialismus den Kapitalismus überholten sollte, mussten die Frauen die Männer einholen – jedenfalls was die Berufstätigkeit betraf. Deshalb wurden auch die Mütter möglichst zeitig wieder in den Arbeitsprozess eingegliedert.

Im Grunde zeigten sich noch in der späten DDR Folgen des Schwenks, den die Sowjetunion um 1930 vollzogen hatte: des Schwenks von der experimentellen Umwälzung des sozialen Lebens zum ökonomischen Pragmatismus. Vom Sozialismus blieb nur die blanke Arbeitsgesellschaft übrig. Den Müttern wurde die Vereinbarkeit von Beruf und Familie erleichtert; weil die Frauen ihren eigenen Lohn bekamen – und weil alle ziemlich wenig verdienten! –, wurde die ökonomische Machtposition der Männer geschwächt. Doch die sozialistische Wirtschafts- und Familienpolitik nach 1945 bewegte sich, was das soziale und familiäre Leben betraf, in ausgetretenen Pfaden. In der DDR führte der Weg von der Zweisamkeit zur Zweiraumwohnung nur über Heirat und Elternschaft. Die Rollenverteilung zu Hause war in der Regel näher am traditionellen Familienbild als am Ideal irgendeiner neuen Familie. Dass die offiziell verkün-

dete Gleichberechtigung der Geschlechter und die offiziell pro-
pagierte Feier der »freien deutschen Jugend« in der Realität
nicht recht Fuß fasste, merkte man nicht nur bei den Auftritten
der Altherrenriege des Zentralkomitees, sondern auch im Alltag der Familien. Angesichts der totalen Normalisierung des Lebens, des staatlich verordneten Spießertums war es kein Wunder, dass Ulrich Plenzdorfs »Neue Leiden des jungen W.« zum
Kultroman einer unter Gefühlsstau leidenden Jugend werden
konnte.

Anders als beim Nationalsozialismus geht man aber nicht
total leer aus, wenn man im Meer des Sozialismus nach Ideen
für die moderne Vaterschaft fischt. Was im Netz bleibt, ist eine
kostbare frühe Einsicht Makarenkos über »elterliche Autorität«.
Er wusste die Autorität zu schätzen, wenn sie aus der aktiven
Teilhabe am »reich erfüllten, leuchtenden und zarten Leben«
der Kinder hervorging. »Wenn aber eure Autorität wie ein an-
gemalter und unbeweglicher Popanz neben diesem kindlichen
Leben steht, wenn das Gesicht eurer Kinder, ihre Mimik, ihr
Lächeln, ihr Nachdenken und ihre Tränen spurlos an euch vor-
übergehen . . ., dann ist eure Autorität keinen Heller wert, wie
sehr sie auch Zornausbrüche und Prügelstrafe in ihren Dienst
stellen mag.« Eine ganz einfache Lehre ist daraus zu ziehen –
und ich würde mir wünschen, dass die äußeren Lebensumstände
und die innere Lebenshaltung möglichst vieler Väter es zulassen, diese Lehre zu beherzigen: Die Autorität des Vaters, der
durch Abwesenheit glänzt, der nicht teilnimmt am Leben seiner Kinder, taugt nichts, er muss das Leben seiner Kinder aus
der Nähe kennen, sonst gelingt ihm nicht die Anleitung zum
Leben, sonst hat er seine Autorität verwirkt. Das heißt aber
auch: Das Lebensmodell, das auf dem Prinzip des abwesenden
Vaters basiert und das in so vielen Familien praktiziert wurde
und praktiziert wird, ist eine Fehlkonstruktion.

Kapitalismus und Familie: Der schwächelnde Wille zum Kind

Nationalsozialismus und Sozialismus haben die Familie mit ganz verschiedenen Mitteln unter Beschuss genommen, aber sie hat, im Gegensatz zu ihren Angreifern, überlebt und dabei eine beeindruckende Zähigkeit an den Tag gelegt. Die Angriffslust jener Ideologien erlahmte teilweise schon, bevor sie selbst vom Kapitalismus ausgestochen wurden. Man könnte meinen, dass sich auch die Familie zu den welthistorischen Siegern des 20. Jahrhunderts zählen dürfe. Vom Kapitalismus hat sie dabei, so scheint es, nichts zu befürchten. Mit dem schmutzigen Geschäft der Familienvernichtung will er nie etwas zu tun gehabt haben, er wäscht seine Hände in Unschuld. Oder klebt das Blut der Familie auch an seinen Händen?

1942 erscheint in den USA das Buch eines österreichischen Ökonomen, der schon 1932 seinen Lehrstuhl in Bonn für eine Professur in Harvard aufgegeben und sich damit vorab allen politischen Verwicklungen entzogen hat. Mit dem Buch, das er nun herausbringt, legt er es aber darauf an, sich in die Politik wieder einzumischen; am Titel »Kapitalismus, Sozialismus und Demokratie« wird dies schon deutlich. Joseph Alois Schumpeter beschreibt darin die vom Kapitalismus betriebene »schöpferische Zerstörung«, die sprichwörtlich gewordene »creative destruction«. Drastisch charakterisiert er die ungeheure Dynamik, mit der das neue Wirtschaftssystem über die Welt herfällt – und er vertritt die These, dass diese Dynamik zu einer »Zersetzung« der Familie führen werde. Vielleicht hat der Kapitalismus also doch keine weiße Weste.

Die »Auflösung der bürgerlichen Familie« kann Schumpeter zufolge »vollständig aus der Rationalisierung des gesamten Lebens hergeleitet werden, die . . . eine der Wirkungen der kapitalistischen Entwicklung ist«. »Sobald Männer und Frauen die utilitaristische Lektion gelernt haben . . ., sobald sie die Gewohnheit annehmen, die individuellen Vor- und Nachteile jeder voraussichtlichen Folge von Handlungen abzuwägen..., sobald sie in ihrem Privatleben eine Art unausgesprochener Kostenrechnung einführen«, können sie demnach keinen Sinn mehr darin sehen, »die schweren persönlichen Opfer« auf sich zu nehmen, »welche Familienbindungen und namentlich Elternschaft unter modernen Bedingungen mit sich bringen«. Die Menschen versuchen sich nach Schumpeter den drohenden finanziellen Lasten zu entziehen; sie fürchten den »unmeßbaren Verlust an Behaglichkeit, an Sorgenfreiheit und an Möglichkeiten, andere Dinge von zunehmender Anziehungskraft und Mannigfaltigkeit zu genießen«. Der »rationale Scheinwerfer moderner Individuen« richtet sich auf die »utilitaristische Bedeutung«, die den Lebenszielen zukommt. So regt sich »in den Köpfen mancher potentieller Eltern« die Frage: »Warum sollten wir unsere Wünsche stutzen und unser Leben arm machen, um in unserem Alter beleidigt und verachtet zu werden?«

Schumpeter verbindet seine Beobachtungen zur »Auflösung« der Familie mit der These, dass der Kapitalismus aus sich heraus nicht in der Lage sei, den Zusammenhalt der Gesellschaft zu sichern. Er meint, dass sich »die kapitalistische Ordnung... auf Pfeiler« stütze, »die aus außerkapitalistischem Material bestehen« – zum Beispiel eben aus dem Material von Familien. Aus diesen »Pfeilern« beziehe er einen Gutteil seiner »Energie«, die er dann allerdings dazu einsetze, sie zu »zerstören«. Dieser Vorgang ist ein Sägen am eigenen Ast, also, was die Familie betrifft, alles andere als eine Spielart »schöpferischer Zerstörung«. Man trifft hier wieder auf den Befund, dass die Moderne in ihrer enormen Dynamik seltsam sorglos mit der sozialen Ordnung umgeht, auf die sie angewiesen ist. Schumpeter meint: Mit dem bürgerlichen Familienmodell nährt sich der Kapitalismus an einer Gestalt des Lebens, die alt geworden ist.

Diese Auffassung ist von vielen vorweggenommen worden, die sich in der ersten Hälfte des 20. Jahrhunderts mit dem Niedergang der Familie befasst haben. Man erhält zum Beispiel schon vor dem Ersten Weltkrieg von dem Kreuzberger Arzt und Sozialdemokraten Alfred Grotjahn die Auskunft, der »Willen zum Kinde« beginne zu schwächeln. Oder man liest einen Artikel der »Straßburger Post« vom 6. Juli 1912, den Julius Wolf, der jüdische Ökonom und Doktorvater Rosa Luxemburgs, in seinem Buch »Der Geburtenrückgang« zitiert: Berichtet wird darin von einer sich ausbreitenden »neuen Lebensauffassung«, wonach man sich nicht mehr durch eine »lästige Kinderschar« von den »zur Mode gewordenen Lebensfreuden« abhalten lassen will. Keinen »Schrei nach dem Kinde« hört Wolf, er beobachtet vielmehr eine »Flucht vor dem Kinde«. »Haushälterischer Sinn« und »Genußsucht« erscheinen als die Eckpfeiler einer »Privatmoral«, die sich gegen die Elternschaft richtet. »Daß man Kinder aus Vaterlandsliebe zeuge«, hält Wolf dabei für eine ganz abwegige Vorstellung.

Johannes Müller schreibt in einem Buch, das wie das von Julius Wolf den Titel »Der Geburtenrückgang« trägt: »Die Bedeutung des Verstandes für die Haushaltsführung und in Verbindung mit dieser für das gesamte private Leben wuchs immer stärker an. Und hatte er sich in wirtschaftlichen Dingen als geeigneter Sachwalter erwiesen, was Wunder, wenn er unwillkürlich auch auf anderen Gebieten als Ratgeber eine immer wichtigere Rolle spielte. Denn welches Gebiet hat schließlich nicht seine Berührungspunkte mit dem wirtschaftlichen, ist nicht letzten Endes von ihm abhängig? Der Verstand aber ist des Kindes größter Feind! Was das Kind zu bieten vermag, sind Werte und Freuden des Gemütes, der Verstand kann wenig mit ihm anfangen. Das Kind ist, *rein verstandesmäßig betrachtet,* eine unwirtschaftliche Kapitalsanlage, ein Störenfried der häuslichen Ruhe, ein Bleigewicht für das berufliche Fortkommen, ein Hindernis für Vergnügungen.« In dieser Abwendung von der Familie, die nach Müller vom Mann ausgeht und dann auf die Frau übergreift, verbindet sich die gesteigerte Rationalisierung mit materiellen Genüssen. Gesucht ist eine »größere Summe von äußerer Ablenkung und Zerstreuung, von sogenannten Vergnügungen in engerem Sinne des Wortes«. Die Folgen für die Familie sind beträchtlich, denn »in solcher Welt- und Lebensanschauung ist … für das Kind wenig Platz. Die Freuden, die es gewähren kann, liegen in einer ganz anderen Richtung als der der modernen Vergnügungen.« – »In diesem Treiben wird … der Sinn für die Häuslichkeit und für die Freuden des Familienlebens immer weiter erstickt und eine immer weitreichendere Materialisierung der Lebensanschauung erzielt.« – »Bei der Wahl, ob ein neues Kleid oder eine Badereise oder ein Kind, muß letzteres zurücktreten.« Weitere Stimmen fallen in diesen Chor ein. Der Philosoph Max Scheler macht den »kapitalistischen Geist« als eine »Fortpflanzung und Wirtschaft gleichmäßig *umfassende und durchdringende Grundgesinnung*« für den Niedergang der Familien verantwortlich, und Roderich von Ungern-Sternberg spricht von einem Siegeszug des »einseitig voluntaristisch-intellektualistisch geprägten Menschen«. Die Feindschaft gegen die Familie sieht er als ein »Derivat des kapitalistischen Geistes«. Mit diesen Thesen gelangt man zu dem Befund, zu dem Schumpeter später gelangen wird, bei dem freilich keiner dieser Vorgänger Erwähnung findet.

Nun könnte man forsch vorangehen und all diese Voten vom Tisch wischen, weil man in ihnen einen sinistren Appell an die Opferbereitschaft von Eltern erkennt. Wenn diese Opferbereitschaft das Einzige wäre, was man dem Gewinnstreben der Individuen entgegenhalten könnte, dann stünde es wohl tatsächlich schlecht um die Familie. Dem Geist, der in jenen Texten zum Ausdruck kommt, wäre besser gedient, wenn in ihnen nicht so oft vom Opfer die Rede wäre, sondern eher davon, dass Elternschaft ein Geschenk auch für die Erwachsenen sein kann. Wie dies auch sein mag – die Frage, ob der kapitalistische Geist zu einer inneren Zerrüttung der Familie geführt hat, rumort bis heute in den Köpfen.

Während der Kapitalismus seinen Siegeszug fortsetzte, ist diese Frage aber – anders als Schumpeter dies annahm – in den Hintergrund getreten. Der Kapitalismus setzte gar nicht auf eine durchgreifende Ökonomisierung der Familie, vielmehr kam eine höchst einflussreiche Zwei-Welten-Lehre zum Zuge, die zwischen Privatleben und Ökonomie einen scharfen Schnitt machte. Nach dieser Lehre herrscht draußen die Konkurrenz, der sich der Mann stellt, und drinnen lockt der Schutzraum familiären Vertrauens, über den die Frau wacht. Entsprechend erklärt der Soziologe Christopher Lasch, die Familie diene als Gegengewicht zum ökonomischen Individualismus und verhindere damit einen psychischen Notstand in der Gesellschaft. Auch in neueren Management-Ratgebern wird diese Zwei-Welten-Lehre vom ökonomischen Krieg und familiären Frieden immer wieder aufgewärmt: Den Führungskräften wird dargelegt, dass »für ein durch und durch professionell geführtes Leben ein intaktes Familienleben ratsam« sei – ein Familienleben, das nicht nach dem Kosten-Nutzen-Kalkül funktionieren darf.

Lange war die Verteidigung der Zwei-Welten-Lehre mit berufstätigem Mann und Hausfrau eine Domäne der Rechten. Ins Schwanken kam sie, als die Frauen sich mit dieser Aufteilung nicht mehr abfanden und Anerkennung im Beruf suchten. Damit aber werden die Fronten unübersichtlich. Man könnte sagen, dass auf diese Weise der Auszug aus der Privatsphäre, also auch die Ausdünnung des familiären Schutzraums, die zunächst von den Männern betrieben wurde, ihre Fortsetzung findet. Bedeutet die Emanzipation der Frauen, dass sie sich nun auch das Kosten-Nutzen-Kalkül zu eigen machen, das die Männer in der Berufswelt durchgesetzt haben? Oder entsteht eine ganz neue Mischung von Lebenssphären, in denen Männer und Frauen gleichermaßen eine neue Balance zwischen Beruf und Familie suchen? Es ist kein Wunder, dass die politischen Bewertungen dieser Entwicklung äußerst gegensätzlich ausfallen und auch längst nicht mehr dem alten Muster von rechts und links verpflichtet sind. So findet man auf der Seite der Rechten nicht nur Verteidiger der alten Zwei-Welten-Lehre, sondern auch Kritiker (wie zum Beispiel Ursula von der Leyen). Umgekehrt trifft man auf der Seite der Linken nicht nur auf Verfechter der beruflichen Gleichberechtigung der Frau, sondern auch auf Verteidiger der antiökonomischen Rolle der Frau in der Familie (wie zum Beispiel Christa Müller, die Ehefrau Oskar Lafontaines). Links wie rechts findet man Gefallen an der Familie als antiökonomischem Bollwerk: »Man sträubt sich«, so sagt der Dramaturg und Essayist Carl Hegemann, »vehement gegen die Vorstellung, nun auch die Funktionen der Familie dem freien Spiel der Kräfte und der grenzenlosen Konkurrenz zu unterwerfen.«

Da der Kapitalismus weiterhin quicklebendig ist, gehört die Frage, wie er es mit der Familie hält, nicht nur in die Geschichte der großen Ideologien des 20. Jahrhunderts; sie richtet sich vielmehr an unsere Gegenwart. Deshalb werde ich im letzten Kapitel dieses Buches nochmals darauf zurückkommen (s. u. S. 297). Eines kann ich schon jetzt sagen: Als Unkenrufe aus alter Zeit kann man die Diagnosen von der Familienfeindlichkeit des Kapitalismus nicht abtun. Was im frühen 20. Jahrhundert gesagt worden ist, berührt noch heute, wenn wir nur ein wenig an der Benutzeroberfläche unseres Lebens kratzen, einen wunden Punkt.

Die Familie hat überlebt

Die Familie ist von allen drei großen Ideologien, die das 20. Jahrhundert beherrscht haben, – wenn man so sagen darf – stiefmütterlich behandelt worden. Da der Kapitalismus, anders als seine Gegenspieler, enorme Überlebenskräfte entfaltet hat, bleibt als Gefahr für die Familie nur er allein übrig. Das heißt: Der Kampf geht weiter, der Kampf um die Familie wird in unser aller Köpfen weiter ausgefochten.

In den Gesellschaften des Westens nach 1945 war allerdings von diesem Kampf nicht viel zu spüren. Man wollte keinen Krieg, sondern Frieden. Zu dem von Schumpeter vorhergesagten kapitalistischen Mord an der Familie kam es nicht. War er also auf dem »falschen Dampfer« – und befinde ich selbst mich auf diesem Dampfer, wenn ich von seiner Analyse fasziniert bin? Nicht die Kapitalisten werden üblicherweise als Familienfeinde geführt, sondern die sogenannten »Achtundsechziger«. Der Schwarze Peter ist also von den Kapitalisten weitergewandert zu einer Bewegung, die von manchen als Nachfolgerin des Sozialismus angesehen wird. Auf verschobene, verdrehte Weise setzt sich damit der Kampf der Ideologien weiter fort.

Aber statt mich gleich auf diese erneuten ideologischen Gefechte zu stürzen, möchte ich die großen Gedankengebäude erst mal verlassen und den Alltag erkunden, wie er von den Familien und Vätern nach 1945 erlebt worden ist. Sicher hat sich in jenen Jahren nicht einfach das ideologische Programm des Kapitalismus durchgesetzt, die Menschen haben vielmehr in einer in Scherben gefallenen Welt versucht, politisch, sozial und emotional Fuß zu fassen. Um nicht die Übersicht zu verlieren, halte ich mich bei meiner Reise in die Nachkriegszeit erst mal an Deutschland und an meine eigene Familie.

17. Wir sind wieder wer! Wer sind wir?
Väter und Kinder nach 1945

Meine Eltern zwischen Vergangenheit und Zukunft

Als ich meinen Vater kürzlich fragte, von welchem Gefühl er in den Nachkriegsjahren beherrscht gewesen sei, sagte er ohne einen Moment des Zögerns: vom Gefühl der Kollektivschuld. Wenn meine Mutter von der ersten Zeit nach 1945 erzählte, dann hatte sie eine etwas andere Botschaft und einen anderen Tonfall. Mit leuchtenden Augen berichtete sie von den Diskussionen unter Studenten in Heidelberg, die so lang dauerten, wie die Nacht es duldete. Ich hielt meinem Vater diese Erinnerungen zum Vergleich vor und fragte ihn, ob er seinerzeit diese Freiheit des Neuanfangs, der sich mit dem Namen »Stunde null« geschmückt hat, nicht auch verspürt habe. Fast schien es, als müsste er sich daran mit ein wenig Mühe erinnern, bevor er mir beipflichtete.

Schon vor dem Krieg hatte mein Vater die militärärztliche Laufbahn eingeschlagen. Während des Krieges war er zum Studium abkommandiert, bei seinen kurzen Einsätzen als Feldunterarzt erlebte er einen wundersam kampflosen Sommer in Russland; am Ende folgten einige Monate im Lazarettdienst auf deutschem Boden. Ihm stehe, wie er sagt, noch das Bild vor Augen, wie er seinen Bruder zum Truppentransport nach Osten an den Bahnhof brachte; kurze Zeit später kam die Todesnachricht.

Als ich meinen Vater fragte, ob es denn etwas gebe, was er sich selbst vorwerfe, sagte er, besonders unangenehm sei ihm die Erinnerung daran, dass ihm seinerzeit nach dem Attentat vom 20. Juli 1944 der Gedanke durch den Kopf geschossen sei, so etwas gehe in Kriegszeiten doch »zu weit«. So sehr blieb er vom Schrecken verschont, dass sich seine persönlichen Schuldgefühle auf Gedanken beschränken konnten.

Fast hat man den Eindruck, dass Armut und Strenge seiner Kindheit (1933 wurde er zwölf Jahre alt) einen Schatten auf dieses Leben geworfen hatten, den Nationalsozialismus und Krieg trotz aller Gewalt nicht ganz vertrieben hatten. Quälend war die Demütigung, die er empfand, wenn er bei reichen Verwandten zu Besuch war. Sein Aufstand gegen den Vater hatte sich dadurch erledigt, dass dieser wohl das war, was man kühl eine »gescheiterte Existenz« nennt. Sein Aufstand gegen die Mutter gipfelte darin, dass er einen der Sätze, die ihm in zahllosen Bibelstunden beigebracht worden waren, mit diebischem Mut gegen sie wandte – nämlich den Satz, mit dem sich Jesus als Sohn Gottes von seiner Mutter Maria distanzierte: »Weib, was habe ich mit dir zu schaffen?« (Joh 2,4) Das war sozusagen das höchste der Gefühle.

Wie erging es meiner Mutter? Sie stand nach dem Krieg ohne den geliebten Vater und ohne den geliebten Bruder da; ihr blieb die ungeliebte Mutter. Wenn meine Mutter von den Jahren des Studiums nach 1945 erzählte, beschwor sie ein Bild des Überschwangs, an dem ich im Nachhinein einen trotzigen, krampfhaften Zug zu erkennen meine. Auch wenn ihre frohgemuten Erinnerungen an die Aufbruchsstimmung der Nachkriegsjahre davon nichts wissen wollten, stand ihr Leben wohl noch viel stärker als das meines Vaters im Schatten der Vergangenheit. Ihre Beziehung zu dieser Vergangenheit war dabei vor allem von Trauer bestimmt. Zwar hätte ihr Vater, der in der »kriegswichtigen Industrie« tätig war, allen Grund geboten, über Schuld nachzudenken. Aber als Toter wurde er allem Zweifel enthoben.

Meine Mutter hat – anders als mein Vater – die Freiheitsgefühle der Nachkriegsjahre fast schwärmerisch in ihren Erzählungen herausgestellt, ihr Weg war auch deshalb ein ganz anderer, weil sie nicht aus ärmlichen, sondern aus großbürgerlichen Verhältnissen kam. Und doch scheint mir, dass die Innenwelten meiner Mutter und meines Vaters, bevor sie einander trafen, gewisse Ähnlichkeiten aufwiesen. Nach 1945 machten sie Bekanntschaft mit Gefühlen, die wie Fremde aufeinandertrafen. Diese Gefühle ordneten sich nach Vergangenheit und Zukunft, zu ihnen gehörten Schuld und Freiheit, Verletztheit und Hoffnung, Zusammenbruch und Aufbruch, das schwere Schlucken und das Durchatmen.

Eines ist nun allerdings seltsam an dem, was ich mir hier zusammenreime. Es passt nämlich überhaupt nicht zu den Erinnerungen, die ich selbst aus meiner Kindheit und Jugend an meine Eltern habe. (1959 wurde ich geboren.) Die Worte Schuld und Freiheit, Verletzung und Hoffnung, diese ganze zeitliche Dramatik zwischen Vergangenheit und Zukunft – all dies ging an unserem Familienleben, wie ich es erinnere, ganz vorbei. Weder gab es eine Atmosphäre der Beklemmung oder Bedrückung, die mich erstickt oder vielleicht auch wütend gemacht hätte, noch spürte ich ein Lüftchen, einen Schwung, der mich mitnahm. Später, vielleicht mit fünfzehn, als ich in den Bücherregalen meiner Eltern zu stöbern begann, fiel mir auf, dass sie in einer relativ kurzen Phase nach dem Krieg alle möglichen Bücher, die wild ausschlagende politische, religiöse und literarische Interessen bedienten, angeschafft hatten: ich fand Bücher von Albert Camus und Jean-Paul Sartre, Abhandlungen über die jüdische Mystik oder über den Buddhismus. Die Jahre, die meine Familie in London verbrachte und von denen ich als Kleinkind keinerlei Erinnerungen mitgenommen habe, müssen durch die vielen Begegnungen mit jüdischen Emigranten, mit Anna Freud und anderen viel aufgewühlt haben, aber nichts davon hat sich in unserem Alltag so eingenistet, dass ich es später wahrgenommen hätte. Als mein Vater zum ersten Mal die Stufen zu seiner Arbeitsstätte in London emporstieg, wurde er von einer Frau, die er nicht kannte, auf Deutsch mit den Worten be-

grüßt: »Wie kann man nur so deutsch aussehen!« Von den Albträumen, die ihn daraufhin verfolgten, hat er erst im hohen Alter erzählt.

Es ist, als sei im Lauf der Jahre jene ungeheure zeitliche Spannung, durch die sich die ersten Jahre nach 1945 ausgezeichnet
haben müssen, ausgeleiert worden wie ein Gummizug, der zu
lange einer starken Dehnung ausgesetzt war. Man nennt so
etwas Materialermüdung, und sie gibt es wohl auch bei Menschen. Das Leben meiner Eltern wirkte auf mich spröde, un-
aufgeregt, arbeitsam, fast freud- und leidlos. Es war neutrali-
siert, dieses Leben hatte den Ton, der sich ergibt, wenn man
die verschiedensten Wasserfarben aus dem Schulmalkasten zu-
sammenrührt. Die Extreme ihres Lebens waren bis zur Un-
kenntlichkeit eingetrübt. Nach meiner Erinnerung habe ich
mich in den Jahren vor meinem Auszug zu Hause vor allem in
Schweigen gehüllt. Wenn ich gefragt wurde, wie es in der Schule
gewesen sei, sagte ich tagein, tagaus: »Gut« – ob es nun stimmte
oder nicht. Ich hatte begriffen, dass man mit keinem Wort
Nachfragen wirkungsvoller verhindern konnte. (Meine liebe
Kollegin Miriam Meckel erzählt, bei ihr sei es genauso gewesen; vielleicht sind viele darauf gekommen, das familiäre Leben
auf diese Weise zu neutralisieren.) Als ich einem Freund später
erzählte, ich hätte mit meinen Eltern eigentlich nie größere Probleme gehabt, sagte er: »Dann hast du ein Problem!« Der Streit
kam dann noch – mit Verspätung; danach folgten auch Wieder-
annäherung und Versöhnung.

Ob es eine Familie wie die, in der ich aufgewachsen bin, häufiger gab – ich weiß es nicht. Bei vielen anderen, mit denen ich
gesprochen habe, ging es zu Hause heftiger zu. Ich will mich
nicht zum Sprachrohr jener Zeit hochjubeln. An einem Punkt
aber halte ich fest: dass es der Generation meiner Eltern schwer-
fiel, zwischen dem, was war, und dem, was ist, einen grünen
Zweig zu finden, eine lebendige Verbindung zwischen Vergangenheit und Gegenwart zu stiften.

Ich bin keiner von uns

In vielen Familien saß man um die Vergangenheit wie um eine leere Mitte herum, weil die Väter gefallen waren oder erst Jahre später aus der Gefangenschaft heimkehrten. Mehr als die Hälfte aller Kinder musste zeitweise ohne Vater auskommen oder hatte ihn ganz verloren. Manche Väter waren unverbesserlich, viele Väter, die überlebt hatten, waren äußerlich oder innerlich nicht unversehrt geblieben. Zu ihnen gehört der von Peter Lohmeyer gespielte Vater in Sönke Wortmanns »Das Wunder von Bern«, zu ihnen gehören all die Väter, die in ihren Familien wie Fremde wirkten. In »Suchbild«, einem Buch über seinen eigenen Vater, schreibt Christoph Meckel: »Die Väter taumelten nach Hause, lernten ihre Kinder kennen und wurden als Eindringlinge abgewehrt. Sie waren fürs erste verbraucht und hatten nichts Gutes zu sagen.« Oft wurde so getan, als gäbe es überhaupt keine Vergangenheit, man legte sich eine irgendwie künstliche, halbseitig gelähmte, auf die Zukunft und den Aufstieg fixierte Identität zu. Glaubhaft war das nicht. Innere Ermüdung und äußere Anstrengung gingen Hand in Hand. Der Wunsch, nach vorne zu schauen, weiterzukommen, aus dem eigenen Leben etwas zu machen, fand seinen Ausdruck im Volkswagen, der »läuft und läuft und läuft und läuft«, im Wirtschaftswunder, im Baby-Boom. Der Wunsch, an keine Wunden zu rühren und niemandem weh zu tun, fand seinen Ausdruck im Nierentisch, dessen größter Vorzug darin bestand, nirgendwo anzuecken. Es gab in jenen Jahren eine nah am Abgrund gebaute Sehnsucht nach Normalität.

Diese Sehnsucht war wohl auch der Grund, warum man sich nach dem Krieg auf das Lebensmodell der Familie stürzte und es, so gut es ging, wieder zum Hort der Normalität aufbaute. Ihn hatte es in dieser Form vor 1945 ebenso wenig gegeben wie in der Zeit vor 1933. Der »Kampf um den Bestand der Familie« wurde nach Helmut Schelsky zum »Mittelpunkt aller sozialen Wünsche und Verhaltensweisen«. »Das Kennzeichen unserer Zeit«, so schrieb Hans Werner Richter 1947, »ist die Ruine ... Die Ruine – das ist der Weg des Menschen aus der Sicherheit eines bürgerlichen Seins durch die Schlammlöcher des Todes, durch Qualen der Verzweiflung und der Angst, durch die Nächte der Furcht und der Flucht vor sich selbst... Der Mensch unserer Zeit [strebt] ... aus der Verlorenheit seiner zertrümmerten Welt nach neuen Bindungen.«

So ist es in der Tat ganz abwegig, in jenen Jahren nach Spuren des Zerstörungswerks zu suchen, das etwa nach Schumpeter der Kapitalismus der Familie antun soll. Das »eiskalte Wasser egoistischer Berechnung«, in dem die modernen Menschen wie Fische schwimmen sollten, hatte sich erwärmt. Es gab so etwas wie eine zum Erfolg verurteilte Schicksalsgemeinschaft. Der Wiederaufbau war die gemeinsame Sache, zu der alle ihren Beitrag leisteten, ob sie sich nun viel zu sagen hatten oder nicht. »Man will Frieden«, sagte der Vater in Wolfgang Neuss' bittersüßer Satire »Wir Kellerkinder«: »Ist doch jetzt alles endgültig mal vergessen.« Und sein Sohn kommentierte: »Nazi war er nicht mehr. Er war eine neue Mischung. Er redete katholischer als der Papst... Demokratischer als George Washington. Alles, was er sagte und dachte, ließ sich nur falsch verstehn. Er hatte sich selber entnazifiziert. Heillos war's. Treudeutsch. Und doch irgendwie neu. Und alles war ›integer‹. Das war sein liebstes Wort.«

Es ist denkbar einfach herauszufinden, welches Problem sich ergab, wenn in diesen Familien Kinder geboren wurden und die Fortsetzung des Fackellaufs der Generationen anstand. Das Problem bestand darin, dass die Fackel, die hätte weitergegeben werden können, erloschen war. Wer 1945 erwachsen war, lebte weiter, indem er sich aus dem Lauf der Geschichte heraushielt. Die Fackel des Generationengangs wurde in die Ecke gestellt, sie wurde ausgelöscht. Für die Väter, die es nicht wahrhaben wollten, zu einer »Generation« mit einer eigenen Vorgeschichte zu gehören, war weit und breit kein Weg sichtbar und gangbar, der von ihrer Vergangenheit vor '45 zu ihrer Zukunft nach '45 und dann schließlich zur Zukunft ihrer Kinder geführt hätte. »Nach rückwärts wie nach vorwärts hin scheint keine Anknüpfung möglich«, schrieb Theodor Litt 1947, und vergeblich legte er, der zu den wenigen Aufrechten seiner Generation gehörte, gegen diese Auffassung sein Veto ein. Das neue Leben wurde begonnen, indem man vergaß, wer man gewesen war. »Integrität« kann man das wirklich nicht nennen, aber dieses hochgegriffene, etwas hochtrabende Wort taugte dazu, das eigene kleine Leben dahinter zu verstecken. Vielleicht war es deshalb bei dem von Wolfgang Neuss geschilderten »Vater« und vielen anderen so beliebt. Integrität war das, wovon alle redeten und worüber kaum einer verfügte. Bei den Vätern herrschte Sturheit vor – oder Verstörung.

»So viel Anfang war nie« – dieser Satz, dessen Vorlage ein Vers des amerikanischen Dichters Walt Whitman ist, wird gern auf die ersten Jahre nach 1945 bezogen. Etwas Neues fing an, doch die Bewegung blieb an der Oberfläche, denn darunter lag erstarrt, schockgefroren, das frühere Leben. So gab es keine Bewegung, keinen Schwung, den die nach dem Krieg heranwachsende Generation hätte aufnehmen können. Über die Nachkriegsväter schrieb Ulrich Sonnemann im Jahre 1988: »Wie man nach einer umgangssprachlichen Rede einen Pudding nicht an die Wand nageln kann, bot ihre Unansprechbarkeit als Personen, diese ... zumeist mit der hohlen Hektik des Wirtschaftswunders getarnte Beklommenheit, mit der sie auf der Flucht vor ihrem mehr oder weniger braunen Gestern begriffen waren, nichts Festes, womit man sich auseinandersetzen, wovon man sich *abstoßen* konnte.«

Nie ist mir die Krise, in die der Generationengang nach 1945 geriet, so deutlich geworden wie bei der Lektüre von Reden, in denen einer der großen deutschen Politiker der Nachkriegszeit, Theodor Heuss, geradezu beschwörend das Gespräch mit der

Jugend suchte. Ich zitiere ein paar Sätze aus Reden, die er zwischen 1950 und 1954 gehalten hat.

»Wir Älteren und Ihr Jungen, wir sind nun eben Glieder in einer Kette der Volksgeschichte«, sagte er. (Doch diese Kette war zerrissen.)

»Die junge Generation muß den aus Trümmern einer sinnlosen geschichtlichen Selbstvernichtung neu erbauten Staat als eigene Aufgabe begreifen. Wir Älteren, die wir in den Riß traten, sind bloß Platzhalter des Werdenden.« (Aber den Platz, den die Platzhalter für sie vorgesehen hatten, wollten die Jugendlichen gar nicht einnehmen.)

»Was können wir Älteren nun in diesem Prozeß tun?«, fragte Heuss – und er antwortete: »Wir müssen bereit sein – nicht in patriarchalischem Getue –, ihnen zu helfen, indem wir *ihren* Erlebnisraum ernst nehmen und selber dabei Lernende werden, ihn aber aus einer leicht mißbrauchten Gegenwärtigkeit der Gefühle in den *Strom der geschichtlichen Verantwortung* stellen.« (Doch die Jugend sah in diesem Strom nur die Gefahr des Ertrinkens.)

»Man muß«, so sagte Heuss, »den Strom der Generationen von den Vätern zu den Enkeln in sich spüren, sich auf der Wanderung zum Tode, auf der wir von der Kindheit an gehen, des *Gliedhaften* bewußt... bleiben.« (In dieses Glied zu rücken war den Jugendlichen aber ganz und gar unerträglich.)

Der »Geschichtsrhythmus«, den Heuss wieder beginnen lassen wollte, klingt aus seinem Munde unbedenklich. Wenn man die Zeitschriften und Ratgeber der 1950er und 60er Jahre durchsieht, dann findet man viele Empfehlungen, in denen sich Heuss' Wünsche spiegeln. »Ohne Vater geht es nicht«, liest man da, empfohlen wird dem Vater, »Liebe und Vertrauen statt bloßer Macht und Furcht« spielen zu lassen. All diese Wünsche waren der Jugend nicht Befehl. »Ich bin keiner von uns!«, heißt es in einem Gedicht von Hans Magnus Enzensberger 1960. Sicherlich gehörte die junge Generation nicht zu einem »Wir«, das auch die Älteren umfasste. Aber wer war sie dann? Der lange Anlauf zur Studentenrevolte, in der der Bruch mit den Vätern akten- und geschichtskundig wurde, war in Deutschland gesäumt von Büchern, die die Lage der Jugend erkundeten. Die beiden wichtigsten sind Helmut Schelskys »Die skeptische Generation« von 1957 und Alexander Mitscherlichs »Auf dem Weg zur vaterlosen Gesellschaft« von 1963. Aus diesen Büchern kann ich etwas über eine Zeit erfahren, für die ich zu spät geboren worden bin. Bevor ich mich Schelsky und Mitscherlich zuwende, möchte ich mich aber an das Buch eines Schriftstellers halten, das gleichfalls in jenen Jahren erschienen ist und in dem das Lebensgefühl seiner Zeit getroffen worden ist, obwohl es gar nicht von diesem Lebensgefühl handelte.

Auch Peter Weiss nimmt »Abschied von den Eltern«

Die Geschichte, die Peter Weiss in seinem Buch »Abschied von den Eltern« erzählt, reicht nah heran an das Jahr, in dem das Buch erscheint: 1961. Die Eltern des Autors, die den »Eltern« in dieser »Erzählung«, wie der Text sich nennt, äußerst ähnlich sind, starben in den Jahren 1958 und 1959. Der Tod der Eltern ist auch der Auftakt, mit dem die Erzählung einsetzt, doch sie führt dann zurück in eine Kindheit und Jugend, die im Vorkriegsdeutschland und im Exil verlebt wurde. (Peter Weiss war Jahrgang 1916, wuchs in Bremen auf und gelangte nach Umwegen über Prag und London schließlich ins schwedische Exil.)

Vielleicht ist der Titel von Peter Weiss' Buch deshalb zu einem echten Treffer geworden, weil mit dem Wort »Abschied« eine eigentümliche Schwere in das Verhältnis zwischen den Generationen hineinkommt – eine Schwere, die zu der Stimmung der Zeit, in der das Buch erschien, passte. Zum Abschiednehmen gehören zwei. Der eine geht, der andere bleibt. Oder: Der eine geht dorthin, der andere geht dahin. Beim Abschied richtet sich der Blick dessen, der geht, doch nicht nach vorn, in die Zukunft, sondern hängt an dem, wovon er sich trennt. Wer Abschied nimmt, macht nicht einfach kurzen Prozess. Er blickt zurück nicht nur im Zorn. Ob die Distanz gewollt oder erlitten ist, ob der Abschied schweren oder leichten Herzens erfolgt, bleibt in der Schwebe. In ebendieser Schwebe befand sich die junge Generation nach 1945, die sich nach den Vätern sehnte, die gestorben waren, oder der die Väter fremd waren, die sie hatten.

Nassforsch ist der »Abschied von den Eltern« nicht – und das Buch dieses Titels erst recht nicht, denn es handelt ja von einem erzwungenen, vom Tod besiegelten Abschied. Eigentlich muss man sagen: Der Tod kommt in Peter Weiss' Geschichte einem Abschied zuvor, der zu Lebzeiten nie stattgefunden hat und nun nachgeholt werden soll. Als die Eltern noch lebten, war kein Platz für eine solche Zeremonie, es gab nur Sprachlosigkeit und Fremdheit. Weiss erzählt von einem »gänzlich mißglückten Versuch von Zusammenleben«, von der »Unmöglichkeit gegenseitigen Verstehens«, von einem Vater, der allenfalls »Zärtlichkeit für seine Kinder« empfunden haben mochte, »wenn er außer Hauses war« und die Fotos der Kinder, die er in der Geldbörse bei sich trug, herauszog. »Nie wandte er sich mit einer Frage an mich. Es war, als ahnte er, daß ich ihn wieder verlassen würde. Im gleichen Zeichen der Fremdheit verliefen die Stunden des Beisammenseins in der Familie.«

Nicht von der Nachkriegsjugend ist hier die Rede, und doch hat Weiss nicht die Absicht, den daheimgebliebenen Deutschen ein ganz anderes Leben, die Härten einer Jugend im Exil, vorzustellen. Er schildert ein Leben der Sprachlosigkeit und der Sehnsucht, wie es in der Nachkriegszeit zum Massenphänomen geworden ist. Indem der Außenseiter Peter Weiss seiner Fremdheit gegenüber seinen Eltern Ausdruck verleiht, kommt er dem Nachkriegsdeutschland, das ihm so fremd ist, nahe wie sonst kaum einer.

»Mit der flachen Hand schlug er auf den Tisch und rief, wenn dieses Schuljahr zuende ist, dann ist es Schluß mit den Träumereien, dann wirst du dich endlich der Realität des Daseins widmen. Die Realität des Daseins. Im Mund meines Vaters wurde diese Realität zum Begriff alles Sterilen und Versteinerten.« Plötzlich wird Peter Weiss' Vater zum Doppelgänger vieler anderen Väter, deren Lebenswege ihm doch ganz fremd sind. »Der stärkste Eindruck seines Wesens war seine Abwesenheit«, heißt es. Darin waren sich die Väter gleich, lebendig und als Leich'.

Der Sieg der Nüchternheit: Helmut Schelsky über die Jugend nach 1945

Helmut Schelsky schildert in »Die skeptische Generation« das Deutschland der Nachkriegszeit als ein Land, in dem die Erwachsenen ihren Einfluss zurückgenommen und der Jugend das Feld weitgehend kampflos überlassen haben. Dass sich die Erwachsenen zurückhalten, muss als Symptom ihrer Schwäche, ihrer Gebrochenheit angesehen werden; sie führen ebendas neutralisierte Leben, das ich noch Jahre später in meiner eigenen Familie wahrgenommen habe.

Schelsky beobachtet den »Drang der Jüngeren, sich in der realistischen Bewältigung der praktischen Lebensaufgaben ... anpassungsfähiger und erfolgreicher zu behaupten und durchzusetzen als die Erwachsenen«. Dieser nüchterne Realismus, durch den sich die Jüngeren hervortun, führt Schelsky zufolge dazu, dass sie es für völlig unnötig halten, sich zu einem Konflikt mit der Elterngeneration hinreißen zu lassen. Sie bleiben kühl, zeigen kein Gefühl. So bietet sich nach Schelsky die große Chance, ein »von grundsätzlichen sozialen Konfliktfronten und Generationsspannungen freies Verhältnis der Jüngeren zu den Älteren entstehen« zu lassen. Er spricht von einem »Fortfall dieser das Verhältnis von Jugend und Eltern überhöhenden allgemeinen sozialen Generationenfronten«. Zwischen den Klagen über die überzogene Autorität der Väter und dem Bedauern über das Verschwinden von »Lehrmeistern« soll sich demnach der Königsweg zu einem friedlichen Verhältnis zwischen den Generationen ergeben: Die »generelle Generationenspannung«, der Kampf, der die Moderne in Atem gehalten hat, soll zu Ende sein.

Zur Entspannungspolitik im Krieg der Generationen zählt Schelsky auch die Privatisierung und Entpolitisierung, die er bei den Jugendlichen beobachtet. Das Materielle ist angesagt, das Ideelle hat abgewirtschaftet. Ende der 1950er Jahre trifft Schelsky schon auf eine gut im Saft stehende, weich im Wohlstand gebettete Jugend. Wenn sie denn Haltung beweist, so ist es allenfalls eine »Verbraucherhaltung«. Schelsky hat damit die Konsumfreude vieler Jugendlichen im frühen 21. Jahrhundert vorab gut getroffen. Doch wie gelungen ist sein Porträt der Jugend Ende der 1950er Jahre? Es ist, kurz gesagt, ziemlich missraten. Der Titel seines Buches ist fast ein geflügeltes Wort geworden, doch Schelsky hat seine Zeitgenossen in die Irre geleitet bei dem Versuch, eine Antwort auf die Frage zu finden, *wer sie eigentlich sind.*

Schelsky liefert erst mal nur eine Momentaufnahme, für die er sich auf statistische Daten und Umfragen stützt, die sich in der Regel auf Jugendliche der Geburtsjahrgänge 1930 bis 1940 beziehen. Damit kratzt er an der Oberfläche, doch da ihm dies offenbar nicht genügt, geht er im Schlusskapitel seines Buches über die Statistiken hinaus und wagt Vorhersagen über die weitere Entwicklung der von ihm in Augenschein genommenen Generation. Man sollte wissen, dass führende Figuren der Studentenbewegung ihr angehörten: Rudi Dutschke, Rainer Langhans und Benno Ohnesorg waren Jahrgang 1940. Was sie später tun werden, ist in den Vorhersagen, die Schelsky Ende der 1950er Jahre ziemlich siegessicher verkündet, allerdings noch nicht mal andeutungsweise enthalten.

Seine Prognose lautet, dass aus dieser Jugend eine *»Genera-tion der vorsichtigen, aber erfolgreichen jungen Männer«* heranwachsen werde (Frauen scheinen zu dieser Generation nicht zu gehören): »Was sich auch ereignen mag, diese Generation wird nie revolutionär, in flammender, kollektiver Leidenschaft auf die Dinge reagieren ... In allem, was man gern weltgeschichtliches Geschehen nennt, wird diese Jugend *eine stille Generation* werden.« Aufruhr erwartet er allenfalls von den gerade aufkommenden »Halbstarken«. (Der Film »Die Halbstarken« mit Horst Buchholz war 1956, ein Jahr vor Erscheinen dieses Buches, in die Kinos gekommen.) In ihnen erkennt Schelsky emotionales Abweichlertum, »eine ungeplante, aber in vitalen Bedürfnissen verwurzelte Ausbruchsreaktion der Jugendlichen gegen die manipulierte Befriedigung des modernen Lebens und gegen den unangreifbaren Konformitätsdruck der modernen Gesellschaft«. Was Schelsky kommen sieht, ist »eine Welle ›sinnloser‹ Ausbruchsversuche aus der in die Watte manipulierter Humanität, überzeugender Sicherheit und allgemeiner Wohlfahrt gewickelten Welt«. Radikale »politische« Bewegungen sind von dieser Jugend nach Schelsky überhaupt nicht zu erwarten.

So kann man sich täuschen. Sich die Hände zu reiben, wenn andere danebenliegen, ist aber, zugegeben, ein bisschen billig. Vorhersagen sind immer heikel. In diesem Fall ist die falsche Vorhersage aber gekoppelt mit einem schiefen Blick auf die Gegenwart. Schelsky schwärmt von der bewussten Zurücknahme der Eltern, mit der sich ein entspanntes Verhältnis zu den Kindern ergeben soll – und bemerkt gar nicht, dass die Eltern und vor allem die Väter sich zurücknehmen, weil sie verkrampft und innerlich erstarrt sind. Anders als Schelsky dies annimmt, kann der Zustand, in dem sich das Generationenspiel befindet, nicht von Dauer sein. Zu viel Ungesagtes, Unaufgelöstes ist im Raum. Der künstlichen Neutralisierung, der Erstarrung folgt die Bewegung auf dem Fuße.

Vielleicht verrät Schelskys Buch mehr über den Autor als über die Jugend, die er schildert. Der Pragmatismus, der Realismus, die Skepsis gegenüber großen Ideen – das sind Haltungen, die ihm, der selbst in der NS-Zeit heftig von der Begeisterung für das Regime gepackt wurde, gut in den Kram passen. Er wünscht sich eine nüchterne Jugend, weil er selbst einen ideologischen Kater hat. Ihm käme es durchaus entgegen, wenn ihm die neutralisierten und entpolitisierten Jugendlichen, die er heranwachsen sieht, keine Fragen über die Vergangenheit stellten. (Viel später wird Schelsky die unangenehme Erfahrung machen, dass er mit diesen Fragen konfrontiert wird.) Ihm wäre es recht, wenn die Jugendlichen es nicht für nötig hielten, Streit mit den Erwachsenen vom Zaun zu brechen. Die Verbrechen der Väter sollen für die pragmatischen, zukunftsorientierten Jugendlichen, die Schelsky sich vor Augen führt, kein lohnendes Thema darstellen. Dass sie privatisieren, deutet er als Zeichen innerer Reife, eines fast unheimlich erwachsenen Realitätssinns.

Doch wenn über Ideen der Mantel des Schweigens gebreitet wird, dann ist ihnen mit Realismus nicht beizukommen. Dann schleicht sich das Ungelebte, das Imaginäre ins Leben ein. Das Leben bekommt dunkle Stellen und einen doppelten Boden. Man kann nicht »mit beiden Beinen auf dem Boden der Tatsachen« stehen, wenn viele Menschen eine Leiche im Keller haben. Das Schweigen über die Ideen, das in den 1950er Jahren kultiviert wurde, ist selbst ein ideologischer Vorgang, über dem man nicht einfach zur Tagesordnung übergehen kann. In Schelskys künstlicher Neutralisierung der Konflikte in der Familie findet das Generationenspiel kein stabiles Ende. Sein Bild von der nüchternen Jugend ist Ergebnis eines Täuschungsversuchs. Hinter der von ihm gepriesenen Nüchternheit steckt eine Enttäuschung, die in Empörung umschlagen wird. Es bleibt nicht bei den kleinen Ausbruchsversuchen der »Halbstarken«. Der Weg vom halbstarken zum starken Protest ist kurz.

Das Erlöschen des Vaterbildes:
Alexander Mitscherlich über Väter und Kinder
nach 1945

Alexander Mitscherlich litt als Kind unter dem »gefühllose[n] Schweigen« eines Vaters, den er kurzerhand »Angstquelle« nannte, und erlebte das Ende des Zweiten Weltkriegs als totalen Zusammenbruch einer »auf väterlicher Herrschaft errichteten Welt«. Das Freiheitsgefühl, das dem Kollaps übermächtiger »Vaterbilder« hätte entspringen können, blieb bei ihm freilich aus. Paul Federn, ja sogar Sigmund Freud (s. o. S. 179) hatte den Vatermördern, die sich zur »vaterlosen Gesellschaft« zusammenschlossen, wenigstens für einen kurzen Moment die Siegerpose gegönnt. Bei Mitscherlich gab es von vornherein nur gemischte Töne. Mit einem gleichfalls Freud entliehenen Stichwort sah er überall nur »Ambivalenz«: Einerseits begrüßte Mitscherlich die neuen Spielräume, die Lockerung autoritären Drucks, andererseits war er erfüllt vom Gefühl des Verlusts. Obwohl Mitscherlich in seinem Buch »Auf dem Weg zur vaterlosen Gesellschaft« von 1963 keinen einzigen Hinweis darauf gab, dass schon Jahrhunderte zuvor melancholische Stimmen die Angst vor der »vaterlosen Welt« zum Ausdruck gebracht hatten (s. o. S. 40), schloss er sich doch genau diesen Sorgen an.

Doch welcher Vater war eigentlich verloren gegangen? Mitscherlichs Verlustanzeige galt weder dem ganz großen noch dem kleinen Vater. Dass der »imaginäre Gottvater« sich aus der Welt zurückgezogen hatte, interessierte ihn kaum, und erstaunlicherweise fand auch der »physische Verlust« des Vaters, »den der Krieg getötet« hatte, bei ihm kaum Beachtung. Naheliegend wäre es gewesen, wenn er den Bankrott der Nazi-Väter angesprochen hätte, doch auch davon war in seinem Buch kaum die Rede, obwohl Mitscherlich bei den Nürnberger Ärzteprozessen und im späteren Buch »Die Unfähigkeit zu trauern« das Schweigen über die NS-Zeit brandmarkte. Warum hielt er sich so zurück, wenn es um die historischen Umstände der Vaterschaft ging? Seine Antwort auf diese Frage wäre wohl gewesen, dass die Leser nicht von dem Verhängnis abgelenkt werden sollten, das er eigentlich schildern wollte und das, kurz gesagt, eine Nummer größer war.

Mitscherlich wollte ein Problem ansprechen, das die ganze Moderne in seinen Bann gezogen hat. Ihm ging es darum, »ein Erlöschen des *Vaterbildes* zu denken, das im Wesen unserer Zivilisation selbst begründet ist«. Ähnlich wie Helmut Schelsky sah er eine Jugend vor sich, die aufgehört hatte, sich an den Vätern zu reiben. Anders als Schelsky wertete er dies aber nicht als Fortschritt, nicht als Ergebnis einer neuen nüchternen Lebensauffassung, sondern sah die Gefahr seelischer Verwahrlosung, Verlassenheit und »Vereinsamung«. Hier warf Mitscherlich die Erfahrung als Psychoanalytiker in die Waagschale, die er Schelsky voraushatte.

Sein Ausgangspunkt war die Zerstörung patriarchalischer »Großstrukturen«: die Zerstörung einer Welt, die vom Familienvater bis hinauf zum »Landesherrn« und zum »Monarchen« einheitlich organisiert war. Im Sturz des Patriarchats sah Mitscherlich zuallererst den Beginn einer politischen Erfolgsgeschichte, in der es darum ging, falsche Autoritäten zu entmachten und die gesellschaftliche Ordnung neu zu gestalten. Vehement trat er dafür ein, dass auch Deutschland diese Chance nun endlich nutzen und eine standfeste Demokratie errichten möge. Insoweit sah er in der Entwicklung hin zur vaterlosen Gesellschaft »Fortschritt« am Werk.

Doch das war nach Mitscherlich nur die halbe Wahrheit, also vielleicht gar keine. Er legte seinen Finger in eine Wunde, die er in der modernen Gesellschaft klaffen sah. Sie ortete er an der Stelle, wo es um die Vaterlosigkeit im Kleinen geht – und es ist ebendiese Wunde, deren Schmerzensgeschichte und Heilungschancen auch ich in diesem Buch erkunde. Ein paar Jahrhunderte nach John Lockes (s. o. S. 30) ersten treffsicheren Attacken auf das Patriarchat ist in der Tat noch immer nicht klar, wie die neue Rolle der Väter, die die Rückendeckung von oben verloren haben, aussehen soll; die Mühlen der Selbstfindung mahlen langsam. Mitscherlich war skeptisch, ob hier je Abhilfe gefunden werden könne, er hielt den Findungsprozess der Väter für gescheitert. Die Väter hätten sich, so meinte er, nicht verwandelt, sie seien verschwunden.

In den 1960er Jahren war das Problem der westdeutschen Väter die Verunsicherung, die sie – äußerlich oder innerlich, bewusst oder unbewusst – heimsuchte. Von den kommunistischen, sozialdemokratischen, christlichen Vätern, die über die Zeiten hinweg glaubwürdig geblieben waren, gab es zu wenige. Als Vorbild wären die Väter gefragt gewesen. Doch wenn man dem Blick in den Spiegel ausweicht, hat man kein Bild von sich selbst und taugt auch nicht zum Vorbild. Wenn man verbiestert an irgendwelchen Überzeugungen festhält, zeigt man eine Grimasse. Wenn man gängige Programme verkündet, ohne recht an sie zu glauben, trägt man eine Charaktermaske. Die meisten Väter der Nachkriegszeit taten sich schwer damit, Haltungen vorzuleben, an denen die Kinder wachsen oder sich reiben konnten. Sie hatten, kurz gesagt, *Haltungsschäden.*

Nun könnte man denken, diese Schäden seien ein typisch deutsches Problem, ein Problem des moralischen Versagens, der unverbesserlichen Verbissenheit, des gefälligen Versteckens der Väter nach dem Krieg. Doch nicht nur die deutschen Nachkriegsväter waren angeschlagen, Haltungsschäden gab es auch andernorts. Insbesondere die Amerikaner haben sich in dem Spiegel, den Mitscherlich ihnen mit der »Vaterlosigkeit« vorhielt, wiedererkannt. Hannah Arendt hat schon in den 1950er Jahren von der Verzagtheit gesprochen, mit der die Amerikaner ihren Kindern gegenübertreten. »Es ist, als ob sie ihnen täglich sagten: In dieser Welt sind auch wir nicht sehr verläßlich zu Hause, und wie man sich in ihr bewegen soll, was man dazu wissen und können muß, ist auch uns nicht bekannt. Ihr müßt sehen, wie ihr durchkommt; uns jedenfalls sollt ihr nicht zur Verantwortung ziehen können.« Die Verunsicherung der Väter hatte sich weit ausgebreitet. Sie betraf nicht nur jene spezielle innere Verstörung, die man in Deutschland nach der NS-Zeit antraf. Vielmehr ging es überhaupt um die Herausforderung, in modernen Zeiten Vater zu sein. Um diese Herausforderung haben viele im 19. und 20. Jahrhundert einen weiten Bogen gemacht. Die Männer, die arbeiteten, ließen es sich in der Regel gefallen, als Väter arbeitslos zu werden. Neben der formellen, ökonomischen Macht, die sie weiter ausübten, trat immer mehr ihre informelle, emotionale Ohnmacht hervor. Oft hatten die Väter, wie es so schön-schrecklich heißt, »nichts zu sagen«, aber aus sicherer Distanz zum familiären Alltag warfen sie den Frauen doch immer wieder gerne vor, dass in ihrer Erziehung nicht der richtige Zug drin sei.

Wenn die Väter Haltungsschäden hatten, dann deshalb, weil ihr Rückgrat geschwächt war – und geschwächt war das Rückgrat der Väter deshalb, weil sie über Jahrhunderte daran gewöhnt waren, *angelehnt zu leben*, sich auf eine höhere Autorität zu stützen. Vorbild für ihre Kinder hatten die Väter früher sein können, weil sie Abbild eines größeren Vorbilds, des nächsthöheren Vaters, waren. Nun aber griffen die Väter beim Versuch, sich anzulehnen, ins Leere, sie merkten, dass dort keine Stütze mehr war und sie aus eigener Kraft Vorbild sein mussten.

Was blieb, war eine Suche nach Ersatzvätern und Pseudoautoritäten; nicht nur der Faschismus betrieb nach Mitscherlich diese Suche, sie fand ihm zufolge auch in den Sozialisationsagenturen der Konsumgesellschaft statt, in denen die Jugend auf einen neuen Lebensstil getrimmt wurde. Der Umsturz der patriarchalen »Großstrukturen« hatte die politische Emanzipation auf den Weg gebracht, aber im Privaten wurde eine Form von Vaterlosigkeit eingeführt, die nach Mitscherlich gar »nicht heilen« konnte. Die Wunde war offen. So weit, so schlecht.

Was die These von der Verunsicherung der Väter betrifft, bin ich ganz auf Mitscherlichs Seite. Nun versah er seine These aber auch noch mit einer geschichtsphilosophischen Begründung. Um zu erklären, warum die Vaterlosigkeit in der Moderne unheilbar sei, holte er weit aus und betrat das Terrain der Ökonomie – und dabei manövrierte er sich, wie wir sehen werden, in die Wüste.

Den Niedergang des Vaters führte er auf die Veränderung seiner wirtschaftlichen Stellung zurück – eine Veränderung, die in »zwei Stufen« erfolgte. Zuerst wurde seine »Arbeitswelt von der Welt des familiären Lebens weggerissen«, womit er seine Rolle innerhalb der Familie einbüßte. Sodann wurde diese Arbeitswelt so inhaltsleer, so abstrakt, dass davon nichts Nennenswertes, Nachahmenswertes mehr dem Kinde zu vermitteln war. Damit war nach Mitscherlich der klassischen Rolle, der alten Identität des Vaters der Boden entzogen, denn sie sah er in der »*Unterweisung*«, der »sachbezogenen« Einführung in die »*Bewältigungspraxis* des Lebens«. Der Vater tauchte »häufig nur noch als ein Schreckgespenst in der Welt des Kindes auf« oder wurde zu einer Witzfigur, die man nicht mehr ernst nahm. Wie der »Sachbezug«, so ging es auch mit dem »Gefühlsbezug« des Vaters zum Kind bergab: Er taugte nicht mehr als Gegenhalt, an dem sich das »Ich« des Kindes und Jugendlichen hätte herausbilden können.

Hier geht einiges durcheinander – und einiges daneben. Dass die Arbeit, die die Menschen in den 1960er Jahren ausübten, viel stupider gewesen sein soll als etwa zweihundert Jahre früher, kann mir kein Mensch weismachen, auch kein Mitscherlich. Aber lassen wir das beiseite, und gehen wir mit ihm zurück in eine Welt, die dem Vater – und damit dem Heranwachsen der Kinder – noch günstigere Lebensumstände geboten haben soll. Natürlich hat Mitscherlich recht, wenn er sagt, dass früher noch eine Einheit von Familien- und Arbeitswelt bestanden habe. Es ist auch nicht daran zu deuteln, dass diese Einheit im 19. Jahrhundert zerbrochen ist (s. o. S. 121). Aber das heißt noch lange nicht, dass es in jener alten Welt haufenweise Väter gegeben hätte, die Mitscherlichs Wunschbild entsprochen hätten.

Er stellte sich eine Welt vor, in der die Väter hingebungsvoll die Kunst der »Unterweisung« betrieben, und Söhne, die mit leuchtenden Augen die Handgriffe der Väter nachahmten. Das nostalgische Bild eines vor allem bäuerlich und handwerklich geprägten Lebens entsteht vor unseren Augen. War in dieser Welt der »Sachbezug« und der »Gefühlsbezug«, in denen der Vater dem Kinde zugewandt sein soll, noch intakt? Ich bezweifle es. Hier und dort mag damals der pädagogische Eros am Werk gewesen sein, aber eigentlich waren die Menschen gezwungen, die Kinder möglichst schnell zum Arbeitseinsatz zu bringen und in den Produktionsprozess einzubinden. Der »Sachbezug« des Lebens war von bitterer Not geprägt. Sie ließ kaum einen Spielraum für die geduldige Einweisung ins Leben, von der Mitscherlich später träumen würde. Wäre Mitscherlich noch am Leben, dann würde ich ihm die Lektüre von Josef Winklers »Requiem für einen Vater« empfehlen. Im Mittelpunkt dieser Geschichte vom langen Leben eines strengen, oft brutalen Vaters steht ein braunstichiges Foto, das ihn als jungen Mann auf einer noch »von Pferden gezogenen Mähmaschine« zeigt; statt des kleinen Fingers sieht man einen Stumpf, denn der Finger wurde ihm, als er drei Jahre alt war, bei der Arbeit an einer Heuschneidemaschine abgeschnitten. »Sachbezug« – na ja, so könnte man das auch nennen.

Noch schlechter stand es in jener früheren Welt um den »Gefühlsbezug«, auf den es Mitscherlich doch ankam (auch wenn er ihn stärker den Frauen als den Männern zuschlug). Die Väter sollten, ginge es nach ihm, den Kindern zur »Ichstärkung« verhelfen. Doch die Pubertät und der Jugendprotest – für Mitscherlich das Salz in der Suppe der Geschichte – waren für jene Väter von früher, die tief in die »Bewältigungspraxis« des Lebens verstrickt waren, nur Störfeuer im Alltagskampf. Wohlwollend konnten sie damit kaum umgehen. Die heile Welt und die Väter, von denen Mitscherlich träumte, hat es nie gegeben. Hinter seiner Nostalgie versteckte sich eine Utopie.

Wenn die Väter um 1750 oder 1850 gar nicht das leisteten, was Mitscherlich vom »Vater« erwartete, dann heißt dies aber, dass die Moderne gar nicht »auf dem Weg zur vaterlosen Gesellschaft« ist. Dann entpuppt sich Mitscherlichs Untergangsfantasie als Übergangsszenario, dann erahnt man hinter seinem düsteren Bild die Absicht, seine Zeitgenossen durch Übertreibung aufzurütteln. Seine Zeit stand nicht für einen Tiefpunkt in der Geschichte der Vaterschaft, sondern für gemischte Gefühle, für gelebte Unschlüssigkeiten.

Ich möchte hier kurz eine Erinnerung an meine Kindheit einflechten. Kürzlich fand ich in einem alten Fotoalbum ein Bild, das meinen Vater und mich zeigt, wie wir stolz dastehen und gemeinsam einen schweren Schraubenschlüssel halten – mit dem VW-Käfer im Hintergrund. Passenderweise ist dieses Bild aufgenommen worden, als Mitscherlichs Buch über die »vaterlose Gesellschaft« gerade erschienen war und mein Vater eng mit ihm zusammenarbeitete. Es sieht so aus, als zeige das Foto eine Übung in dem, was Mitscherlich »anschauliche Unterweisung« nannte. Eigentlich aber ist das Bild gestellt, man sieht den Wagen hinten auf der Hebebühne einer Werkstatt, und wahrscheinlich haben wir das Werkzeug, nachdem das Foto geschossen war, dem Mechaniker zurückgegeben und sind untätig geblieben. Man könnte sich nun im Sinne Mitscherlichs die Hände reiben und darin einen Beweis dafür sehen, dass die Einweihung ins tätige Leben damals in der Tat nicht funktionierte. Bereitwillig kann ich dazu die Erinnerung beisteuern, dass ich nur widerwillig zu Hause gewisse Aufgaben erledigte. Als ich bei einer solchen Gelegenheit das Kabel des Rasenmähers überrollte und gleich zerfetzte – ein fulminanter Kurzschluss war die Folge –, kam meine Nachlässigkeit vielleicht auch aus der Unlust. Und doch ist dieser Befund nur eine Seite der Medaille.

Vater und Sohn vor der Autowerkstatt, 1964

Ich denke nicht nur zurück an die Unlust am Rasenmähen, sondern auch an den Stolz, den ich empfand, als ich anfing, zu Hause Reparaturen zu erledigen, und an die glückliche Mühsal, mit der wir in endloser Kleinarbeit Farbe von einem alten Möbel abbeizten.

Wenn man auf die Familien in den westlichen Gesellschaften des ausgehenden 20. Jahrhunderts blickt, kann man nicht davon sprechen, dass die Kinder ihren »Sachbezug« durch Teilnahme am bitteren Überlebenskampf beglaubigt hätten, doch es wäre absurd zu behaupten, dass in diesem Heranwachsen der »Sachbezug« verloren gegangen wäre. – Und wenn mit gutem Recht von einer Erschütterung des »Gefühlsbezugs« in den Familien des ausgehenden 20. Jahrhunderts geredet werden kann, so ist doch auch hier das Bild gemischt: Wenn die Gefühle teilweise ins Leere gingen, so heißt dies auch, dass die Menschen von ihnen umso dringlicher umgetrieben wurden, dass Bezüge und Bindungen umso größere Aufmerksamkeit auf sich zogen.

Manche Kritiker haben sich über Mitscherlichs Obsession mit den Vätern echauffiert und erklärt, im Niedergang der Väter liege die Chance, eine Erziehung jenseits von deren Autorität zu entwerfen: eine Erziehung, die dann in die Hände der Mütter oder aber in die Zuständigkeit der Gemeinschaft übergehen sollte. Im Grunde kommt hier eine Wegwerfmentalität zum Ausdruck, die sich das Deckmäntelchen der Fortschrittlichkeit umgelegt hat. Der Mann wird gemustert und wegen notorischer Verbohrtheit für untauglich erklärt. Nicht erst die Erfahrungen der letzten dreißig Jahre, nicht erst die Experimente nach 1968, sondern die ganze Geschichte der Moderne hat gezeigt, dass man nicht nur um die Familie, sondern auch um die Väter nicht herumkommt. Wenn es Geburtshelfer gibt, dann muss es auch Lebenshelfer geben. Und wenn die Väter solche Helfer nicht sind, begehen sie ein Verbrechen gegen die Zukunft.

Herbert Marcuses Schnellkurs in Vaterveränderung

Es ist wenig bekannt, dass ein anderer geistiger Vater des Jugendprotestes, Herbert Marcuse, im selben Jahr wie Alexander Mitscherlich gleichfalls das Stichwort von der »vaterlosen Gesellschaft« aufgriff, das Anfang des 20. Jahrhunderts von Freud und Federn in die Debatte geworfen worden war. »Wir scheinen«, so schrieb Marcuse 1963, »einer Realität gegenüberzustehen, die in der Psychoanalyse nur am Rande ins Auge gefaßt wurde – die *vaterlose Gesellschaft*.« In früheren Zeiten wäre Herbert Marcuse – wie auch andere Vertreter der Frankfurter Schule – geneigt gewesen, diese Vaterlosigkeit als Befreiung zu feiern. In dem großen Sammelwerk über »Autorität und Familie« aus dem Jahre 1936, an dem neben Marcuse Max Horkheimer, Erich Fromm und viele andere mitwirkten, wurde das Bild der Familie noch eher kritisch gezeichnet. Sie galt als Agentur »autoritärer Charakterbildung«, allenfalls bot sie die »Ahnung eines besseren menschlichen Zustands«, in dem die Menschen einander zugetan sind. Nach dem Krieg wurden dann aber eher die wohltuenden Wirkungen der Familie in den Vordergrund gestellt. Unter dem Eindruck der straff organisierten Nazi-Banden klagte zum Beispiel Horkheimer über das »Schwinden« der »seelische[n] Obhut« und den »Mangel an familiärer Bindung«, der die Jugendlichen auf sich allein gestellt sein lässt oder in die Arme von falschen Führern treibt.

Genau diese Idee griff Herbert Marcuse – ganz ähnlich wie Mitscherlich – im Jahre 1963 auf. Fast bedauernd sprach er vom Ende des »langen Kampf[es] mit dem Vater« und bemerkte, dass die »Freihcit«, derer sich die Jugendlichen »in der weitgehend autoritätslosen Familie erfreut hatten, mehr ein Preisgegebensein als ein Segen ist: das Ich, das sich ohne viel Kampf entwickelt hat, erscheint als eine ziemlich schwache Wesenheit«. Der Verlust familiärer Reibung führte Marcuse zufolge zu Ich-Schwäche, und so wurden die Jugendlichen eine leichte Beute des Faschismus und später dann der »konfektionierte[n] Welt« der »modernen Massengesellschaft«.

Heißt dies, dass der Vater endgültig abgetakelt worden ist? 1963 begnügte sich Marcuse noch mit dem melancholischen Hinweis darauf, dass der Vater geschwächt und die Reibungswärme, die beim liebenden Kampf des Kindes mit dem Vater entsteht, verflogen sei. So weit hakte er sich also einfach bei Mitscherlich unter. Interessant ist nun aber, dass Marcuse später auf das Vaterthema noch mal zurückkam und ihm eine neue Wendung gab. Statt sich mit der Vaterlosigkeit abzufinden, startete er einen Schnellkurs in Vaterveränderung, mit dem er sich zugleich als geistiger Vater der Studentenbewegung anbot.

Wiederum vertrat er bei dieser Gelegenheit die These vom »Zerfall der patriarchalischen Familie« und erklärte, sie sei schon »in der bürgerlichen Gesellschaft selbst« zerstört worden, es bedürfe »nicht der Kommunisten, die Familie zu zerstören«. Doch nun sprach er offensiv von einer Verwandlung oder »Aufhebung« der Familie, also auch von einer Reform des Vaterbildes. Hierzu berief er sich – man höre und staune – auf die »legendäre Idee vom androgynen Menschen«, auf eine »Fusion« von männlichen und weiblichen Charakteristika, die jedem Menschen, Mann und Frau, gelingen könne.

Was soll man davon halten? Ich muss zugeben, dass ich persönlich die Vorstellung, zur Mann-Frau zu werden, nicht gerade prickelnd finde. Und auch Marcuse beeilt sich zu sagen, er wolle nicht »die natürlichen Unterschiede zwischen Mann und Frau abschaffen«: »Androgyn kann nur heißen, wenn es überhaupt einen Sinn hat, daß in einer solchen Gesellschaft Mann und Frau, jeder in seiner Individualität, nicht mehr die Vorherrschaft männlich aggressiver oder weiblich rezeptiver Qualitäten darstellt, sondern daß beide männliche und weibliche Qualitäten in der ganzen Existenz der Individuen zu einer Einheit zusammengeschlossen werden. Aber es kann nie heißen, daß Mann Frau oder Frau Mann werden sollten.«

Wenn man die dicke Luft, die der Zeitgeist in diese Zeilen hineingepustet hat, herauslässt, dann bleibt eine Idee übrig, die nach und vor und ohne Marcuse immer wieder hochgekommen ist. Wer von Marcuse nichts hält, lässt sich vielleicht von dem sogenannten »Schmusesänger« Seal überzeugen, dessen Gattin Heidi Klum öffentlich von der Größe seines Geschlechtsteils schwärmt und der von sich selbst sagt: »Ich bin eine Hausfrau, und ich steh' dazu.« Es geht nicht um eine Simulation der Mutterrolle, sondern um eine Entfaltung der Menschlichkeit des Vaters. Davon halte ich etwas, aber als Schaffung eines »androgynen Menschen« würde ich dies nicht deklarieren.

Wer sich schließlich von Seal nicht beeindrucken lassen will, der mag sich an einen anderen stattlichen Mann und geistigen Vorfahren Seals halten, nämlich an Martin Luther. Er fragt: »Ach, sollt ich das Kind wiegen, die Windeln waschen, Betten machen, Gestank riechen, die Nächte durchwachen, auf sein Schreien achten?« Luther kennt die Standard-Antwort auf diese Frage: Es sei »besser, frei [zu] bleiben und ohne Sorge ein ruhiges Leben« zu führen. Doch er vermag den alltäglichen Pflichten des Hausmanns durchaus etwas abzugewinnen, »tut seine Augen auf und sieht alle diese geringen, unlustigen, verachteten Werke im Geist an und wird gewahr, dass sie alle mit göttlichem Wohlgefallen wie mit dem köstlichsten Gold und Edelsteinen geschmückt sind«.

Ein Zungenschlag stört mich nun aber doch an Herbert Marcuses Version des androgynen Menschen: dass er bei ihm nämlich einen merkwürdig selbstgefälligen Zug bekommt. Nicht zufällig empfiehlt Marcuse seinen Zeitgenossen »Narziss« als Leitbild des befreiten Lebens, und so weiß man nicht recht, ob es darum geht, das soziale Leben anders zu gestalten und die Rollenverteilung der klassischen Familie aufzubrechen, oder ob es auf die *happy hour* einer androgynen Selbsterfahrung ankommt, in der man »echt ganz viel zulässt, was endlich mal rauskommt, rein emotional«. Wenn ich in den 1970er Jahren Männer traf, die Herbert Marcuses Ratschlag beherzigt hatten, so waren sie nach meinem Eindruck so von sich eingenommen, dass sie für andere kaum mehr Zeit hatten. All den strickenden Männern jener Jahre mag man vielleicht zugute halten, dass sie alte Rollenklischees durchkreuzt haben, aber mir hat sich immer der Eindruck aufgedrängt, dass sie zuallererst mit sich selbst zu tun hatten und von der Welt vor allen Dingen eines erwarteten: dass man ihnen gefälligst dabei zusah. Viele dieser Männer wollten nicht eigentlich stricken, sie wollten dabei gesehen werden. Diese Abart des Narzissmus ist, was die Pflege menschlicher Beziehungen betrifft, nicht gerade lebensdienlich.

Nun bin ich freilich schon vorgeprescht von Marcuses früher These zur »vaterlosen Gesellschaft« zu seiner späteren Vision eines verwandelten Mannes, eines verwandelten Vaters. Auf leisen Sohlen habe ich mich damit der Aufregung im Generationenspiel genähert, die von der Studentenbewegung um 1968 ausgelöst wurde. Es wird Zeit, diese Aufregung auszukosten. Vorab sei gesagt: Da sich der Umbruch im privaten Leben, der mit diesem Datum verbunden ist, vor allem im Westen vollzogen hat, beschränke ich mich in dem folgenden Kapitel auf die Lage in der alten Bundesrepublik und anderen westlichen Ländern.

18. Die 68er: Familien und andere Katastrophen

Wenn ich nach Hause komme, sitzt da ein alter Typ

Rio Reiser von »Ton Steine Scherben« sang im Jahre 1971:

»Wenn ich nach Hause komme, sitzt da ein alter Typ,
der meint, er ist mein Vater, und ich glaub auch, daß
er's ist.
Wir sehn uns nur manchmal und dann reden wir nicht viel,
doch wenn wir reden, sagt er: ›Junge, aus dir wird mal nicht
viel.
Alles, was du anfängst, hörst du gleich wieder auf.
Du kannst doch nie 'ne Familie ernähren, und du kriegst
auch keine Braut.
Du mußt arbeiten, du mußt schuften so wie ich!‹
Aber ich will nicht werden, was mein Alter ist. Nee!
Ich will nicht werden, was mein Alter ist.«

Wer hier singt, hat andere Sorgen, als sich in einer vaterlosen
Gesellschaft einzurichten. Die Musik, die hier spielt, ist das alte
Lied von familiärer Enge und väterlicher Strenge. Der Ton ist
so bitterböse wie schon bei den Vatermördern um 1900 (s. o.
S. 173), wie eh und je mischt sich in die Wut die Enttäuschung
darüber, dass man von den Älteren für einen Versager gehalten
wird. Was ist neu an diesem jüngsten Aufstand gegen Autorität? Wer die raue Stimme Rio Reisers noch im Ohr hat, wird
vielleicht sagen, dass die Wut liebloser geworden ist. Früher
schwang noch in den bittersten Attacken ein Bedürfnis nach An-

erkennung mit, der autoritäre Vater blieb auf seine Weise anziehend. Nun überwiegt die Abstoßung, die Enttäuschung. Nach den vielen Runden, die der autoritäre Vater im Ring des Generationenkampfes überstanden hat, wird er nüchtern als Gegner taxiert.

Mitscherlich mag geglaubt haben, dass die »Vaterbilder«, die zur Orientierung taugten, verschwunden waren. Doch die Väter waren noch da, ob man es wollte oder nicht. Auch wenn sie irgendwo, in einer Ecke ihrer Seele verunsichert sein sollten, hatten diese Väter es darauf angelegt, für Zucht und Ordnung zu sorgen. Der Vater meiner Frau, der sich vom Wehrmachtsoffizier in ein NPD-Mitglied verwandelt hatte, war im Beruf ein Versager, doch er überspielte seine Gebrochenheit mit Starrsinn und kaprizierte sich auf das Korrigieren von Tischsitten. »Es heißt nicht ›Ich bin satt‹, es heißt ›Ich bin gesättigt‹« – diesen Satz hat er zu Hause so oft wiederholt, dass die Erinnerung daran noch Jahrzehnte nach seinem Tod frisch geblieben ist. Darum, dass es zu Hause auch etwas zu essen gab, wovon man »satt« werden konnte, hat er sich allerdings zu wenig gekümmert. Man darf sich die Familie der 1960er Jahre – nicht nur in Deutschland! – als ein Haus vorstellen, in dem der Boden, als wäre er eine Wanderdüne, langsam wegrutscht und man sich krampfhaft an eine Fassade klammert, die doch selbst im Treibsand sitzt und keinen wirklichen Halt bieten kann.

Wie sollen Kinder in einem solchen Haus heranwachsen? Erst mal versuchen sie sich einzurichten, so schwer dies in einer aus den Fugen geratenen Welt ist; erst mal bringen sie ihren Eltern einen ungeheuren Vertrauensvorschuss, eine vorbehaltlose, ungeschützte Liebe entgegen. Wild schießen dann die Gefühle, die Erwartungen und Enttäuschungen durcheinander. Einerseits wünschen sie sich ein Zuhause, andererseits halten sie es dort nicht mehr aus. Einerseits sind sie darauf angewiesen, sich einzurichten in dieser Welt, andererseits haben sie das Gefühl, dass sie nicht hält, was sie verspricht, und begehren auf gegen

Regeln, die ihnen hohl und haltlos vorkommen. Ein Heim, eine Heimat bietet sich ihnen nicht: Fast beißt man sich auf die Zunge, wenn man diese Worte ausspricht.

Wer, wie die Jugendlichen der 1960er Jahre, in einer solchen zwiespältigen Situation ist, muss das Kunststück fertigbringen, das Haus der Väter zum Einsturz zu bringen und doch nicht selbst unter den Trümmern begraben zu werden. Man muss sich rechtzeitig aus dem Staub machen. Diese Mischung aus Kampf und Flucht gibt der Studentenbewegung etwas Schillerndes: Aus ihr gehen verbissene Kämpfer, aber auch heitere Aussteiger hervor: Terroristen und Blumenkinder. Lesen kann man heute noch die Kommandoerklärungen der RAF, aber auch das »Erd-beermanifest« des amerikanischen Studentenführers James Ku-nen. Ich greife zu dem Exemplar, das ich 1976 für drei Mark im Antiquariat gekauft habe, und lese: »Prinzipiell jedoch meine ich, wir sollten nicht Hass gegen Hass setzen – man hat das schon zu lange getan. Wir sollten eher die Bullen und die Poli-tiker und die Bosse mit Geschenken überschütten. Dem Hass gegen uns sollten wir Liebe entgegensetzen.«

Schaut man sich im Repertoire der Lebensentwürfe um, das die Studentenbewegung hervorgebracht hat, dann spürt man auf Schritt und Tritt, wie sie sich aus der Abgrenzung von der Vergangenheit speisen. In zahllosen verschiedenen Versionen wird vorgeführt, wie das eine, das Neue, sich am anderen, am Alten, abarbeitet.

Da gab es die militärische »Durchhaltemoral«, die von den Vätern schnurstracks in die Arbeitsmoral des Wirtschaftswun-ders verwandelt wurde. – Und wie reagierte die Jugend auf die väterliche Disziplin? Mit Leistungsverweigerung und Spaß guerilla. Lange wirkte diese Haltung nach, 1978 veranstaltete man in Berlin einen großen »Tunix«-Kongress und kam erst später, 1981, auf die Idee, zu einem »Tuwat«-Kongress einzu-laden.

Passend zur Arbeitsmoral, pflegten die Älteren ihren Realitätssinn und dachten nur an das Machbare. – Die Jugend fand dies trostlos, zog das Lustprinzip dem Realitätsprinzip vor und wollte »die Phantasie an die Macht« bringen; von Paris aus gingen die alten Parolen des Surrealismus um die Welt.

Krampfhaft, wie Ertrinkende, hielten die Familienväter die bürgerlichen Formen und Sitten hoch. – Die Jugend reagierte darauf mit einem Kult der Formlosigkeit, der beim Verzicht auf den Friseurbesuch begann und damit endete, dass Abschluss-, Examensfeiern und andere Rituale wie alte Zöpfe abgeschnitten wurden.

In der weltanschaulichen Ausnüchterungszelle Nachkriegsdeutschland hatte sich die Vätergeneration häuslich eingerichtet und beschlossen, Ideale nur noch mit spitzen Fingern anzufassen. Unter ganz anderen historischen Umständen, aber der Form nach ähnlich kam es zur Kompromittierung der amerikanischen Ideale im Vietnamkrieg und der französischen Ideale im Algerienkrieg. – Die Studenten wollten sich mit diesem moralischen Kollaps nicht abfinden und ernannten sich zu den neuen Hütern der Moral und zu Vorkämpfern für eine bessere Welt. In der Solidarität mit den weltweit Unterdrückten wollten sie sich bewähren. Eigentlich lebte man damals gar nicht nur in Deutschland, Frankreich, in den USA etc., sondern immer auch ein bisschen in Vietnam, in Persien, in Chile etc. Man wollte in der Welt zu Hause sein – auch deshalb, weil die Heimat so öde war oder so bitter schmeckte. Manche meinten dann auch, sie seien auf Du und Du mit den Roten Khmer. Je ferner die Genossen, desto leichter die Solidarität, denn dann musste man nicht so sehr aufs Detail schauen, in dem vielleicht der Teufel steckte.

Schon in all den großen politischen Kontroversen ist das Tauziehen zwischen den Generationen spürbar. Wenn man nun in die kleine Welt des Alltags zurückkehrt, dann kommt eine Institution ins Fadenkreuz, die die alte Welt so sehr verkörpert wie sonst kaum etwas: die Familie. Bei den Aufrührern Ende der 1960er Jahre hatte sie einen ausnehmend schlechten Ruf. Nicht vom Schmerz über das Entgangene, sondern von der Wut über das Bestehende ließen sie sich bei ihrer Ablehnung leiten; der Wunsch nach einer anderen Art von Familie hätte damals ungefähr so lächerlich gewirkt wie später der Wunsch nach »ein bisschen Frieden«. David Coopers Buch von 1971 mit dem Titel »Der Tod der Familie« hatte den Erfolg, für den man jene Zeit im Nachhinein bedauern muss. Cooper verkündete: »Eine langweilige Person sein heißt, eine Familien-Person sein.« »Langweilig« – das war fast noch schlimmer als »reaktionär«.

Nicht nur in Rio Reisers Lied gegen den »Alten«, im ganzen Studentenprotest spürt man einen tiefen Widerwillen gegen die Vätergeneration. Doch wenn man den Studenten damals gesagt hätte, dass es ihnen um einen Generationenkampf gehe, hätten die meisten von ihnen wütend den Kopf geschüttelt. Sie sahen sich nicht als Nachfolger der wütenden Vatermörder, die um 1900 ihre große Stunde hatten. Die Studenten taten ihren Vätern die Ehre nicht an, sie direkt zu Gegnern zu erklären, sondern bekannten sich zum politischen Kampf und erklärten, sie verfolgten höhere Ziele.

Und doch ging damit das Spiel von Vorgabe und Gegenschlag zwischen Alt und Neu weiter. Mit der totalen Politisierung reagierte die Jugend auf Väter, die es – wie Michael Schneider schon 1981 bemerkte – jedenfalls in Deutschland darauf abgesehen hatten, »*nur* als Väter und nicht auch als politische Subjekte gesehen« zu werden. Sie verfolgten eine Strategie der Privatisierung, mit der sie der Frage nach ihrer Haltung zum NS-Regime auswichen. Wenn überhaupt, dann traten sie gegenüber ihren Kindern eben *nur* als Väter auf, nicht als politische Subjekte. Die aufständische Jugend drehte nun den Spieß um und setzte auf eine Strategie der Politisierung. Familienstreitigkeiten waren unter ihrer Würde. Sie sahen ihre Väter überhaupt nicht mehr als Väter, sondern eben »*nur* noch als politische Subjekte«, mit denen die ideologische Auseinandersetzung gesucht werden musste. So war der Kampf gegen die Väter nur einer von vielen. Er war eine Fußnote im Befreiungskampf.

Die Studenten von 1968 reagierten auf die Fassaden-Familie der Nachkriegszeit, indem sie allem »Privaten« radikale Ablehnung entgegenbrachten. In den Pamphleten jener Jahre schlug diese Ablehnung immer wieder durch, ob nun das Privatisieren in der Zweierbeziehung gebrandmarkt (bürgerliche Sexualmoral!) oder das »Grundübel der Familienerziehung« an der »Trennung von privatem und öffentlichem Bereich« festgemacht wurde. Das private Leben in der Familie wurde als Außenposten eines Wirtschaftssystems denunziert, der für die Erziehung leistungsfähiger Subjekte zuständig war (bürgerliche Dressur!). Die Familie hatte aus der Sicht der Studenten gründlich abgewirtschaftet; die Rede war von einer totalen »Pleite der bürgerlichen Lebens- und Erziehungsformen«.

Wenn man sich nach einer Pleite zusammenreißt, dann kommt – jedenfalls in der Wirtschaft – der *start-up*. Man wagt sich an das, was mit dem eigentlich ziemlich größenwahnsinnigen Wort »Existenzgründung« bezeichnet wird. Auch im Generationenspiel gilt: Fortsetzung folgt. Dass die Väter abtraten oder »zurückgetreten wurden«, war nur der erste Akt des Dramas. Nicht nur muss vom Verhältnis der Studenten zu ihren Vätern die Rede sein, sondern auch davon, wie sie sich ein Leben jenseits der bürgerlichen Familie vorstellten und wie sie mit ihren eigenen Kindern umgingen.

Schrille Töne und Zwischentöne in der Debatte um antiautoritäre Erziehung

Wenn man über die 68er redet, ist die Versuchung groß, sich an die spektakulären Spitzen der Bewegung zu halten und die langsame, wirkungsvolle Umwälzung im Alltag nur beiläufig zu beachten – jene Umwälzung, mit der etwa die Prügelstrafe verschwand, Willy Brandt über den Vorwurf, ein Vaterlandsverräter zu sein, hinauswuchs oder Woodstock die Lebenslust wachrüttelte. Und doch hat es etwas Gutes, der Versuchung nachzugeben, sich erst einmal an die Extreme zu halten – deshalb nämlich, weil sich in ihnen der Zug der Zeit in grandioser Überspitzung zu erkennen gibt.

An der Erziehungsdebatte, die die 68er vom Zaun brachen, waren geistige Väter zuhauf beteiligt. Doch vor allem den jungen Müttern, an denen die Erziehung in aller Regel hängenblieb, brannte das Thema der Erziehung unter den Nägeln, sie haderten mit der Rollenverteilung, die seltsam selbstverständlich über ihr Leben verhängt war. An Haushalt und Kinder wollten sie nicht gefesselt bleiben – auch deshalb nicht, weil sie damit von der politischen Auseinandersetzung ausgeschlossen waren.

Der »Aktionsrat zur Befreiung der Frau« erklärte im Jahre 1968, die »ins Private verdrängten Kinder« seien ein »Mittel«, mit dem die »Unterdrückung« der Frau zementiert werden sollte. Im Gegenzug wollte der »Aktionsrat« nun die Erziehung politisieren und die Kinder selbst als »Kampfmittel gegen die bestehende Gesellschaft« einsetzen. Es blieb also leider dabei, dass die Kinder als »Mittel« behandelt wurden. Das Ziel bestand darin, die Kinder im Kollektiv unterzubringen, denn damit konnten sich die Frauen von den Fesseln der Kinder befreien. Dann mussten sie sich nur noch gegenseitig ermahnen, die freie Zeit, die sie gewonnen hatten, nicht für ihr »Privatleben« zu verjubeln, sondern für den revolutionären »Bewußtwerdungsprozeß« der Massen zu verwenden.

Wie den Frauen, so war auch den Männern die »positive affektive Beziehung zwischen Kind und Mutter«, die »geheiligte Dyade Mutter-Kind« ein Dorn im Auge; dieser Dorn sollte dadurch gezogen werden, dass das Kollektiv an die Stelle der Mutter trat. Kein Gedanke wurde daran verschwendet, dass der Vater jene »Dyade« hätte aufbrechen können; dieser Gedanke war blockiert, weil man damit nur in der bestgehassten Privatsphäre steckengeblieben wäre. So wurden in der Studentenbewegung die Ideen zur Kollektivierung der Erziehung aufgewärmt, die in der Geschichte immer wieder aufgetischt worden waren und bei jedem Mal geschmackloser ausfielen. In der Französischen Revolution standen diese Ideen eigentlich nur auf Papier (s. o. S. 87); nach der Oktoberrevolution wurden sie in die Tat umgesetzt, aber schnell wieder abgeschwächt (s. o. S. 215). Nun war also wieder die Rede von der »kollektiven Erziehung« und von dem Ziel, »die Fixierung der Kinder an ihre jeweiligen Eltern aufheben zu können«. Die »Kommune 2« stürzte sich in das Experiment, die Kinder in »ein sich selbst regulierendes Kollektiv« zu überführen – ein Kollektiv, in dem die Kinder lernen sollten, ihre Aggressionen nicht mehr gegen die Eltern zu richten, sondern als »revolutionäre Triebkraft« gegen die gesellschaftlichen Zustände zu wenden.

Unter den Vätern gab es solche, die sich gleich aus dem Staub machten, aber auch solche, die die Erziehung ernsthaft zu ihrer eigenen Sache machten. Von den Frauen her wuchs der Druck, sich auf eine neue Verteilung der Rollen, einen neuen Zuschnitt der Aufgaben, einen neuen Entwurf von Identitäten einzulassen. Prominenter als diese kleinteiligen Bemühungen war aber die Strategie der Männer, sich das ganze »Problem« vom Hals zu halten, indem sie für die Kollektivierung der Erziehung optierten. Demnach war es gerade fortschrittlich, sich nicht um die Kinder zu kümmern: Mit Triumphgeschrei konnte man sich als Vater verabschieden und damit der Revolution einen Dienst erweisen.

Der Tiefpunkt des erzieherischen Furors der Studentenbewegung war erreicht, als der »Zentralrat der sozialistischen Kinderläden« eine Flugschrift über »Kinder im Kollektiv« herausbrachte, in der ein besonders vorbildliches Kollektiv angepriesen wurde: eine Gruppe elternloser Kinder im Konzentrationslager. Bewundert wurde die dort erreichte »andere Qualität des Verhaltens der Kinder untereinander«, mit dem der »Entwicklung sämtlicher individueller und kollektiver Fähigkeiten« der Boden bereitet war. In diesem Experiment eines Aufwachsens der Kinder ohne Eltern sah der »Zentralrat« den Beweis dafür, dass die »bürgerliche Angst vor der kollektiven Erziehung« unbegründet war. (Die Begeisterung für dieses Experiment ging allerdings nicht so weit, dass die Wiedereinrichtung von Konzentrationslagern gefordert wurde.) Unerträglich ist es, das Schicksal jener Kinder auf diese Weise für ein Lehrstück über positive Kollektivierung auszuschlachten. Es ist außerdem auch haarsträubend naiv, die Erfahrungen aus einer solchen Extremsituation in den pädagogischen Alltag moderner Gesellschaften übersetzen zu wollen. Hier wuchs kein Leben, hier gab es nur Kopfgeburten.

Hinter den schrillen Tönen, die in der Erziehungsdebatte der Studentenbewegung erklangen, verbirgt sich allerdings auch die Ratlosigkeit, die damals geherrscht hat: Es sollte alles anders werden, aber wie? Man stößt auf wilde Entschlossenheit, aber auch auf tiefe Verunsicherung und innere Gebrochenheit. Im Erfahrungsbericht eines neu gegründeten Kinderladens liest man zum Beispiel: »Wir hatten zwar nicht die geringsten Vorstellungen, wie eine sozialistische Kindererziehung durchzuführen sei, aber wir waren uns einig darüber, daß alle bestehenden Erziehungsmodelle unsere Kinder zu ebenso reprimierten, autoritätsfixierten, unfreien Typen machen müssen, wie wir es selbst sind.« Nicht nur das Versagen der Vätergeneration trieb die Studenten also in die Flucht vor der Familie, sondern auch ein selbstzerstörerisches Misstrauen gegen sich selbst. Die Frauen, vor allem aber die Männer versuchten zu den eigenen Kindern auf Distanz zu gehen, weil sie mit sich selbst nicht im Reinen waren. »Aus Angst vor den eigenen, nicht entdeckten Fehlern vermied man jeden Einfluß der Erwachsenen« auf die Kinder – so lautete schon 1971 eine selbstkritische Einsicht von Vätern.

Das Misstrauen gegen sich selbst steckte auch hinter der Devise »Weniger ist mehr«, von der sich die Eltern und Erzieher in jenen Jahren leiten ließen. Man kennt diese Devise: sie findet sich bei den Pädagogen, die nicht »führen«, sondern »wachsen lassen« wollten, oder auch bei dem Freud-Schüler Siegfried Bernfeld, der den Erzieher als einen behutsam eingreifenden Gärtner beschrieb. Einer der am meisten missverstandenen Denker der Neuzeit, Jean-Jacques Rousseau, wird immer wieder als Erfinder des Schonraums gefeiert (oder gegeißelt), in dem Kinder vom autoritären Zwang befreit werden. In der Tat sprach er von der »negativen Erziehung«, nämlich von einer zurückhaltenden Erziehung, in der es darauf ankommt, »nichts zu tun« und die Entfaltung des Kindes von autoritärer Zurichtung zu befreien. Die antiautoritäre Bewegung hat sich diese Devise zu eigen gemacht und den Schonraum der Kindheit in ein Tollhaus verwandelt. Dabei hat diese Bewegung – und mit ihr viele andere – übersehen, dass Rousseau zwar die hohle Autorität gesellschaftlicher Sitten brandmarkte, aber nicht allen Zwang leugnete. Vielmehr erkannte er einen natürlichen »Zwang der Verhältnisse«, dem das Kind ausgesetzt sei und mit dem umzugehen es lernen müsse. Zur pädagogischen Zurückhaltung gehört deshalb immer auch eine Einweisung ins Leben, die zwar wenig mit der Vermittlung hohler Umgangsformen, aber viel mit der Förderung der Lebensfähigkeit zu tun hat. Da geht es nicht um den gerade gezogenen Scheitel, aber zum Beispiel um den Umgang mit heißen Herdplatten, steilen Treppen und Fußgängerampeln.

In eine durchaus ehrenvolle Tradition wollten sich die 68er einreihen, als sie die antiautoritäre Erziehung propagierten. Aber ihre Zurückhaltung war nicht nur darin begründet, dass sie die kindliche Entwicklung fördern und ein liebevolles Zusammenleben von Erwachsenen und Heranwachsenden verwirklichen wollten. Zugleich hegten sie Misstrauen gegen die eigenen Fähigkeiten – und vor allem bildeten sie sich ein, dass ihre Tatenlosigkeit nach den Untaten der Väter schon als Verdienst auszulegen sei. Hier gab es wenig Luft für natürliche Entwicklung, aber jede Menge Krampf. Manche Aktivisten, die erst einmal wild entschlossen waren, die Erziehung abzuschaffen, hat der Alltag binnen weniger Monate wachgerüttelt: Sie lernten schnell, dass Kinder nicht schon deshalb in ein Land des Lächelns gelangen, weil man sie sich selbst überlässt. Die Schlussfolgerungen, die aus dieser Einsicht gezogen wurden, gingen nun allerdings in zwei wild verschiedene Richtungen.

Die Verfechter der einen – mir zutiefst unsympathischen – Richtung erklärten, dass all jene Kinderladen-Experimente unter den herrschenden Verhältnissen verlorene Liebesmüh' seien und man vor der vollständig durchgeführten revolutionären Umwälzung sowieso auf keinen grünen Zweig komme. Die richtige Erziehung wurde mitsamt dem richtigen Leben auf die Zukunft der befreiten Gesellschaft verschoben. Damit war der Weg gebahnt von der Studentenbewegung ins politische Sektierertum. Die Flugschrift über »Kinder im Kollektiv« erschien in zweiter Auflage mit einem distanzierenden Vorwort, in dem genau dieser Weg vorgezeichnet wurde. Zerknirscht machte man sich selbst den Schauprozess, bekannte »schwerwiegende Fehler« beim Glauben an die »Parolen von der ›Gegengesellschaft‹, dem ›Gegenmilieu‹, der ›Subkultur‹« und sonnte sich in der Einsicht, dass ein »lang andauernder Kampf« auf der Basis der »grundlegenden Erkenntnisse des wissenschaftlichen Sozialismus« allen Erziehungsexperimenten vorgeschaltet werden müsse.

Der andere – mir eher sympathische – Weg, den die Studenten einschlugen, führte in die Mühen der Ebene. In Millimeterarbeit machten sie sich daran, von den erstarrten Verhältnissen ihrer Herkunft abzurücken und den »Mehltau« von ihren Seelen zu kratzen. (Christoph Meckel: »Es fehlte das unbelastete Atmen und Träumen, es fehlte die unbedachte Zärtlichkeit . . ., aber der Mehltau, der Mehltau war immer da. Er deckte glanzlos die Familie zu.«)

Wenn Politiker und Zeitdiagnostiker heute mit dem Dreinschlagen auf die 68er punkten wollen, dann unterbieten sie mit ihren altklugen Vorwürfen die Klugheit, die doch schon damals bei den Verfechtern der antiautoritären Erziehung selbst zum Ausdruck kam. Deren Selbstdeutungen aus den Jahren um 1970 haben in ihrer Mischung aus dem Willen zur Veränderung und dem Bewusstsein eigener Schwächen allen Respekt verdient. Wohlwollend, wohlmeinend wurde auch damals schon all das genannt, was man heute als Totschlagsargument gegen die 68er meint verwenden zu können: Orientierung, Stabilität, Werte, Geborgenheit.

Hören wir mal hinein in das Stimmengewirr, in dem die Initiatoren der Kinderladen-Bewegung ihre frischen Erfahrungen kommentieren. Gewarnt wurde zum Beispiel vor einer Freiheit, die in totale Deregulierung ausartet: »Häufig werden von Kritikern ... Bedenken geäußert, daß diese Freiheit in chaotische Freiheit umschlage, in Zügellosigkeit und Hemmungslosigkeit der Bedürfnisse – kurz: in Tyrannei des Kindes. Ein tyrannisches Kind aber ist kein freies Kind, es ist ein zwanghaftes, unfreies Kind.« Immer wieder wurde beobachtet, dass die Kinder dem »Chaos, das sie selbst geschaffen hatten«, vollkommen hilflos ausgesetzt seien, wenn ihnen die »Orientierungsmöglichkeit« an einer klaren »Bezugsperson« fehle: »Konstruktive Spiele waren kaum möglich, ... weil die Eltern auch auf Grund der diffusen pädagogischen Vorstellungen des Kollektivs nicht in der Lage waren, die ganze Scheiße zu verändern.« – »Wenn es im Tagesablauf des Kinderladens nicht eine bestimmte Regelmäßigkeit gibt, so hat das Auswirkungen auf das Verhalten der Kinder. Da sie wenig Orientierungsmöglichkeiten haben, werden sie unfähig, Spiele zu Ende zu führen, und beginnen ziellos neue. Die Aggression, die durch dieses Mißerfolgserlebnis ausgelöst wird, äußert das Kind in dem Versuch, alles kaputt zu machen.« – »Wir konnten feststellen, daß die Kinder relative Desorientierung am frühen Morgen leichter überwinden und sich rascher zusammenschließen, wenn sie sich mit Hilfe eines Erwachsenen an einer vorbereiteten Aktivität gemeinsam beteiligen können.«

Scharf fiel schon damals die Abgrenzung gegenüber dem »Laissez-faire«-Stil in der Erziehung aus: »In nahezu jedem Aufsatz über die Schlagwortthematik ›Autorität und Antiautorität‹ wird über Verwahrlosung gesprochen, die Antiautorität mit sich bringe. Absolute Antiautorität gibt es in unserem System nicht, denn die Ausprägung des Kindes und mehr noch des Erwachsenen bringt ein gewisses Maß erfahrbarer Sozialgrenzen mit sich.« – »Hervorzuheben ist, daß eine Erziehung ohne Vermittlung von Wertvorstellungen unmöglich ist; und Kinder haben zudem ein Recht darauf, von Eltern und Erziehern zu erfahren, was diese für gut und wahr, bzw. für schlecht und unwahr halten... Zwangfreie Erziehung [ist] etwas anderes... als die ›laissez-faire‹-Erziehung.« – »Ein selbstregulierendes Kind ist kein sich selbst überlassenes Kind im Sinne des ›laissez-faire-Stils‹. Das Kind kann seine Bedürfnisse nur dann regulieren und seine eigene Interessenvertretung lernen, wenn es sich in der Geborgenheit eines stabilen Bezugsrahmens (Elternhaus, Kinderkollektiv) befindet.«

Natürlich kann man sich darüber streiten, wie weit diese Einsichten aus der Pionierzeit der Kinderladen-Bewegung in alltägliche Praxis umgesetzt wurden. Die 68er haben sich schwer damit getan, Rezepte zu finden und anzuwenden, mit denen die richtige Mischung aus »Geborgenheit« und »Freiheit«, »Orientierung« und »Emanzipation« zustande kommt. Was die richtigen Rezepte betrifft, so gibt es aber auch heute noch keinen Drei-Sterne-Koch, der die Erziehung zur Perfektion gebracht hätte.

Mit vielen Experimenten haben die 68er Schiffbruch erlitten. Wenn man die Erfahrungsberichte aus dem Alltag in den Kinderläden liest, wird einem manchmal schlecht bei dem Gedanken daran, wie damals mit unausgegorenen Ideologien in zarten Seelen herumgestochert wurde. Um der historischen Gerechtigkeit willen sollte man aber nicht vergessen, welche festgefrorenen Ideologien all jenen Experimenten vorausgingen. Die 68er fingen nicht bei null an, sondern bei Minus-Graden. Ich erinnere mich zum Beispiel an einen Volksschullehrer, den ich just im Schuljahr 1968/69 hatte und der regelmäßig Schüler vortreten ließ, um ihnen mit dem Holzlineal auf die Finger zu schlagen; in »Heimatkunde« lebte er seine zurechtgestutzten Großmachtfantasien aus, indem er uns die enorme Bedeutung der Eisenbahnknotenpunkte und Industriestandorte in der Gegend nahebrachte. Zwei geheimnisvolle Themen, von denen wir nie etwas erfuhren, gab es auf dem Lehrplan des Geschichts- und Biologieunterrichts meines Gymnasiums: Doch wenn es dann so weit war, wenn also die Weimarer Republik und der menschliche Blutkreislauf abgehakt waren, dann kamen dem Lehrplan aus unerfindlichen Gründen immer die Sommerferien in die Quere. Nie behandelt wurden die Themen Nationalsozialismus und Sexualaufklärung. (Dass meine Kinder dann die NS-Zeit so oft durchnahmen, bis sie ihnen zum Hals heraushing, ist nur ein Beispiel für den Zickzack-Kurs, in dem sich die Geschichte gefällt.)

Wer die Erinnerungen teilt, die ich mit meiner Schulzeit verbinde, kennt die historischen Verdienste der 68er. Wer zu solchen Erinnerungen keinen Zugang hat, sollte bitte damit aufhören, die 68er zu den Watschenmännern der Weltgeschichte zu erklären. Sie haben nicht nur der großen Sprach- und Bewegungslosigkeit ein Ende gesetzt, von der das Leben im Nachkriegsdeutschland befallen war, sie haben in den westlichen Gesellschaften insgesamt mit den alten Borniertheiten gebrochen, in denen das Verhältnis zwischen Mann und Frau, Vater und Kind, Mutter und Kind befangen war.

Ob es nun um die 68er oder um verwandte Bewegungen geht: Sie haben, wie ich meine, einen Beitrag zu einer Entwicklung geleistet, die einen viel längeren Atem hat und die schon in der frühen Moderne losgetreten worden ist. Am Anfang dieses Buches habe ich versucht, Sie zur Geburtsstunde dieser Entwicklung zurückzuführen: Sie fällt in die Zeit, als das Patriarchat in der Politik unter Beschuss geriet und damit auch im privaten Leben fragwürdig wurde. In der Politik lässt sich verfolgen, wie sich die Demokratie unter großen Mühen gegen das Patriarchat durchsetzte. Doch das Bild, das sich im privaten Leben bot, blieb konfus. Mag der Landesvater auch geköpft worden sein, die Prügelstrafe stand dem Familienvater weiter zu. Es war dies eine Frage der Verteidigung von Machtbereichen und des Beharrens auf männlichen Privilegien, es war aber auch ein Zeichen epochaler Einfallslosigkeit. So ergab sich über Jahrhunderte hinweg ein ziemlich fruchtloses Hin und Her zwischen der Allmacht der Väter und deren Entmachtung. Viele Elemente der patriarchalischen Familie aus vorindustrieller Zeit verschwanden, andere wurden zu tragenden Säulen der bürgerlichen Familie, die als Nachfolgemodell präsentiert wurde. Juristische Privilegien des Vaters hielten sich bis in die jüngste Vergangenheit, die ökonomischen Machtverhältnisse erwiesen sich als höchst stabil. Zugleich erlebte man, wie Familien an inneren Zwiespältigkeiten zugrunde gingen, wie Väter verkümmerten und versagten, wie Jugendliche ihren Familien den Rücken zukehrten, um bei irgendwelchen Ideologien oder in einem trostlosen Niemandsland zu landen.

Die Studentenbewegung hat endgültig die Tatsache ins allgemeine Bewusstsein gerückt hat, dass das familiäre Leben eine Baustelle ist. Die Väter, meine Helden, sind nicht deren Bauherren, sie arbeiten mit am Umbau des Lebens. Keine billige *exit option* ist gefragt, mit der man den Kindern die Tatsache, dass man sie im Stich lässt, als revolutionären Fortschritt andreht. Auch wenn der Tonfall etwas altertümlich klingt, gilt im Grunde heute noch, was der Pädagoge Friedrich Paulsen schon im Jahre 1907 schrieb: »An allen Punkten unseres Lebens hat die Auflösung der alten Autoritätsverhältnisse stattgefunden, aber es haben sich noch nicht die notwendigen Ersatzformen freier Selbstbeherrschung in unseren Sitten und Gewohnheiten fest eingebürgert ... Die alten Formen sind wurzellocker geworden, die neuen haben sich noch nicht befestigt.«

Allerdings war die destruktive Kompetenz der 68er im Umgang mit den »alten Formen« weit höher als ihre konstruktive Fähigkeit im Erfinden »neuer Formen«. So drastisch ihre Kritik an der alten Ordnung ausfiel, so dürftig war ihre Fähigkeit, Vorschläge zu machen und sie selbst ernst zu nehmen. Dass die 68er eher destruktiv als konstruktiv waren, zeigt, dass sie nicht nur ein Teil der Lösung waren, sondern auch ein Teil des Problems.

Warum geht es mir so dreckig?

Stellen Sie sich vor, Sie lebten in einer »verwalteten Welt«, wären in einen totalen »Verblendungszusammenhang« hineingeraten und hätten das »Schweinesystem« als Gegner. Versuchen Sie für einen Moment, sich in diese Stimmung mit aller Gewalt hineinzusteigern. Dann geht es Ihnen so wie jemandem, der in ein Restaurant eingeschlossen ist, Riesenhunger hat und von allen Gerichten auf der Speisekarte total angeekelt ist. Es geht Ihnen richtig dreckig. In einem der schlechtesten und populärsten Bücher, das die Studentenbewegung hervorgebracht hat, Dieter Duhms »Angst im Kapitalismus«, bekommt diese miese Stimmung ihre höheren theoretischen Weihen: Duhm behauptet, »das psychische Elend der jungen Generation« sei »erheblich schlimmer ... als das der älteren«. Wenn man auch sonst gern die Leistung verweigert, will man jedenfalls alle anderen im seelischen Elend toppen.

Über diese Mischung aus Selbstüberschätzung und Selbstmitleid kann man gut und gerne den Kopf zu schütteln, aber das reicht nicht. Wenn Rio Reiser 1971 singt, schluchzt, schreit, fragt: »Warum geht es mir so dreckig?«, dann ist hier nicht nur eine verirrte Seele am Werk, es muss auch Gründe geben, warum sich seine wütende Verzweiflung so ungebremst hochschaukelt:

> »Ich möchte am liebsten tot sein und von allem nichts
>   mehr sehen...
> Soll ich morgen abhauen und gehen, wohin ich will?
> Soll ich die Papiere holen und machen, was ich will?
> Soll ich mir'n Schuß machen und von allem nichts
>   mehr sehen?
> Ich möchte endlich frei sein, aber wohin soll ich gehen?«

Ich will nun nicht eine Analyse der politischen Situation jener Jahre liefern oder auf der Klaviatur von Imperialismus, Kryptofaschismus etc. spielen. Die verzweifelte Wut, mit der man die Welt, in der man lebt, abwatschen will, kann nicht allein mit den politischen Verhältnissen jener Jahre erklärt werden. Diese Wut setzt sich auch deshalb in den Köpfen fest, weil man das Gefühl hat, am Abgrund zu stehen, und weil die Geländer des Lebens insgesamt weggebrochen sind: nicht nur im Politischen, sondern auch im Persönlichen. Die Haltung der Wahl ist: Alles Menschliche ist mir fremd, aller Liebreiz ist zum Kotzen, alles Positive ist Pfaffengewäsch, »noch der Baum, der blüht, lügt«. Da die Revoluzzer zum Hass auf alles Private, auch zum Hass auf sich selbst entschlossen sind, bleibt ihnen als Lebensinhalt nur der politische Kampf. Tag und Nacht soll er geführt werden. Noch der Geschlechts-Akt und die Akt-Fotografie (Uschi Obermeier!) sind eine Form von Aktivismus.

Wenn man angeekelt ist von der Welt, dann muss man die Welt ändern, und zwar gründlich und *subito*. Nur: Mit wem soll man diesen Kampf führen, wenn in jeder Bindung der Faschismus flackert und wenn man den Ehrgeiz hat, die totale Repression bis in die feinsten Verästelungen der eigenen Träume hinein nachzuweisen? Die Jugendlichen, die von den vaterlosen Familien der Nachkriegszeit entlassen werden oder an der glatten Fassade ihrer Väter wie hilflose Käfer abgeglitten sind, treten die Flucht nach vorn an und stürzen sich in den Kampf. Doch was die Solidarität, die Fähigkeit zur Kooperation betrifft, sind sie Stümper. Am Ende des Dramas der Vatersuche und Vaterflucht, am Ende der Selbstverleugnung im politischen Kampf bleibt ihnen nichts als ihr verlorenes, verletztes oder auch verbohrtes Ich.

Wie geht es nun weiter? Von den vielen Wegen, die damals eingeschlagen wurden, möchte ich zwei nachschreiten, die letztlich in größtmöglicher Entfernung voneinander enden. Der eine Weg führt an den äußersten Rand der Gesellschaft – also dorthin, wo das eigene Leben ins Nichts kippt; der andere Weg führt zurück in den Schoß der Gesellschaft, die man plötzlich gar nicht mehr furchtbar findet. So unterschiedlich diese Wege sind, eines ist den Menschen, die auf ihnen unterwegs sind, doch gemeinsam: dass sie nämlich vor allem mit sich selbst, dem eigenen Ich zu tun haben. Im einen Fall wächst das Leiden an einer Welt, die als Verschwörung gegen das eigene Glück wahrgenommen wird, bis man an ihr zugrunde geht; dieser Weg führt in die Selbstzerstörung. Im anderen Fall leckt man seine Wunden, sieht im politischen Kampf nur noch ein Ablenkungsmanöver von den eigenen Befindlichkeiten und gliedert sich in eine Welt ein, in der es jedem nur um das eine geht: um sich selbst; dieser Weg führt in die Selbstverwirklichung. Wenn der eine Weg ganz trostlos wirkt, so wirkt der andere Weg ganz unverdächtig, ja vielleicht sogar verlockend. An der Trostlosigkeit will ich auch gar nicht deuteln, aber die Verlockung will ich denen, die sich von ihr angezogen fühlen, verleiden.

Der Weg in die Selbstzerstörung:
Bernward Vespers Reise

Wenn das Gefühl, von der Welt angeekelt zu sein, übermächtig wird, dann setzt sich der Geruch dieser Welt, die ich abstoßend finde, in der eigenen Kleidung, im eigenen Inneren fest. Es ist, als wäre ich zu lange, mein ganzes Leben lang, in einer verrauchten Kneipe gewesen und würde immer weiterstinken, wie sehr ich auch lüfte, wie oft ich mich auch dusche, wie streng ich mich auch bürste. Dann genügt es nicht, die Welt zu verändern, ich muss sie *wegmachen* – und mich selbst gleich mit, denn die Welt hat mich nicht verschont, sondern schon zerstört.

Es gibt wohl kein Beispiel für diesen Weg des Ich in die Selbstzerstörung, das sich so ins Hirn brennt wie das Leben Bernward Vespers. Sein autobiographisches Fragment »Die Reise«, das er in seinen letzten Lebensjahren geschrieben hat, ist das Protokoll einer Katastrophe. Ein Drama in fünf Akten erkenne ich darin, in denen es um den Vater, die Welt, das Ich, den Sohn und den Tod geht.

1. Akt: Der Vater. Bernward Vesper schildert sein Leben, das von 1938 bis 1971 gewährt hat, eigentlich nicht als kontinuierliche Geschichte, sondern als ein in zwei Hälften zerrissenes Etwas. Die eine Hälfte besteht aus dem Leben im Elternhaus, die andere Hälfte aus einer wilden Eskalation, die ihn letzlich an seine Grenzen, an sein Ende bringt. Was die erste Hälfte betrifft, so steht sie unter dem Gesetz des Vaters, des Nazi-Dichters Will Vesper, der dem Sohn im »Kinderbett nicht nur als der Mann überhaupt erschien, sondern als der Magier, der Gott, der mit unsichtbaren Kräften kommunizierte«. Doch die Bewunderung verkriecht und verkrümelt sich schnell. Schläge, Schweigen und Hohn werden ausgeschüttet über den »Herrn Sohn«, wie er gerne genannt wird. Als dieser Sohn erwachsen ist, erhebt er den Vorwurf gegen den Vater, dass er »unsere Kindheit zerstört, unser Gehirn verwüstet, unseren Charakter geschwächt, unsere Vernunft und Kritik erstickt und zu diesem Zweck die heiligen Gefühle, die Kinder von Geburt an an die Eltern binden, mißbraucht hat«.

2. Akt: Die Welt. Der Vater ist für Bernward Vesper nicht nur eine Privatperson, er ist »Lakai und Agent« eines Systems, das es zu bekämpfen gilt. Hinter dem Vater tritt Wichtigeres hervor: die USA z. B., deren »letzte Tage ... *nahe* herangekommen« sind, oder die »Macht in den Fabriken«, um die jetzt wie »um alles oder nichts« gekämpft werden muss. »Ab und zu: Aufbegehren, Trotz, Triumph«: Vesper träumt davon, »›der Welt‹ die ganze Geschichte in die Fresse [zu] schleudern. Sich zeigen, gesehen werden, sein.« Nachdem der Vater ihn nicht willkommen geheißen hat, will er nun der ganzen Welt zeigen, was eine Harke ist.

3. Akt. Das Ich. »Aufbegehren« gegen die Welt – das will Vesper, aber nur »ab und zu« rafft er sich dazu auf. Ansonsten wird zum Rückzug geblasen: »Nach innen geht der geheimnisvolle Weg«, so lautet die Zeile von Novalis, die Vesper begierig aufgreift und auf die er sich seinen eigenen Reim macht: »Ich interessiere mich ausschließlich für mich«, notiert er. Stärker noch als die Wut auf die Welt ist das Gefühl der eigenen Versehrtheit. Der Blick in den Spiegel fällt auf jemanden, der ihm zuwider ist, den die Welt schon »zur Sau gemacht« hat. »Interessant finde ich«, so schreibt er in bemühter Nüchternheit, »was für ein kaputter Typ aus der sogenannten ›heilen Welt‹ meiner Jugend herausgekommen ist.« Er diagnostiziert die »totale Liebesunfähigkeit« eines »total abgefackte[n] Typ[en]«. Das Ich ist kein Ruheplatz, auf den er sich zurückziehen könnte, Vesper kämpft vielmehr gegen sich selbst – und sein Kampfmittel ist LSD. Als »Drogenesser« will er seinen »neurotischen Zwangscharakter« außer Kraft setzen, um sich auf diese Weise von den »autoritären Strukturen kapitalistischer Gesellschaften« zu verabschieden und Zugang zu einer »vollkommen neuartigen Erfahrung von sich selbst« zu erlangen. Münden soll sie in eine

»ungeheure Freiheit des Menschen«, in einen »lebenslangen Trip«, auf dem er »ohne Droge entspannt sein darf«.

4. Akt: Der Sohn. Zwischen der Welt und dem Ich, zwischen dem Kampf gegen den Kapitalismus und dem Kampf gegen sich selbst steht irgendwo, ziemlich verloren, Felix, der gemeinsame Sohn Gudrun Ensslins und Bernward Vespers, der 1967 geboren wird; er gerät zwischen die Stühle einer Frau, die auf dem Weg in den Untergrund ist, und eines Mannes, der auf dem Weg in den Abgrund ist. Immer wieder taucht Felix in dem Buch »Die Reise« auf – seltener freilich, als Vesper dies ursprünglich vorgesehen hatte, denn er kam nicht mehr dazu, gemäß seiner ursprünglichen Planung den »FELIX-Briefwechsel« mit Gudrun Ensslin und anderen Familienmitgliedern in das Manuskript einzuarbeiten. Erst kürzlich wurden eindrucksvolle Zeilen aus diesen Briefen veröffentlicht, die zarte Annäherungen an das Kind ebenso schildern wie harte Abstürze. Felix sei für ihn, so schreibt er an Gudrun im Gefängnis, der, »den ich halte, der mich nicht hält... Ich wünsche oft und öfter, Felix wäre nicht da und alles wäre aus. Aber er ist da. Ich sorge für ihn.« – In einem anderen Brief kippt das Bild wieder: »Meinem Leben, mir, fehlt ›die Mitte‹ – Du mußt ihn [Felix; D. Th.] wieder nehmen, denn ich kann ihm nichts ›familienartiges‹ geben, keine Wärme, die er doch so braucht... – Ich kann nicht immer nur geben, ohne zu erhalten.«

Die dramatischste Szene mit Felix, die sich in Vespers »Reise«-Manuskript findet, ist diejenige, in der er ihn bei Pflegeeltern auf der Schwäbischen Alb zurücklässt: »*Felix ist nicht mehr bei mir.* Er lebt auf der Schwäbischen Alb. Ja, es stimmt, ich habe ihn selbst dort hingebracht... Es war Mittag, er schlief. Ich *stahl* mich aus dem Haus, ins Auto und fort... Er hat sechs Wochen lang in der Nacht geweint.« Das schlechte Gewissen bekämpft Vesper mit einer rhetorischen Frage, die er aus dem Abfall politischer Parolen zusammenbastelt: »Ist es nicht meine Pflicht, die ›subjektiven Bindungen‹ an ein Kind abzulegen, um uns der Veränderung eines Systems zuzuwenden, das uns zu solchen Wandlungen zwingt?« Vesper wirkt wie ein geistiger Urenkel Friedrich Hebbels (s. o. S. 132), der über die Härte seines eigenen Vaters klagte und sich um seinen ersten Sohn kaum kümmerte. Anders als bei Hebbel findet die Geschichte bei Vesper aber keinen halbwegs versöhnlichen Abschluss.

5. Akt: Der Tod. Bei seinem Kampf gegen das eigene Ich findet Vesper nicht die »ungeheure Freiheit«, die er sich erhofft hat, sondern den Tod. Am 15. Mai 1971 nimmt er sich in Hamburg mit Schlaftabletten das Leben. Es ist der Tod eines Menschen, der schutzlos dem Vater, der Welt und dem »Hitler-in-mir« – wie er selbst dies nannte – ausgesetzt war und der sich am Ende selbst zerstörte.

Der Weg zur Selbstverwirklichung und der Tod der Familie

1979, als ich zu studieren begann, konnte ich noch die letzten Ausläufer der Studentenbewegung besichtigen. Die politischen Splittergruppen an der Universität wussten damals selbst nicht mehr recht, wie ernst sie sich noch nehmen sollten. Eine dieser Gruppen war die »Marxistisch-Reichistische Initiative«, die mir deshalb auffiel, weil auf ihren Kandidatenlisten für die Studentenratswahlen nicht irgendwelche Mit-Studenten standen, sondern Marx, Freud, Wilhelm Reich und einige andere, an denen vor allem die Gemeinsamkeit herausstach, dass sie tot waren. Als ich mich damals mit diesen Kandidaten für den geistigen Olymp näher beschäftigte, konnte ich mit Wilhelm Reich am wenigsten anfangen. An Reich sollte man sich auch, wie ich meine, halten, wenn man herausfinden will, was beim Umgang der 68er mit dem privaten Leben, mit Erziehung und Familie schiefgelaufen ist.

In der heißen Phase der Studentenbewegung hing Reichs Einfluss insbesondere an einem ominösen Wort, das freigebig über die einschlägigen Pamphlete verteilt war: »Selbstregulierung«. In einer der Programmschriften der Kinderladen-Bewegung, dem Pamphlet »Erziehung zum Ungehorsam« aus dem Jahre 1970, findet sich ein Text aus der Frankfurter Kinderladen-Szene, zu deren Verfassern wohl auch eine Tochter Alexander Mitscherlichs, Monika Seifert, gehörte: »Unser Erziehungsprojekt beruht«, so liest man da, »auf dem Prinzip der Selbstregulierung der kindlichen Bedürfnisse, d. h. das Kind soll in jedem Alter und auf allen Lebensgebieten (wie Essen, Schlafen, Sexualität, Sozialverhalten, Spielen, Lernen usw.) seine Bedürfnisse frei äußern und selbst regulieren können ... Wir gehen davon aus, daß die Triebstruktur des Menschen auf die Befriedigung aller Partialtriebe gerichtet ist. Die Verhältnisse innerhalb unserer Gesellschaft, die auf Triebverzicht ausgerichtet ist, schränken die Triebbefriedigung durch normative und moralische Regulierungen auf ein Minimum ein. Wir versuchen in unserem Projekt, den Kindern den nötigen Freiheitsspielraum zu schaffen, innerhalb dessen sie frei von den Anpassungsforderungen an eine Zwangs- und Leistungsgesellschaft fähig werden, Selbstregulierung zu verwirklichen.« Mit »Selbstregulierung« oder »sexualökonomischer Selbststeuerung« wollte Wilhelm Reich den Weg zur Befreiung ebnen, und wenn ihn im angloamerikanischen Raum vor allem A. S. Neill mit seiner Summerhill-Schule populär machte, so war es in Deutschland vor allem Monika Seifert, die ihm den Weg zur Rezeption ebnete. Auch hier wurde also ein Generationenstreit ausgefochten: Nachdem der Vater die Schwächung der Väter betrauert hatte, trieb seine Tochter sie voran.

Was ich an der gerade zitierten Passage aus der Schrift »Erziehung zum Ungehorsam« besonders abwegig finde, ist die Vorstellung, ein Kind könne seine Lüste und Begierden frei von äußeren Einflüssen selbst regulieren. Ich sehe darin eine verhängnisvolle Fehldeutung der freudschen Gegenüberstellung zwischen dem »Realitätsprinzip«, der Welt der Zwänge und Verbote, die vom Vater repräsentiert wird, und dem »Lustprinzip«, das um die Wünsche und Fantasien des Kindes kreist.

Während Freud in der Gegenüberstellung von Lust- und Realitätsprinzip einen tragischen Konflikt erblickte, sahen die 68er im Kampf gegen das Realitätsprinzip ein emanzipatorisches Projekt und betrieben die Verwandlung des Menschen in eine hochdrehende Wunschmaschine. Tag für Tag sollte sie heiß laufen und Wünsche in die Welt hinausschleudern. Wenn es dann mit der Befriedigung hapern sollte, dann lag dies nicht an den Wünschen, sondern an der Realität, die von den Sinnen Entsagung statt Entregelung forderte. Man sah im Realitätsprinzip eine Waffe in der Hand der Herrschenden, mit der die Menschen zu »Triebverzicht und Bedürfnisunterdrückung« gezwungen werden sollten. Das Leben als Wunschmaschine wurde als revolutionäre Leistung gepriesen: »Je mehr und je länger Liebe gemacht wird auf jedwede mögliche oder vorstellbare Weise von und mit so vielen Leuten wie möglich, desto besser.« Die »Selbstregulierung« führte auf direktem Wege zur Deregulierung, zur Entgrenzung der Wünsche.

Am Horizont zeichnet sich schon ab, wie schnell sich diese menschlichen Wunschmaschinen wieder in den *mainstream* der modernen Gesellschaft eingliedern können. In einer seltsamen Volte beriefen sie sich nun plötzlich auf die technischen Erfolge des Gesellschaft, die sie doch gerade so erbittert bekämpft hatten. Sie setzten auf die »Erkenntnis..., daß wir heute nicht mehr in einer Mangelgesellschaft, sondern in einer Überflußgesellschaft leben, in der nur selten die Realität Einschränkungen auferlegt«. Vorgezeichnet war damit die Verwandlung der Aufständischen in Konformisten: Die Wunschmaschinen, die täglich neue Nachfrage generierten, boten sich als gute Kunden der Konsumgesellschaft an. Dass manche 68er sich an den Tropf des Überflusses gelegt haben, dass Theoretiker wie Herbert

Marcuse ihre Befreiungsfantasien von dem reibungslosen Funktionieren der Überflussgesellschaft abhängig gemacht haben, gehört zu den trostlosesten Seiten dieser Bewegung. Man sollte allerdings nicht verschweigen, dass viele der alten Kämpfer dieses Spiel durchschaut und sich auf die Seite der Umweltbewegung geschlagen haben.

Überträgt man das Vorhaben, den Aufstand gegen die Herrschenden durch Vervielfältigung der Wünsche zu betreiben, auf die Erziehung, dann züchtet man kleine Monster, die bei jeder Gelegenheit neue Bedürfnisse aus der Tasche zaubern. Wenn man die Prinzipien des »Realitäts-« und »Lustprinzips« auf diese Weise gegeneinander ausspielt, dann betreibt man nichts anderes als eine totale Fehldeutung unseres Verhältnisses zur Welt. Die Welt erscheint als ein Raum, der der Befriedigung von Bedürfnissen Steine in den Weg legt, während sie doch zugleich ein Raum ist, der Möglichkeiten bereitstellt, auf die man zur Entfaltung seiner Fähigkeiten angewiesen ist: ohne Baum kein Klettern, ohne Busch kein Versteckspiel, ohne Holz kein Feuer, ohne Haut kein Streicheln, ohne Sonne keine Wärme. Die Realität ist die Voraussetzung dafür, dass wir uns *ausleben* können.

Sieht man in der Realität jedoch nicht die Möglichkeiten, die sie birgt, sondern nur die Grenzen, die sie zieht, dann geht es auch der Familie an den Kragen: Dann erscheint sie als Teil einer Verschwörung gegen die wahren Bedürfnisse, als eine Institution, die mit »Angst und Terror« gegen »Spontaneität« zu Felde zieht. Deshalb wollte David Cooper, wie er in seinem Buch »Der Tod der Familie« von 1971 schrieb, eine »Bombe« in den »Familienkern« werfen: Der Vater als lebendige Verkörperung aller Verbote sollte abgeschafft werden, damit »persönliche Befreiung« stattfinden konnte. »In den letzten beiden Jahrhunderten«, so schrieb Cooper, »ist die Familie in das Leben des einzelnen auf eine Art gewaltsam eingedrungen, die für das Fortwirken des imperialisierenden Kapitalismus wesentlich ist.« Kleine Rückfrage: Warum tat Cooper so, als gäbe es ein sich selbst regulierendes »Leben des einzelnen«, in das die Familie wie etwas Fremdes von außen eindränge? Ist es nicht eher so, dass der Einzelne erst in sein Leben hineinfindet, wenn ihn andere dabei stützen? Für Cooper war die Familie ein Apparat, den man, wie das Fernsehen, »abdrehen« musste: »Nichts darf der Familie bleiben . . ., das Zeitalter der Verwandten ist vorbei.« Das neue Zeitalter, das Cooper anbrechen sah, stand dann im Zeichen der »Arbeit am eigenen Ich«, der Stärkung der »Ichmitte«, in der man »im guten Sinne auf *sich selbst zentriert*« ist. Die Selbstverwirklichung sollte glatt laufen, wenn die familiären Bindungen abgestreift waren. In ihnen sah Cooper nichts anderes als tief ins Fleisch schneidende Fesseln. Dem Kind wollte er einen Gefallen tun, indem er es sich selbst überließ, doch ließ er es dabei nur brutal im Stich. Ein Geschenk wollte er ihm machen, indem er es zur Selbstregulierung oder »Selbstgestaltung« ermächtigte. Aber dieses Geschenk war vergiftet, denn er lastete dem Kind damit ein Unternehmertum in eigener Sache auf, von dem es völlig überfordert war.

Dass die 68er das Kind gern mit dem Bade ausschütteten, ist bekannt. So geschah es auch, dass die Antwort auf die autoritäre Erstarrung und die emotionale Entleerung, die sich in den Familien ausgebreitet hatten, der Ruf nach dem Tod der Familie war. Im Anschluss daran blies man zum Rückgang aufs eigene »Ich«. Seltsam: Angetreten waren die 68er mit dem Kampfruf gegen Privatisierung, ob sie nun auf pädagogischer, ökonomischer oder sexueller Ebene lag. Doch die soziale Fantasie, die sich auf das Kollektiv oder die Kommune richtete, war letzten Endes viel schwächer als die Neigung, sich erst einmal um das eigene verletzte Selbst zu kümmern. Der Kampf gegen das Private entpuppt sich als ein Kampf, in dem sich das Ich die Arme, die es zu anderen ausstreckt, abhackt und als verletzter Rumpf zurückbleibt. Mit dem Ich, das seine Wunden leckt, machten in den 1970er und 80er Jahren Seelentröster und Gurus ihren Reibach.

Erst las man Hesses »Steppenwolf«, dann Hesses »Siddharta«. Erst traf man auf Leute, die sich auf die Seite der Arbeiter schlugen und in die Produktion gingen. Später wandelten sich dann die Ambitionen: Irgendwann auf einer Party hörte ich, wie jemand sich spätabends verabschiedete mit der Begründung, er müsse noch arbeiten. Als ich neugierig zurückfragte, was er denn arbeite, antwortete er: »Ich arbeite an mir selbst.«

Schon von Bernward Vesper hörten wir das Bekenntnis, er »interessiere« sich »ausschließlich« für sich selbst; dieses Bekenntnis hatte für ihn selbst einen bitteren Beigeschmack, denn er fand dieses Ich, auf das er fixiert war, hassenswert. Sein Selbstinteresse stand im Zeichen der Selbstzerstörung. Bei seinen narzisstischen Nachfolgern stand das Selbstinteresse im Zeichen der Selbstverwirklichung, und sie haben mit ihrem Programm weit mehr Anhänger gefunden als Vesper mit seiner Verzweiflung. Wen wundert's?

Doch, mich wundert's! Zwar kann ich verstehen, dass man bei der Reise nach innen der Verzweiflung aus dem Weg gehen will. Ich kann aber nicht verstehen, warum man sich stattdessen auf die Selbstverwirklichung versteifen soll. Vielmehr träume ich von dem Tag, an dem die Einträge »Selbstverwirklichung« im Duden und in Wikipedia mit dem Vermerk »veralteter Ausdruck« oder »nicht mehr gebräuchlich« versehen sein werden. Ob ich diesen Tag noch erlebe, hängt auch davon ab, ob die Leser dieses Buches sich bei diesem Wort künftig auf die Zunge beißen werden.

Was stört mich an diesem Wort? Es geht mir wohlgemerkt nicht darum, dass man irgendwie klein beigeben oder sich bescheiden solle. In der Abwehr der »Selbstverwirklichung« sehe ich kein melancholisches Anpassungsprogramm, keine missgelaunte Absage an den Genuss, sondern die Abwehr eines Projekts, mit dem man sich selbst in die Wüste manövriert.

Wer von Selbstverwirklichung spricht, geht offensichtlich davon aus, dass sein Selbst noch nicht »wirklich« sei, sondern irgendwo in der Zukunft liege. Man behandelt es wie einen Plan oder einen Traum, der erst umgesetzt werden muss. Wenn ich mir vornehme, mein Selbst erst noch zu »verwirklichen«, dann muss ich mich selbst, wie ich schon da bin, mit spitzen Fingern anfassen: Statt meiner selbst erblicke ich im Spiegel nur ein Produkt der Fremdbestimmung. Da ich mich erst noch verwirklichen will, »bin« ich eigentlich noch gar nicht »wirklich«. Bislang habe ich an mir, an meinem »wahren Selbst« – was immer das sein mag – vorbeigelebt. Ich verrenne mich in das Gefühl, auf das eigene Leben noch warten zu müssen, und rümpfe die Nase über das, was ich schon bin. Diese abfällige Haltung muss sich gegen alles richten, was schon vorgegeben ist, was ich nicht von mir aus steuere. Beim Projekt, mein wahres Selbst zu verwirklichen, muss ich am Drücker bleiben und kontrollieren, was ich von der Welt an mich heranlasse. In dieser Perspektive wirken etwa die Bindungen, in denen ich mit den eigenen Eltern verbunden ist, skandalös.

Gut kann ich mich daran erinnern, wie ich einmal nach einem Nachtflug in den für mich völlig ungewohnten Genuss kam, von einem Fahrer abgeholt und zum Zielort gebracht zu werden; er erschien mir als Selbstverwirklichungs-Ritter von trauriger Gestalt. Ich war übermüdet und versuchte im Auto zu schlafen, während der junge Mann wild entschlossen war, mir im Laufe der ziemlich langen Fahrt sein Leben zu erzählen. Dieses Leben bestand im Wesentlichen aus mehreren abgebrochenen Ausbildungen, die, wie mein Gesprächspartner sagte, nicht »das Richtige« gewesen seien, in denen er sich nicht habe »verwirklichen« können. Ich dachte bei mir, dass man nie erfährt, ob das, was man tut, einen ausfüllt oder nicht, wenn man sich nicht richtig darauf einlässt. Jeder Tag hat seine eigene bedrohliche, aber auch beglückende Einmaligkeit, die es auszukosten gilt. Doch mein Gesprächspartner hatte sich darin eingerichtet, mit der Ausrede der Selbstverwirklichung, also im Blick auf ein in die Zukunft verschobenes wahres Leben, die

Gegenwart verstreichen zu lassen. Diese Gegenwart konnte nicht mithalten mit den großen Aussichten, die noch ausstünden. Während er mir gerade wortreich erklärte, warum das, was er tue, unter seinem Niveau sei und an seinen Interessen vorbeigehe, während er – anders gesagt – dabei zusah, wie sein Leben zur Neige ging, ging auch das Benzin im Tank zur Neige, ohne dass er dies rechtzeitig gemerkt hätte. Panisch verließ er die Autobahn, um mit knapper Not, bergab ausrollend, gerade noch eine Tankstelle zu erreichen. Da er von der vorgesehenen Route abgewichen war, mahnte eine erstaunlich geduldige Frauenstimme aus dem Navigationssystem alle paar Sekunden: »Bitte drehen Sie bei nächster Gelegenheit um!« Ich kann nur hoffen, dass mein Gesprächspartner diese Empfehlung inzwischen auch in seiner Lebensführung beherzigt hat.

Sind die 68er schuld am Finanzkapitalismus? Ein Verdacht Nicolas Sarkozys

Die Stärkung der »Ichmitte« wurde von seinen frühen Propagandisten als revolutionärer Akt ausgelegt: als Kampf gegen die Kolonialisierung des eigenen Seelenlebens durch das herrschende Bewusstsein. Weil viele 68er, nachdem die Weltrevolution ausgeblieben war, den Marsch in die Selbstverwirklichung angetreten haben, legt man ihnen heute gerne zur Last, dass sie verantwortlich seien für den Zerfall der Gesellschaft in lauter Individuen, für den Sieg des Eigeninteresses. Zu denen, die diesen Vorwurf erheben, gehört auch Nicolas Sarkozy; neben ihm wirken all die deutschen Kritiker der 68er, die in letzter Zeit den Mund voll genommen haben, ziemlich zahnlos.

Als sich Sarkozy in einer Rede vom März 2007 über die sexuelle Libertinage, den »Genuss ohne Grenzen« der 68er empörte, stand ihm die von einem Milliardärsfreund finanzierte Reise mit Carla Bruni nach Ägypten noch bevor. Die eigene Genussfähigkeit hinderte ihn nicht daran, seinem tiefen Abscheu gegen die 68er Ausdruck zu verleihen. Sie hätten, wie er meinte, den »Unterschied zwischen Gut und Böse, Wahr und Falsch, Schön und Hässlich« abgeschafft. Doch »noch einen Schritt weiter« könne er gehen, so erklärte er damals: »Das Erbe des Mai '68« sei nämlich nichts anderes als die »Einführung des Zynismus in der ganzen Gesellschaft und in der Politik« – eines Zynismus, der inzwischen auch die Wirtschaft ergriffen habe. »Der Kult des Geldes, des schnellen Profits, der Spekulation und die Abarten des Finanzkapitalismus sind von den Werten des Mai '68 getragen. Weil es keine Regeln, keine Normen, keine Moral, keinen Respekt, keine Autorität mehr gibt, weil alles gleichgültig ist, ist alles erlaubt... Die Infragestellung aller ethischen Maßstäbe, aller moralischen Werte hat zur Schwächung der Moral des Kapitalismus beigetragen und einem skrupellosen Kapitalismus den Weg bereitet.«

Nach Sarkozy sind die 68er also die geistigen Väter der Geldhaie und Heuschrecken unserer Tage, die Hauptverantwortlichen für die Perversion eines eigentlich guten, eigentlich moralischen Kapitalismus. Mit Inbrunst wird hier »Schwarzer Peter« gespielt. Natürlich ist, was Sarkozy da sagt, Unsinn. Der Kapitalismus musste nicht auf 1968 warten, um Menschen, die es ausschließlich auf ihr Eigeninteresse abgesehen haben, rekrutieren zu können. Sarkozys Idee, dass der Kapitalismus selbst eine »Moral« mit sich führe, die die skrupellose Bereicherung verhindere, ist an den Haaren herbeigezogen.

Ziemlich witzlos finde ich dieses allseits verbreitete Gesellschaftsspiel, in dem man nach Schuldigen für die Irrungen der Moderne sucht und am Ende immer dieselben findet: die 68er. Umgekehrt wird ein Schuh daraus. Den Ego-Trip haben die 68er nicht erfunden, aber als ihre soziale Fantasie ermattete, sind viele in den gesellschaftlichen *mainstream* zurückgekehrt. Was sie dort vorfanden, war das Lebensmodell des ökonomischen Individualismus.

Die Ichstarken am Ende der Sehnsucht:
Beobachtungen von Botho Strauß,
Michel Houellebecq und Florian Illies

Nach 1968 leckten viele ihre Wunden und meinten, sich zu-allererst um das eigene Selbst kümmern zu müssen. Sie machten sich lustig über die Experimente mit Wohngemeinschaften, die an nicht zugedrehten Zahnpastatuben gescheitert waren, und zogen sich mit gefrorenem Lächeln auf ihr Single-Dasein zurück. »Sie leben«, so hieß es schon 1980 bei Botho Strauß, »komfortabler allein, die Familie schützt keinen mehr, und das Ende der Sehnsucht ist erreicht.« »Die Ichstarken«, deren Gesichter »von zielloser Selbstbehauptung versiegelt« sind, sah er »täglich stärker« werden und beobachtete sie dabei, wie sie »immer« etwas »Besseres« zu finden meinen und »lustlos in den schönsten Speisen, lustlos in den schönsten Hüften« herumstochern. »Solange du selbst überhaupt nirgendwo drinsteckst und ewig kalt beiseite stehst, da hast du leicht durchschauen und sehnst dich doch nach der kleinsten Träne der Hingabe, die wenigstens ein Rändchen Trübung ins Auge brächte.«

Botho Strauß beschrieb mit kühlem, traurigem Blick, wie die »Ichstärke«, jenes Zauberwort der Emanzipation, auf den Hund kam. Ähnlich traurig, nur noch etwas kühler war der Blick, den Michel Houellebecq auf »den unaufhaltsamen Siegeszug des Individualismus« warf. In seinem Roman »Elementarteilchen« aus dem Jahre 1999 ließ er Michel und seinen Halbbruder Bruno – übrigens wieder einmal zwei vaterlose Helden – ein Leben verbringen, aus dem »Gefühle wie Liebe, Zärtlichkeit und Brüderlichkeit ... weitgehend verschwunden« waren. Mit einer Frau zu schlafen war schon schwierig, mit ihr zu reden ganz unmöglich. Während Bruno darauf wartete, dass sein Sohn ihn zu hassen begann, wunderte sich Michel darüber, dass man sich fortpflanzte, wenn man das Leben nicht liebte. Hin und wieder flackerte eine fast schon absurde Sehnsucht nach der heilen Welt der Familie auf, doch letztlich beschrieb Houelle-becq den totalen Ausstieg der Individuen aus einem Generatio-nenspiel, das sie zwingen würde, sich aufeinander einzulassen. Den Individuen blieb nur eines: das eigene Ich. Nachdem alle zwischenmenschlichen Potentiale erschöpft oder pervertiert waren, bot sich nach Houellecq am Schluss eine »Lösung ... technischer Art« für die Organisation und den Fortbestand der Gesellschaft an: eine automatisierte Produktion von Menschen, deren Erbmaterial gentechnisch homogenisiert werden sollte. Dies hatte den Vorzug, dass alle einander immer ähnlicher wür-den; so sollte es ihnen leichter fallen, versöhnlich miteinander umzugehen und – ja! – »Brüderlichkeit« zu praktizieren. Die düstere Schlussfantasie von Houellebecqs Roman mündete in ein technisch verdrehtes *remake* der »Brüderlichkeit«, die wir schon in der Französischen Revolution kennengelernt haben.

Strauß und Houellebecq hatten die letzten Zuckungen der 68er im Visier, als sie über die Schattenseiten der Ichstärke und des Individualismus schrieben. Wandert man nun ein wenig weiter durch die Zeit und verlässt man die Regionen der am-bitiösen Literatur, dann trifft man auf eine neue Generation von Menschen, die ihren Vorgängern doch darin gleicht, dass sie wiederum auf sich versessen ist und dabei nicht in sich ruht. Beschrieben wurde diese Generation von Florian Illies in sei-nem Porträt der »Generation Golf«, doch eigentümlich an die-ser Beschreibung war nun, dass es nicht mehr die 68er waren, die für diesen Ego-Trip – wie auch immer indirekt – verantwort-lich gemacht wurden. Vielmehr legte Illies umgekehrt Wert auf die Feststellung, dass der Individualismus als Akt des Wider-stands gegen die moralisierenden Altachtundsechziger zu gel-ten habe. Dieser Widerstand sei, so sagte Illies, die »entschei-dende Lebensmaxime« dieser Generation. Offenbar konnte man also die 68er zu Grabe tragen und einen Individualismus konventioneller Bauart beibehalten.

Bei Illies waren all diese Individualisten schrecklich nett und ganz harmlos. »Gut genährt, ansonsten aber völlig orientie-rungslos, tapste«, so schrieb Illies, »eine ganze Generation der zwischen 1965 und 1975 Geborenen hinein in die achtziger Jahre. Aber irgendwie machte uns das auch nicht viel aus.« Die Ver-treter dieser Generation hielten sich an Bücher mit Titeln wie »Sorge dich nicht, lebe«, »Der Erfolg ist in Dir« oder »Aus ei-gener Kraft« und interessierten sich vor allem für Aktienkurse. Wenn Botho Strauß vom Ende der Sehnsucht gesprochen und Houellebecq das Ende der Geschichte ausgerufen hatte, so sagte nun Illies: »Die Suche nach dem Ziel hat sich erledigt. Verän-derungen wird die Zukunft kaum bringen.« Wenn bei Strauß und Houellebecq von bindungslosen Individuen die Rede ge-wesen war, so hieß es bei Illies: »Da wir... als selbstverliebte Menschen vor nichts solche Angst haben wie vor dem Gefühl, enttäuscht zu werden, haben wir immer eine Reißleine im Kopf und begeben uns in eine Beziehung nur so weit hinein, daß si-cher ist, daß wir auch wieder hinauskommen.«

Ganz nebenbei erklärte uns Illies, »das Gros der Generation Golf« kümmere sich »allein um die Zukunft der eigenen Ar-beitsstelle und die eigene Familienplanung«. Leider verlor er kein Wort darüber, warum die von ihm beschriebenen »selbst-verliebten Menschen«, die sich auf niemanden richtig einlassen wollen und es erklärtermaßen vor allem auf die Erhaltung ihrer eigenen Jugend abgesehen haben, die »Familienplanung« über-haupt zu ihrer Sache machen sollen. Illies gefiel sich in der Rückkehr zur Normalität, und zu dieser Normalität sollte bitte auch die Familie irgendwie dazugehören. Er ließ nur leider to-tal im Dunkeln, warum die Familie – welche? – für die Männer der »Generation Golf« mehr sein sollte als ein Auslaufmodell. (Also doch kein Golf, sondern ein Käfer.)

Dieses Dunkel möchte ich nun lichten. Ich möchte heraus-finden, ob die Väter eine Zukunft haben – und wenn ja, wel-che?

19. Die Wiederkehr des Vaters

Gemischte Gefühle

Wenn man die aktuellen Meldungen über Väter und Familie durchsieht, könnte man meinen, dass Schlagzeilen »Schlag«-Zeilen heißen, weil sie sich gegenseitig totschlagen. Der »Tagesspiegel« meldet einen »Aufschwung im Strampelanzug« (vulgo: einen Babyboom). Nach Auskunft der ZEIT blüht »die Liebe der Väter«, nach Auskunft des SPIEGEL die »Sehnsucht nach Familie«. Die Deutsche Presseagentur sieht dagegen Anzeichen für einen »Zeugungsstreik« der Männer. Aus dem »Handelsblatt« erfährt man: »Familie zählt in Deutschland wenig« (nämlich so wenig wie sonst nur in Litauen und Holland). Eine Dokumentation des Fernsehsenders ARTE widmet sich dem Trend »Vom Patriarchen zum Papa«. Der Deutschlandfunk berichtet von der »Wiederkehr des Patriarchats«.

All dies waren Titel von Beiträgen aus den Jahren 2007 und 2008 – und man kann geradeso weitermachen. Der »Neuen Lust aufs Kind« widmet der STERN eine Titelgeschichte. »Schluss mit der Brut«, stellt die ZEIT fest und erklärt, »die Auflösung der Familie« stehe bevor. Während die »Frankfurter Allgemeine Zeitung« in eher melancholischem Ton den »Verfall der Familie« beschreibt, meldet »Psychologie heute« die Wiederkehr des »Traums von der Idealfamilie«. Der SPIEGEL stellt fest: »Dauerhaft ist nur die Trennung«. Das Magazin FOCUS bedauert die »Väter – die neuen Sündenböcke« und begibt sich auf die »Suche nach dem starken Mann«. Gut, auch das klingt bekannt – nur habe ich diesmal fast nur Überschriften ausgesucht, die aus den frühen 1990er Jahren stammen. Der Streit ist nicht neu. Damals wie heute schießen die Reaktionen durcheinander.

Umstritten ist, ob es mit der Familie insgesamt bergab geht, ob Männer überhaupt noch – wenn ich so sagen darf – »familienwillig« sind und ob man sich für die Zukunft nun Patriarchen oder irgendwelche anderen Vater-Typen wünscht.

Manche wechseln im Laufe dieser Debatten auch die Fronten. Da gibt es zum Beispiel Matthias Horx, der sich als führender Vertreter einer Disziplin namens »Zukunftswissenschaft« anpreist und jedes Jahr neue »Megatrends« herausposaunt. Ende der 1980er Jahre sagte er für moderne Gesellschaften einen »Kulturkrieg« voraus: Auf der einen Seite würden sich die »Ikea-Familien« in die Vorstädte zurückziehen, dort ihre »Spießbürgerei« ausleben, als Beamte Dienst nach Vorschrift machen und für ihre Kinder hohe staatliche Zuwendungen kassieren; auf der anderen Seite würden die sogenannten »Netten Egozentriker« (NEGOs) die Macht in den Innenstädten übernehmen, dort die »Luxusrenovierung« vorantreiben, mit ihrer »ungehemmten« Kreativität für Fortschritt sorgen und die Frage der Nachkommenschaft entschieden »verneinen«. Horx sagte voraus, dass die NEGOs als »Sieger« aus diesem »Kulturkampf« hervorgehen würden, und bekannte sich stolz dazu, einer von ihnen zu sein.

Wenn wir nun ins Jahr 2008 wechseln, dann werden wir Zeuge, wie Matthias Horx für sich, seine Frau und seine zwei Kinder ein Haus am Stadtrand von Wien baut. Herzlichen Glückwunsch! Jeder Mensch, gerade auch jeder NEGO darf sich ändern, jeder darf klüger werden. Horx' Klugheit geht allerdings leider nicht so weit, dass er Zurückhaltung bei seinen Vorhersagen üben würde. Von einem »Kulturkrieg« ist bei ihm jetzt keine Rede mehr, stattdessen verkündet er als neuen Megatrend ein Absinken der Scheidungsrate und erkennt gute Aussichten für die Vereinbarkeit von Karriere und Familie. Dagegen hätte ich nichts einzuwenden, aber wenn Horx dies vorhersagt, muss ich vielleicht anfangen, mir Sorgen zu machen.

Statt wie ein läufiger Hund den Duftmarken irgendwelcher

Megatrends hinterherzuhecheln, will ich mich mit einer Beschreibung der Lage begnügen. Ach ja? Will ich das? Dazu bin ich doch nicht *cool* genug, und deshalb werde ich zur Lagebeschreibung zwar keine Prognose, aber einen Wunschzettel dazulegen. Ob meine Wünsche Wirklichkeit werden, weiß ich nicht – und damit bin ich wieder bei dem offenen Rennen, bei dem langen Wettstreit der Lebensformen, der in der Moderne im Gange ist. Dass das Rennen bis heute nicht entschieden ist, bringt Ungewissheit, hat aber einen unschätzbaren Vorteil: Man kann den Ausgang dieses Rennens selbst beeinflussen, wenn man sich nur ins Zeug legt.

Aber wofür legt man sich ins Zeug, und wogegen tritt man an? Wenn ich mit Blick auf die moderne Vaterschaft Antworten auf diese Fragen suche, dann muss ich zunächst mit einer unbequemen Einsicht beginnen. Sie lautet: Väter sind auch Menschen. Was meine ich damit? Die Väter haben ihre herausgehobene Stellung weitgehend eingebüßt, sie stehen unter dem Eindruck von Entwicklungen, die Väter wie Mütter, Männer wie Frauen, eben alle Menschen in der Gesellschaft gleichermaßen betreffen. Unbequem ist dies, weil damit die Lage unübersichtlicher wird. Der Weg der Väter, der aus dem Patriarchat alten Stils herausführte, war ein Sonderweg, der nur von ihnen so beschritten werden konnte. Je näher die Gegenwart heranrückt, desto weniger sticht der Weg der Väter aus der Entwicklung im Ganzen heraus. Dass Väter auch Menschen sind, mögen diejenigen, die auf ihren alten Vorrechten beharren, als Anschlag auf ihre alte Herrlichkeit ansehen. Ein Mensch zu sein – das heißt für den Vater auch, nichts »Besonderes« mehr zu sein. Aber es gibt Schlimmeres als die Menschwerdung. Für die Mütter war sie im Übrigen eine mühsam erkämpfte Errungenschaft. Ibsens Heldin »Nora« musste noch all ihre Kraft zusammennehmen, um der Vorhaltung ihres Mannes, sie sei »vor allem ... Gattin und Mutter«, zu entgegnen: »Vor allem bin ich ein Mensch, glaube ich, ebenso wie du – oder wenigstens will ich versuchen, einer zu werden.« So ist auch der Vater ein Mensch – oder will wenigstens versuchen, einer zu werden.

Weil Väter auch Menschen sind, muss ich in diesem letzten Kapitel meines Buches immer wieder zwischen dem Tele- und dem Weitwinkelobjektiv wechseln. Das heißt: Einerseits werde ich von den Vätern eine Großaufnahme bringen, andererseits werde ich ein breiteres Blickfeld wählen und Entwicklungen, von denen sie als »Menschen« betroffen sind, einbeziehen.

Beim Blick durchs Teleobjektiv zoome ich einen Vater heran, der ziemlich erschöpft wirkt. Auch wenn keiner, der heute lebt, die ganze Geschichte der Moderne auf dem Buckel hat, scheint mir doch, dass das ganze Hin und Her Spuren der Zermürbung in den Köpfen hinterlassen hat. Der lange Abschied vom Patriarchat hat die Väter davon abgebracht, sich als kleine Götter zu fühlen. Zäh klebten sie an ihren Sesseln, aber rückblickend darf man sagen, dass es für Menschen aus Fleisch und Blut letztlich ein gemischtes Vergnügen gewesen sein muss, ein Popanz zu sein. Inzwischen ist der Abschied aus der alten Welt erfolgt, doch die Väter sind noch längst nicht am Ziel angekommen. Das liegt schlicht daran, dass sie nicht wissen, was ihr Ziel eigentlich ist.

Immer wieder haben die Männer mit der Idee gespielt, sich als Väter abzuschaffen, indem sie die Erziehung in die Hände des Kollektivs legten. Ob sie darin nun einen fortschrittlichen Angriff auf private Machtverhältnisse sahen oder ob sie es einfach bequem fanden, sich auf diese Weise die Kinder vom Hals zu halten: so oder so führte diese Strategie der Kollektivierung in eine Sackgasse.

Oder die Väter haben die Erziehung zur Frauensache erklärt, um sich als anwesend-abwesende Machthaber in der Erziehung auf eine Rolle zurückzuziehen, wie man sie in der Wirtschaft vielleicht von Aufsichtsräten kennt. Die Frauen haben sich mit dieser Arbeitsteilung nicht abgefunden, die Kinder waren von dem *double bind*, mit dem die Väter auf sie zutraten, hin- und hergerissen: Sie reagierten mit Wut und Trauer, griffen die Macht an, unter der sie litten, und vermissten die Nähe, die sie nicht fanden. Sauber getrennt und verteilt waren diese Gefühle beim wütenden Vatermörder einerseits, beim traurigen Vaterlosen andererseits. Doch fast immer überkreuzten sich Wut und Trauer in den Köpfen. Die Beteiligten gerieten in ein emotionales Wechselbad. Im Nachhinein muss sich der bürgerliche Familienvater auch fragen lassen, was er falsch gemacht hat, als die Faschisten bei der Jugend absahnten.

Es ist mir aber zu blöd, die Geschichte der Väter so zu erzählen, als handelte es sich bei ihnen um schlecht ausgewuchtete Reifen, als liefe es also darauf hinaus, dass sie am Ende ihrer Laufbahn oder ihrer Laufzeit einfach abgenutzt, platt herumliegen. Wenn ich mich weit über die Brüstung der Gegenwart lege, dann kann ich mit einer langen Stange kostbare Einzel- und Glanzstücke, die im Fluss der Geschichte treiben, herausfischen. Da ist Martin Luther, der gerne Windeln wäscht (s. o. S. 250), der Vater, der sich bei Edmund Burke als überraschend »sanft« entpuppt (s. o. S. 79), Brissots bemühte Annäherung an das Kind (s. o. S. 104), der Vater, dem Herr und Frau Condorcet das »Mitgefühl« beibringen (s. o. S. 113), Tocquevilles demokratisches Vaterbild (s. o. S. 149), Friedrich Hebbels spät gefundene innige Verbindung zu seiner Tochter (s. o. S. 136), Makarenkos Modell väterlicher Autorität, die sich in der Nähe zum »zarten Leben« des Kindes bewährt (s. o. S. 217), oder Mitscherlichs wie auch immer verdüsterter Traum, dass Vater und Kind durch »Sachbezug« und »Gefühlsbezug« verbunden seien (s. o. S. 243).

All diese Beispiele klingen eher so, als würde ich vom modernen Vater verlangen, sich weichkochen zu lassen. So ist das aber nicht gemeint: Diese Fundstücke sollen nur zeigen, wie stark im Laufe der letzten Jahrhunderte die Lockerungsübungen waren, mit denen das Bild des Patriarchen erschüttert wurde. An jenen Fundstücken zeichnet sich ab, dass moderne

Vaterschaft ein Tanz ist, in dem zwei Bewegungen aufeinander abgestimmt werden müssen: Hingerissen geht der Vater auf das Kind zu, standhaft zieht er es zu sich hin.

Ich will nun aber nicht so tun, als sei heute ein einziges geschlossenes Vaterbild etabliert, das zum Leitbild taugte; vielmehr gibt eine Vielzahl von Suchbildern, die stark voneinander abweichen. »Alles geht, nichts funktioniert«, so heißt es, leicht übertrieben, in einem Artikel über die Vielfalt von Vaterrollen. Streit gibt es nicht nur um die Vor- und Nachteile dieser Rollen, sondern auch darum, welche von ihnen sich wirklich im Leben breitgemacht hat, wieweit sie überhaupt im Alltag verankert sind. Allein schon die Frage, ob sich bei den Vätern in den letzten Jahrzehnten überhaupt viel geändert habe, ist kontrovers: Manche meinen, alles sei weitgehend beim Alten geblieben, andere sehen den sogenannten »neuen Vater‹ auf dem Vormarsch.

Wenn man Mühe hat, die Lage zu beschreiben, dann hat dies üblicherweise seinen Grund darin, dass sie in Fluss geraten ist. Wir leben ein Leben, das wir gerade erst kennenlernen, sind notgedrungen im Ungewissen über uns selbst. Und doch ist es, wie ich finde, ziemlich einfach, den Streit um die Väter zu sortieren. Genau besehen gibt es nicht einen Streit, sondern zwei. Der erste kreist um die Frage, *ob Männer Väter werden,* der zweite um die Frage, *wie Männer als Väter leben.* Mit diesen zwei Streitfragen komme ich zurück auf die zwei Debatten, an denen ich zu Beginn dieses Buches die Krise des Generationenspiels festgemacht habe. Im ersten Streit geht es um die Bereitschaft des Mannes, sich überhaupt auf dieses Spiel einzulassen resp. um die Aussicht auf Kinderlosigkeit – inklusive einer schrumpfenden Gesellschaft. Im zweiten Streit geht es um die Frage, wie der Vater sein Spiel spielt: wie er sich einmischt, mit welcher Agenda er gegenüber seinen Kindern agiert.

Die erste Streit-Front wird erst dann richtig sichtbar, wenn ich – wie vorhin angekündigt – vom Tele- auf das Weitwinkelobjektiv wechsle. Dann geht es nicht mehr um Väter im Speziellen, sondern um Männer – mehr noch: um Menschen im Allgemeinen. Sie sind mit einem Phänomen konfrontiert, das ich die innere Konkurrenz von Lebensformen in der Moderne nennen möchte. Im Zuge dieser Konkurrenz spitzt sich der Streit um die Vaterschaft eben auf die Frage zu, ob Männer überhaupt noch Väter werden wollen. Natürlich ist es heikel, diese Frage allgemein beantworten zu wollen – als ob es hier nicht eine Vielzahl von persönlichen Schicksalen, besonderen Umständen, gewundenen Lebensläufen gäbe. Und doch steht die individuelle Antwort auf die Kinderfrage immer auch unter dem Eindruck der Lebensmodelle, die in einer Gesellschaft insgesamt vorherrschend sind. Solche Modelle kann man sich als Paketlösungen vorstellen: Sie enthalten Routinen, die bei passenden Gelegenheiten greifen, während manche Bereiche einfach links liegen gelassen werden. Man kennt dieses Schema von Computern, die beim Öffnen irgendeiner Datei, die man zugeschickt bekommen hat, die Meldung anzeigen, dafür fehle das passende Programm. Gibt es so etwas wie das passende Programm für Väter in der Moderne? Oder gibt es Lebensmodelle, in denen die Vaterschaft keinen *access* hat oder keine *application* findet?

Der Verdacht geht um, dass die Haltungsschäden, die sich die Väter im Laufe der Geschichte zugezogen haben, letztlich zu einem Ermüdungsbruch führen: zur *Invalidität* der Väter, zur Abwendung der Männer von der Perspektive, Väter zu werden und Kinder zu haben. Neu ist dieser Verdacht nicht: Schon Tocqueville, Zola, Schumpeter und viele andere haben sich kritisch mit ihm befasst. Die Debatte um Vaterschaft war in der Moderne immer auch eine Debatte über *Entfernungen:* über die Distanzierung des Individuums vom familiären Leben oder auch über die Marginalisierung des Vaters in der bürgerlichen Familie. In jüngster Zeit haben sich die Indizien gemehrt, die den Verdacht vom Ermüdungsbruch im Familienleben erhärten. Ich werde versuchen, hierzu eine Art Beweisaufnahme durchzuführen, und stoße bei meinen Ermittlungen auf zwei Lebensmodelle, die der Vaterschaft Konkurrenz machen: die Lebensmodelle des ökonomischen Individualisten und des Berufsjugendlichen. Unweigerlich werde ich dabei – das ist der Preis, den ich für den Blick durchs Weitwinkelobjektiv bezahle – nicht mehr nur speziell über Väter, sondern über Eltern, über Menschen überhaupt sprechen müssen.

Das Ergebnis dieser Ermittlungen wird darauf hinauslaufen, dass die Überlegenheit jener anderen Lebensmodelle alles andere als erdrückend ist. Es bleibt Spielraum für die Zukunft des Vaters – und deshalb kann ich am Ende auch wieder das Weitwinkel- mit dem Teleobjektiv tauschen. Die Frage, die sich dann stellt, ist nicht, ob Männer Väter werden, sondern wie sie als Väter leben. Auch hier gibt es Streit: Manche sehen die Zukunft des Vaters nur dann gesichert, wenn auf traditionelle Familienmodelle zurückgegriffen wird, andere halten das Festhalten an Vater- und Mutterrollen für antiquiert und plädieren für eine flexible Verteilung von Betreuungs- und Erziehungsaufgaben, wieder andere gönnen dem Vater eine neue Zukunft (welche?).

Ob die Männer Väter werden: Ein Leben jenseits des ökonomischen Individualismus

Während es in den bevölkerungspolitischen Kontroversen des 19. Jahrhunderts hauptsächlich darum ging, *wie viele* Kinder recht seien, um eine Über- oder Unterzahl von Arbeitskräften oder Erben zu vermeiden, so hat sich diese Frage inzwischen radikalisiert. Hinter der Überlegung, ob man *dieses* Kind *mehr* noch will oder nicht, versteckt sich bereits die Frage, ob man *überhaupt* ein Kind will; diese Frage ist inzwischen sperrangelweit offen.

Leicht könnte man sich darauf einigen, die liberale Formel

vom »Nachtwächterstaat« sei jedenfalls nicht so zu verstehen, dass der Staat in der Nacht über Liebesnester und Ehebetten zu wachen hätte. In der »Neuen Zürcher Zeitung« erklärte die Journalistin Claudia Wirz, ein Staat solle sich gefälligst damit abfinden, wenn die Bürger als »Souverän« das »Recht« wahrnehmen, »durch ihr Verhalten ihr eigenes Aussterben zu beschließen, sofern sie das wollen«. Stolz und tapfer wird hier die individuelle Freiheit verteidigt, aber seltsamerweise klingt die Frage überhaupt nicht an, welche äußeren Umstände und inneren Antriebe dazu führen, dass die Menschen nun auf ein bestimmtes »Verhalten« verfallen oder eben nicht. Man sollte sich, bevor man mit liberaler Dogmatik die Bürger verteidigt, wenigstens anschauen, inwieweit ihre individuellen Entscheidungen durch allgemeine Verhaltensmuster beeinflusst werden.

Der Automatismus der Fortpflanzung ist seit längerem außer Kraft gesetzt. Allen Lobbyisten der Gebärfreude zum Trotz gehört heute das, was im Soziologendeutsch »zeugungsneutrale Sexualität« heißt, zum Alltag. Der Weg führt, was die Fortpflanzung betrifft, vom natürlichen Automatismus zur individuellen Autonomie. Gefragt ist dann – nach der wunderschönen Wendung Friedrich Hölderlins – die Kunst, sich auf den »*freien* Gebrauch des *Eigenen*« zu verstehen. Im Anschluss daran kann man nun auch sagen, dass die Möglichkeit der Vaterschaft und überhaupt der Elternschaft zu dem »Eigenen« des Lebens gehört, mit dem man umzugehen hat.

Viele neigen der Ansicht zu, dass dieser natürlichen Möglichkeit menschlichen Lebens eine Sonderstellung zukomme. Dabei wird diese Sonderstellung interessanterweise nicht nur zur Aufwertung, sondern auch zur Abwertung der Elternschaft angeführt. – Die einen behaupten, die hartnäckige »Natürlichkeit« der Fortpflanzung enthalte doch bereits eine gewisse Vorentscheidung zugunsten von Kindern. Sie sehen in der Elternschaft eine Erfüllung, Abrundung, Bereicherung des Lebens, etwas wunderbar Naheliegendes und wohltuend Selbstverständliches. – Die anderen hadern gerade mit den natürlichen Unwägbarkeiten, die mit der Elternschaft verbunden sind. Sie sehen darin einen Störfaktor der Autonomie und schrecken davor zurück, sich einer Situation auszuliefern, die ihnen auch eine Nervensäge oder gar ein todkrankes Kind bescheren kann.

Man kann lange darüber streiten, ob am Umgang mit dieser natürlichen Möglichkeit der Elternschaft ein Unterschied zwischen Männern und Frauen festzumachen ist. Männern fällt es angesichts ihrer wohl kurzweiligen, aber auch ziemlich kurzzeitigen Mitwirkung bei der Zeugung des Lebens etwas leichter als Frauen, zur Perspektive der Elternschaft auf Distanz zu gehen. Dass Frauen unter ihrem Herzen, wie es so schön heißt, ein Kind heranwachsen spüren und gebären können, ist für sie eine aufdringliche Gewissheit. Wenn Männer darunter leiden, kinderlos zu bleiben, bezieht sich ihre Trauer auf das versagte Leben mit dem Kind, *wenn es da ist.*

Interessant sind in diesem Zusammenhang Ergebnisse einer vergleichenden Studie zum Kinderwunsch in Europa: Wenn kinderlose Männer und Frauen gefragt werden, ob sie sich Kinder wünschen, kommt in der Regel etwas mehr Zustimmung von den Frauen; wenn Eltern gefragt werden, ob sie noch ein weiteres Kind wollen, dann kommt in der Regel etwas mehr Zustimmung von den Männern. Wie auch immer man dies deutet – ob als ein Hineinwachsen der Männer in den Kinderwunsch oder als ein Bedürfnis der Frauen, von den alltäglichen Ansprüchen der Kinder nicht »aufgefressen« werden zu wollen –: so oder so gibt es, was die Kinderfrage betrifft, gewisse Unterschiede zwischen den Geschlechtern. Ob man sie auf natürliche Anlagen oder kulturelle Vorgaben zurückführt, ist mit Blick auf den Punkt, um den es mir geht, ziemlich gleichgültig.

Der Punkt ist: Offenbar sind die Männer bei der Kinderfrage in den letzten Jahren eher auf die Bremse getreten. Einer der statistisch auffälligsten Befunde aus den zahllosen Umfragen, die in den letzten Jahren in Sachen Familie durchgeführt worden sind, betrifft gerade den Wandel in der Einstellung von Männern zu Kindern. Im Jahre 2005 erklärten demnach 26,3 Prozent der Männer zwischen 20 und 39 Jahren, sie wollten keine Kinder; 10 Jahre zuvor waren es nur 12 Prozent. (Die Zahlen beziehen sich auf Deutschland.) Die Sozialforscher behaupten, es gebe eine neue Bevölkerungsgruppe, die sich das »Ideal der freiwilligen Kinderlosigkeit« zu eigen gemacht hat. Wenn sie die Männer fragen, warum in ihrem Leben kein Platz für Kinder sei, dann bekommen sie die verschiedensten Antworten: Kostendruck, mangelnde staatliche Unterstützung, berufliche Ambitionen, Partnerschaftsprobleme. Genannt wird auch die Angst vor den »unkalkulierbaren Risiken . . ., die mit dieser wesentlichen Veränderung im Leben verknüpft sind«. Aus einer anderen verwandten Umfrage ergibt sich übrigens, dass Freizeitinteressen oder der Wunsch, das Leben ungestört zu genießen, ganz hinten auf der Rangliste der Gründe gegen Kinder rangieren.

Ich bilde mir nicht ein, ich könnte den Nebel lichten, in dem die Sozialforscher hier stochern. Aktuelle Meldungen über leicht gestiegene Geburtenzahlen könnten auch darauf hindeuten, dass sich der Wind gerade dreht und die Stimmung insgesamt wieder kinderfreundlicher wird. Doch zunächst ist man in den meisten westlichen Ländern mit einem massiven, über Jahrzehnte stabilen Rückgang konfrontiert. Wenn man die Bedenken, die in den Umfragen genannt werden, durchgeht, dann würde ich empfehlen, sie ähnlich vorsichtig zu behandeln wie die Antworten, die früher bei Antrittsbesuchen von Schwiegersöhnen *in spe* zu hören waren. Heikle Punkte werden gemieden. Bevorzugt werden Gründe, die sich auf die materielle Situation beziehen, denn sie erlauben es, die Lebensfrage, mit der man konfrontiert ist, zu versachlichen und das Veto gegen Kinder vom eigenen Innenleben fernzuhalten.

Übrigens werden manche die Auskunft anzweifeln wollen, wonach Freizeitinteressen bei der Ablehnung von Kindern eine vergleichsweise geringe Rolle spielen. Dass Menschen kinderlos bleiben, weil sie vollauf mit Vergnügungen ausgelastet sind, halte ich aber tatsächlich für unwahrscheinlich. Mein Eindruck ist, dass die »Spaßgesellschaft«, die von manchen für die Kinderarmut verantwortlich gemacht wird, in Reinform vor allem in den Köpfen ihrer Verächter existiert. Den meisten ist es auf die Dauer zu stressig, ihr Leben in eine *love parade* zu verwandeln. Nein, es geht gar nicht um lustvolle Bejahung, sondern um ein Sich-Einrichten im Leben, bei dem die Kinderfrage langsam aus dem Auge, aus dem Sinn geraten kann.

Nun erwartet man von modernen Menschen üblicherweise, dass sie nicht unmerklich in eine Lebensweise hineinrutschen, sondern dass sie darüber entscheiden, welchen Weg sie einschlagen. So soll auch über die Kinderfrage irgendwie entschieden werden. Ja – aber wie geht man dabei vor? Wenn man sich nach Hilfsmitteln umsieht, die man bei seiner Entscheidung heranziehen kann, dann stößt man unvermeidlich auf das Angebot, das der ökonomische Individualist zu machen hat. Indem ich mir dessen Konzeption genauer ansehe, möchte ich mich in den Streit um Lebensmodelle einmischen, von dessen Lärm die Moderne erfüllt ist.

Das Angebot des ökonomischen Individualisten ist nicht exklusiv auf Männer zugeschnitten; es stößt aber gerade bei ihnen auf starken Widerhall – und zwar deshalb, weil sich das von ihm vertretene Lebensmodell über Generationen hinweg in der (vor allem männlichen) Berufswelt eingeschliffen hat. Das Grundprinzip dieses Modells ist einfach: Bei einer Entscheidung ist die Variante vorzuziehen, mit der sich der eigene Nutzen maximieren lässt. Um nun zu bestimmen, welche Option – oder gar: welche Art zu leben! – besser oder schlechter für einen ist, setzt man eine Waage in Gang, auf der im Einzelfall Pro und Contra abgewogen werden können.

Nach welcher Seite die Waage nun ausschlägt, wenn man sie auf die Kinderfrage anwendet, lässt sich nach der klassischen ökonomischen Lehre leicht feststellen. Die Regel, die der »nach der größten Summe des Wohlgefühls strebende Mensch« zu befolgen hat, ist von dem Ökonom Lujo Brentano schon im Jahre 1909 beschrieben worden: »Der Mensch bricht mit der Kindererzeugung da ab«, so schreibt er, »wo die Mehrung der Kinderzahl ihm geringere Befriedigung schafft, als andere Genüsse des Lebens, die ihm sonst unzugänglich würden.« Anfang des 20. Jahrhunderts konnte Brentano noch davon ausgehen, dass eine kleine Anzahl von Kindern dem Leben allemal zuträglich war. Diese Sicherheit ist heute entfallen. Dass man im Alter und in der Not unterstützt werden könnte, ist eine zu vage Erwartung, als dass sie junge Menschen im Bett zu Höchstleistungen anfeuern und zum Kinderkriegen verleiten könnte. Schließlich müssen sie auch damit rechnen, in jedes Kind eine stattliche sechsstellige Summe zu investieren. Was könnte man mit diesem Geld nicht alles machen! Fast ungebremst senkt sich heute die Waage zugunsten des kinderlosen Lebens. (Als ich mich mit Schumpeters Analyse des Kapitalismus beschäftigt habe, bin ich dieser Schlussfolgerung schon begegnet; s. o. S. 223. Wenn ich nun über den ökonomischen Individualismus rede, dann verhandle ich also auch die Frage, wie es um die Familienfeindlichkeit des Kapitalismus steht.)

Doch mit diesem Votum gegen Kinder ist noch nicht das letzte Wort gesprochen – auch nicht das letzte Wort der Ökonomen. Von ihnen kommt noch eine abweichende Antwort auf die Frage, wie es der Kinderfrage auf der Waagschale der Lebensmöglichkeiten ergeht. Sie bricht mit dem primitiven Kalkül, welches nur auf materielle Vor- und Nachteile schaut. Inzwischen sprechen Ökonomen auch vom immateriellen Nutzen, den ein Kind für seine Eltern hat. Kinder haben demnach einen »Wert«, wenn sie als »Mittel« taugen, um das Wohlergehen der Eltern zu steigern. Im Englischen nennt sich dies »the emotional instrumentality of children«. Wenn ein begeisterter Vater sagt, Kinder seien »viel spannender als die Glotze und viel weicher als Kaschmir«, spielt er ironisch mit den Wettbewerbsvorteilen, die das Kind im Nutzenvergleich zu bieten hat.

Nach der revidierten ökonomischen Lesart senkt sich die Waage zugunsten des Kindes, sofern der Preis, den man für Betreuung und Erziehung des Kindes bezahlt, durch die »Qualität, die den Kindern innewohnt«, rückerstattet wird. »Unter ›Qualität‹ verstehen wir«, so liest man bei Gary Becker, »die Merkmale von Kindern, die in die Nutzenfunktion der Eltern eingehen«; zu denken ist insbesondere an die emotionale Bereicherung, an das »psychische Einkommen«, das man von Kindern als »Konsumgütern« beziehen kann. (Es ist vielleicht erwähnenswert, dass Becker nicht zuletzt für diese These den Nobelpreis für Ökonomie erhalten hat.) Durch die Liebe innerhalb der Familie soll sich gar eine wunderbare Möglichkeit der Nutzenmaximierung eröffnen: Wenn zum Beispiel ein Kind irgendetwas tut, das sein eigenes Wohlergehen fördert, dann freut dies nicht nur es selbst, sondern auch diejenigen, die es lieben und mit ihm mitfühlen, also insbesondere die Eltern. Nach dieser Logik sind die Wachstumsraten für Nutzeneffekte in der Familie formidabel.

Ich bin geneigt, mich kopfschüttelnd von diesen Überlegungen abzuwenden. Doch das ökonomische Verhaltensmodell ist in unserem Alltag zu fest verankert, als dass man es einfach ignorieren könnte. Abwinken nützt nichts, allenfalls Abgewöhnen und Abtrainieren. Für dieses Abtrainieren gibt es allerdings gute Gründe. Auf zwei Probleme möchte ich hinweisen.

Die *erste Schwäche* dieser Theorie besteht, kurz gesagt, darin, dass sie keine Wechselkurse zu bieten hat. Die Ökonomen von heute sind stolz auf ihre Einsicht, dass es neben materiellen auch immaterielle, psychische und soziale Einkünfte und Ausgaben gibt. Mit ihnen sollen die Waagschalen gefüllt werden, nach denen Pro und Contra Kinder zu gewichten sein soll. Doch wie soll man den psychischen Nutzen eines Kindes mit den ökonomischen Kosten verrechnen? Schlägt jedes Lächeln mit 3 € zu

Buche? Und wie verhält sich das Leben mit dem Kind zu der Reise nach X oder den feuchtfröhlichen Nächten mit Y? Da es für solche Dinge keine Wechselkurse gibt, taugt die Waage als Entscheidungshilfe in der Kinderfrage doch gar nichts.

Allenfalls könnte der ökonomische Individualist versuchen, das Kind immer stärker einem Produkt mit festgelegten Qualitäten anzugleichen. Demnach sollten sich die Eltern nicht als »sehnsuchtsvolle Käufer« fühlen, die ihre Kinder, diese »eigenwilligen Aliens«, »mit großem Risiko« in Empfang nehmen (wie Carl Hegemann dies so schön formuliert), sondern sie könnten versuchen, Qualitätsmanagement beim Kind zu betreiben. Schnell richten sich dann alle Hoffnungen auf die Zuarbeit der Gentechnik bei der Optimierung des Kindes. Wie auch immer es um diese Zuarbeit steht – diese Strategie, mit der Risiken und Frustrationen minimiert werden sollen, geht so oder so nach hinten los. Je exakter die Wünsche, desto geringer ist die Toleranz gegenüber Abweichungen. Entsprechend wächst auch das Risiko, dass Erwartungen sich nicht genau so erfüllen, wie man dies geplant hat. Die Enttäuschung lauert an der nächsten Ecke.

Die *zweite Schwäche* der Theorie des ökonomischen Individualismus verbirgt sich in der wundersamen Nutzenvermehrung, die sich aus der gedoppelten Freude unter Liebenden ergeben soll. Kein Zweifel: Wir alle kennen diese Erfahrung des Mitfreuens und auch des Mitleidens. Doch wenn man ihr einen ökonomischen Dreh gibt, wird das ganze Bild schief, das hier gezeichnet wird. In letzter Instanz würde dies nämlich bedeuten, dass man nur mitfühlt, weil man damit elegant vom Genuss des anderen profitieren kann: Hinter der Maske des Liebenden verbirgt sich der Schmarotzer. Doch zur Liebe gehört nicht das Bedürfnis, andere für seine eigenen Zwecke auszunutzen, sondern das Gefühl, über die eigenen Grenzen hinausgetragen zu werden. Besonders stark wird dieses Gefühl, das dem Eigennutz die lange Nase zeigt, bei der Liebe zu den eigenen Kindern.

Wer bei der Kinderfrage Kosten-Nutzen-Abwägungen einsetzt, muss Aussicht darauf haben, dass seine Erwartungen sich erfüllen, wenn das Kind da ist. Wird es dazu kommen? Unsinn! Wenn ich mich auf das Leben mit dem Kind einlasse, dann werden nicht meine Erwartungen erfüllt, vielmehr *verwandeln* sich die eigenen Ansprüche – und mit den Ansprüchen verwandle ich mich selbst. Ich werde *ein anderer.* Völlig unpassend ist deshalb auch mal wieder die Idee der Selbstverwirklichung, deren Abschaffung ich meinen Zeitgenossen schmackhaft machen will (s. o. S. 278). Nicht eine Selbstverwirklichung, sondern eine Selbstverwandlung steht an. »Ich habe alles unter Kontrolle«, sagt stolz der eine. »Du armer Kerl«, sagt tröstend der andere. – »Ich war mein ganzes Leben lang mein eigener Herr«, sagt Christopher Newman, ein Held aus einem Roman Henry James', »und ich habe es satt.« An dieser Pointe, die immerhin schon aus dem Jahre 1877 stammt, merkt man vielleicht besonders deutlich, wie groß der Abstand zwischen dem ökonomischen Individualismus, bei dem man sein eigener Herr bleiben muss, und der Vereinnahmung des Lebens mit dem Kind ist.

Dieser Abstand zwischen dem Ökonomischen und dem Privaten kann übrigens auch Männer (und Frauen), die Kinder haben, in eine schwer zu ertragende innere Spannung versetzen. Die Soziologin Arlie Hochschild hat gezeigt, dass in den USA viele Väter (aber auch Mütter) dazu neigen, sich über das erwartbare Maß hinaus in die Arbeit zu stürzen. Hinter dieser Arbeitswut steckt eine Flucht vor der Familie, vor den konkreten Belastungen zu Hause, vor den oft mühsamen Rollenkonflikten, die zwischen den Geschlechtern ausgetragen werden. Dazu kommt aber noch etwas anderes, das wiederum ganz direkt mit dem Lebensmodell des ökonomischen Individualismus zu tun hat: Hochschild zeigt nämlich, dass die Identität vieler Menschen derart stark vom ökonomischen Erfolg und von professionellen Verhaltensmustern bestimmt wird, dass es ihnen schwerfällt, umzuschalten und sich auf die eigene Welt der Familie einzulassen. Hinter dem Satz »Schatz, ich komme heute später« versteckt sich nicht unbedingt eine Affäre im Büro, manchmal vielleicht auch nur eine Entfremdung von zu Hause.

Umgekehrt gilt: Wer das Leben mit Kindern bejaht, ist nicht darauf angewiesen, für die Waage des ökonomischen Individualisten gewichtige Gründe heranzuschaffen. Er kann sich damit begnügen, seinen Überdruss an dieser Waage auszuleben: seinen Überdruss an einem langweiligen Leben, in dem man so lange alle Vor- und Nachteile durchspielt, bis man all das, was man noch erleben kann, schon in- und auswendig kennt.

Heftig ist der Widerstand gegen den ökonomischen Individualisten, aber er wird nicht einfach vom Platz gefegt. Sein Einfluss in der modernen Gesellschaft bleibt immens. Die Konkurrenz der Lebensformen läuft weiter. Insofern darf man sein abschließendes Votum in der Kinderfrage nicht ignorieren.

Der ökonomische Individualist muss sich entgegen allen Beteuerungen damit arrangieren, dass die Waage, mit der er seine Nutzenmaximierung betreibt, in diesem Fall kein sauberes Ergebnis anzeigt. Damit gerät er nun freilich in eine veritable Krise hinein, denn schließlich hängt an der Funktionstüchtigkeit jener Waage seine ganze Identität. Für ihn steht dabei außer Frage, dass er der Waage die Treue halten wird, die ihm schon so gute Dienste geleistet hat, als es um die Entscheidung zwischen Plasma- und LCD-Fernseher, zwischen einer Reise nach Mallorca oder Lanzarote ging. Zugleich betreibt er eine Strategie der Problemverlagerung: Nicht die Waage ist ihm suspekt, sondern der Kinderwunsch, der sich nicht wiegen lässt. Der ökonomische Individualist kann diesen Wunsch nicht ernst nehmen, das Leben mit Kindern passt einfach nicht in sein Beuteschema. Dieter Lenzen schreibt: »Es scheint ..., daß es der Zwang der Entscheidung und damit der Zwang zu einer Nutzenmaximierung ist, der einen im Kern vorhandenen Kinderwunsch in sein Gegenteil umkehren kann ... Der Entscheidungsträger ist durch den bloßen Umstand, entscheiden zu müssen, zum Egoismus gezwungen.« Darin, nicht in irgendwelchen konkreten Mängellisten, liegt der Grund für das innere *mobbing* gegen das Elternsein, das den ökonomischen Individualisten umtreibt. Er steht vor dem Gedanken, ein Leben mit Kindern zu führen, wie vor einem Störenfried und vor dem Kind wie vor einem Fremdkörper. In seinem Lebensmodell ist diese ablehnende Haltung fest (sozusagen »werksseitig«) eingebaut. Wer sich diese Haltung näher vorstellen will, mag an jemanden denken, der im Brustton der Überzeugung sagt, er möge keinen Rotwein, dann aber zugeben muss, dass ihm einfach nur die Geschmacksnerven dafür fehlen.

Es gibt eine etwas abgemilderte Version des Neins zur Kinderfrage, die vor allem bei Männern häufig anzutreffen ist. Demnach sieht man sich keinesfalls als harter Nutzenmaximierer, weiß aber nicht recht, wie man mit dem Entscheidungsdilemma bei der Kinderfrage umgehen soll. Da bietet sich der Ausweg an, sie auf die lange Bank zu schieben – und da diese Bank bei Männern länger ist als bei Frauen, funktioniert diese Strategie bei ihnen besonders gut. Man sagt nicht Ja und nicht Nein, sondern Später. Hinter den Umfrageergebnissen, wonach der Kinderwunsch junger Menschen – gerade solcher mit hoher Schulbildung – stark zurückgegangen sein soll, steht, wie ich meine, weniger eine klare Parteinahme gegen das Kind, sondern eher ein Gefühl der Unschlüssigkeit, des Abwartens. Alle möglichen Gedanken schießen einem durch den Kopf. Man hat Besseres zu tun als – wie das schwere, allzu schwere Wort heißt – »eine Familie zu gründen«. (Denkt man.) Die Gelegenheit ist nicht günstig, anderes ist jetzt echt dringender. (Denkt man.) Die Partnerschaft ist noch nicht so weit, oder man ist sich nicht hundertprozentig sicher. (Denkt man.) In einem Unterhaltungsroman lese ich den folgenden kurzen Dialog zwischen einer Frau und einem Mann: »›Wie glücklich werden wir sein, wir zwei, wenn wir drei sind‹, hatte Juliette geseufzt. Ich

hatte geantwortet: ›Ich bin es schon mit dir.‹ Und war hinaus-
gegangen.« Kürzlich wurde mir erzählt, junge Männer würden
sich darüber wundern, dass Frauen, die sie kennenlernen, neuerdings ohne lange Schonfrist mit der Frage herausrücken, ob
sie sich vorstellen könnten, Kinder zu kriegen. Vielleicht handelt es sich hier um eine Vorwärtsverteidigung, nachdem viele
Kinderwünsche am ausgestreckten Arm von Beziehungen, die
nichts Halbes und nichts Ganzes waren, verhungert sind.

Immer wieder habe ich davon gesprochen, dass es in der Moderne eine Konkurrenz von Lebensmodellen gebe. Man darf
hier aber die Frage nachreichen, wie viele Menschen es überhaupt gibt, die das Modell des ökonomischen Individualismus
in Reinform verkörpern. Meine Antwort darauf lautet: Es gibt
so gut wie niemanden. Warum plage ich mich mit diesem Lebensmodell dann so ab? Weil ich ein Verhaltensmuster heraus-
arbeiten will, das zwar wohl niemand in Reinform auslebt, von
dem aber niemand völlig frei ist. Schließlich verlässt man sich
ständig auf dieses Modell, wenn man Produkte, Konditionen,
Preise vergleicht. Bei der Konkurrenz von Lebensmodellen handelt es sich deshalb auch nicht um eine Konkurrenz zwischen
verschiedenen Menschen, sondern – ich habe dies vorhin bereits
angesprochen – um eine Konkurrenz in unserem Inneren. Kritisch wird es nicht dann, wenn jenes ökonomische Modell seinen bescheidenen Nutzen entfaltet, sondern dann, wenn es un-
bescheiden in alle möglichen Lebensbereiche eindringt.

Meine Kritik am Lebensmodell des ökonomischen Individualismus hatte manchmal vielleicht einen Unterton, der gar
nicht beabsichtigt war. Wenn ich sage, dass die Bejahung der
Vaterschaft gegen das Prinzip des Eigennutzes verstoße, dann
mag mancher das so verstehen, als wollte ich das eigene Wohlergehen für das Kind opfern. So ist das aber nicht gemeint. Vielmehr denke ich, dass dem eigenen Wohlergehen gerade dadurch
gedient ist, dass man die Fixierung auf den Eigennutz aufgibt:
Schließlich erwischt man mit diesem Eigennutz nur einen klei-

nen Zipfel des guten Lebens – nicht jene kostbaren Erfahrungen, in denen man über seine eigenen Grenzen hinauskommt.

Deshalb sehe ich in der Vaterschaft auch kein Opfer – und deshalb macht es mich nervös, wenn Eltern die Opfer-Rhetorik bemühen. Kürzlich meldete sich ein »neuer Vater« in der Zeitung zu Wort und beschrieb sich als eine »dieser schlecht angezogenen, ungeduschten Gestalten mit dunklen Ringen unter den Augen«, für die das Kind »der Chef« geworden sei: »Was die Situation rettete«, so erklärte dieser Vater, »war die Tatsache, dass ich das Kind liebe. Wegen dieser Liebe möchte ich es nicht Resignation nennen, wenn ich schließlich lernte, meine Ansprüche an mich selbst und die Freiheit zurückzuschrauben und die Macht, die das Kind über mich hat, zu akzeptieren. Es ist mehr eine Einsicht, inzwischen würde ich sogar sagen: eine stille Freude an der Reduzierung... Es hat gedauert, aber inzwischen fühle ich mich frei... Vielleicht ist es eine mönchische Freiheit, weil sie vom Verzicht lebt.« Ich weiß nicht, inwieweit diese Zeilen die Männer unter meinen Lesern zur Nachahmung und zur Gier nach dem Zeugungsakt anstiften; auf mich wirken sie eher abschreckend. Verzweifelt, aber vergebens habe ich in diesen Ausführungen nach einer Spur Selbstironie gesucht, damit dieser Kult des Verzichts mich nicht auf die Palme bringt.

Jahrhundertelang wurden Mütter darauf eingestimmt, sich für ihre Kinder aufzuopfern: »Wohl ihr«, so hieß es bei Goethe über die Mutter, »wenn sie daran sich gewöhnt, daß kein Weg ihr zu sauer/ Wird,... / Daß sie sich ganz vergißt und leben mag nur in andern!« Die tatsächlichen Belastungen der Haus- und Erziehungsarbeit damals waren heftig, aber die Opfer-Rhetorik, die sich darüberlegte, ist doch ein eigener Fall. Dass eben diese Rhetorik nun von jenem »neuen Vater« bemüht wird, irritiert mich arg. Sein Opfer nötigt mir übrigens auch deshalb wenig Ehrfurcht ab, weil er sich gar nicht mit der Erfüllung handfester häuslicher Pflichten plagt, sondern mit einem offenbar ziemlich tyrannischen Kleinkind, das er seinen »Chef« nennt.

Gerne klagen Eltern über die alltäglichen Lasten, über die vielfältigen Benachteiligungen, denen sie ausgesetzt seien; gerne betonen sie, dass der von ihnen unter Entbehrungen aufgezogene Nachwuchs einst die Rentenkasse der Kinderlosen füllen werde. Wer so darauf erpicht ist, sein persönliches Opfer in den Vordergrund zu stellen, muss allerdings mit der Rückfrage rechnen, warum er denn so selbstquälerisch sei, sich all dies überhaupt aufzuhalsen. Spätestens dann zeigt sich, dass bei dieser Rhetorik des Opfers etwas Wichtiges unter den Tisch fällt. Bei der Elternschaft handelt es sich gar nicht nur um eine Pflichtübung, einen Opfergang, eine Tour der Leiden. Die Belastungen werden im – ziemlich häufigen – Glücksfall überstrahlt durch die überraschende Beanspruchung, die hinreißende Verunsicherung, die Bejahung, die man den Kindern – und dem Leben mit ihnen – entgegenbringt. Sie hat etwas Unverfrorenes, Überschwängliches.

Es wäre – so meine ich – viel gewonnen, wenn man die Antwort auf die Kinderfrage nicht an eine Entscheidung koppeln würde, in der irgendeine höhere Erfüllung gegen kleinliche Kosten-Nutzen-Erwägungen ausgespielt wird. Meine Kritik an solchen Erwägungen läuft darauf hinaus, dass sie immer zu kurz greifen, wenn es um Lebensziele geht, auf die man setzt, um Hoffnungen, an denen man hängt, um Ängste, von denen man umgetrieben wird. Der bescheidene deutsche Ausdruck, man sei »ganz bei der Sache«, passt auf all diese Fälle: Gemeint ist damit, dass man eigentlich gar nicht eine nackte Existenz hat, zu der dann noch nachträglich irgendwelche Unternehmungen hinzutreten, sondern ein vereinnahmendes Leben, in dem man *aufgeht*, von dem man ganz beansprucht wird.

Wenn im Leben wirklich wichtige Entscheidungen zu fällen sind, dann stützt man sich letzten Endes auf innere Haltungen, von denen die Preisschilder und das übliche Pro und Contra abfallen. Wer weiß, was er wirklich will, hält nichts von dem Spiel, das eine gegen etwas anderes, was fast genauso gut wäre, einzutauschen. Er ist bei Haltungen angelangt, die – kurz gesagt – kein »oder« ertragen. (Die Frage: »Sekt oder Champagner?« ist eine andere als die Frage: »Hund oder Kind?«)

Hier treten nun, auf einer neuen Ebene, Konflikte auf, von denen man arg gebeutelt werden kann. Diese Konflikte zwischen übergeordneten Lebenszielen lassen sich nicht einfach mittels irgendeines Kalküls lösen, sondern haben etwas Unversöhnliches. Vor allem Frauen haben unter dieser Unversöhnlichkeit gelitten, denn für sie war die Aussicht auf Kinder häufig mit der Ansage verbunden, auf Jahre hinaus mit nichts anderem mehr befasst zu sein als mit ihnen. Diese Vereinnahmung wirkte auf sie bedrohlich, mag das Leben mit Kindern auch Freude gewährt haben. An dieser Stelle greifen aktuell nun Szenarien der Verschärfung, aber auch der Entschärfung.

Wenn Frauen traditionell davon ausgingen, dass sie sich um die Kinder zu kümmern hatten, dann kommt nun noch *verschärfend* hinzu, dass auf die äußere ökonomische Absicherung durch den Mann immer weniger Verlass ist. Für viele Frauen kommt zur Vereinnahmung durch die Kinder die Belastung hinzu, selbst für den Lebensunterhalt sorgen zu müssen. Auch dies ist eine Spätfolge des Hohlraums Familie, in dem der Mann an den Rand rückt und dann leicht auch ganz abspringt. Die Zahlen sprechen hier eine klare Sprache. 1972 wuchsen in Westdeutschland rund 6 Prozent aller Kinder bei alleinerziehenden Müttern auf, 1991 knapp 10, 2003 dann 15 Prozent. (Für die neuen Länder und Ostberlin sind Vergleichsdaten aus den Jahren 1991 und 2003 verfügbar: In diesem Zeitraum stieg der Anteil der Kinder, die bei alleinerziehenden Müttern aufwuchsen, von knapp 17 auf 30 Prozent.) Sicher haben diese Kinder – 2003 waren es in Deutschland insgesamt 2,4 Millionen – zum Teil auch Väter, die sich selbst auf ihre Art als Trennungsopfer fühlen und die sich gerne weiter um ihre Kinder kümmern (würden). Aber zustande kommen kann diese hohe Zahl nur deshalb, weil viele Männer sich aus der Erziehung verabschieden.

Denkbar ist aber auch ein Szenario der *Entschärfung*. Wenn die Vereinbarkeit von Beruf und Familie – für Frauen und für Männer – den Sprung von der Sonntagspredigt in die Werktagswirklichkeit schafft, dann ändert sich das Bild. Erst einmal kann man sagen, dass die wachsende ökonomische Selbständigkeit der Frauen der Perspektive, irgendwann vielleicht alleine mit den Kindern dazustehen, etwas von ihrem Schrecken nimmt. Man sollte diese Geschichte aber gar nicht so sehr auf die Frauen hinbürsten: Vor allem verändern sich die Regeln der Aufteilung und Beteiligung, die für Männer und Frauen im gemeinsamen Leben mit Kindern gelten. Der Konflikt zwischen Lebenszielen, der unter herkömmlichen Bedingungen oft auf eine Entscheidung zwischen Beruf und Familie hinauslief, verliert seine Schärfe. Es kommt zu einer eigentümlichen, doppelten Karriere von Ungewissheit und Gelassenheit: Ungewiss ist, ob das Leben mit dem Menschen, mit dem man ein Kind hat, *hält*. Doch je mehr man innerlich und äußerlich der Tatsache gewachsen ist, dass im Leben Wechselfälle vorkommen, desto gelassener kann man mit ihnen umgehen – und desto offener kann man an den Kinderwunsch herantreten.

Die »Süddeutsche Zeitung« ließ kürzlich einige Männer zu Wort kommen, die ungeplant Väter geworden sind. Ein Mann berichtet, wie seine Freundin vom Frauenarzt kam und ihm erzählte, sie sei schwanger. »Ich sagte: ›Jetzt echt, oder?‹ Sie war in der 13. Woche und ich fragte noch mal: ›Jetzt echt?‹ Sie sagte ja und ich sagte: ›Ja cool!‹« Ein anderer Mann drückt sich etwas umständlicher aus und erklärt, man sei nicht dann »eingeschränkt«, wenn man ein Kind habe, »sondern wenn keine Familie da ist«.

Begeben wir uns an einen der Brennpunkte, an denen mit der Zukunft gezündelt wird und die verschiedensten Lebensziele auf der Straße liegen: in den Berliner Bezirk Prenzlauer Berg, der sich – nebenbei gesagt – seines großen Kinderreichtums preist. Hier kann man erleben, wie Mütter, aber auch viele Väter mit ihren Kinderwägen den Bürgersteig blockieren und wie die Mitglieder der »digitalen Boheme« bei dem Versuch, kurz vor Ladenschluss noch ein paar Besorgungen zu machen, zum Slalom gezwungen werden. Man kann auch beobachten, wie sich die verschiedenen Gruppen auf verschiedene Cafés verteilen: Hier sitzen die einen mit schreienden Kindern, müden Augen und seligem Lächeln, dort die anderen mit Apple-Notebook, iPod und Kopfhörer. Es sieht so aus, als würden hier verschiedene Lebensziele ziemlich unvermittelt, vielleicht sogar ein bisschen feindselig aufeinandertreffen. Man könnte sich hineinsteigern in die Vorstellung, Zeuge eines *big disconnect* von Lebensformen zu sein. Und doch handelt es sich nur um eine Momentaufnahme: Wer sagt mir, ob in ein paar Jahren (oder Monaten?) nicht einige vom einen Café ins andere gewandert sind und auch die entsprechenden Requisiten, mindestens zeitweise, gewechselt haben? Ich glaube übrigens nicht, dass das, was im Prenzlauer Berg zu beobachten ist, auf ein soziales Sonderklima beschränkt wäre und den Rest der Gesellschaft nichts anginge. Das Repertoire der übergreifenden Lebensziele, die sich aneinander reiben, ist in westlichen Gesellschaften ziemlich fest ausgebaut, und jeweils spielt dabei die Frage eine zentrale Rolle, wie das Leben mit Kindern sich mit all dem, was einen sonst noch umtreibt, verträgt.

Welches Szenario – das der Verschärfung oder das der Entschärfung – den Sieg davon tragen wird, weiß ich nicht. Auf meinem Wunschzettel steht der Sieger fest: Es ist die Entschärfung. Wenn dieses Szenario greift, dann könnte es mit der Lustlosigkeit in der Kinderfrage vorbei sein. – Allerdings hat in den letzten Jahren ein Lebensmodell viel Zuspruch gefunden, das die Männer nun von einer ganz anderen Seite her in die Zange nimmt. Diesem Modell zufolge müsste es ihnen doch eher unangenehm sein, Väter zu werden.

Ob die Männer erwachsen werden: Ein Leben jenseits der ewigen Jugend

Im Jahre 1965 erregte der amerikanische Schriftsteller Leslie Fiedler Aufsehen mit einem Text über die Entstehung einer neuen Art von Menschen, über – wie er das nannte – »die neuen Mutanten«. Fiedler meinte, kurz gesagt, dass eine Verwandlung der Menschen in Jugendliche eingesetzt habe: »In einer Zeit, da die mit dem Erwachsensein verbundenen Pflichten irrelevant zu werden versprechen, ist kein Grund mehr ersichtlich, warum man sich die Freuden der Kindheit versagen soll.« Er spürte das »Verlangen, den letzten Sprung in der Evolution zu wagen und das Erwachsensein völlig abzustreifen«. Nun könnte man meinen, hier spräche ein 68er, der sich in seiner Jugendlichkeit gefällt. Fiedler war aber, als er diesen Text schrieb, ein gestandener, schon fast fünfzig Jahre alter Mann. Es ist also nicht so leicht, diese »neuen Mutanten« den 68ern in die Schuhe zu schieben. Dagegen spricht überdies, dass der Traum von der auf Dauer gestellten Kindheit und Jugend auch früher – und nicht nur in der Jugendbewegung – immer wieder geträumt worden ist. So wunderte sich zum Beispiel Alexis de Tocqueville über Menschen, die er während seiner Amerika-Reise 1832 getroffen hatte und »die sich rastlos im Kreise drehen, um sich kleine und gewöhnliche Vergnügungen zu verschaffen, die ihr Gemüt ausfüllen«; er sah sie in einen »Zustand der Kindheit« hineingeraten, in dem sie »nichts anderes im Sinn haben, als sich zu belustigen«.

Die Zeitschrift »Max« hat im Frühjahr 2007 drei Männer im Alter von 22, 30 und 38 Jahren befragt, welchen Stellenwert für sie denn – voraus- oder rückblickend – ihr dreißigster Geburtstag habe. Diese runde Zahl ist, nebenbei gesagt, auch deshalb besonders interessant, weil das Durchschnittsalter von Vätern in Deutschland bei Geburt ihres ersten Kindes in den letzten Jahrzehnten über die Grenze von dreißig Jahren geklettert ist (und das Durchschnittsalter der Erstgebärenden dreißig Jahre erreicht hat).

Der jüngste Befragte, ein 21-Jähriger, sagt: »Jetzt mache ich mir – wenn ich ehrlich bin – keine Gedanken über mein Leben mit 30. Für mich ist dieses Alter kein Ziel, kein naives Bild mehr. Ich will bis dahin keine Familie, kein Haus, keine Kinder, keinen Bausparvertrag, kein enggeschnürtes Lebenskorsett, das mich kaum noch etwas spüren lässt... Mit 30, sagt man, ist die Jugend vorbei. Für meine Oma war das so... Heute sieht das anders aus.«

Der 30-Jährige meint zu wissen, wovon er redet: »Mein Haus, mein Auto, meine Frau. So ist Erwachsensein mit 30 – aus Elternsicht. (Blöderweise hat meine Wohnung genug Räume für ein Kinderzimmer. Ich müsste, leider, den Billardtisch rauswerfen.)... Was, bitte schön, soll das Tohuwabohu um die 3 und die 0, das angebliche Altwerden?... Warum lasse ich mich von tradierten Konventionen prägen?... Meine Zeugungsfähigkeit hat kein Verfallsdatum, Hunde, Häuser und Vorgärten gibt es auch noch 2017... Ich hab' noch Zeit.«

Der 38-Jährige erinnert sich an seinen letzten runden Geburtstag und schreibt: »30. Ich spürte nichts. Außer einem entsetzlichen Kater... Wenn es ganz schlecht laufen sollte, pfiff Gott gerade die zweite Halbzeit an, und ich war noch beim Aufwärmtraining... Ein Leben reichte einfach nicht. Ich hatte doch noch so viel vor: ein berühmter DJ werden, Baum pflanzen, Haus bauen, Kinder zeugen, gern in dieser Reihenfolge... 40? Kommt. Halbzeit? Entschuldigung, noch bin ich in den Dreißigern! So Gott will, gehe ich sogar in die Verlängerung,... pflanze auch den blöden Baum (die Früchte sollten sich allerdings zur Schnapsbrennerei eignen) und probiere endlich dieses Kinderding. Vielleicht reicht ein Leben doch.«

Wenn die Bekenntnisse dieser drei Männer nicht von nassforscher Unverbindlichkeit triefen würden, hätte ich vielleicht Mitleid mit ihnen. Was sich in ihren Köpfen breitmacht, ist eine

Kultur des Zögerns. Dass dem 38-Jährigen die Lebenszeit knapp zu werden droht, hat nicht nur mit der Aufdringlichkeit des Todes zu tun, sondern auch damit, dass er sein Leben vor sich herschiebt. Bemerkenswert ist im Übrigen, dass keiner der drei die Kinderfrage einfach unter den Tisch fallen lassen kann und alle sich ziemlich schwer mit ihr tun. Die beiden Jüngeren sind sich offensichtlich darin einig, dass die Idee, Kinder zu haben, eine arge Zumutung für mobile Männer darstellt, und auch der 38-Jährige kreist um die Kinderfrage wie eine Katze um den heißen Brei. Besonders blöd ist, wie er mit dem Slang, den er verwendet (»das Kinderding«), vor der Sache, um die es geht, gedanklich Reißaus nimmt.

Bei den drei Männern – und nicht nur bei ihnen – beobachte ich die Tendenz, den Gegensatz von Alt und Jung kollabieren zu lassen und stattdessen einen einzigen scheinbar zeitlosen Zustand des Lebens zu etablieren: die fortdauernde Jugend. *Forever young* ist die Glaubensformel dieses Lebens, gemeint ist damit nun aber nicht ein ewiges Kindsein, sondern eine auf Dauer gestellte Beweglichkeit, die keine Übergänge und Ankünfte mehr kennt. Man lebt wie ein Nomade, der die Adressen seiner Oasen vergessen hat und sich laufend aus der Luft versorgt. Stillgestellt ist der Streit zwischen Jung und Alt, denn es gibt gar keine Alten mehr.

Vertreten wird dieses Lebensmodell des Berufsjugendlichen von Männern wie von Frauen. Doch den Männern fällt es leichter, sich ganz glatt in diesem Zustand einzurichten, denn sie können sich zumindest einreden, dass für sie die biologische Uhr nicht tickt; so schwärmt der oben zitierte 30-Jährige von einer Potenz ohne »Verfallsdatum«.

Vor ein paar Jahren hat der Journalist Claudius Seidl an einen alten Hollywood-Film mit Cary Grant erinnert, der im Deutschen unter dem Titel »Liebling, ich werde jünger« herauskam und von einem Wundermittel handelt, das Menschen – jedenfalls was ihr Benehmen betrifft – wieder jung werden lässt.

Während diese Verjüngungskur »damals lustig wirkte« oder die Vierzigjährigen bei ihren Ausflügen in die Welt der Halbstarken vielleicht sogar lächerlich aussahen, ist das Jungbleiben heute, Seidl zufolge, ein plausibles Anliegen geworden: es gehört, wie er meint, zum »Normalzustand« der Gesellschaft. Seidl erkennt darin nicht weniger als eine »Revolution« unserer Vorstellung vom menschlichen Lebenslauf – eine Revolution verlängerter Jugend, die gar den großen Vorzug habe, »keine Opfer« zu haben, sondern umgekehrt der Leichtigkeit des Lebens zu dienen. Seidl stellt sich damit gegen eine Tirade, mit der der amerikanische Publizist Joseph Epstein über seine Landsleute hergefallen war: Epstein hatte ihnen vorgeworfen, dass sie einfach nicht erwachsen werden wollten und sich in einem Zustand der Dauerpubertät einrichteten.

Was seltsamerweise weder in Seidls Verteidigung noch in Epsteins Angriff auf den Jugendkult eine Rolle spielt, ist die Frage, wie sich diese jung gebliebenen Erwachsenen nun mit der folgenden Generation arrangieren. Ich vermute, dass es hier, anders als Claudius Seidl annimmt, doch zu »Opfern« kommt. Zunächst mal liegt es freilich nahe, im Jugendkult ein Entgegenkommen der Erwachsenen zu sehen; schließlich kommen sie damit der folgenden Generation näher. Entsprechend wäre der Versuch der Erwachsenen, selber jugendlich zu bleiben, als Beitrag zur Entspannungspolitik im Verhältnis zur Jugend anzusehen. Es ergäbe sich ein Zustand, in dem man sich auf einer Ebene bewegte und eine Sprache spräche. Das kann schön sein: wenn man zum Beispiel die gleiche Musik liebt, wenn man gemeinsam etwas unternehmen kann, ohne sich zu verstellen. Das kann aber auch schrecklich sein: wenn zum Beispiel Eltern die »besten Freunde« ihrer Kinder sein wollen. Dafür sind sie eine glatte Fehlbesetzung. Ein Vater sucht sein Kind, ein Kind seinen Vater nicht aus: Das unterscheidet familiäre Beziehungen von Freundschaften – und das bedingt auch die besonderen Pflichten und Abhängigkeiten, die im Verhältnis zwischen Eltern und Kindern wirksam sind. Wenn die Erwachsenen sich den Jugendlichen immer weiter annähern und anähneln, dann leisten sie ihnen einen klassischen Bärendienst, der tiefe Irritationen auslösen muss. Warum?

Ernst und überschwänglich, voller Ängste und Hoffnungen blicken die Jugendlichen in ihre Zukunft, verwandeln sie diese Zukunft Schritt für Schritt in eine Gegenwart nach der anderen. Das Leben der Jugendlichen ist eine Reise. Sie sind erfüllt von dem Gefühl, ihr Leben sei in Bewegung, sie sind aufgeregt oder gar ergriffen, weil ein langer, mit Entdeckungen gespickter Weg vor ihnen liegt, der irgendwann im Erwachsenenleben ankommt. Gerade die Jugendlichen haben oft ein geradezu überscharfes Empfinden für ihr Unterwegssein, auch für ihre eigene Unfertigkeit. Als Heranwachsende schwanken sie zwischen zwei Haltungen: wilder Entschlossenheit und tiefer Verunsicherung. Vor allem Pubertierende haben das Gefühl, es sei ganz viel in Bewegung, sie seien unterwegs auf einem langen, schweren Weg, der irgendwann im Erwachsenenleben ankommt. Früher half ihnen der Blick auf die Erwachsenen, sich diesen Weg vorzustellen. Wenn sich die Erwachsenen nun selbst verleugnen und an ihrem Jugendlichkeitsideal orientieren, dann geraten die Heranwachsenden freilich in Verlegenheit über das Ziel der Reise, die sie angetreten haben. Sie blicken in die Zukunft, doch diejenigen, die schon im Erwachsensein angekommen sind, legen es darauf an, die Rückreise anzutreten. Dies muss eine seltsam deprimierende Erfahrung sein.

Dem Jugendlichen muss es gehen wie einem Bergsteiger, dem während eines steilen Aufstiegs Massen von Menschen entgegenkommen – voll Überdruss ob des Ziels, das er erst noch mühsam erreichen will. Wer ihm entgegenkommt, sind eben Erwachsene, die mit vom Schrecken geweiteten Augen das hinter sich lassen wollen, was zum Erwachsensein gehört. Warum – so muss sich der Jugendliche fragen – soll ich die Mühen des weiteren Aufstiegs auf mich nehmen, wenn dort oben der blanke

Horror lauert? Es gibt Anlass zu größter Sorge, wenn eine ganze Gesellschaft beim Übergangsritual zwischen Jugendlichen und Erwachsenen aus dem Tritt und aus dem Takt kommt. Genau dies ist, so scheint mir, derzeit der Fall. Die Erwachsenen senden widersprüchliche Signale aus: Einerseits können sie nicht verhehlen, dass sie eben erwachsen sind. Andererseits nivellieren sie die Unterschiede zwischen den Generationen und legen auf diese Weise den Lebenszyklus und damit auch das Generationenspiel lahm. Dieser *double bind* macht den Kindern und Jugendlichen zu schaffen, aber auch den Erwachsenen. Sie sind mit sich selbst im Unreinen.

Der Jugendwahn der Erwachsenen führt nicht eigentlich zu einer Annäherung an die Jugend, wie sie leibt und lebt, sondern – wie dies eben bei einem Wahn so ist – dazu, dass man sich in eine zurechtgezimmerte Fantasie von Jugendlichkeit hineinsteigert. Mit dem Original hat sie nicht viel zu tun. Die echte Jugend zeichnet sich vor allem dadurch aus, hin- und hergerissen zu sein: sie schwankt zwischen Kindheit und Erwachsensein, sie sucht ein Leitbild und probt den Aufstand, sie ist anschmiegsam und rücksichtslos, schwermütig und leichtsinnig, verträumt und tatkräftig. Und was machen nun die erwachsenen Möchtegern-Jugendlichen? Sie unterschlagen die zeitliche Spannung, die innere Zerrissenheit, die ihre vermeintlichen Vorbilder ausleben und ertragen müssen. Sie tun so, als könnte man den Schwebezustand, den sie bei der Jugend entdecken, auf Dauer stellen. Sie stellen die von der Wirtschaft geforderte Innovationsfähigkeit durch permanente Selbst-Verjüngung unter Beweis. Sie wollen Tag und Nacht sagen können: »Ich bin für alles offen!« und fürchten die Festlegung wie der Fluss den Frost.

Während sich die Erwachsenen mit den Jugendlichen gemein machen wollen, beginnen diese das andere Leben aus dem Blick zu verlieren, das noch wie ein fremder Freund auf sie wartet. Im Jahre 1815, als der Wiener Kongress Europa gerade in einen

Zustand der Erlahmung versetzte, veröffentlichte Joseph von Eichendorff einen Roman, dem er den wunderbaren Titel »Ahnung und Gegenwart« gab und in dem er die Sehnsucht über den Status quo hinausschweifen ließ. Dieser Sehnsucht wird die Arbeitsgrundlage entzogen, wenn sich der Zustand der Jugend endlos fortsetzt, wenn es kein Leben nach der Jugend gibt. Es gibt dann keine fernen Geheimnisse mehr, keine Ahnung vom Unbekannten. Man hört immer wieder Klagen darüber, dass die Jugend so antriebsschwach sei. Freilich ist es kein Wunder, dass die Dynamik der Jugend leidet, wenn sie dazu eingeladen wird, um sich selbst zu kreisen, wenn ihr beständig der Eindruck vermittelt wird, sie sei sowieso schon das höchste der Gefühle. Wenn alle jugendlich sind oder werden wollen, wird die Familie vollends zu einem Hohlraum, in dem nichts mehr von Belang stattfinden kann. Bevor Peter Suhrkamp als Verleger berühmt wurde, hat er bedenkenswerte Aufsätze über die Schattenseiten dieses Jugendwahns geschrieben. In einem von ihnen wehrt er sich gegen die Vorstellung, das Fehlen vorgegebener »Bilder« und »Lehren«, die den »väterliche[n] Segen« haben, mehre die Freiheit der Jugend und eröffne ihr – »herrlich« – »die Möglichkeit, neu anzufangen!«. Suhrkamp antwortet: »Ja, eine herrliche Möglichkeit für Männer; für die Jugend bedeutet das: keine, absolut keine Lebensmöglichkeit haben.« Ihr fehlt dann nämlich die Vorgabe, das Material, das ihr als Startblock ins eigene Leben dient.

Eine Gruppe, in der sich Gleiche zu Gleichen gesellen, bezeichnet man bekanntlich als *peer group*. Gemäß dem Ideal der Jugendlichkeit steht nun die Verwandlung der ganzen Gesellschaft in eine *peer group* an. Mir scheint, dass sich damit eine jahrhundertealte Prophezeiung erfüllt: Am Beginn des Kampfes gegen das Patriarchat stand der Ausstieg aus dem Generationengang und die Vorstellung, dass es nur noch Individuen, nur noch Brüder gebe. Gedient war damit der Gleichberechtigung in der Gesellschaft, aber dieser politische Fortschritt war erkauft durch die Ignoranz gegenüber den Unterschieden in der Familie – und dieser Ignoranz wird nun die Krone aufgesetzt, wenn man meint, die Gesellschaft bestehe nur noch aus Jugendlichen. Diese Vorstellung ist genauso haltlos wie die Vorstellung, alle Menschen seien Brüder.

In den großen Revolutionen, auch in der Jugendbewegung hatten die *peer groups* ihre großen Stunden (s. o. S. 196). Mitte des 20. Jahrhunderts beobachteten Max Horkheimer, Alexander Mitscherlich, Friedrich Tenbruck und Herbert Marcuse die Ausbreitung von *gangs* oder *peer groups* und kommentierten eher besorgt den Niedergang der Familie und die Verselbständigung des jugendlichen Lebens. Wenn die Eltern nun selbst in den Bann des Jugendkults geraten, dann ergeht an die Kinder das Signal, dass sie sich zur Befriedigung ihrer sozialen Bedürfnisse eben an die *peer groups* zu halten haben. Das aber ist – das falsche Signal.

Es geht hier um Bedürfnisse nach Zusammengehörigkeit, Vertrauen, Verlässlichkeit. Weil jeder Jugendliche erst noch unterwegs ist zu sich selbst, empfindet er sich als besonders unfertig und unsicher; entsprechend braucht er einen ganz starken Rückhalt, einen unbedingten Schutz. Doch Beziehungen zwischen Jugendlichen sind trotz aller Treueschwüre Experimente, Probehandlungen. Ein tragfähiges, triftiges Sicherheitsnetz wird in Cliquen nicht geschaffen. Wenn die Jugendlichen ihre hohen Erwartungen auf sich selbst richten, werden sie unweigerlich voneinander enttäuscht sein. Wenn dann aber auch noch die Familie ausfällt, werden sie mit dieser Enttäuschung allein gelassen – und auch mit deren nächsten Nachbarn: der Wut, der Zerstörung, der Rache. In einer bestimmten Hinsicht gibt es für die Eltern tatsächlich keinen Ersatz: Hält die Familie, was sie verspricht, dann finden Kinder in ihr ein Vertrauen, das ihnen in ihrem Leben sonst kaum zuteil werden kann. Sie werden geliebt – ohne Sonderkonditionen, ohne Verfallsdatum, ohne Beweisnot.

Das heißt nun freilich nicht, dass im Blick auf das nächste Jahrhundert eine Entscheidung anstünde zwischen den *peer groups* einerseits, der Familie andererseits. Um zu erkennen, dass es hier wie dort destruktive Potentiale gibt, genügt der Blick in den Stauraum Familie, in dessen »Genuss« wir bereits gekommen sind. Erwachsene und Heranwachsende werden immer in mehreren Welten zugleich leben. Die Frage der Zukunft lautet, wie die Balance zwischen diesen Welten aussieht und welchen ersten Wohnsitz man dem Gefühlsleben Heranwachsender wünscht: die Hass- und Liebeshändel in der Familie oder die Feind- und Vertrauensseligkeiten in der Clique. Und ich bleibe dabei: Was Letztere leisten kann, ist viel zu wenig für einen jungen Menschen, der sich mit seinem Leben anfreunden will.

Wenn Männer (und Frauen) ihre eigene Jugend auf Dauer stellen, dann hat ihr Verhalten in einem entscheidenden Punkt eine ganz ähnliche Konsequenz wie das Lebensmodell des ökonomischen Individualisten. Wer auf seiner Jugendlichkeit beharrt, kann der Idee, selber Kinder zu bekommen, nicht viel abgewinnen. Damit würde er sich selbst unwiderruflich aus der jungen, jüngsten Generation herauskatapultieren. So vergeht dem Berufsjugendlichen die Lust am Generationenspiel. Seltsam: Zu den größten Tugenden der Jugend im »Original« gehören das Hochgefühl, mit dem man von einer Sache, einer Idee überzeugt ist, und – ja, auch der Übermut, mit dem man sich auf waghalsige Unternehmungen einlässt. Die Berufsjugendlichen kennt man eher als Menschen, die in das Vorläufige verliebt sind und sich nicht festlegen wollen. Ihnen fehlt das Quäntchen Hochgefühl und Übermut, das man eigentlich gut gebrauchen kann, wenn man damit liebäugelt, Kinder zu bekommen.

Auf meinem Wunschzettel für die Zukunft steht – niemanden wird dies wundern –, dass man sich vom Jugendkult verabschiedet. Der Fackellauf der Generationen gewinnt erst wieder an Schwung, wenn den Jugendlichen die Übergänge bewusst werden, die von ihrer Welt zu der der Erwachsenen führen, und wenn ihr Gespür dafür an Ritualen geschärft wird, die nicht nur im Kampftrinken bestehen. Dann können sich die Familien als Tummelplatz oder Kampfplatz von Unterschieden bewähren.

Der Vater als Lebenshelfer

Wenn man sich die Lebensmodelle des ökonomischen Individualisten und des Berufsjugendlichen ansieht, dann wird wohl deutlich, warum Männer bei der Kinderfrage ins Schwanken geraten können. Gezeigt hat sich aber auch, dass die Angriffe auf die Vaterschaft nicht zum strahlenden Sieg führen. Teilweise versickern sie im Sand, teilweise gehen sie nach hinten los. Ein letztes Mal sei deshalb gesagt: Das Rennen ist offen. Offen ist aber nicht nur dieses Rennen, also die Abwägung über die Kinderfrage; offen ist auch, was für ein Vater man sein soll, wenn denn das Kind einmal da ist. Welchen Vater hätten Sie denn gern? Welcher Vater wäre man gern? Ich kann nun – wie angekündigt – wieder vom Weitwinkel- auf das Teleobjektiv wechseln und mir ein letztes Mal die Väter genauer anschauen.

Ich höre jemanden sagen: »Ich habe die Experimente satt.« Weiter höre ich: »Die gute alte Kleinfamilie muss wieder her.« Jemand wie Matthias Matussek, der SPIEGEL-Reporter, könnte so sprechen. Er will die »Katastrophe einer vaterlosen Gesellschaft« dadurch abwenden, dass wieder »männliche, im besten Sinne: patriarchalische Verantwortungen« etabliert werden. Er favorisiert ein Modell, in dem die Erwerbsarbeit hauptsächlich auf den Schultern des Mannes lastet und die Erziehung hauptsächlich bei der Frau liegt. Vor dem »neuen Mann«, der eine andere Rollenverteilung praktiziert, kann Matussek nur warnen, denn dieser Mann sei derart eingeschüchtert, dass er

»nicht an das Pimmelchen zwischen seinen Beinen« zu denken wage, und mit diesem Denkverbot tue er den Frauen nun auch keinen Gefallen. Einst riet Max Scheler dem »Weib« davon ab, ein »prachtvoller Mensch« sein zu wollen, weil es sich damit nur zum »Affe[n] des Mannes« mache, nun scheint Matussek zu meinen, dass sich der »Softie« zum Haustier der Frau mache.

Ich bekenne, dass ich ein begeisterter Familienvater bin. Gleichwohl habe ich meine Mühe mit dem Satz »Die gute alte Kleinfamilie muss wieder her«. Ich verstehe ihn leider gar nicht. Weder ist diese Kleinfamilie nämlich alt, noch war die gar-nicht-so-alte Kleinfamilie gut, noch muss sie wieder her.

Die Kleinfamilie, in der der Mann für den Lebensunterhalt sorgt und die Frau zu Hause bleibt, ist nicht alt, sondern ziemlich jung. Als Lebensform weit verbreitet ist sie seit zweihundert, dreihundert Jahren, und innerhalb dieses Zeitraums blieb sie lange auf die bürgerlichen Schichten beschränkt (s. o. S. 122). Was den Kleinfamilien vorausging, waren bekanntlich: Großfamilien. Die Kinder aus der Unterschicht wuchsen in Familien auf, in denen alle, so gut sie konnten, beim Kampf ums Überleben mitwirkten. Die Kinder aus der Oberschicht wurden in der Regel von Ammen, Hauslehrern etc. großgezogen, wobei die Eltern miteinander und mit den Kindern oft gar nicht viel zu tun hatten (aber vielleicht mehr mit ihren jeweiligen Liebhabern und Geliebten).

Dass jenes besondere Modell der bürgerlichen Kleinfamilie in der Menschheitsgeschichte eine Episode gewesen ist, bedeutet natürlich nicht, dass man es fallenlassen oder schlechtmachen müsste. Es kann ein kurzes Vergnügen gewesen sein – aber war es wirklich ein Vergnügen? Das eben ist die Frage. Nein, eigentlich ist dies keine Frage mehr, denn wer an die Geschichte, die ich in diesem Buch erzählt habe, zurückdenkt, wird sich nicht drücken können vor der Einsicht, dass jene Familie mitsamt der in ihr amtierenden Vaterfigur ein prekäres Zwischenwesen gewesen ist. Mehr muss ich dazu jetzt nicht mehr sagen.

Ganz kurz kann man an dieser Stelle auch einen Punkt abhaken, der seltsamerweise für enormen Wirbel in Deutschland, in der Schweiz und in vielen anderen europäischen Ländern sorgt. Die Verteidiger der »guten alten Kleinfamilie« treten in aller Regel nämlich auch als Kritiker einer ausgedehnten staatlichen Kinderbetreuung auf; sie klagen über die seelische Grausamkeit von Rabenmüttern und Rabenvätern, die ihre Kinder fremdbetreuen lassen. So wehrt sich etwa Roland Koch gegen die Ganztagsschule mit dem Argument, der Staat dürfe Kinder nicht »ganztägig beschlagnahmen« (was juristischer Blödsinn ist, denn man kann nur Eigentum »beschlagnahmen« – und wem sollen die Kinder gehören?). Diese Panikmache kommt mir ziemlich borniert vor. Eine Daumenregel beim Generationenspiel lautet, dass es auf eine kluge Verteilung der Lasten und auch der Genüsse ankommt. Man muss sich nur kurz daran erinnern, dass eine solche Verteilung in Familienverbänden früherer Zeiten dadurch, dass sie viel größer waren, immer schon intern vorgenommen wurde. Will man diese Verteilung heute aufrechterhalten, müssen familiäre und staatliche Betreuung und Erziehung zusammenspielen. Man stelle sich nur mal kurz eine Welt aus Ein-Kind-Familien vor, in denen die Erziehung eine Sache unter vier Augen geworden ist: Da würde man wohl sowohl vor den Erziehenden wie vor den Erzogenen die Flucht ergreifen. Der Teppich des Lebens, auf dem sich das Kind bewegt, setzt sich aus verschiedenen Teilen zusammen; es kommt darauf an, wie gut sie zusammenpassen und wie gut sie miteinander vernäht sind.

Ich würde empfehlen, den Puderzucker von der Kleinfamilie wegzupusten. Deshalb halte ich auch nichts davon, wenn Matussek die »im besten Sinne: patriarchalischen Verantwortungen« wiederherstellen will. »Patriarchalisch« – das heißt ja wörtlich übersetzt: die Herrschaft des Vaters betreffend, und ich verstehe nicht, wie diese Herrschaft des Vaters über Mutter und Kinder »im besten Sinne« zu verstehen sein soll. Das alte Modell der Kleinfamilie, das den Vater mit rechtlichen Privilegien und ökonomischer Alleinherrschaft in den Sattel hob, ist echt von *gestern;* nicht nur die Ignoranz der Kinder- und Frauenrechte, auch die nervenaufreibende Spannung, die dieser anwesend-abwesende Vater im Verhältnis mit den Kindern ausgelöst hat, ist längst unerträglich geworden.

Stattdessen habe ich einen Vorschlag zur Güte. Man sollte sich darauf einigen, dass die herkömmliche Kleinfamilie nicht das Erfolgsmodell war, zu dem sie von manchen, die des Experimentierens müde sind, heute erklärt wird. Man sollte auch nicht versuchen, ein ausgeleiertes Modell der Familie zum Schönheitschirurgen zu schicken, sondern lieber über deren Zukunft nachdenken. Nicht um die gute alte, sondern um die gute neue Familie geht es – und entsprechend auch um die gute neue Zukunft des Vaters.

Dieser Vorschlag zur Güte stößt möglicherweise bei denen auf Widerspruch, die den Rahmen, in dem ein Kind heranwächst, offener – also ohne Fixierung auf Vater und Mutter – umreißen wollen. Haben Vater-Mutter-Kind-Familien nicht vielerorts schon etwas Exotisches? Was hat man von der Väterbeschwörung, wenn mehr als jedes zweite, also fast sechs Millionen afroamerikanische Kinder in den USA von einer »single mom« aufgezogen werden? Und wäre es nicht am besten und am einfachsten, erst allgemein Erziehungsaufgaben zu definieren und dann zu sehen, wie man sie auf verfügbare Personen – welches Geschlecht, welches Verhältnis zum Kind auch immer sie haben mögen – verteilt?

Natürlich hat sich das Generationenspiel in den letzten Jahrzehnten drastisch verwandelt. Kinder wandern zwischen getrennt lebenden Eltern hin und her, neue Partner der Mütter und Väter kommen und gehen – oder bleiben. Manche von ihnen sind sogar in der Lage, dem Ausdruck Stiefvater oder Stiefmutter seinen fiesen Beigeschmack zu nehmen. Es gibt Kinder, die mit zwei Müttern, und Kinder, die mit zwei Vätern zusammenleben. Es gibt Väter, die mit ihren leiblichen Kindern schäbig umgehen, und Ersatzväter, auf die dieser etwas herabsetzende Ausdruck gar nicht passt. Natürlich kann auch ein Kind, das seinen Vater verloren hat, zu einem wunderbaren Menschen heranwachsen. Muss ich das überhaupt erwähnen? Mir liegt es fern, Lebensumstände und Lebenswege zu diskriminieren. Aber ich will auch nicht leichtfertig über die sozialen Potentiale der Vaterschaft hinweggehen. Anders gesagt: Ich will mich nicht darin erschöpfen, dauernd zu beteuern, dass die verschiedensten familiären Konstellationen Anerkennung verdient haben, sondern fragen, was ein Vater besonders gut kann.

Mein Eindruck ist: Vor dieser Frage gibt es einfach kein Entrinnen. Die amerikanischen Rapper, die sich gerne als *pimps* inszenieren und in ihren Videos mit dreiviertelnackten Frauen umgeben, sind von kaum einem Thema so besessen wie von der Beziehung zu ihren Vätern oder von der Sorge um ihre Kinder. (Ich will nicht so tun, als wäre ich da ein Experte; mein Sohn hat mich haufenweise mit Material eingedeckt.) Den meisten Beobachtern dieser Szene werden zuerst irgendwelche Geschichten von Unterhaltsprozessen, unehelichen Kindern etc. einfallen oder auch die Reality Show »Snoop Dogg's Father Hood«, in der sich das Leben von Vater und Kindern – jedenfalls während der wenigen Minuten, in denen ich mich zum Zuschauen gezwungen habe – vor allem im Porsche oder vor dem Fernseher abspielt. Aber hinter den »Words to live by/From a father to a son«, hinter den Ratschlägen, die der Rapper Alvin Nathaniel Joiner (alias Xzibit) seinem Sohn mitgibt, steht nicht nur das halbherzige Spiel eines Mannes, sondern – jedenfalls in diesem Fall – auch ein ziemlich genau beobachteter Alltag und eine ziemlich ernsthaft gelebte Verantwortung. Man könnte fast sagen, Xzibits Rap-Songs »The Foundation« und »Sorry I'm Away So Much« seien eine moderne Version der »Ratschläge an seine Tochter«, die Condorcet kurz vor seinem Tod niederschrieb (s. o. S. 110):

»You are the foundation
Beginning of a new generation ...
In this life you can't press stop
Then press rewind
Gotta live to the fullest never follow behind no man
Have your own plan, expand your mind ...
Take heed when it's your turn to bring new life
Make sure it's the woman you gonna make your wife
Be prepared for the worst
But expect the best
No matter where life takes you
Come home to the West
Survival takes more than just gats and guns
That's words to live by
From a father to a son.«

»My son was born about four and a half years ago
Nothin' protected him, amazin' how fast they grow
I came to know about his likes and his dislikes, yeah
Video games, taught him how to ride his first bike ...
We Starsky and Hutch, yeah, we partners for life, yeah
I rock mics, so I'm sorry when I hug you if I squeeze
too tight.«

Ein Vater ist nicht unersetzlich. Ein Junge kann auch mit anderen Männern, wenn sich die richtigen finden, seine Kräfte
messen und augenzwinkerndes Einverständnis ernten. Ein Mädchen kann auch mit anderen Männern, wenn sich die richtigen
finden, auf unschuldige Weise ihr Heranwachsen zur Frau proben und kokett Klamotten vorführen. Ja, das geht. Aber diese
Beispiele selbst machen vielleicht auch deutlich, dass der Ersatz
nicht ganz so leicht zu finden ist. Die Verbindung zwischen Vater und Sohn, Vater und Tochter ist nicht einfach *nichts*. Auch
wenn sie scheitern kann, ändert dies doch nichts daran, dass hier

ein Anhaltspunkt für eine der verlässlichsten Bindungen gegeben ist, die unter Menschen denkbar ist. Kleinreden sollte man das nicht.

Von einem Kind, das vom Vater so früh verlassen wurde, dass es sich kaum an dessen Aussehen erinnern kann, erzählt J. R. Moehringer in seiner großartigen Autobiographie »The Tender Bar« (»Mein Vater war ein Mann vieler Talente, doch ein Genie war er nur im Verschwinden.«). Merkwürdig tröstlich und untröstlich ist diese Geschichte, in der die Erinnerung an den Vater ständig, wie eine »tote Ratte«, auf dem Essenstisch zwischen ihm und seiner Mutter liegt. Der Junge wächst nicht nur mit Mutter, Großmutter, Tante und fünf Cousinen auf, sondern auch, von klein auf, in einer Bar. Nicht nur findet er in dieser Bar die Männer, die er sucht, irgendwann, so schreibt Moehringer, »wurde die Bar mein Vater«. Natürlich führt das zeitweise zu erheblichem Alkoholkonsum, aber darum geht es eigentlich gar nicht. Im Mittelpunkt steht vielmehr das enorm kunstvolle Beziehungsnetz oder -nest, in dem dieser Junge, ja, auch noch der Student, der Erwachsene, aufgefangen wird. Seine *éducation sentimentale* nimmt ein gutes Ende. Doch niemand käme auf die Idee, in jenem Beziehungsnetz so etwas wie eine alternative Lebensform zu sehen. Es handelt sich hier vielmehr um den schon fast heroischen Versuch, einen Vater zu haben, ohne dass man einen Vater hat. Auch diese Geschichte gehört zur modernen Heldengeschichte des Vaters.

Der Vater ist erwünscht, ersehnt. Er ist mit dem, was er mitbringt, im Alltag der Erziehung gefragt und gefordert. Er wird sich diesen Alltag, wenn er klug ist, auch für sich selbst wünschen. Ob er zwei Monate, drei Jahre, ganz oder gar nicht aus dem Beruf aussteigen soll? Ich spare mir hier eine höchst philosophische Empfehlung, ich erlaube mir aber, meinen Wunschzettel zu zücken: Was auch immer die Väter im Leben tun, sie sollen – so wünsche ich mir – *Lebenshelfer* ihrer Kinder sein. Was man von Vätern verlangen darf, ist die Bereitschaft zur Nähe, das Sicheinlassen auf das Kind. Damit behalten sie das menschliche Maß, das sie von Übervätern unterscheidet. Was meine ich nun mit »Lebenshelfern«?

Um das zu erläutern, möchte ich noch mal ganz kurz zurückkommen auf das Bild des Vaters, das bei Alexander Mitscherlich hinter seiner Diagnose von der vaterlosen Gesellschaft in Umrissen erkennbar wurde. Er sprach damals vom Sachbezug einerseits, vom Gefühlsbezug andererseits (s. o. S. 244). Daran hängen zwei Aufgaben, für die ich eine ganz einfache Übersetzung anbieten will: Einerseits geht es um das Können des Kindes, andererseits um das Wollen. Was das genau heißen soll, darauf möchte ich nun eine eigene Antwort geben.

Auf der einen Seite geht es um Fähigkeiten, die das Kind ausüben, in denen es sich bewähren kann. Man kennt jene verächtliche Redewendung, die ich vorhin auch selbst mal gebraucht habe: dass jemand echt total »fertig« sei. Doch eigentlich besteht das Ziel der Erziehung, so seltsam dies klingen mag, gerade darin, dass das Kind »fertig« werde. Ursprünglich bedeutet dieses schöne, arg unterschätzte deutsche Wort nämlich: »zur Fahrt bereit«. Um zu fahren, muss man etwas können und sich auskennen.

Auf der anderen Seite geht es um die »innere Sicherheit« des Kindes im besten Sinne, also darum, dass es in dem, was es will, ruht und nicht krampfhaft wetteifernd, nachahmend oder auch ablehnend von anderen abhängig ist. »Dennoch gelinget der Wunsch«, so heißt eine der schönsten, forderndsten Gedichtzeilen Friedrich Hölderlins. Dass den Kindern, die von inneren und äußeren Hemmnissen und Verlockungen umringt sind, ihr Wünschen gelinge – davon träumt, wer erzieht.

Bleiben wir erst mal bei der »Erziehung zum Können«. In den Gesellschaften des Westens müssen Kinder in der Regel keinen Beitrag mehr zum Überlebenskampf der Familie erbringen. Sie werden geschont. Doch heißt dies automatisch, dass der Sachbezug ihres Lebens sich in Luft auflösen muss? Und tut es ihnen gut, jahrelang »geschont« zu werden? Die Familie als Schonraum ist auch nicht viel besser als die Familie als Stauraum oder als Hohlraum. Im Schonen steckt eine verkappte Misshandlung, mit der man eine Wattepackung zwischen Welt und Kind presst und es daran hindert, einen kleinen Beitrag zur gemeinsamen Lebensbewältigung zu leisten. Man sollte die Sehnsucht des Kindes ernst nehmen, eine Aufgabe erfüllen und dafür Anerkennung erfahren zu wollen. Dazu müssen sie aber etwas können.

Worin liegt nun der Beitrag des Vaters zu dieser Erziehung zum Können? Hier gilt die alte Devise, man müsse mit den Beständen rechnen. Ausgehen muss man von dem, was der Vater selbst kann, was er zu vermitteln hat. Im Englischen gibt es für diese anschauliche Unterweisung das passende Wort »fathercraft«. Im tätigen Leben bewährt sich die väterliche Lebenshilfe zum Beispiel dann, wenn das Kind am Ende weiß, wie man Fahrrad fährt, Pfannkuchen bäckt, Löcher in die Wand bohrt, den schnellsten Weg nach Suomussalmi auf der Landkarte findet, sich gegen einen fiesen Mitschüler oder gegen einen schikanösen Busschaffner zur Wehr setzt etc. Keine Entfremdung, kein antiautoritäres Dogma, kein individualistischer Kult hindert die Väter daran, ihren Kindern Kniffe und Handgriffe dieser Art beizubringen. Hier spielt er seine Autorität aus – eine Autorität, die sich darin bewähren muss, dass das Kind mit Hilfe des Vaters besser in der Welt zurechtkommt, und auch eine Autorität, die nicht aus der Ferne über das kindliche Leben hereinbricht, sondern zum Anfassen ist. Autorität meint hier nicht die Beherrschung des Kindes, sondern die Beherrschung von Fähigkeiten, über die der Vater verfügt. Indem er diese Fähigkeiten dem Kind vermittelt, wächst es mit kleinen Schritten selbst in diese Autorität hinein.

Immer wieder einmal tritt meine Tochter, die längst eine erwachsene Frau ist, mit Anliegen an mich heran, für die ich schlechterdings die falsche Adresse oder bei denen ich schlechterdings überfordert bin. Natürlich muss ich ihr dann sagen, dass ich in diesem Fall nichts tun könne, und doch spüre ich diese leise Sehnsucht, dass ich ihr helfen können müsste, worum auch immer es geht. Es ist dies wohl der unschuldigste, menschlichste Traum vom Größenwahn, der je geträumt worden ist.

In einem Supermarkt, in dem ich häufig einkaufe, ist vor einiger Zeit eine Kinderecke eingerichtet worden. Sie besteht aus einer als Lokomotive verkleideten Bank und einem Fernseher, in dem Zeichentrickfilme gezeigt werden. Die jungen Väter oder Mütter, die nach Arbeitsschluss noch rasch Besorgungen für das Abendessen machen müssen, können die Kinder dort absetzen. Wer dies tut, wird seinem kleinen Kind nie den Auftrag erteilen, eine Dose Tomaten dort hinten aus dem dritten Gang herbeizuholen, und er wird nie das stolze Gesicht des Kindes sehen, das nach langem Suchen mit der Dose ankommt, wacker-wacklig laufend, weil es von deren Gewicht schon leicht aus dem Gleichgewicht gebracht wird. Stattdessen holt man dann das Kind nach einem Weilchen, einen vollen Einkaufswagen vor sich herschiebend, ab und geht mit ihm zur Kasse. Dort kann man sich mit ihm um die Frage streiten, ob dem Fernsehkonsum der Konsum der Süßigkeiten folgt, die in Augenhöhe vor dem Kind aufgebaut sind. Ich träume von einer Welt, in der diese Fernsehecke im Supermarkt leer bleibt. Meinethalben bin ich ein Sozialromantiker. (Warum ist das eigentlich ein Schimpfwort?)

Und wie steht es nun um die »Erziehung zum Wollen«? Sie beginnt mit der Kraft des Vorbilds. Wenn die Väter nicht wissen, was sie wollen, dann lernen die Kinder von ihnen nicht, was es überhaupt heißt, etwas »zu wollen«. Dann kann ihnen, frei nach Hölderlin, »kein Wunsch gelingen«. Wenn ein Jugendlicher mit starken Vorgaben konfrontiert ist, dann braucht er seine eigene Entschiedenheit, um mit ihnen umzugehen. Was nun diese Vorgaben betrifft, so schleicht sich bei vielen Vätern allerdings ein innerer Vorbehalt ein, der verhängnisvolle Wirkungen hat. Durch Ich-Stärke, so hört man immer wieder, soll sich der Mensch auszeichnen, und sie wünscht man auch dem Kind. Nun könnte man ja auf die Idee kommen – und leider kommen viele tatsächlich auf diese Idee –, dass es ein Affront gegen die Ich-Stärke, gegen den eigenen Willen des Kindes darstellen könnte, wenn man ihm offensiv gegenüberträte und ihm Haltungen vorlebte. Wenn sich dieser Gedanke in den Köpfen der Väter einnistet, beginnen sie zu zögern und verzichten darauf, Vorbild zu sein. Diese Zurückhaltung, diese Nichteinmischung hat nichts anderes zur Folge als das Scheitern der »Erziehung zum Wollen«.

Man sitzt hier einem Denkfehler auf: dass man sich nämlich um der Ich-Stärke des Kindes willen zurückhalten müsse. Dabei ist sie erst im Werden, und wenn man den Kindern in dieser Phase ihres Lebens mit falscher Zurückhaltung begegnet, dann werden sie zur Stärke überhaupt nie finden. Nach Hannah Arendt »kommt in diesem Extrem der Autoritätsfeindlichkeit eine Art Abdankung der Zeitgenossen zum Ausdruck, die sich als Eltern und Erzieher gewissermaßen weigern, eine der allerelementarsten Funktionen in dem Gemeinwesen, das Hinleiten derer, die durch Geburt neu in die Welt gekommen und daher in ihr notwendigerweise Fremdlinge sind, zu übernehmen und so die Kontinuität dieser gemeinsamen Welt zu sichern.«

Insbesondere die Väter sind von dieser Krise betroffen. Als Repräsentanten einer übermächtigen, unerbittlichen Autorität stehen sie traditionell unter Beobachtung, vielleicht sogar unter Beschuss. Doch statt nun für die Autorität ein menschliches Maß zu finden, neigen viele dazu, sich selbst regelrecht *lahmzulegen*. Der Denkfehler, den sie ausbaden, geht letztlich zurück auf die englischen Vertragstheoretiker des 17. Jahrhunderts. Er steckt nämlich in der Annahme, dass Menschen als fertige Individuen aufeinander zukämen und sich dann nur miteinander zu arrangieren hätten. Die Lektion, die die modernen Väter zu lernen haben, ist keine andere als die Lektion, die schon Jahrhunderte zuvor David Hume seinen Zeitgenossen hat beibringen wollen (s. o. S. 37): dass Menschen nämlich keine Schmetterlinge sind, dass sie nicht fertig auf die Welt kommen, sondern ihnen in die Welt hineingeholfen werden muss.

Früher hörte man häufig, dass die verwaltete Welt, der Kapitalismus oder sonst irgendeine Macht den Vätern den Zugang zu den Kindern erschwert und sie in »Fachmenschen ohne Geist, Genußmenschen ohne Herz« verwandelt habe. Doch das Problem sitzt tiefer. Selbst wenn wir all diese Mächte kurzerhand außer Kraft setzen können, fällt den Vätern ein neues Leben mit ihren Kindern nicht einfach in den Schoß. Vielmehr sind sie nun mit einer anderen, auf eigene Weise fatalen Vorgabe konfrontiert: Sie sind angehalten, ihre Kinder in ihrer individuellen Freiheit unangetastet zu lassen. Das klingt gut, verrät aber eine tiefe Ratlosigkeit über den inneren Zusammenhang zwischen Verbundenheit und Eigenständigkeit, der zwischen Eltern und Kindern besteht. Der Vater sieht sich gedrängt, Zurückhaltung zu üben, eine Politik der Nichteinmischung zu betreiben. Er gerät in eine Lebenshemmung, jeder Eingriff wird als Angriff verdächtigt. Dabei kann das Kind nur frei werden, wenn man ihm dabei hilft – und das heißt auch: sich massiv in dessen Leben einmischt.

Wenn ein Vater sich aus seiner emotionalen und sozialen Falle befreien soll, dann heißt dies: Er darf sich befugt fühlen, dem Kind seine eigene Lebensanschauung nahezubringen, er soll sich mit seinen Überzeugungen nicht verstecken. Zu seiner Autorität gehört die Bereitschaft, selbst etwas vorzuleben. Dazu gehört auch ein »Sendungsbewusstsein« im wörtlichen Sinn: das Bedürfnis, auszustrahlen, weiterzugeben. Der Vater sollte sich aber nicht darin gefallen, sich selbstbewusst oder übermächtig vor dem Kind aufzubauen. Dann würde er nur dastehen wie sonst irgendein Vorgesetzter. Das Kind muss eine Ahnung davon bekommen, dass all diese Überzeugungen, die der Vater verkündet, antastbar sind; wenn aus dem Kind ein Jugendlicher geworden ist, wird aus dieser Ahnung Gewissheit.

Wenn die Väter die Entwicklung ihrer Kinder begleiten, setzen sie dabei oft – bewusst oder unbewusst – das ein, was (vor allem von Frauen) etwas herablassend das »Kind im Manne« genannt wird. Wenn der Mann im Zusammensein mit dem Kind selbst zum »Kind« wird, dann beginnt ein Spiel des Rollentauschs, an dem das Kind erahnen kann, dass es nicht nur ein Kind im Manne, sondern auch einen Mann oder eine Frau im Kinde, in ihm selbst gibt. Der Vater steigt vom Sockel, das Kind ist auf dem Sprung. Anders als bei der trostlosen Vorstellung, die die Berufsjugendlichen abgeben, geht bei den Spielen, an denen sich das »Kind im Manne« beteiligt, nie das Bewusstsein davon verloren, dass man sich in diese Rollen hinein-, aber auch wieder aus ihnen herausbegibt. Das Kindwerden und dann wieder Erwachsenwerden ist gerade der Witz der Sache – auch für das Kind. Damit das Generationenspiel lebendig bleibt, muss es ein Spiel von Nähe und Ferne sein. So bekommt das Wollen des Kindes nicht nur einen Anhaltspunkt, eine Vorlage im Wollen des Vaters, sondern der Vater hilft dem Kind auch, mit dem eigenen Wollen voranzukommen. Als meine Tochter vier Jahre alt war, gab sie mir, als ich ihr irgendetwas vorschreiben wollte, trotzig zur Antwort: »Es ist nicht mein Leben, das du führst!«

Dabei bleibt das kindliche Leben auf das angewiesen, was Sigmund Freud unbedingten »Vaterschutz« nennt. Der Vater ist dazu da, dem Kind Schutz und Obhut zu gewähren; er muss Gefahren abwehren und Sicherheit schaffen. Wenn denn das Kind von dem ganz großen Unglück verschont bleiben sollte, dann bleiben immer noch kleine Situationen – gegenüber Lehrern, Mitschülern, Fremden –, in denen es diesen Schutz erfahren und genießen kann. Das Allerkostbarste an diesem Schutz ist aber nicht die Wirkung, die er entfaltet, sondern die Unbedingtheit, mit der er gewährt wird.

Darin liegt ein Zeichen des Vertrauens von der Seite des Vaters, wie es stärker nicht sein könnte: Er zeigt dem Kind, dass es auf seinen Schutz rechnen kann, was auch immer es tut: Ein Wohlverhalten des Kindes ist nicht Voraussetzung dafür, dass er ihm zu Hilfe eilt. Das heißt freilich nicht, dass der Vater dem Verhalten des Kindes gegenüber gleichgültig wäre. Vielmehr kommt darin der Wunsch des Vaters zum Ausdruck, dass das Kind sich weiter entfalten und das Spiel sich fortsetzen möge, in dem Kind und Vater im liebenden Streit verbunden sind.

Mit seinem Vertrauen legt der Vater die Grundlage für das Selbstvertrauen des Kindes. Und mit diesem Selbstvertrauen tritt das Kind den Weg in die Unabhängigkeit, ins eigene »Wollen« an. Der Vater muss damit leben, er muss sich sogar darüber *freuen,* dass sich die Stärke des Kindes am Ende auch gegen ihn kehren wird. Die Heldengeschichte der Väter, die ich in diesem Buch erzählt habe, endet damit, dass sie ihre Kinder als Helden willkommen heißen.

Anhang

Dank

Während ich an diesem Buch arbeitete, habe ich viele Menschen, mit denen ich zusammentraf, mehr oder minder aufdringlich nach ihrer Sicht auf Vaterschaft und Vaterlosigkeit befragt; für ihre Geduld und Offenheit sei ihnen allen gedankt. Die erste Idee zu diesem Buch geht zurück auf eine Veranstaltung des Frankfurter »Instituts für Sozialforschung« über »Neue Väter« im Dezember 2006, zu der mich Axel Honneth und seine Kollegen dankenswerterweise eingeladen haben. Bei der Vorbereitung einer Tagung über »Vaterlosigkeit«, die ich zusammen mit Helmut Lethen im April 2008 am »Internationalen Forschungszentrum für Kulturwissenschaften« in Wien veranstaltet habe, konnte ich viel lernen. Einwände und Hinweise kamen u. a. von Petra Eggers, Daniela Hartmann, Christoph Henning, Tobias Heyl, Vincent Kaufmann, Olivia Mitscherlich, Ulrich Schmid, Anna Rosa und Jakob Thomä sowie von meinem Vater Helmut Thomä, dem ich dafür – und darüber hinaus für vieles andere – besonders dankbar bin.

Drei Bücher, die mir gezeigt haben, wie die Wechselbeziehung zwischen privatem Leben und gesellschaftlicher Entwicklung zu erkunden ist, brachten mir wichtige Anregungen: Dieter Lenzens »Vaterschaft« (Reinbek 1991), Lynn Hunts »The Family Romance of the French Revolution« (Berkeley/Los Angeles 1992) und Albrecht Koschorkes »Die Heilige Familie und ihre Folgen« (Frankfurt a. M. 2000). Ohne Barbara Jungclaus, die mich beständig unterstützte und zum Teil entlegene Quellen beschaffte, kann ich mir meine Arbeit kaum mehr vorstellen. Der Universität St. Gallen und meinen wunderbaren Kollegen dort bin ich dankbar für vielfältige Unterstützung. Dem Max-Weber-Kolleg der Universität Erfurt und seinem Dekan,

Hans Joas, danke ich dafür, mich 2007/2008 als Fellow aufgenommen zu haben; die angeregten Diskussionen in Erfurt haben mich beim Schreiben beflügelt.

Bildnachweis

© Fotos: akg-images: S. 59, 67

© Fotos: akg-images/Erich Lessing: S. 50, 64, 65

© Lauros/Giraudon/The Bridgeman Art Library: S. 49

© Peter Willi/The Bridgeman Art Library: S. 51

© Autor: S. 246

Sachdienliche Hinweise

Zu den Motti

7   *Kafka:* Franz Kafka: Brief an den Vater [1919]. In: ders.: Gesam-
melte Werke in 12 Bden. Hrsg. v. Hans-Gerd Koch. © S. Fischer,
Frankfurt a. M. 1994, Bd. 7, 10–66, hier 53.
Camus: Albert Camus: Der erste Mensch. Übers. von Uli Aumül-
ler. © Rowohlt Verlag GmbH, Reinbek b. Hamburg 1995, 46.
Rio Reiser: © David Volksmund Verlag, Berlin 1971. Mit freund-
licher Genehmigung.
Matt Damons Antwort: Gala, 8.2.2007.

Zum 1. Kapitel: Einleitung

13   *Goethe:* Johann Wolfgang Goethe: Italienische Reise, Teil I. Sämtliche Werke, Briefe, Tagebücher und Gespräche, I. Abt., Bd. 15/1.
Frankfurt a. M. 1993, 550 (»der Knabe löscht dem Vater das Licht
aus und hört nicht auf zu schreien: Sia ammazzato il Signore Pa-
dre!«).
vierjährigen Paul: Anonym: Ein kleiner Ödipus. Aus den Aufzeichnungen einer Mutter. In: Zeitschrift für psychoanalytische
Pädagogik 1, 1926/27, 89.

14   *Chaos:* Ulrich Beck/Elisabeth Beck-Gernsheim: Das ganz normale
Chaos der Liebe. Frankfurt a. M. 1990.
Wyneken: Gustav Wyneken: Schule und Jugendkultur [1913]. Jena
1919, 13.
Bisse … Küsse: Heinrich von Kleist: Sämtliche Werke und Briefe.
München 1984, Bd. 1, 425 (»Penthesilea«, Vers 2980 ff.: »Küsse,
Bisse,/ Das reimt sich, und wer recht von Herzen liebt,/ Kann
schon das eine für das andre greifen.«).

14 f. *schwierige Glück … schwangeren Mannes:* Eberhard Rathgeb:
Schwieriges Glück. München/Wien 2007; Andrew Cullen: Der
schwangere Mann. Tagebuch aus einer parallelen Welt. Berlin 2007.

15   *Wohnplatz:* Johann Gottfried Herder: Ideen zur Philosophie der
Geschichte der Menschheit [1784–1791]. Werke, Bd. 6. Frankfurt
a. M. 1989, 338.

16   *vielleicht einfach die Nase voll:* F.A.Z., 4.5.2007.
     Schweizer Boulevardzeitung: Blick, 5.6.2007.

17   *Kierkegaard:* Søren Kierkegaard: Geheime Papiere. Frankfurt a. M.
     2004, 22.

18   *Hitzfeld:* F.A.Z., 5.2.2007.
     Lagerfeld ... Angelina Jolie: Die Welt, 27.11.2006; Park Avenue
     10/2007.
     Sarkozy: Rede vom 29.3.2007 im Palais Omnisport von Paris-Bercy
     und Interview auf TF 1 vom 8.4.2004.

21   *Lob ... Missbrauch:* Bernhard Bueb: Lob der Disziplin. Berlin 2006;
     Micha Brumlik (Hg.): Vom Missbrauch der Disziplin. Weinheim/
     Basel 2007.
     Mut zur Erziehung: Wilhelm Hahn u. a. (Hg.): Mut zur Erzie-
     hung. Stuttgart 1979.
     schrumpfende Gesellschaft: Franz-Xaver Kaufmann: Schrumpfende
     Gesellschaft. Frankfurt a. M. 2005.

22   *Schülerselbstmorden:* 1902 wird von 165 Selbstmorden von Berliner
     Kindern unter 15 Jahren in einem Zeitraum von 14 Jahren berich-
     tet; vgl. Wolfgang Scheibe: Die Reformpädagogische Bewegung
     1900–1932. Weinheim/Basel 1982, 68.
     Kinder im KZ: Anna Freud/Sophie Dann: Gemeinschaftsleben im
     frühen Kindesalter [1951]. In: Anna Freud/Dorothy Burlingham:
     Heimatlose Kinder. Frankfurt a. M. 1971, 163–217; Zentralrat der
     Sozialistischen Kinderläden (Hg.): Kinder im Kollektiv. Anleitung
     für eine revolutionäre Erziehung, Nr. 5. Berlin 1969, 94.

23   *Porsche-Testbericht:* Focus Online, 19.3.2007.

27   *Tocqueville:* Alexis de Tocqueville: Œuvres II: De la Démocratie en
     Amérique [1835–40]. Paris 1992, 850; ders.: Über die Demokra-
     tie in Amerika. Zürich 1987, Bd. 2, 482 (Üb. geänd.).

Zum 2. Kapitel: Der Niedergang des Vaters

28   *James I ... Bodin:* vgl. Michael Walzer (Hg.): Regicide and Revo-
     lution. London/New York 1974, 25; Julia Adams: The Rule of the
     Father. Patriarchy and Patrimonialism in Early Modern Europe. In:
     Charles Camic/Philip S. Gorski (Hg.): Max Weber's Economy and
     Society. Stanford 2005, 237–266.
     Wolff: Christian Wolff: Vernünfftige Gedanken von dem gesell-
     schafftlichen Leben der Menschen und in sonderheit dem gemei-
     nen Wesen [1721]. Werke, I/5. Hildesheim 1975, 200 ff.; vgl. Gott-
     hardt Frühsorge: Die Begründung der ›väterlichen Gesellschaft‹ in
     der europäischen oeconomia christiana. In: Hubertus Tellenbach

(Hg.): Das Vaterbild im Abendland I. Stuttgart u. a. 1978, 110–123, hier 111; Albrecht Koschorke: Die Heilige Familie und ihre Folgen. Frankfurt a. M. 2000, 151–157.

28 *göttliche Macht auf Erden:* James I., zit. nach Walzer (Hg.): Regicide and Revolution, a. a. O., 15.

29 *Morbus … Polizeiaktion:* Peter Laslett: Introduction. In: John Locke: Two Treatises on Government. Cambridge 1988, 62 f., 123.
Der Absolutismus ist die Ausschweifung: Brunold Springer: Die genialen Syphilitiker. Berlin 1926, 10.
»Gemahl« des ganzen Volkes: Diese Charakterisierung wurde verwendet von Nicolas Bergier anlässlich der Thronbesteigung Ludwigs XIII. in Frankreich sowie auch von James I.: »I am the husband, and all the whole island is my lawful wife«; vgl. Steven Blakemore: Burke and the Fall of Language. Hanover/London 1988, 31; Walzer (Hg.): Regicide and Revolution, a. a. O., 22.

30 *Filmer:* Robert Filmer: Patriarcha [1680] and Other Writings. Cambridge 1991, 1 ff.

30 f. *Locke:* Locke: Two Treatises on Government [1698], a. a. O.; ders.: Zwei Abhandlungen über die Regierung. Frankfurt a. M. 1977 (1. Abh., §§ 74, 128, 140, 147, 2. Abh., §§ 2, 106–7, 171).

31 *Kant:* Immanuel Kant: Über den Gemeinspruch: Das mag in der Theorie richtig sein, taugt aber nicht für die Praxis [1793]. Werke. Darmstadt 1983, Bd. 9, 145 f.

33 *Longman… Bolz:* Phillip Longman: The Return of Patriarchy. In: Foreign Policy, March/April 2006, 56–65; Bolz zit. nach der Sendung »Menschen bei Maischberger« (ARD) vom 23.5.2006.

34 *Jelinek:* F. A. Z., 13.5.2008.
Topor: Roland Topor: Monsieur Laurents Baby. Berlin 1986, 13.
Die Väter schweigen: DIE ZEIT, 19.12.2007.

36 f. *volles und ausdrückliches Einverständnis:* Samuel Pufendorf: De jure naturae et gentium [1672]. Werke, Bd. 4.2. Berlin 1998, 603.

37 *Hume:* David Hume: Of the Original Contract [1748]. In: ders.: Essays Moral, Political, and Literary. Indianapolis 1985, 465–487, hier 476.

38 *innere Elastizität:* Karl Mannheim: Das Problem der Generationen [1928/29]. In: ders.: Wissenssoziologie. Berlin/Neuwied 1964, 509–565, hier 532, vgl. 510.
Jefferson: Thomas Jefferson: Writings. New York 1984, 959 (Brief an Madison vom 6.9.1789).
Condorcet: vgl. Mona Ozouf: L'homme régénéré. Paris 1989, 137.

39 *grenzen- und weglosen Ozean:* William Rose: Review of »Dialogues« [1779]. In: James Fieser (Hg.): Early Responses to Hume's Writings on Religion. Bristol 2001, Bd. II, 206–220, hier 219.

341

Zum 3. Kapitel: Die Angst vor der vaterlosen Welt

40   *Shaftesbury:* Anthony Third Earl of Shaftesbury: Characteristicks of Men, Manners, Opinions, Times. Indianapolis 2001, Bd. 1, 25 (»A Letter Concerning Enthusiasm« [1708]), Bd. 2, 40 (»An Inquiry Concerning Virtue and Merit« [1699]); ders.: Der gesellige Enthusiast. München 1990, 31, 253.

41   *viele Geister... Wallace:* vgl. J. P. Schneewind: The invention of autonomy. Cambridge 1998, 378 ff.; Robert Wallace: Various Prospects of Mankind [1758]. London 1761, 400.

42 f. *Jean Paul:* Jean Paul: Werke. München/Wien 1975, Bd. 3, 270, 273 f.

44   *Smith:* Adam Smith: Theory of moral sentiments [1759/1790]. Cambridge 2002, 277; ders.: Theorie der ethischen Gefühle. Hamburg 1994, 398; vgl. Emma Rothschild: Economic Sentiments. Cambridge [MA]/London 2001, 218 ff.

45   *unsichtbare Hand:* Smith: The Wealth of Nations [1776]. New York 2000, 485.
       Direktor: Smith: Theory of moral sentiments, a. a. O., 277 f.

Zum 4. Kapitel: Brüder an die Macht!

53   *Vergils Epos:* P. Vergilius Maro: Aeneis (Hg. Gerhard Fink). Düsseldorf/Zürich 2005, 97 ff. (Buch II, Verse 707 f., 724 ff., 736 ff.). Vgl. Carol Duncan: Fallen Fathers. In: dies.: The Aesthetics of Power. Cambridge u. a. 1993, 45 f.

54   *Tattergreis:* Duncan: Fallen Fathers, a. a. O., 46: »The figure of the father in Regnault's work comes as close as possible to the type of ridiculous old man familiar in farce and satire. [...] The father in Regnault's *Deluge* is as doddering and as impotent as these old men.«

55   *Abschussliste... Liberté, Égalité, Ordre:* Lynn Hunt: The Family Romance of the French Revolution. Berkeley/Los Angeles 1992, 13; Marcel David: Fraternité et Révolution française 1789–1799. Paris 1987, 343, vgl. 245.
       Liberté, Ordre public: vgl. Mona Ozouf: Liberté, Égalité, Fraternité. In: Pierre Nora (Hg.): Les Lieux de Mémoire. Paris 1997, Bd. 3, 4353–4388, hier 4365.
       Alle Menschen werden Brüder: Friedrich Schiller: Sämtliche Werke, Bd. 1. München 1987, 133, 872 (in der ersten Fassung heißt der zitierte Vers noch: »Bettler werden Fürstenbrüder«).

56 *Wenn alle Menschen Brüder sind, wer sind dann ihre Eltern?:* Dieter Lenzen: Vaterschaft. Reinbek 1991, 175: »Die Brüderlichkeit lässt nur noch *eine* Verwandtschaftsbeziehung zu, diejenige innerhalb derselben Generation.«
König... Generalstände: David: Fraternité et Révolution française 1789–1799, a.a.O., 44.

57 *Familie komplett:* Jean-Sylvain Bailly, zit. nach Ozouf: L'homme régénéré, a.a.O., 162.
Höchsten Wesen: Maximilien Robespierre: Ausgewählte Texte. Hamburg 1989, 685, 691.
Sartre: Jean-Paul Sartre: Kritik der dialektischen Vernunft. I. Band: Theorie der gesellschaftlichen Praxis [1960]. Reinbek 1967, 465.

58 *steriler Mechanismus:* Saint-Just: Théorie politique. Paris 1976, 258; vgl. Ozouf: L'homme régénéré, a.a.O., 173 f.
Sagen Sie Ihren Mitbürgern: David: Fraternité et Révolution française 1789–1799, a.a.O., 44. In Hebbels Drama »Agnes Bernauer« sucht Herzog Albrecht die Nähe zum Volk. »Ich soll nicht würdig sein, euch zu beherrschen, weil ich euer Bruder bin!«, so empört er sich, meint damit aber genau, dass der Bruder-Status seine Herrschaft legitimieren könne; vgl. Friedrich Hebbel: Werke, Bd. 1. München 1963, 702.
Saint-Just: Saint-Just: Über die Verurteilung Ludwigs. In: Peter Fischer (Hg.): Reden der Französischen Revolution. München 1974, 217–225, hier 219, 223; Saint-Just, zit. bei Albert Camus: Der Mensch in der Revolte [1951]. Reinbek 1969, 97.
zwei Körper: »Er hat nicht einen natürlichen Körper, der vom Königsamt und der Königswürde verschieden und getrennt wäre, sondern den natürlichen und politischen Körper gemeinsam und unteilbar«; zu dieser auf Edward IV. gemünzten Argumentation aus dem 15. Jahrhundert Ernst Kantorowicz: Die zwei Körper des Königs [1957]. München 1990, 33, 400.

60 *Ja, der Tod des Königs:* vgl. Walzer (Hg.): Regicide and Revolution, a.a.O., 13, 89.
Büchner: Georg Büchner: Werke und Briefe. München 1971, 19.

61 *Kronos... Chronos:* Erwin Panofsky: Vater Chronos. In: ders.: Studien zur Ikonologie. Köln 1980, 109–152, hier 124; Jean Clair: Die Melancholie und die Werwolfskrankheit. In: ders. (Hg.): Melancholie. Ostfildern-Ruit 2005, 118–125, hier 121, 125; Raymond Klibansky/Erwin Panofsky/Fritz Saxl: Saturn und Melancholie. Frankfurt a. M. 1990, 201–315. Übrigens kennt Freud die Geschichte von Kronos oder Saturn, ohne sich besonders für die Doppelung von Vater- und Kindstötung zu interessieren; vgl. Freud: Gesammelte Werke. London 1940 ff., 2./3. Bd., 262 f. (»Traum-

deutung«), 4. Bd., 243 (»Zur Psychopathologie des Alltagslebens«); Jessica Benjamin: Bonds of Love. New York 1988, 142.

62 *Die Gelehrten streiten sich:* Ronald Paulson: Representations of Revolution. New Haven/London 1983, 358 ff.

63 *Herkules:* Lynn Hunt: Symbole der Macht – Macht der Symbole [1984]. Frankfurt a. M. 1989, 117–147. Hunt zieht keine Parallele zwischen Herkules und Saturn, wohl aber Paulson: Representations of Revolution, a. a. O., 367.

66 *Präsident... Ansprache:* Recueil complet de tout ce qui s'est passé à la Fête de l'Unité et de l'Indivisibilié de la République Française suivie des Inscriptions tracées sur les pierres de la Bastille et sur les Monumentes dessinés pour cette cérémonie, avec les six Discours prononcés aux stations, par le Citoyen Hérault de-Séchelles, Président de la Convention Nationale. Paris o. Jhg. [1793], 4 (zweite Paginierung innerhalb dieser Broschüre): »Peuple Français!... Le géant..., c'est toi!«; vgl. eine abweichende Übersetzung in Hunt: Symbole der Macht, a. a. O., 134.
Journalisten: Révolutions de Paris, No. 217, 10 Frimaire, an 2 (30.11.1793), 288–292; vgl. Hunt: Symbole der Macht, a. a. O., 134.

68 *Zwergenkönig:* Révolutions de Paris, No. 217, a. a. O., 290.

69 *Vergniaud:* Archives Parlementaires de 1787 à 1860, Première Série (1787 à 1799), Bd. 60. Paris 1901, 162.

70 f. *Strindberg:* August Strindberg: Der Vater [1887]. In: ders.: Meisterdramen. München 1973, 7–60, hier 42, 59, 57, 54 f.

71 *Schillers:* Schiller: Sämtliche Werke, 1. Bd., a. a. O., 502, 613.

73 *Eric Harris:* New York Times, 1. 5. 1999.

Zum 5. Kapitel: Kritik an der Brüderlichkeit im Namen des Vaters

75 *die Franzosen genötigt:* Georg Christoph Lichtenberg: Schriften und Briefe, 2. Bd. München/Wien 1971, 451 (Sudelbuch K, Nr. 295).

76 *Novalis:* Novalis: Schriften, 2. Bd. Stuttgart 1965, 459 (»Blütenstaub«, Aph. 115; Rechtschreibung modernisiert).
Erbschaft... Indem wir die Regeln der Natur: Edmund Burke: Reflections on the Revolution in France [1790]. Select Works. Indianapolis 1999, Bd. 1, 119, 122 f.; vgl. Blakemore: Burke and the Fall of Language, a. a. O.

77 *Kompass... Hafen... Konfusion:* a. a. O., 171 f., 194.

77   *alles neu anfangen ... Die bloße Idee ... Der Geist der Innovation:* a. a. O., 122, 119, 121.

    Wenn ihr eure Vorväter ... Leute, die nie auf ihre Vorfahren ... Gemeinschaft zwischen den Lebenden: a. a. O., S. 124, 121, 193.

78   *Hass gegen andere:* »Auch der Hass gegen die Niedrigkeit/ Verzerrt die Züge«; Bertolt Brecht: Gesammelte Werke. Frankfurt a. M. 1967, Bd. 9, 725 (»An die Nachgeborenen«).

    Hartmut von Hentig: SPIEGEL 34/2007, 158.

    Kinder ihres Vaterlands ... Gespenster ... Phantome: Burke: Reflections, a. a. O., 192, 244.

78 f. *In »Dantons Tod«:* Büchner: Werke und Briefe, a. a. O., 38.

79   *Despot und Unterdrücker:* Richard Price (1789), zit. nach Paulson: Representations of Revolution, a. a. O., 58.

    Pharao: Thomas Paine: Collected Writings. New York 1995, 29 (»Common Sense« [1776]).

    des »milden« Vaters ... Nachsicht: Burke: Reflections, a. a. O., 127; Burke: Works. London 1887, Bd. 2, 244 (»A Letter To John Farr and John Harris« [1777]).

    Welt, in der die Mächtigen zart: Burke: Reflections, a. a. O., 170 f.

80   *mindere Tugenden ... Autorität des Vaters:* Burke: Philosophical Enquiry into the Origin of our Ideas of the Sublime and the Beautiful [1757]. London 1958, 111; vgl. Paulson: Representations of Revolution, a. a. O., 66.

81   *die Alte Welt:* Burke: Speech on Moving Resolutions for Conciliation with the Colonies [1775]. In: ders.: Select Works, a. a. O., Bd. 1, 234.

Zum 6. Kapitel: Die Abschaffung der Familie

83   *beuge ihren Hals:* Johann Sebastian Mitternacht: Paedia. Leipzig 1666, 29 (Rechtschreibung modernisiert; den Hinweis auf Mitternacht verdanke ich Jürgen Oelkers); zu diesem Satz vgl. auch Siegfried Bernfeld: Sisyphos. Wien 1925, 30.

    Hölderlins ... ich hab es gemildert: Friedrich Hölderlin: Sämtliche Werke und Briefe. München/Wien 1992/93, Bd. 1, 165 f., Bd. 2, 665.

84   *lettre de cachet:* vgl. Mirabeau: Œuvres, Bd. VII: Des lettres de cachets et des prisons d'État [1782]. Paris 1835.

    Ich werde nicht dulden: Arlette Farge: Familienehre und Familiengeheimnisse. In: Philippe Ariès/Georges Duby (Hg.): Geschichte des privaten Lebens. Frankfurt a. M. 1989–1993, Bd. 3, 573–609, hier 600.

85   *dass die Macht des Souveräns:* Paul Thiry d'Holbach: Système social ou principes naturels de la morale et de la politique, Bd. 2. London 1773, 17.

     Gossin: Archives Parlementaires de 1787 à 1860, Première Série (1787 à 1799), Bd. 17. Paris 1884, 617; vgl. Hunt: The Family Romance of the French Revolution, a. a. O., 17.

     Schulreform: Gossin: Motion faite à l'Assemblée Nationale, sur la nécessité d'établir des Écoles Nationales. Paris 1793, 3.

86   *Oh, meine Frau:* M. Michaud (Hg.): Biographie universelle ancienne et moderne, Bd. 17. Paris 1857, 200.

     wahrhafter Republikaner: Lynn Hunt: Französische Revolution und privates Leben. In: Ariès/Duby (Hg.): Geschichte des privaten Lebens, a. a. O., Bd. 4, 19–50, hier 21.

     Revolutionskalender: Reinhard Koselleck/Rolf Reichardt (Hg.): Die Französische Revolution als Bruch des gesellschaftlichen Bewußtseins. München 1988, 23–71.

     Geschichte sozusagen in zwei Teile: Tocqueville: Der alte Staat und die Revolution [1856]. Reinbek 1969, 7.

     Gesetz... einen neuen Namen... Testament: Jean Delumeau (Hg.): Histoire des pères et de la paternité. Paris 1990, 256, 338.

     Familientribunale: Suzanne Desan: The Family on Trial in Revolutionary France. Berkeley u. a. 2004, 6.

87   *Rabaut Saint-Étienne... Danton:* Hunt: The Family Romance of the French Revolution, a. a. O., 67; Delumeau (Hg.): Histoire des pères et de la paternité, a. a. O., 277 f.

88   *Fichte:* Johann Gottlieb Fichte: Reden an die deutsche Nation [1808]. Hamburg 1978, 146, 153.

     Müller-Lyer: Franz Müller-Lyer: Die Familie. München 1911, 336, 286 f.

89   *Gauland:* Tagesspiegel, 12.8.2007.

     Bueb: Bernhard Bueb: Lob der Disziplin, a. a. O., 139 f.

90   *Sade:* Donatien Alphonse François Marquis de Sade: Kurze Schriften, Briefe und Dokumente. Hamburg 1989, 174 f., 180, 503; vgl. Hunt: The Family Romance of the French Revolution, a. a. O., 124–150.

91   *Saint-Justs:* Saint-Just: Théorie politique, a. a. O., 169 f.

Zum 7. Kapitel: Väter auf der Suche nach sich selbst

94   *Erlkönig:* Goethe: Sämtliche Werke, Briefe, Tagebücher und Gespräche, I. Abt., Bd. 1. Frankfurt a. M. 1987, 303 f.

96   *Vater und Sohn sehen, hören, fühlen:* Henriette Herwig: Goethe, die

Frau und das getötete Kind. In: Milan Tvrdík/Alice Stašková (Hg.): Goethe heute. Prag (in Vorbereitung).

97 f. *Schule der Väter:* Jean-François Marmontel: L'École des pères. In: ders.: Contes moraux, Bd. 3. La Haye 1775, 49–70, hier 49, 57, 59 f., 64, 67, 69 f.

99 *Kronprinzen Friedrich:* Zu Thomas Carlyles Friedrich-Biographie, in der geschildert wird, wie der Sohn zu einem »zweiten Selbst« des Vaters wird, vgl. Chris R. Vanden Bossche: Carlyle and the Search for Authority. Columbus 1991, 152. Gegen die Vatermord-Dramen des frühen 20. Jh. hat Joachim von der Goltz die Geschichte des Kronprinzen Friedrich als einsichtsvolle Unterwerfung erzählt; vgl. von der Goltz: Vater und Sohn. Ein Drama aus der Jugend Friedrichs des Großen. München 1922, 79, 118 ff.; Peter Gay: Die Republik der Außenseiter [1968]. Frankfurt a. M. 1987, 156.

König Lear: William Shakespeare: Complete Works. Walton-on-Thames 1998, 663 (»King Lear« V.3: »I'll kneel down/ And ask of thee forgivenees«).

100 *Der Irrtum eines guten Vaters:* Marmontel: L'erreur d'un bon père. In: ders.: Nouveaux Contes Moraux, Bd. 2. Paris 1801, 191–260, hier 203, 255.

Lessing: Gotthold Ephraim Lessing: Werke, 2. Bd. München 1971, 44 f., 95 f., 12.

Diderot: Denis Diderot: Le Père de Famille. In: ders.: Œuvres complètes, Bd. 7. Paris 1875, 186–298, hier 222 f., 298.

101 *Rousseau:* Jean-Jacques Rousseau: Julie oder Die neue Héloïse [1761]. München 1988, 174–178.

101 f. *Gessner … Diderot … Marmontel:* Salomon Gessner: Sämtliche Schriften, Bd. II [2. Teil]. Zürich 1972, 95–156, hier 99, 154 f.; Marmontel: Silvain. Paris 1770; Diderot: Les Pères Malheureux [1770]. In: ders.: Œuvres Complètes, Bd. 8. Paris 1875, 17–58.

102 *Man kann nicht sagen:* »Ich kann freilich nicht sagen, ob es besser werden wird wenn es anders wird; aber so viel kann ich sagen, es muß anders werden, wenn es gut werden soll.« (Lichtenberg: Schriften und Briefe, 2. Bd., a. a. O., 450 [Sudelbuch K, Nr. 293]).

Zum 8. Kapitel: Unter den Brüdern gab es auch Väter

103 *Drei Söhne… kurz nach Geburt:* Jacques-Pierre Brissot: Correspondance et Papiers. Paris 1912, 428–434, XXX, XXXVII, LXVII.

104 *Ich komme… um Ihnen eine Lektion zu erteilen:* Brissot: Un mot à l'oreille des académiciens de Paris, zit. nach Robert Darnton: Mes-

merism and the End of the Enlightenment in France. Cambridge [MA] 1968, 201 f. (frz. Text, vgl. die engl. Übers. a.a.O., 95 f.).

105 *Ligne:* Prince de Ligne: Mémoires. Paris 2004, 41.

105 f. *Brief... Nancy:* Brissot: Correspondance et Papiers, a.a.O., 326, 328.

107 *Tornado des Säkulums:* Jean Paul: Werke, a.a.O., Bd. 11, 344.

108 *optimistischer Rationalist ... einer der besten:* Isaiah Berlin: Das krumme Holz der Humanität [1990]. Frankfurt a. M. 1992, 146; ders.: Freiheit [1969]. Frankfurt a. M. 1995, 250.
Michelet: vgl. Elisabeth Badinter/Robert Badinter: Condorcet. Paris 1988, 694 (dort auch weitere biographische Details).
Sie hätte in jeder Hinsicht: a.a.O., 242 f.

109 *eines anderen berühmten Philosophen:* Kierkegaard über Regine Olsen, zit. nach Joakim Garff: Kierkegaard. München/Wien 2004, 220. (Bei Kierkegaard ging diese Liebe aber schnell in die Brüche.)
blitzartig, als wäre er ganz wehrlos... Er verspricht: Sophie de Condorcet: Lettres sur la sympathie [1798] suivies des lettres d'amour. Montréal/Paris 1994, 18 (aus der Einleitung von Jean-Paul de Lagrave).
Wesen, die Schwangerschaften: Marie Jean Antoine-Nicolas Caritat de Condorcet: Œuvres. Paris 1847–49, Bd. X, 122.
Väter, Mütter, Lehrer: Condorcet: Lettres sur la sympathie, a.a.O., 76.

110 *Testament:* Condorcet: Œuvres, a.a.O., Bd. I, 624 f.
Ratschläge an seine Tochter: a.a.O., Bd. I, 611–623; vgl. ders.: Ratschläge an seine Tochter (Übers. D. Thomä). In: Ekkehard Martens u.a. (Hg.): Philosophische Meisterstücke. Stuttgart 1998, 56–68.
Éliza... Ehe: Jayne Hayter Hames: Arthur O'Connor, United Irishman. Cork 2001, 234 ff.

113 *Smiths Lob... Menschlichkeit besteht:* Smith: Theory of moral sentiments, a.a.O., 12, 223; vgl. Thomä: Totalität und Mitleid. Frankfurt a. M. 2006, Kap. 8.
Sophie... Gefühl der Menschlichkeit: Condorcet: Lettres sur la sympathie, a.a.O., 79–81.
Condorcet... Gefühl... Regungen: Condorcet: Entwurf einer historischen Darstellung der Fortschritte des menschlichen Geistes [1794]. Frankfurt a. M. 1976, 162, 212.

114 *Menschlichkeit... Tugend der Frau:* Smith: Theory of moral sentiments, a.a.O., 223.
allgemeinen Gefühls... für die Rechte: Condorcet: Lettres sur la sympathie, a.a.O., 140.

115 *generosity:* Smith: Theory of moral sentiments, a.a.O., 223.
die Mutter vor Augen: a.a.O., 15.

116 *Rousseau... Herder:* Jean-Jacques Rousseau: Emil oder über die Erziehung [1762]. Paderborn 1971, 22 (Übers. geänd.); ders.: Œuvres Complètes, Bd. IV. Paris 1969, 261; Herder: Ideen zur Philosophie der Geschichte der Menschheit, a. a. O., 158 (Buch 4.6).

Zum 9. Kapitel: Der Vater als lebender Widerspruch

119 *Koloss... Napoleon:* vgl. Werner Hofmann (Hg.): Goya. Das Zeitalter der Revolutionen 1789–1830. München 1980, 420, 396, 264.
väterliche Gewalt... rehabilitiert: Klaus Heitmann: Der Vater in Gesellschaft und Literatur des Ancien Régime in Frankreich. In: Hu-
bertus Tellenbach (Hg.): Das Vaterbild im Abendland II. Stuttgart
u. a. 1978, 127–141, hier 141; Desan: The Family on Trial, a. a. O.,
283–297.
Preisfrage: André-Jean-Simon Nougarède de Fayet: Essai sur la puiss-
ance paternelle, vgl. Delumeau (Hg.): Histoire des pères et de la
paternité, a. a. O., 258; Martin S. Staum: Images of Paternal Power:
Intellectuals and Social Change in the French National Institute.
In: Canadian Journal of History 17, 1982, 425–445, hier 431 ff.
119 f. *Glauben an den einzigen Gott:* Frédéric Le Play: Les Ouvriers Eu-
ropéens, Bd. 6. Paris 1878, XII; vgl. Max Horkheimer u. a.: Autorität und Familie. Paris 1936, 62.
120 *Hölderlin:* Hölderlin: Sämtliche Werke und Briefe, a. a. O., Bd. 1,
424.
Leonce: Büchner: Werke, a. a. O., 97 (»Leonce und Lena«, II.1).
Kafka: Kafka: Gesammelte Werke, a. a. O., Bd. 11, 138 (Tagebuch,
8. 10. 1916); vgl. Jürgen Oelkers: Väter und Söhne. In: Vierteljah-
res-Zeitschrift für Erziehung und Gesellschaft 38, 1998, 533–553,
hier 536.
122 *zwei Kommunisten:* Karl Marx/Friedrich Engels: Manifest der
Kommunistischen Partei [1848]. In: ders./ders.: Werke, Bd. 4. Berlin 1972, 478.
ein Konservativer: Wilhelm Heinrich Riehl: Die Familie [1855].
Stuttgart 1861, 56.
Riehl: a. a. O., 156 (Rechtschreibung modernisiert).
Klage einer Kaufmannsfrau: William M. Thayer: Pastor's Wedding
Gift. Boston/Cleveland 1854, 41.
123 *Schwarzen Pädagogik:* Katharina Rutschky (Hg.): Schwarze Pädagogik. Frankfurt a. M./Berlin 1988.
drittes Gesicht: Lenzen: Vaterschaft. Reinbek 1991, 212 ff.
124 *Mutter... an Gottes Statt:* Johann Heinrich Pestalozzi: Sämtliche
Werke. Berlin 1927 ff., Bd. 13, 353 f.

124 *Selbstüberwindung... das Wohl seiner Kinder:* a. a. O., Bd. 24A, 173, Bd. 28, 40.

Marginalisierung: John Gillis: Marginalization of Fatherhood in Western Societies. In: Childhood 7, 2000, 225–238; vgl. David Blankenhorn: Fatherless America. New York 1995, 14: »During the nineteenth century, fathers began a long march from the center to the periphery of domestic life.«

125 *Bachofen ... Fortschritt ... geistigen Prinzip ... Demeter ... in »alle[n] Zeiten«:* Johann Jacob Bachofen: Mutterrecht und Urreligion [1861]. Stuttgart 1954, 128 ff., 98 ff., 104; vgl. Walter Erhart: Familienmänner. München 2001, 75 ff.

126 *Mann, befreit:* Max Horkheimer: Autorität und Familie in der Gegenwart [1947/1949]. In: ders.: Gesammelte Schriften, Bd. 5. Frankfurt a. M. 1987, 377–395, hier 378.

127 *fremden König:* Joseph Roth: Tarabas. Amsterdam 1934, 247.

128 *Hafen:* Christopher Lasch: Haven in a Heartless World. New York 1977.

Lacan: vgl. Françoise Hurstel: La déchirure paternelle. Paris 1996, 18–35, bes. 22, 31.

129 *Kierkegaard:* Søren Kierkegaard: Philosophische Brocken. De omnibus dubitandum est [1842/44]. Düsseldorf/Köln 1952, 114; Georg Brandes: Søren Kierkegaard [1877]. Leipzig 1992, 13 f.; Garff: Kierkegaard, a. a. O., 36, 230, 297; Kierkegaard: Geheime Papiere, a. a. O., 234.

Zum 10. Kapitel: Im Stauraum: Der Vater beherrscht die Welt und versteht sie nicht mehr

132 *keinen ärgern Tyrannen... Mutter... Die Sonne scheint:* Friedrich Hebbel: Werke. München 1963–67, Bd. 4, 137, 234, 241.

133 f. *Begleiten wir ihn ein Stück:* a. a. O., Bd. 4, 542, 604, 573, 237 f., 556.

134 *O, ich hab' so groß Unrecht:* a. a. O., Bd. 1, 356.

135 *In sein Tagebuch notiert er:* a. a. O., Bd. 4, 566 f., 808.

135 f. *Trauerspiel »Maria Magdalene«:* a. a. O., Bd. 1, 349, 341 f., 350, 331, 382.

136 f. *Ball-Vater... Titi, die vorgestern:* a. a. O., Bd. 5, 99, 348.

137 *»Konsequenzen« für die Idee der Familie:* a. a. O., Bd. 1, 783.

138 *Wer im Lexikon steht:* Franz Xaver Kroetz im Interview mit Alfred Biolek, ausgestrahlt in der Sendung »Menschen bei Maischberger« (ARD) vom 23.5.2006.

eisernen Alten: Hebbel: Werke, a. a. O., Bd. 4, 605.

138 *Ich bin zu lange Vater:* Franz Xaver Kroetz: Maria Magdalena. In: ders.: Oberösterreich [...]. Frankfurt a. M. 1972, 217–276, hier 248, 252.

Zum 11. Kapitel: Im Hohlraum: Individualismus und Vaterschaft

140 *Taine:* Hippolyte Taine: Les Origines de la France contemporaine, Bd. IV [1875]. Paris 1904, 45; vgl. Delumeau (Hg.): Histoire des pères et de la paternité, a. a. O., 257.
heute keine Familien: Honoré de Balzac: Zwei Frauen [1842]. Zürich 1977, 81.

141 f. *Michelet:* Jules Michelet: Le Peuple [1846] – Nos Fils [1869]. Œuvres Complètes, Bd. 31. Paris 1895, 130 f., 228, 117, 76, 118, 72.

143 *Die Familie zerfällt:* Rousseau: Emil, a. a. O., 19; ders.: Œuvres Complètes, Bd. IV, a. a. O., 258.

144 *Für den Amerikaner:* Tocqueville: De la Démocratie, a. a. O., 471, ders.: Über die Demokratie, a. a. O., Bd. 1, 601.
Emerson: Ralph Waldo Emerson: Essays & Lectures. New York 1983, 68.
Demokratie... Ahnen: Tocqueville: De la Démocratie, a. a. O., 614, ders.: Über die Demokratie, a. a. O., Bd. 2, 149 f.

145 *Mumpitz:* Robert Lacey: Ford. The Men and the Machine. Boston/Toronto 1986, 238 (»history is bunk«).
dass er wieder nach Haus: Johann Nestroy, zit. nach Ludwig Hohl: Der verlorene Sohn. In: ders.: Notizen. Frankfurt a. M. 1981, 593.
verweiblicht: Ann Douglas: The Femininization of American Culture. New York 1977; John Demos: Past, Present, and Personal. The Family and the Life Course in American History. New York/Oxford 1986, 50 f.; Blankenhorn: Fatherless America, a. a. O., 13, 237.

146 *Verwerfung des Vaters... Land der Mütter:* Geoffrey Gorer: Die Amerikaner [1947]. Reinbek 1956, 7–41.
in der politischen Ordnung: Die Verfassungstheorie nennt dies »dualist democracy«; vgl. Bruce Ackerman: We the People, Bd. 1. Cambridge [MA]/London 1991, 3–34.

147 f. *Tocqueville... Verständnis der Vaterschaft:* Tocqueville: De la Démocratie, a. a. O., 705, 707–711; ders.: Über die Demokratie, a. a. O., Bd. 2, 284, 287–291.

149 *Emerson:* Emerson: Essays & Lectures, a. a. O., 70, 259, 567, 262.

Zum 12. Kapitel: Der Herbst des Patriarchen

151 *Das Vaterland:* Balzac: Vater Goriot [1835]. Zürich 1977, 345; vgl. Klaus Heitmann: Glanz und Elend des Vaters bei Balzac. In: Tellenbach (Hg.): Das Vaterbild im Abendland II, a. a. O., 142–157.
Die Revolution wächst: Balzac: Zwei Frauen, a. a. O., 80 ff. (Übers. geändert).

152 *Bleikuppel:* Balzac: Die tödlichen Wünsche (Das Chagrinleder) [1831]. Zürich 1977, 109.

153 *verlorenen Vater:* Balzac: Tante Lisbeth [1847]. Zürich 1977 (»Der verlorene Vater« ist die Überschrift des 1. Teils dieses Romans, die in der dt. Übers. weggefallen ist).
Vater Goriot: Balzac: Vater Goriot, a. a. O., 363, 276, 115, 293, 172; Übers. teilweise geändert.

154 *Töchter verdorben:* a. a. O., 347.
dreifaches Leben... Väter müssten so lange... Wenn Sie einmal Vater: a. a. O., 172, 301.

156 *Die Geburtenrate sinkt... mehr Menschen starben:* Jacques Bertillon: Le Probleme de la Dépopulation. Paris 1897, 8, 74; Karen Offen: Depopulation, Nationalism, and Feminism in Fin-de-Siècle France. In: American Historical Review 89, 1984, 648–676, hier 658 (1895 stehen in Frankreich 834 000 Geburten gegen 852 000 Todesfälle).
Erziehungsurlaub... Steuern... Bußen: Joshua H. Cole: »There Are Only Good Mothers«: The Ideological Work of Women's Fertility in France before World War I. In: French Historical Studies 19, 1996, 639–672, hier 642.
Parasiten: Georges Deherme: Les Classes moyennes. Étude sur le Parasitisme social. Paris 1912, bes. 316.
Ein Land der Ledigen: Georges Rossignol: Un pays de célibataires et de fils uniques. Paris 1913 (zuerst unter dem Pseudonym Roger Debury 1896).
21 Geburten: Bertillon: Le Problème de la Dépopulation, a. a. O., 13.
sichere Beweise: Bertillon, zit. nach Richard Tomlinson: The ›Disappearance‹ of France, 1896–1940. In: Historical Journal 28, 1985, 405–415, hier 405.

157 *158 Kinder:* Émile Zola: Fruchtbarkeit [1899]. Berlin o. Jhg., 664.
Ein Kritiker... ein anderer Kritiker: Gustave Kahn: Fécondité. In: Revue blanche 20, 1899, 284–293, hier 285; Charles Péguy: Les Récentes Œuvres de Zola [1899]. In: ders.: Œuvres en prose complètes, Bd. I. Paris 1987, 243- 263, hier 250 (gegen Kahn), 256.

157f. *Zola:* Zola: Fruchtbarkeit, a. a. O., 196, 75, 426, 589, 249, 569, 50, 53, 74.

158 *Zustand der höchsten Kultur... Samenmengen:* a.a.O., 55, 686.

158 f. *Roman »Arbeit«:* Zola: Arbeit [1901]. Berlin o.Jhg., 159, 179, 227, 459, 440–442.

159 *Wenn man sein Glück... Berechnungen... Schrei:* Zola: Fruchtbarkeit, a.a.O., 31, 196.

160 *Schwächung der Armeestärke:* Bertillon: Le Problème de la Dépopulation, a.a.O., 15 f.
die Sitten muss man ändern: Zola: Fruchtbarkeit, a.a.O., 25.

161 *auf dem Eiffelturm:* Edmond und Jules de Goncourt: Journal, Bd. III. Paris 1956, 289.
Fjodorow... Magazin der Begierden: Michael Hagemeister: Nikolaj Fedorov. München 1989, 77; Ulrich Schmid: Russische Religionsphilosophen des 20. Jahrhunderts. Freiburg 2003, 46. (Ich benutze die phonetische Schreibweise »Fjodorow«, während die wissenschaftliche Literatur in der Regel »Fedorov« schreibt. – Ein herzlicher Dank für den Hinweis auf Fjodorow an Ulrich Schmid.)
verachtenswerten Vorfahren: Nikolai Fedorov: What Was Man Created For? o. O. 1990, 160 (die Abwertung der »Vorfahren«, an der sich Fjodorow stößt, geht nicht, wie die Herausgeberinnen Elisabeth Koutsaioff und Marilyn Minto meinen, auf Albrecht Ritschl zurück, sondern auf den französischen Naturwissenschaftler und Utopisten Claude Richet; ein Dank für diesen Hinweis an Michael Hagemeister).
Bruderschaft gründet sich: zit. nach Hagemeister: Nikolaj Fedorov, a.a.O., 82.

161 f. *gemeinschaftliche Sache... Emanzipation... aus allen Bindungen... Entfremdung... Geschichte von Söhnen:* zit. nach Schmid: Russische Religionsphilosophie, a.a.O., 54–57.

162 f. *Verdrängung... Auferweckung... Keuschheit:* Fedorov: Die Frage der Bruderschaft [...]. In: Boris Groys/Michael Hagemeister (Hg.): Die Neue Menschheit. Frankfurt a. M. 2005, 69–124, hier 96 ff., 82.

163 *Kinderzeugen ... Väterschaffen ... kein Wunderwerk:* zit. nach Hagemeister: Nikolaj Fedorov, a.a.O., 83, 123 f., 127.
Tolstoj: a.a.O., 129.

164 *Antagonismus:* Fedorov: Die Frage der Bruderschaft, a.a.O., 97.
Brüderlichkeit... unbegreiflich: zit. nach Hagemeister: Nikolaj Fedorov, a.a.O., 82.
Platonow: Andrej Platonow: Tschewengur [1926–29/1988]. Berlin 1990, 338, 403; vgl. Hans Günther: Von der »Vaterlosigkeit« zum »Vater der Völker«. In: Zeitschrift für Slavische Philologie 57, 1998, 317–329, hier 320.

165 *Dostojewskij... längere Passage:* Fjodor Dostojewskij: Tagebuch eines Schriftstellers. München 1921, Bd. 2, 144 f., 147 [März 1876].
privaten Brief: vgl. Fedorov: What Was Man Created For?, a. a. O., 227–229; Hagemeister: Fedorov, a. a. O., 140–154, bes. 146 f.

166 *Auferstehung:* Dostojewskij: Aufzeichnungen aus einem Totenhaus, a. a. O., 432.
Technikgläubigkeit: Zu diesen Unterschieden und zu Fjodorows später Dostojewskij-Kritik vgl. R. Lord: Dostoyevsky amd N. F. Fyodorov. In: Slavonic and East European Review 40, 1962, 409–430, hier 425.

166f. *Karamasow:* Dostojewskij: Die Brüder Karamasow [1878–80]. Frankfurt a. M. 2006, 20 f., 631, 708, 1185, 1203 f.; vgl. Freud: Gesammelte Werke, a. a. O., 14. Bd., 399 ff. (»Dostojewski und die Vatertötung«).

Zum 13. Kapitel: Vaterlosigkeit zwischen Verlusterfahrung und Gewinnerwartung

169 *Hass auf die Familie gepriesen:* André Gide: Les nourritures terrestres [1897], suivi de Les nouvelles nourritures [1935]. Paris 1975, 67; ders.: Uns nährt die Erde – Uns nährt die Hoffnung. München 1974, 46 (»Ich hasste den heimischen Herd, die Familie, jeden Ort, wo der Mensch eine Ruhestatt zu finden meint«; Übers. geändert).

169ff. *Tschechow:* Anton Čechov: Die Vaterlosen [Platonov]. Zürich 1995, 22, 75, 72, 55, 173, 198, 230, 159, 161. (Zur strittigen Titelgebung dieses Dramas a. a. O., 260 ff.)

170 *Entwurzelte:* Maurice Barrès: Les Déracinés [1897]. Paris 1988.

172 *Dein Vater... verrückt... ihre Wurzeln fest:* Ernst Weiß: Der Gefängnisarzt oder Die Vaterlosen [1934]. Frankfurt a. M. 1982, 100, 37.
Jugend ohne Gott: Ödön von Horváth: Jugend ohne Gott [1938]. In: ders.: Gesammelte Werke 6. Frankfurt a. M. 1972, 279–406.
Konrad... August: Weiß: Der Gefängnisarzt, a. a. O., 132; Ernst Glaeser: Jahrgang 1902. Berlin 1928, 321.

174 *Kampf gegen den Vater... Rache... Marseillaise:* Walter Hasenclever: Der Sohn [1914]. Stuttgart 2006, 86 f.
Selbstmord: Gustav Landauer: Selbstmord der Jugend [1911]. In: ders.: Der werdende Mensch. Potsdam 1921, 68–72, hier 68.
Ideengreisen: Paul Graßl 1919, zit. nach Winfried Mogge: Wandervogel, Freideutsche Jugend und Bünde. In: Thomas Koebner u. a. (Hg.): »Mit uns zieht die neue Zeit«. Der Mythos Jugend. Frankfurt a. M. 1985, 174–198, hier 187.

174 *Blutwechsel:* Arthur Moeller van den Bruck: Verirrte Deutsche
[1904]. Minden o. Jhg.; 142, vgl. Jürgen Reulecke: Männerbund
versus Familie. In: Koebner u. a. (Hg.): »Mit uns zieht die neue
Zeit«, a. a. O., 199–223, hier 202.
Sprung zum Mörder ... Katzensprung: Franz Werfel: Nicht der
Mörder, der Ermordete ist schuldig. München 1920, 236.

174 f. *Ein Sohn schwankt:* a. a. O., 36, 83, 98, 136, 219 f., 268 f.; Werfel:
Spiegelmensch. München 1920, 23, 58, 54, 64, 142; Arnolt Bronnen: Vatermord [1915–1920]. In: ders.: Werke, Bd. 1. Klagenfurt
o. Jhg., 205–271, hier 269; Georg Kaiser: Die Koralle. Berlin 1917,
77, 79, 87; Hanns Johst: Der junge Mann. München 1916, 24 f.,
40 f.

175 f. *Hasenclevers:* Hasenclever: Der Sohn, a. a. O., 40 f., 75 f., 90.

186 *Vater – Er ist kein Mensch:* Bronnen: Vatermord, a. a. O., 238.

Zum 14. Kapitel: Die Psychologie der vaterlosen Gesellschaft

178 *liest man neuerdings:* Falsch liegen Dehli und Reulecke; vgl. Martin Dehli: Leben als Konflikt. Zur Biographie Alexander Mitscherlichs. Göttingen 2007, 265; Hermann Schulz/Hartmut Ra-
debold/Jürgen Reulecke: Söhne ohne Väter. Berlin 2007, 150.
(Schon in der Erstfassung von »Totem und Tabu« in »Imago«
1912/13 ist von der »vaterlosen Gesellschaft« die Rede.)

178 f. *Urvater ... Ödipus-Komplex ... vaterlose Gesellschaft ... Gleichstellung ... Triumph ... Vatersehnsucht ... Ambivalenz ... Vaterersatz ...
Sittlichkeit:* Freud: Gesammelte Werke, a. a. O., 9. Bd., 171, 157,
180, 179, 175, 178, 175, 181, 173 (»Totem und Tabu«).
180 *Völkerseelenleben:* a. a. O., 188.
Gesellschaftsvertrag: Freud: Gesammelte Werke, a. a. O., 16. Bd.,
188 (»Der Mann Moses und die monotheistische Religion«).

181 *Kelsen:* Hans Kelsen: Der Begriff des Staates und die Sozialpsychologie. In: Imago 8, 1922, 97–141, hier 122, 140.

182 f. *Federn:* Für alle folgenden Zitate vgl. Paul Federn: Zur Psychologie der Revolution: Die vaterlose Gesellschaft. In: Der Oesterreichische Volkswirt 11, 1919, 572–574, 595–598.

184 *Grabstein:* Paul Federn/Heinrich Meng (Hg.): Praxis der Kinder-
und Jugendpsychologie. Bern 1951, 208.

185 *Lippmann:* Walter Lippmann: Drift and Mastery [1914]. Engle-
wood Cliffs 1961; Travaux du Centre International d'Études pour
la Rénovation du Libéralisme 1: Colloque Walter Lippmann. Paris
1938; Richard Sennett: Der flexible Mensch. Berlin 1998, 160 ff.

186 *positive Besprechung:* Ernest Jones: A Preface to Politics. Von Walter Lippmann. In: Imago 2, 1913, 452–456, hier 456.
Lippmann griff in diesem Buch: Lippmann: A Preface To Politics. New York/London 1913, 37, 45, 147, 269.

186 f. *Eltern und Kindern... Autorität... undisziplinierte Mensch:* Lippmann: Drift and Mastery, a. a. O., 118, 111, 103.

187 *Erfinder ... Routine:* Lippmann: A Preface to Politics, a. a. O., 4–7.
Drift... heimatlos: Lippmann: Drift and Mastery, a. a. O., 111, 118.

188 f. *Söhne... kein Schwert:* Friedrich Wolf: Tamar [1920/21], nach dem Manuskript zit. bei Klaus Siebenhaar: Klänge aus Utopia. Berlin/Darmstadt 1982, 46.

189 *Wyneken:* Gustav Wyneken: Die neue Jugend. München 1914, 29.

Zum 15. Kapitel: Die Jugendbewegung läuft heiß – und läuft sich tot

190 *Luftbad:* Ortrud Wörner-Heil: »Von der Natur des Körpers her«. Die Frauensiedlung Schwarze Erde in der Rhön. In: Kai Buchholz u. a. (Hg.): Die Lebensreform, Bd. 1. Darmstadt 2001, 499–504.
Jugend ... Anhängsel: Freideutsche Jugend: Festschrift zur Jahrhundertfeier auf dem Hohen Meißner. In: Werner Kindt (Hg.): Grundschriften der Deutschen Jugendbewegung. Düsseldorf/Köln 1963, 91–104, hier 93.
Berghalde: Knud Ahlborn: Das Meißnerfest der Freideutschen Jugend [1913]. In: Kindt (Hg.): Grundschriften, a. a. O., 105–115, hier 110.
Im Hausblatt: zit. nach: Ein bayrischer Schulmann: »Jugendkultur«: Dokumente zur Beurteilung der »modernsten« Form »freier« Jugenderziehung. München 1914, 18.

191 *Reportage:* Traugott Friedemann 1913, zit. nach Peter Dudek: Fetisch Jugend. Bad Heilbrunn 2002, 214.
Wyneken ... freudig? lüstern?... Gehirnlosigkeit... Unfug: Wyneken: Der weltgeschichtliche Sinn der Jugendbewegung [1916]. In: Kindt (Hg.): Grundschriften, a. a. O., 148–162, hier 152; ders.: Die neue Jugend, a. a. O., 30. – Zu den Skandalen um Wynekens sexuelle Beziehungen zu seinen Schülern Dudek: Fetisch Jugend, a. a. O., 17–40.
Fred Schmid: zit. nach Armin Mohler: Die Konservative Revolution in Deutschland 1918–1932. Darmstadt 1994, 156 f.
katholische Abgeordnete: Rudolf Wildermann und Alfred Neumann, zit. nach Dudek: Fetisch Jugend, a. a. O., 106 f.

191 f. *Erich Weinert:* zit. nach Detlev J. K. Peukert: »Mit uns zieht die neue Zeit...«. Jugend zwischen Disziplinierung und Revolte. In: August Nitzschke u. a. (Hg.): Jahrhundertwende. Reinbek 1990, Bd. 1, 176–202, hier 177 f.

192 f. *Jugendkultur... Grenzen der Jugend... Zeit mit einem eigenen... Tüchtigmachung:* Wyneken: Was ist »Jugendkultur«? [1913]. In: Kindt (Hg.): Grundschriften der Deutschen Jugendbewegung, a. a. O., 116–128, hier 117, 121; Wyneken: Schule und Jugendkultur, a. a. O., 33.

193 *Mühe, Kampf und Sorge:* Wyneken: Schule und Jugendkultur, a. a. O., 34 f.

Key: Ellen Key: Das Jahrhundert des Kindes [1900]. Berlin 1902, 181.

Gedanke so absurd: Wyneken: Schule und Jugendkultur, a. a. O., 34 f.

195 *Schwellenwesen:* Victor Turner, zit. nach Ulrike Brunotte: Zwischen Eros und Krieg. Berlin 2004, 18.

Die Wahrheit ist: Wyneken: Schule und Jugendkultur, a. a. O., 43.

196 *gestreckten Pubertät:* Siegfried Bernfeld: Über eine typische Form der männlichen Pubertät. In: Imago 9, 1923, 169–188, hier 174, 172; vgl. Leopold Rosenmayr: Jugendbewegung und Jugendforschung. In: Walter Rüegg (Hg.): Kulturkritik und Jugendkult. Frankfurt a. M. 1974, 61–85.

Fichtes Wort... Familie und Erziehung nichts: Wyneken: Die neue Jugend, a. a. O., 37; ders.: Schule und Jugendkultur, a. a. O., 13.

197 *freiwilliger Zusammenschluss:* Heinrich Schurtz: Altersklassen und Männerbünde. Berlin 1902, 61; vgl. Brunotte: Zwischen Eros und Krieg, a. a. O., 33.

198 *Jugend verläßt... Feminisierung:* Alfred Baeumler: Männerbund und Wissenschaft. Berlin 1934, 31, 34, 43, 40.

Antifeminismus... dem Manne die dauernde Gesellschaft: Hans Blüher: Der bürgerliche und der geistige Antifeminismus. Berlin 1916; vgl. Brunotte: Zwischen Eros und Krieg, a. a. O., 106 f.; Blüher: Die Rolle der Erotik in der männlichen Gesellschaft, Bd. 2. Jena 1919, 91.

199 *Bolz:* Norbert Bolz: Die Helden der Familie. München 2006, 89.

201 *Straßer:* Gregor Straßer: Macht Platz, ihr Alten! [1927]. In: ders.: Kampf um Deutschland. München 1932, 171–174, hier 173 f.; vgl. Barbara Stambolis: Befreiung von den Vätern, Vatersehnsucht und Vaterlosigkeit. In: Figurationen 6/2, 2005, 33–48.

Paulsen: Friedrich Paulsen: Väter und Söhne [1907]. In: ders.: Gesammelte Pädagogische Abhandlungen. Stuttgart/Berlin 1912, 497–516, hier 499, 511, 501, 509.

201 *Radbruch:* Gustav Radbruch: Kulturlehre des Sozialismus. Berlin 1922, 50 f.

202 *Lehmensick:* Erich Lehmensick: Politisierung der Jugend und Ver-jugendlichung der Politik. In: Die Erziehung 6, 1931, 382–389, hier 383, 385.

Curtius: Ernst Robert Curtius: Deutscher Geist in Gefahr. Stutt-gart/Berlin 1932, 41, 68.

planmäßig aufgehetzte[n]: Theodor Litt: Das Verhältnis der Ge-nerationen ehedem und heute. Wiesbaden 1947, 46 f., 56.

Rauch: Karl Rauch: Schluß mit »junger Generation«! Leipzig 1933, 15, 19, 25, 54 f.

Zum 16. Kapitel: Die Familie im Zeitalter der Ideologien

204 *Fernsehmoderatorin:* Eva Herman, zit. nach STERN 43/2007, 30.

205 *Publizistin:* Sibylle Tönnies: Eine Last, die keiner sieht. In: Frank-furter Allgemeine Sonntagszeitung, 30.9.2007, 15.

Frick: zit. nach Erich Fromm u. a.: Autorität und Familie. Paris 1936, 755.

NS-Frauenschaft: zit. nach Wolfgang Michalka (Hg.), Das Dritte Reich. Dokumente zur Innen- und Außenpolitik, Bd. 1. München 1985, 142.

206 *Jugend... Gesamtstaat:* Ernst Krieck, zit. nach Karl Dietrich Bra-cher: Stufen der Machtergreifung. Frankfurt a. M./Berlin/Wien 1974, 420.

Mein Kampf... Vermehrung: Hitler: Mein Kampf [1925–27]. München 1936, 275 f., 451.

207 *Goebbels:* Joseph Goebbels: Michael. Ein deutsches Schicksal in Tagebuchblättern [1929]. München 1942, 41.

Spießbürger... Jungfer: Hitler: Mein Kampf, a. a. O., 455.

Gebärmaschine: Karl Kautsky: Vermehrung und Entwicklung in Natur und Gesellschaft. Stuttgart 1910, 251 f.

Familie... beargwöhnt... Staat... direkten Zugriff... Kinder zu Verrätern: Horkheimer: Autorität und Familie in der Gegenwart, a. a. O., 395; Klaus Theweleit: Männerphantasien, 2. Bd. Frank-furt a. M. 1978, 288.

208 *Broch:* Hermann Broch: Huguenau oder die Sachlichkeit [1932]. Frankfurt a. M. 1970, 39, 41, 323.

Entwurzelten... eine Art Familie: Barrès: Les Déracinés, a. a. O., 241.

Ein Soziologe: Helmut Schelsky: Die skeptische Generation. Eine Soziologie der deutschen Jugend. Düsseldorf/Köln 1957, 80 f.

208 *Jugenddiktators:* Eduard Spranger: Psychologie des Jugendalters [1924]. Heidelberg 1949, 146.

209 *Aufhebung... trauten Verhältnis... Abhängigkeit... Nationalanstalten:* Karl Marx/Friedrich Engels: Manifest der Kommunistischen Partei, a. a. O., 478; Engels: Grundsätze des Kommunismus [1847]. In: Marx/Engels: Werke, Bd. 4. Berlin 1972, 377, 373.
Koenen: Gerd Koenen: Utopie der Säuberung. Berlin 1998, 130.
Familiengesetz: Betty L. Glass/Margaret K. Stolee: Family Law in Soviet Russia, 1917–1945. In: Journal of Marriage and the Family 49, 1987, 893–902, hier 897 f.

210 *Liliana:* zit. nach James Bowen: Soviet Education. Anton Makarenko and the Years of Experiment. Madison 1965, 36; zu Liliana und Lenin vgl. Arnold Reisberg (Hg.): Wladimir Iljitsch Lenin – Dokumente seines Lebens 1870–1924, Bd. 1. Leipzig 1980, 488.
Strumilin: zit. nach Abraham Kreusler: Soviet Preschool Education. In: Elementary School Journal 70, 1970, 429–437, hier 430.

211 *konservativen Wende:* Robert W. Thurston: The Soviet Family During the Great Terror, 1935–1941. In: Soviet Studies 43, 1991, 553–574, hier 553, 560.

211f. *Gladkow:* Fjodor Gladkow/Heiner Müller: Zement [1926/1974]. Leipzig 1975, 213, 377, 393, 315 ff., 460–476, 339, 379, 398 f., 386 f., 239, 390, 402, 316, 42–46.

214 *Kindheit als Objekt:* Aron Zalkind: Die Psychologie des Menschen der Zukunft [1928]. In: Boris Groys/Michael Hagemeister: Die Neue Menschheit. Frankfurt a. M. 2005, 608–689, hier 649.

214f. *Makarenko:* Anton S. Makarenko: Ein Buch für Eltern [1937]. Berlin 1953, 48, 62, 78, 15, 30f., 42.

215f. *Schwangerschaften ... juristischen Experimente ... Abtreibung:* Glass/Stolee: Family Law in Soviet Russia, 1917–1945, a. a. O., 897 f.

217 *Einsicht Makarenkos:* Makarenko: Ein Buch für Eltern, a. a. O., 239 f.

218f. *Schumpeter:* Joseph A. Schumpeter: Kapitalismus, Sozialismus und Demokratie [1942]. Tübingen/Basel 1993, 252–255, 261.

220 *Grotjahn:* Alfred Grotjahn: Geburten-Rückgang und Geburtenregelung. Berlin 1914, 16, 297, 300; vgl. Rainer Mackensen (Hg.): Bevölkerungslehre und Bevölkerungspolitik vor 1933. Opladen 2002; ders. (Hg.): Bevölkerungslehre und Bevölkerungspolitik im »Dritten Reich«. Opladen 2004.
Wolf: Julius Wolf: Der Geburtenrückgang. Die Rationalisierung des Sexuallebens in unserer Zeit. Jena 1912, 140 f., 165, 190.
Müller: Johannes Müller: Der Geburtenrückgang. Jena 1924, 62, 66 f.

221   *Scheler:* Max Scheler: Christlicher Sozialismus als Antikapitalismus [1919]. In: ders.: Gesammelte Werke, Bd. 4. Bern/München 1982, 615–675, hier 648; ders.: Bevölkerungsprobleme als Weltanschauungsfragen [1921]. In: ders.: Gesammelte Werke, Bd. 6. Bern/München 1963, 290–324, hier 308.

    Ungern-Sternberg: Roderich von Ungern-Sternberg: Die Ursachen des Geburtenrückganges im europäischen Kulturkreis. Berlin 1932, 318 f.

222   *Lasch:* Christopher Lasch: Haven in a Heartless World. New York 1977.

    Management-Ratgebern: Lionel Bellenger, zit. nach Luc Boltanski/Ève Chiapello: Der neue Geist des Kapitalismus [1999]. Konstanz 2006, 181.

223   *Man sträubt sich:* Carl Hegemann: Ende der Familie? Eine spekulative Recherche für Rene Pollesch und die Deutsche Bühne. Manuskript 2007.

Zum 17. Kapitel: Wir sind wieder wer! Wer sind wir?
Väter und Kinder nach 1945

228   *Wie kann man nur:* Helmut Thomä: Über »Psychoanalyse heute!?« – und morgen. In: Anne Springer u. a. (Hg.): Psychoanalyse heute!? Gießen 2007, 273–303, hier 282.

229   *Mehr als die Hälfte:* Hermann Schulz/Hartmut Radebold/Jürgen Reulecke: Söhne ohne Väter. Berlin 2007, 116, 119.

    Meckel: Christoph Meckel: Suchbild. Über meinen Vater [1980]. Frankfurt a. M. 2005, 131.

    Schelsky: Helmut Schelsky: Die skeptische Generation. Eine Soziologie der deutschen Jugend. Düsseldorf/Köln 1957, 128.

230   *Richter:* Hans Werner Richter: Literatur im Interregnum. In: Der Ruf 15, 1947, 10 f.

    eiskalte Wasser: Marx/Engels: Manifest der Kommunistischen Partei, a. a. O., 465.

    Neuss: Wolfgang Neuss: Wir Kellerkinder [1960/61]. Frankfurt a. M. 1983, 63, 37.

231   *Litt:* Theodor Litt: Das Verhältnis der Generationen ehedem und heute. Wiesbaden 1947, 60.

    So viel Anfang war nie … Whitman: Hermann Glaser u. a. (Hg.): So viel Anfang war nie. Deutsche Städte 1945–1949. Berlin 1989; Walt Whitman: Poetry and Prose. New York 1996, 190 (»There was never any more inception than there is now«).

231 *Sonnemann:* Ulrich Sonnemann: Das Ödipale an den Achtund-
sechzigern. In: Wolfgang Kraushaar (Hg.): Frankfurter Schule und
Studentenbewegung. Hamburg 1998, Bd. 3, 239–266, hier 251 f.
Heuss: Theodor Heuss: Reden an die Jugend. Tübingen 1956, 35,
53, 65, 83, 75.

232 *Zeitschriften und Ratgeber:* vgl. Till van Rahden: Wie Vati die Demokratie lernte. Zur Frage der Autorität in der frühen Bundesrepublik. In: Westend 4/1, 2007, 113–125, hier 117, 121.
Enzensberger: Hans Magnus Enzensberger: Landessprache [1960].
Frankfurt a. M. 1969, 43.

233 f. *Weiss:* Peter Weiss: Abschied von den Eltern. Frankfurt a. M. 1961,
7, 10, 44, 171, 69, 44.

235 f. *Schelsky:* Schelsky: Die skeptische Generation, a. a. O., 163 f., 179 f.,
84, 185 f., 488 f., 494 ff.

238 *vom halbstarken zum starken Protest:* Klaus Horn/Alexander Mitscherlich [1968]: Vom »halbstarken« zum starken Protest. In: Psyche 36, 1982, 1120–1143.

239 *Schweigen... Angstquelle... Vaterbilder:* vgl. Martin Dehli: Leben
als Konflikt, a. a. O., 25, 266; Tobias Freimüller: Alexander Mitscherlich. Göttingen 2007, 32, 244.
Ambivalenz... Gottvater... physische Verlust: Alexander Mitscherlich: Auf dem Weg zur vaterlosen Gesellschaft. Ideen zur Sozialpsychologie. München 1963, 267 ff., 220.
Bankrott der Nazi-Väter: vgl. Micha Brumlik: Abwesende Väter.
Über das Fehlen der realen Vaterlosigkeit in Alexander Mitscherlichs »Vaterloser Gesellschaft«. In: Mittelweg 36, 2006, Heft 4,
61–72.

240 *Erlöschen des Vaterbildes... Vereinsamung... Großstrukturen...*
Fortschritt: Mitscherlich: Auf dem Weg zur vaterlosen Gesellschaft,
a. a. O., 220, 242, 420, 392.

241 *Insbesondere die Amerikaner:* Blankenhorn: Fatherless America,
a. a. O.
Arendt: Hannah Arendt: Die Krise in der Erziehung [1958]. In:
dies.: Zwischen Vergangenheit und Zukunft. München/Zürich
1994, 255–276, hier 272.

242 *Vorbild... Abbild:* Erich Fromm: Sozialpsychologischer Teil. In:
Max Horkheimer u. a.: Studien über Autorität und Familie. Paris
1936, 77–135, hier 88.

243 *nicht heilen... zwei Stufen... Arbeitswelt... Unterweisung... sach-*
bezogenen... Bewältigungspraxis... unterweisenden Funktion...
sachbezogenen... Bewältigungspraxis... Schreckgespenst... Gefühls-
bezug: Mitscherlich: Auf dem Weg zur vaterlosen Gesellschaft,
a. a. O., 421, 234 f., 218 f., 224, 235, 218.

244 *Winklers:* Josef Winkler: Roppongi. Requiem für einen Vater. Frankfurt a. M. 2007, 35.

Ichstärkung: Mitscherlich: Auf dem Weg zur vaterlosen Gesellschaft, a. a. O., 211.

Pubertät und Jugendprotest: vgl. Freimüller: Alexander Mitscherlich, a. a. O., 250.

245 *anschauliche Unterweisung:* vgl. Mitscherlich: Auf dem Weg zur vaterlosen Gesellschaft, a. a. O., 231.

247 *Manche Kritiker:* Jessica Benjamin: Authority and the Familiy Revisited: Or, a World without Fathers? In: New German Critique 13, 1978, 35–57.

248 *Es ist wenig bekannt:* Robert Heim: Vatermord und Dialektik der Aufklärung. In: Psyche 47, 1993, 344–377, hier 346.

Marcuse: Herbert Marcuse: Das Veralten der Psychoanalyse [1963]. In: ders.: Kultur und Gesellschaft 2. Frankfurt a. M. 1965, 85–106, hier 96.

Charakterbildung... Ahnung: Horkheimer: Autorität und Familie [1936]. In: ders.: Gesammelte Schriften, Bd. 3. Frankfurt a. M. 1988, 336–417, hier 398, 404.

wohltuenden Wirkungen: vgl. Benjamin: Authority and the Family Revisited, a. a. O., 48.

Schwinden... Mangel: Horkheimer: Autorität und Familie in der Gegenwart, a. a. O., 394 f.

griff Herbert Marcuse... auf: Marcuse: Das Veralten der Psychoanalyse, a. a. O., 89, 93, 95.

249 *Schnellkurs in Vaterveränderung:* Marcuse: Marxismus und Feminismus [1974]/Zu »Marxismus und Feminismus« [1974]. In: Kraushaar (Hg.): Frankfurter Schule und Studentenbewegung, a. a. O., Bd. 2, 780–787, hier 783–785, 787.

250 *Seul... Heidi:* Welt am Sonntag, 16.12.2007; The Oprah Winfrey Show, 25.10.2007.

Luther: Martin Luther: Vom ehelichen Leben [1522]. In: Werke in Auswahl, 2. Bd. Berlin 1959, 336–359, hier 352 (Sprache modernisiert); vgl. Steven Ozment: When Fathers Ruled. Family Life in Reformation Europe. Cambridge (MA)/London 1983, 8.

Narziss: Marcuse: Triebstruktur und Gesellschaft [1955]. Frankfurt a. M. 1973, 158 ff.

Zum 18. Kapitel: Die 68er: Familien und andere Katastrophen

254 *Erdbeermanifest:* James Simon Kunen: Erdbeermanifest. Darmstadt 1969, 139.
Durchhaltemoral: Michael Schneider: Väter und Söhne, posthum. Das beschädigte Verhältnis zweier Generationen. In: ders.: Den Kopf verkehrt aufgesetzt. Darmstadt/Neuwied 1981, 8–64, hier 40.

256 *Cooper:* David Cooper: Der Tod der Familie [1971]. Reinbek 1972, 33.
Michael Schneider: Schneider: Väter und Söhne, posthum, a.a.O., 18.

257 *Grundübel ... Trennung:* Zentralrat der Sozialistischen Kinderläden (Hg.): Kinder im Kollektiv, a.a.O., 5, vgl. 90.
bürgerliche Dressur: Gerhard Bott (Hg.): Erziehung zum Ungehorsam. Aus der Praxis antiautoritärer Kinderläden. Frankfurt a.M. 1970, 66.
Pleite der bürgerlichen: Zentralrat (Hg.): Kinder im Kollektiv, a.a.O., 3.

258 *Aktionsrat zur Befreiung:* zit. nach Hille Jan Breiteneicher u.a.: Kinderläden. Revolution der Erziehung oder Erziehung zur Revolution? Reinbek 1971, 116, 34.
positive affektive ... geheiligte Dyade: Zentralrat (Hg.): Kinder im Kollektiv, a.a.O., 5, 79.

259 *kollektiven Erziehung ... Kommune 2:* Kommune 2: Kindererziehung in der Kommune. In: Kursbuch 17. Frankfurt a.M. 1969, 156, 175, 178.

259f. *Kinder im Konzentrationslager:* Zentralrat (Hg.): Kinder im Kollektiv, a.a.O., 82, 84, 89. Zur Kritik vgl. Reimut Reiche: Sexuelle Revolution – Erinnerungen an einen Mythos. In: Kraushaar (Hg.): Frankfurter Schule und Studentenbewegung, a.a.O., Bd. 3, 150–166.

260 *nicht die geringsten Vorstellungen ... Angst ... Einfluß:* Breiteneicher u.a.: Kinderläden, a.a.O., 39, 119.

261 *führen ... wachsen lassen:* vgl. Theodor Litt: »Führen« oder »Wachsenlassen«. Leipzig/Berlin 1927.
Bernfeld: zit. nach Bott (Hg.): Erziehung zum Ungehorsam, a.a.O., 81.
negativen Erziehung ... Zwang der Verhältnisse: Rousseau: Emil, a.a.O., 72, 70; ders.: Œuvres Complètes, Bd. IV, a.a.O., 320, 323.

262 *Flugschrift... in zweiter Auflage:* Zentralrat der Sozialistischen Kinderläden (Hg.): Kinder im Kollektiv. 2. Auflage mit Kritik und
Selbstkritik. Berlin o. Jhg. [1970?], IV, V, VIII.

Mehltau: Meckel: Suchbild, a. a. O., 135.

263 f. *Stimmengewirr, in dem die Initiatoren:* Bott (Hg.): Erziehung zum
Ungehorsam, a. a. O., 50; Breiteneicher u. a.: Kinderläden, a. a. O.,
119, 44, 62; Bott (Hg.): Erziehung zum Ungehorsam, a. a. O., 48,
21, 12, 49.

266 *Paulsen:* Paulsen: Väter und Söhne, a. a. O., 500.

267 *Duhm:* zit. nach Breiteneicher u. a.: Kinderläden, a. a. O., 111.

268 *Noch der Baum:* Theodor W. Adorno: Minima Moralia. Frankfurt
a. M. 1951, 28.

270 ff. *Vesper:* Bernward Vesper: Die Reise [1977]. Ausgabe letzter Hand.
Frankfurt a. M. 1979, 668, 675, 122, 299 f., 282, 644, 37, 55, 41,
514, 698, 629, 164 (Groß- und Kleinschreibung wurde teilweise
normalisiert). Zum Briefwechsel Vesper-Ensslin vgl. Koenen: Vesper, Ensslin, Baader. Köln 2003, 166, 203.

273 *Hitler-in-mir:* »Vesper hatte es ewig mit seinem ›Hitler-in-mir‹«,
sagt ein Zeitzeuge; vgl. Koenen: Vesper, Ensslin, Baader, a. a. O.,
197.

274 *Erziehung zum Ungehorsam:* Bott (Hg.): Erziehung zum Ungehorsam, a. a. O., 49.

sexualökonomischer Selbststeuerung: Zentralrat (Hg.): Kinder im
Kollektiv. 2. Auflage mit Kritik und Selbstkritik, a. a. O., IV.

275 *Triebverzicht:* Bott (Hg.): Erziehung zum Ungehorsam, a. a. O., 49.

Je mehr und je länger Liebe: Cooper: Der Tod der Familie, a. a. O.,
38.

Überflußgesellschaft: Bott (Hg.): Erziehung zum Ungehorsam,
a. a. O., 49.

276 *Marcuse:* Marcuse: Triebstruktur und Gesellschaft, a. a. O., 193.

Cooper: Cooper: Der Tod der Familie, a. a. O., 9, 51, 53, 83 f., 24,
113, 22.

280 *Sarkozy:* Rede vom 29. 3. 2007 im Palais Omnisport von Paris-
Bercy. (Ein Dank an Vincent Kaufmann für den Hinweis auf diese
Rede.)

282 *Strauß:* Botho Strauß: Rumor. München 1980, 34, 14, 94, 45, 14.

283 *Houellebecq:* Michel Houellebecq: Elementarteilchen. Köln 1999,
129, 7, 189, 310, 129, 353, 355.

283 f. *Illies:* Florian Illies: Generation Golf. Berlin 2000, 177, 18 f., 197,
195, 191.

364

Zum 19. Kapitel: Die Wiederkehr des Vaters

285 *Schlagzeilen:* Tagesspiegel, 8.8.2007; ZEIT, 3.1.2008, dpa, 26.2. 2008, SPIEGEL-Special 4/2007, Handelsblatt, 14.8.2007, arte, 11.5.2007, Deutschlandfunk, 5.5.2006.
aus den frühen 1990er Jahren: STERN 22/1990; ZEIT, 3.6.1994; F. A. Z., 24.12.1994; Psychologie heute 3/1993; SPIEGEL 2/1991; Focus 40/1993, Focus 20/1997. – Vgl. zu diesem Kapitel auch Thomä: Eltern. Kleine Philosophie einer riskanten Lebensform [1992]. Mit einem Nachwort nach zehn Jahren. München 2002.

286 *Horx:* Matthias Horx: Die wilden Achtziger. München 1987, 102 ff.; Tagesspiegel, 31.12.2007; Horx: Anleitung zum Zukunfts-Optimismus. Frankfurt a. M./New York 2007, 148 f., 220; zu Horx' Bauplänen vgl. www.zukunftshaus. at.

287 *Ibsens:* Henrik Ibsen: Nora (Ein Puppenheim) [1879]. Stuttgart 1988, 90.

290 *Alles geht, nichts funktioniert:* STERN-online, 12.3.2007.
ob sich bei den Vätern ... viel geändert: Kai-Olaf Maiwald/Martin Dornes: Neue Väter – alles beim Alten? In: Westend 4/1, 2007, 77–81; Günter Burkart: Das modernisierte Patriarchat. Neue Väter und alte Probleme. In: Westend 4/1, 2007, 82–91; Hans-Walter Gumbinger/Andrea Bambey: Vaterschaft zwischen Norm und Selbstbestimmung. In: Westend 4/1, 2007, 92–101.

293 *Claudia Wirz:* Neue Zürcher Zeitung, 22./23.3.2008.
zeugungsneutrale Sexualität: Lenzen: Mythologie der Kindheit. Reinbek 1985, 99.
Hölderlins: Hölderlin: Sämtliche Werke und Briefe, a. a. O., Bd. 2, 913 (Hervorhebung orig.).

294 *Studie zum Kinderwunsch:* Bundesinstitut für Bevölkerungsforschung (Hg.): Population Policy Acceptance Study. Work Package 7. Wiesbaden 2006, 28 f.
statistisch auffälligsten Befunde ... Sozialforscher: Bundesministerium für Familie, Senioren, Frauen und Jugend (Hg.): Facetten der Vaterschaft. Berlin 2006, 85–88.

295 *anderen verwandten Umfrage:* Robert Bosch Stiftung (Hg.): Kinderwünsche in Deutschland. Stuttgart 2006, 32 f.

297 *Brentano:* Lujo Brentano: Die Malthussche Lehre und die Bevölkerungsbewegung der letzten Dezennien. In: Abhandlungen der Historischen Klasse der königlich bayerischen Akademie der Wissenschaften 24, 1909, 565–625, hier 606.
Wert ... Mittel ... instrumentality: Annette Kohlmann: Fertility Intention in a Cross-Cultural View: The Value of Children Reconsidered. MPIDR Working Paper 2002, 8 ff.

297   *viel spannender als die Glotze:* STERN 22/1990.

298   *Qualität, die dem Kinde innewohnt:* Theodore Schultz: The Value
of Children: An Economic Perspective. In: Journal of Political Economy 81, Supplement 2, 1973, S2-S13, hier S11.
Becker: Gary Becker: Familie, Gesellschaft und Politik – eine ökonomische Perspektive. Tübingen 1996, 104; ders.: Der ökonomische Ansatz zur Erklärung menschlichen Verhaltens [1976]. Tübingen 1993, 189.
wunderbare Möglichkeit der Nutzenmaximierung: Becker: A Theory
of Marriage: Part II. In: Journal of Political Economy 82, 1974,
Supplement, S11-S26, hier S15.

299   *Hegemann:* Carl Hegemann: Ende der Familie?, a. a. O.

300   *Newman:* Henry James: The American [1877]. New York/London
1978, 28.
Hochschild: Arlie Hochschild: Keine Zeit. Wenn die Firma zum Zuhause wird und zu Hause nur Arbeit wartet. Opladen 2002.

301   *Lenzen:* Lenzen: Mythologie der Kindheit, a. a. O., 124; vgl. Avner
Offner: The Challenge of Affluence. Self-Control and Well-Being
in the United States and Britain since 1950. Oxford 2006, 335–356.

302   *nicht Ja und nicht Nein, sondern Später:* Zu unterscheiden ist zwischen »rejectors« und »postponers«: »Individuen wie Paare entscheiden sich aber nur in den seltensten Fällen klar gegen ein
Kind ... Vielmehr gilt: dauerhaft kinderlos bleibt vor allem, wer
die Auseinandersetzung mit der Kinder-Frage immer weiter auf-
schiebt – bis sie sich erübrigt.« (Christian Schmitt/Ulrike Winkel-
mann: Wer bleibt kinderlos? DIW Discussion Paper 473, 2005, 8)
Kinderwunsch ... zurückgegangen: SPIEGEL-Spezial 1/2008, 102.
Unterhaltungsroman: Jean Duché: Drei unter einem Dach. Reinbek 1955, 5.

304   *neuer Vater:* Till Raether: Freiheit, die ich meine. So hatte er sich
das nicht vorgestellt. Erlebnisse eines modernen Vaters. NZZ-Fo-
lio 12/2006, 31.
Goethe über die Mutter: Goethe: Sämtliche Werke, Briefe, Tagebücher und Gespräche, I. Abt., Bd. 8. Frankfurt a. M. 1994, 864
(»Hermann und Dorothea«).

306   *kein »oder« ertragen:* vgl. Harry Frankfurt: Vom Sorgen oder: Wor-
an uns liegt. In: Thomä (Hg.): Analytische Philosophie der Liebe.
Paderborn 2000, 195–224, hier 205 f.
6 Prozent aller Kinder: Bundesministerium für Familie, Senioren,
Frauen und Jugend (Hg.): Die Familie im Spiegel der amtlichen
Statistik. Bonn 2004, 214; Statistisches Bundesamt (Hg.): Aktuali-
sierte Tabellen zum Datenreport »Die Familie im Spiegel der amtlichen Statistik«. Bonn 2004, Tabelle A 1–13.

307 *Männer… ungeplant Väter:* Süddeutsche Zeitung, 31.3.2008.

309 *Fiedler:* Leslie A. Fiedler: Die neuen Mutanten [1965]. In: Rolf
     Dieter Brinkmann/Ralf-Rainer Rygulla (Hg.): ACID. Darmstadt
     1969, 18–31, hier 26.
     Tocqueville: Tocqueville: De la Démocratie, a. a. O., 836 f.; ders.:
     Über die Demokratie, a. a. O., Bd. 2, 463.
     Die Zeitschrift »Max«: Max 5/2007.

311 f. *Seidl… Epstein:* Claudius Seidl: Wir fühlen uns jünger als wir sind.
     In: F. A. Z., 17.2.2005; Joseph Epstein: The Perpetual Adolescent.
     In: Weekly Standard, 14.3.2004.

314 *Lebenszyklus:* Erik H. Erikson: Identität und Lebenszyklus [1959].
     Frankfurt a. M. 1973.

315 *Suhrkamp:* Peter Suhrkamp: Söhne ohne Väter und Lehrer. In:
     Neue Rundschau 43, 1932, 681–696, hier 689.

316 *peer groups:* Horkheimer: Autorität und Familie in der Gegenwart
     [1947/49], a. a. O., 394 f.; Mitscherlich: Auf dem Weg in die vater-
     lose Gesellschaft [1963], a. a. O., 231; Marcuse: Das Veralten der
     Psychoanalyse [1963], a. a. O., 95; Friedrich Tenbruck: Väter und
     Söhne. Das Generationenproblem in neuer Perspektive. In: Georg
     Böse (Hg.): Unsere Freiheit morgen. Düsseldorf/Köln 1963, 125–
     140, hier 137 f. Vgl. auch Carlo Strenger: NOBROW: Identity For-
     mation in a Fatherless Generation. In: Psychoanalytic Psychology
     21, 2004, 499–515.

318 *Matussek:* Matthias Matussek: Die vaterlose Gesellschaft. Eine Po-
     lemik gegen die Abschaffung der Familie. Frankfurt a. M. 2006,
     75, 79.

319 *Scheler:* Scheler: Zur Idee des Menschen [1915]. In: ders.: Gesam-
     melte Werke, Bd. 3. Bern 1955, 171–195, hier 195.

320 *Koch:* Frankfurter Rundschau, 15.11.2007.

321 *afroamerikanische Kinder:* U. S. Census Bureau: Living Arrange-
     ments of Children: 2004. Washington D. C. 2008, 4.

324 *Moehringer:* J. R. Moehringer: The Tender Bar. New York 2005,
     18, 149, 8.

325 *gelinget der Wunsch:* Hölderlin: Sämtliche Werke und Briefe, a. a. O.,
     Bd. 1, 308.

326 *fathercraft:* Ralph LaRossa: The Modernization of Fatherhood.
     Chicago/London 1997, 89 ff.

328 *kommt in diesem Extrem:* Arendt: Was ist Autorität [1957]. In: dies.:
     Zwischen Vergangenheit und Zukunft, a. a. O., 159–200, hier 165.

329 *Fachmenschen:* Max Weber: Gesammelte Aufsätze zur Religionsso-
     ziologie, Bd. 1. Tübingen 1920, 204.

330 *Vaterschutz:* Freud: Gesammelte Werke, a. a. O., 14. Bd., 430 (»Das
     Unbehagen in der Kultur«).

7EEW8T